狐付きと狐落とし

中村禎里
nakamura teiri

戎光祥出版

JN038509

凡　例（旧版）

一、原資料にカタカナが使われている場合、本書ではカタカナをひらがなに変えて引用した。

二、漢文の原資料を引用する場合、自己流の読み下し文に書き換えた。ただし、参照した資料において、すでに読み下し文になっているときには、原則としてこれを採用した。

三、引用原資料中の［］は中村の捕捉、（）は原文の二行分かち書きの部分である。

四、本文の右に付けた和数字は、巻末の【大正期以後の文献】の和数字に対応する。

五、本文の注は、各節の終わりに記した。

凡　例（改訂新版）

一、本書は、著者の中村禎里氏が、平成十五年十月に刊行した『狐の日本史　近世・近代篇』（日本エディタースクール出版部刊）を、『狐付きと狐落とし』として再刊するものである。

二、再刊にあたっては読者の便を考慮し、原本の誤字・脱字の訂正並びに文章の整理を行い、大幅にふりがなを追加した。また、大見出し・中見出しについても適宜変更した。

三、本書収録の表・図版は新版刊行にあたって新たに作成したものであるが、旧版の一部に見受けられる不明点については著者（故人）に確認がかなわないため、そのまま掲載することとした。また、本文についても同様である。

四、本書刊行にあたり、著作権継承者である中村普氏より、再刊についての御許可を頂いた。感謝の意を捧げたい。

編集部

目次

第一部　狐と寺社ところどころ

第一章　玉藻稲荷と女化稲荷

鳥羽上皇のいのちを狙った妖狐を祀る――玉藻稲荷神社

玉藻前《たまものまえ》伝承については、前著『狐の日本史 中世びとの祈りと呪術』（以後、前著と略する）で詳しく述べた。本書では、これを要約するにとどめる。「玉藻前」とは、インドと中国で悪事をはたらき、日本の那須に渡来したのち京に上り、鳥羽上皇《とばじょうこう》の命をねらった妖狐《ようこ》の名である。この狐は、陰陽師《おんみょうじ》＝安《あ》倍泰成《べのやすなり》によって正体をあばかれ、那須に逃げ帰ったが三浦介《みうらのすけ》・上総介《かずさのすけ》の手で殺された。文明二（一四七〇）年に写された『玉藻前物語』には、「殺された狐の魂が、凝り固まって石と化した」という話柄《わへい》はまだ現れない。この話柄は、謡曲《ようきょく》『殺生石《せっしょうせき》』（一五〇三年以前成立）ではじめて付加されたものだ。

美濃部重克[一七五]は、玉藻前伝承の母胎になった「前・玉藻前伝承」が存在したと主張しているが、私もそのように考えたい。東国の武士が那須野で狐狩《きつねが》りをして妖狐を射止めたという話が、東国にまず出まわっていたのではないか。一五世紀に玉藻前伝承が成立した頃、おそらく、北関東には狐信仰が衆庶《しゅうしょ》のあいだに浸透していた。衆庶の立場から見れば、東国の武士が射殺したのは妖狐ではなく神狐《しんこ》だったのではないだろうか。殺された神狐は祟《たた》りを発する。これが東国武士の伝承では、妖狐を殺したというストーリーに転換された。以上のような「前・玉藻前伝承」が、中央の知識人貴族に吸収されて『玉藻前物語』のストーリーが成立したというのが、私の仮説である。

『殺生石』に「[玉藻の前の]魂はあまざかる鄙《ひな》に残りて、悪念の猶《なお》もあらはすこの野辺《のべ》の、往来の人に仇を今、那須野の殺生石、その石塊《せっかい》にて候なり」とあり、また「那須野の原に立つ石の、苔に朽ちし跡までも、執心を残し来て……」とも書かれている。ふつう、この殺生石の跡は栃木県那須町湯本にある石塊とされている。

松尾芭蕉《まつおばしょう》の『おくのほそ道』（一六九四年成立）元禄二（一六八九）年四月四日あたりに、「那須の篠原を分けて、玉藻の前の古墳を訪《おとな》う」とあり、一九日に「これより殺生石に行く……殺生石は温泉の出づる山陰《やまかげ》にあり、石の毒気いまだ滅びず」とある。一七世紀後期にはすでに、玉藻の前の霊の遺跡が古墳と石の二つに分裂していた。芭蕉の「温泉の出づる山陰」という表現は、彼が見たのが那須町湯本の殺生石であったことをほとんど間違いなく示している。

さきに引用した謡曲『殺生石』は、「那須野にたつこの石に苔がむし、往来の人に仇をなす」という。ところが、那須町湯本の殺生石の状態は、謡曲が語る条件にあわない。第一に、湯本は山際にあり、狩がしきりにおこなわれた那須野の中心部ではない。那須野の巻狩《まきがり》というと、源実朝の『金槐《きんかい》和歌集』（一二一三年成立）巻上「もののふの矢並つくろふ籠手《こて》の上に　霰《あられ》たばしる那須の篠原」という歌を思

図１　殺生石　栃木県那須町湯本

いおこすが、篠原は黒羽《くろばね》町（現、大田原《おおたわら》市）蜂巣の西北部で、その辺が巻狩の故地であった。地元の伝承では、三浦介などが玉藻の前狐を射止めた場所も、蜂巣ということになっている。第二に、**図１**に示すとおり、湯本の殺生石のあたり一帯は荒廃しており、苔が生えるどころの状態ではない。第三に、山際にある湯本の殺生石のそばは、人が往来するような地勢ではない。謡曲『殺生石』の殺生石にモデルがすでにあったとすれば、那須篠原に存在する霊石をさしたのだろう。あるいは、玉藻の前の古墳に霊石が置かれていたのかもしれない。

いずれにせよ、室町時代にはじまった殺生石のイメージは、この石がそばを通る人びとに危害を与える、という言い伝えに由来したのだろう。そして芭蕉の頃には、殺生石は湯本の硫化水素噴出地帯の石と同定されていたのである。しかし、その辺りに散在する多くの石のいずれを殺生石とみなすか、認識はおそらく一定していなかった。佐藤成裕の『中陵漫録』（一八二六年序）巻一〇は、当時、殺生石と称するものは、昔の殺生石と別のものだと述べている。

玉藻の前を祀《まつ》るという玉藻稲荷神社が、蜂巣に現存する。ここは、伝承にある狐狩の現場に近い。玉藻稲荷神社の存在を示す最初の文献は、戸田茂睡の『鳥之迹』（一七〇二年刊）巻五である。

下野《しもつけ》国那須野の原を通りけるに、一むらの森の中に古たる社ありしを尋たれば、玉藻のまへの魂魄《こんぱく》をここにて射とめたる所なるゆへ、稲荷に祭て篠原の明神といふとをしへければ

ありし世の玉藻も是《これ》かと見る計《ばかり》　月に露ちる那須の篠原

茂睡は、駿河府中藩徳川家の家臣を父として生まれたが、府中藩取りつぶしにあい、寛永一〇（一六三三）年に父とともに黒羽に移る。そして、二〇歳台のはじめ頃までその地で生活した。したがって、玉藻の前を祀る篠原の稲荷明神は、おそくとも一六五〇年代には存在したと推定できる。つまり、芭蕉が黒羽に滞在したときには、この明神は存在していた。著名ではなかったので、彼は訪れなかったのだろう。あるいは、彼がいう古墳とは篠原の稲荷明神境内にあったのかもしれない。

ついで元文《げんぶん》五（一七四〇）年、余瀬村ほか九か村と小滝村ほか三か村のあいだで、狐塚と称する塚（現・大田原市乙連沢）の地の所属をめぐって境界争いがあった。そのときの図面に、「篠原稲荷山」の名が見える。この図面には、篠原稲荷山の北に狐塚の位置が示されている。[五八] 蓮実長[一四〇]によれば、余瀬村ほか九か村は「狐塚は自方の尾多賀村篠原稲荷大明神に祀る玉藻の前の死体を埋めた塚だから、その場所は当然自方に属する」と主張し勝訴している。第二次大戦後、狐塚は田地開発のため崩された。[一四五] 今も、県道に沿い黒羽町から大田原市に入ったところに、「狐塚の址」（一九三二年建立）と書かれた小さな石柱が残っている。芭蕉が訪れた玉藻の前古墳は、ここだという説が有力である。

さきほどの仮説の続きを述べると、神狐が殺された事件を知った衆庶は塚をつくり、神狐が祟らない

図２　玉藻稲荷神社の小祠と塚　栃木県大田原市蜂巣

ようにていねいに祀ったに違いない。蓮実が主張するように、もともと古塚《こづか》とよばれた塚が玉藻の前伝承の地にあったため、「狐塚」と記されるようになった、というのが事実だろう。中世のある時期以後、当地に「前・玉藻の前伝承」の妖狐、または神狐の死の痕跡がもとめられていたと思われる。この要望が、由来不明の古い塚と結びついて、狐塚の存在が特定されたのではないか。

狐塚の所在については、別の伝承もあったようだ。文化五（一八〇八）年の奥付をもつ『玉藻社縁起』の内容を紹介しよう。

三浦介と上総介が玉藻の前狐をもとめて狩場に来ると、妖狐が鏡が池の水面に姿を現した。そこを逃さず両介が射止めた。里人はこれを埋めて狐塚とよんだ。玉藻の前狐の霊は、死後一塊の石と化し、今では殺生石と名づけられている。のち源頼朝が那須の狩に訪れたさい、狐塚のかたわらの林中に祠《ほこら》を造立《ぞうりゅう》し、玉藻社篠原稲荷大明神と祀った。

『玉藻社縁起』では、頼朝が玉藻の前の塚の傍らにつくった祠が玉藻稲荷神社の前身になったとされる。乙連沢の狐塚の位置は、玉藻稲荷神社の傍らというには距離が隔たりすぎる。玉藻稲荷神社境内の鏡が池に接して、玉藻前の祠と称する小祠が現在も建っており、その脇は盛りあがって塚状に見える（**図2**）。

玉藻稲荷神社の北方にある雑木林内にあった狐祠を、開田時に池のほとりに移したという。蓮実彊[四]によると、雑木林にあったのが元来の狐塚だ、という説もあるらしい。

また、玉藻稲荷神社の鳥居に陰刻された伝承では、この地に玉藻の前狐の死体を埋めたという。鳥居には「寛政一二（一八〇〇）年建立」という年記がきざまれており、玉藻の前伝承の広がりにともない、複数の塚が玉藻の前狐の塚とみなされてきた、と解釈するのが穏当だろう。同時に、土地神・農耕神・神狐を祀っていた社が、玉藻の前を祀ると解されるにいたったのだろう。

『甲子夜話《かっしやわ》』巻六七（一八二五年記）で著者の松浦静山は、この稲荷について大関増業から聞いた話を紹介する。増業は黒羽藩主＝大関増陽の養子である。古代に狐狩があったとき、祠から二〜三里東方に離れた堀之内村（現、大田原市堀之内）の者が勢子《せこ》になったので、玉藻稲荷はいまだにこの村の者に祟《たた》る、というのが彼の説明であった。この話は、先の仮説で記した神狐殺し伝承の痕跡といえなくもない。

黒羽町がつくった玉藻稲荷神社の案内板に、「神社本体は作神を祀る」と記している。鏡が池のほとりでおこなう篠原地区の農民の雨乞い行事は一九八〇年代も残っていたが、現在ではおこなわれていないようだ。池の底に爺石と婆石が沈んでおり、日照りが続くと池の底から婆石が引きあげられる。すると爺石は、「婆石恋し」と泣き、その涙が雨になるという[四]。現在、祭祀を担っているのは地元黒羽町（現・大田原市）大字《おおあざ》蜂巣の九〇戸ほどの人たちであり、その人たちによって旧暦の初午《はつうま》の祭りがおこなわれている。神社所在の小字《こあざ》篠原の人の大部分は、明治期に入植した。彼らは浄土真宗の信者なので、多くは当神社の崇敬者ではない[六二]。

話を元に戻すと、玉藻の前と玉藻稲荷神社に関する史実は、いっさい不明というほかない。伝承は史実ではない。しかし、ある時期以後、那須野の人たちが狐に対して濃厚な関心を抱いたようすは、十分に観察することができる。関連して興味をひくのは、『那須記』（大金重貞、一六七六年成立）巻五が語る次の伝承である。

那須郡茶臼嶽《ちゃうすだけ》の麓にある玉藻のなれのはてては、つねには大石の姿で谷に伏すが、あるときは一丈ほどの狐となり、あるときは美女に化け、人を捕まえて食う。明徳元（一三九〇）年、黒羽城に住む三浦介の子孫＝角田綱利が狩場に出ると、忽然《こつぜん》として美女が現れた。彼女は、うちしおれたさまで頼りなげな風情である。綱利が、「われ妻もなし、いざや伴ひ奉らん」と美女に近づくと、彼女も綱利に取りすがる。綱利は目くれて取りつきあったと思う瞬間、彼女は悪鬼と化して綱利を攫《さら》って黒雲に入ろうとする。綱利は、心得たりと三浦相伝の名剣を抜き打ち払ったが、化けものは「汝《な》が先祖三浦介と上総介、この野を狩り、ついに我が命を亡《ほろ》ぼす。その執心残りて我となり、今汝が有命を取りてうっぷんを散ぜんと思ひしに、取り逃がしけるこそ無念なり」と大声で叫び、虚空に去った。

鬼が綱利を空中に攫う段は、『太平記』（一四世紀後半成立）巻三二の渡辺綱を鬼が攫おうとする話などの話柄を取り入れたのだろう。狐が美女と化し男と添おうとする話柄が、玉藻の前伝承そのものから思いつかれたことは否定できない。

しかし、『那須記』がわざわざこの種の話を記載した背景には、近世初期、狐女房型の伝承が北関東に広まっていたことが示唆される。玉藻の前は悪玉なので、狐の女の出現後のストーリーは定型からはずれた。狐女房の完結型は、すぐ後に紹介する女化稲荷の縁起に現れる。

命を助けた白狐が妻となる――女化稲荷の由来

茨城県龍ケ崎市馴馬町に属するが、隣の牛久《うしく》市にかこまれた飛び地に女化《おなばけ》稲荷神社が鎮座する（**図3**）。この稲荷の由来を述べた縁起は幾種類か残っているが、比較的古く成立したと思われるのは、別当寺が著した『女化稲荷縁起』（以下『縁起』と記す）と、一八世紀初期に完成したらしい『東国闘戦見聞《とうごくとうせんけんもん》私《し》記《き》』巻七「女化原野狐物語の事」（以下『見聞私記』と記す）である。

少し長くなるが、まず前者にしたがい、この伝承の内容をいくつかの段落に分けて紹介しよう。なお、『縁起』の奥書には「寛永十［一六三三］年乙酉歳仲春　常州河内郡馴馬邑《むら》　女化稲荷社　別当　来迎院菲□記」と記されている。当時、すでに女化稲荷神社が建立されていたことは疑いない。

【第一段】後鳥羽天皇の時代、源頼朝が富士の裾野で巻狩りをしたとき、頼朝の夢に白狐が現れ、たちまち一女と化し「われ累年この野に住むと云へども、諸民耕作に災ひせず。今御狩に一命のほ

図３　女化稲荷神社　茨城県竜ケ崎市馴馬

ど覚つかなし。こい希《ねが》はくは助命あれかし」と言い終って消えた。はたせるかな翌日、白狐が頼朝のもとに来たり、膝を屈し頭《こうべ》を垂れた。その頭に名玉を捧げ、尾に七宝を納めていた。そこで頼朝は、常陸《ひたち》国高見ヶ原に移るように勧めた。

【第二段】永正七（一五一〇）年、常州根本村（現、稲敷市根本）に大徳忠五郎という農民が、父なきあと老母とともに貧しい生活を送っていた。ある日、忠五郎は彼が織った莚《むしろ》を土浦に売りにいった帰り、古塚のもとで眠っている白狐を猟師たちが射止めようとしているところに通りかかった。忠五郎は、わざと大きな咳をして狐を逃したが、猟師たちの怒りをさそい、莚を売って得た金を差しだして許してもらう。

その夜、若い女性とその従者の老人が忠五郎の家の戸をたたき、奥州から鎌倉に行く途中の者だと称して宿を乞う。翌日、気がつくと老人は去り、女性一人が残されていた。彼女はそのまま忠五郎の家に住みつき、ついには彼の妻となる。彼女は女子の鶴と男子の亀次郎・竹松を産んだが、永正一四年の秋、庭前の菊を眺めているとき、思わず本性《ほんしょう》を現してしまった。彼女は、忠五郎から助けてもらった狐だったのである。子供たちがそのさまを発見し、驚いて泣き叫ぶのを聞いた彼女は、もはやこれまでと、「みどり子の母はと問はば高見なる　原に泣く泣く伏すと答えよ」と書いた紙を竹松の付紐《つけひも》に結《ゆ》いつけ、思いを遺して消え失せた。
帰った忠五郎はその子細を知り、子供を連れて高見ヶ原に急ぎゆき、古塚のそばにたどりつく。彼女は人の姿で現れ、いったんは竹松を抱きあげ乳房にそえたが、忠五郎の懇願にもかかわらず別れは避けられなかった。彼女は再び白狐の姿に戻り、林の中に去っていった。

【第三段】老母・忠五郎親子とも悲嘆にくれた。その秋、稲の収穫と畑の種まきはだれ助けるともなく、つねよりはるかに早くはかどり、立春をすぎ田植頃には、夜な夜な数十人の女の声が聞こえてくる。明けて見れば、代《しろ》が掻かれ早苗《さなえ》が植えてあった。そのような出来事が年ごとに続くので、忠五郎は妻の働きだろうと感嘆し、彼女を祀るため高見ヶ原に祠をつくった。これが女化稲荷の由来である。

【第四段】そののち、忠五郎一家はしだいに富み栄え、とくに竹松の子は栗林次郎義長と称し、文武にすぐれ名をあげた。相州小田原城主北条氏は、白狐の霊夢により義長を召し、彼は天正年間、数度の合戦に軍功をたてて下総守に任じられた。

『見聞私記』のストーリーは、第一段・第三段を欠く。細部の違いを無視すれば、第二段・第四段は『縁起』に等しい。

第一段についていうと、頼朝の前に現れ、やがて忠五郎の妻となった白狐に、かすかながら玉藻の前の面影を見ることができよう。玉藻の前は、鳥羽上皇時代に出現し、最後は東国武士に狩りとられたが、頭には白玉をつけ、尾には針《はり》（玻璃の意もほのめかすか）を収めていた。『縁起』の白狐は、後鳥羽天皇のとき、東国武士に狩りとられそうになったが助けられた。頭には名玉を捧げ、尾には七宝を納める。玻璃は七宝《しっぽう》の一つに相当する。玉藻の前は妖狐であり、女化稲荷の狐は善狐《ぜんこ》であるが、前著で指摘したとおり、玉藻の前もよく観察すると少なくとも結果としては善行を施した。『縁起』と玉藻の前伝承のあいだに影響関係があったとすれば、もちろん、前者が後者の影響を受けたと見るほかない。

第二段は狐の女性と人の男性の婚姻譚《こんいんたん》であり、その筋をみても葛《くず》の葉狐の伝承との類似を隠すことはできない。前著に詳しく述べたが、安倍晴明《あべのせいめい》が葛の葉狐の子であるとする説話は、中世末の『簠簋抄《ほきしょう》』にまず現れた。この書では、晴明は遊女に化けた狐を母として常陸国《ひたちのくに》猫島（現、茨城県筑西市猫島）に生まれ、彼が三歳のとき母は、「恋しくば尋ね来て見よ和泉なる　しのだの森のうらみ葛の葉」の歌を残し、遠く和泉国《いずみのくに》信太へ去った、とされる。

なぜ、晴明が和泉ではなく常陸で生まれたという設定がなされたのだろうか。盛田嘉徳[一九〇]は、『簠簋抄』における狐の子＝晴明の伝承は、常陸で古くから言い伝えられていたのではないかと主張した。私は、中世の北関東には、この地域内でストーリーが完結する狐と人の異類婚姻伝承が広く分布していたと考えている。女化狐伝承と晴明伝承は同根であり、話柄が西国まで分散しない女化狐伝承のほうが原形に近いと思われる。

救助、別れの歌、森のなかの再会、最終的な別離という筋まで両者に共通するのが、偶然とは思えない。共通原形が両者を生みおとしたと解釈すべきだろう。しかし、細部の一致はそれだけでは説明できない。『見聞私記』における女化狐伝承を例にあげよう。二段下げた部分は、原文からの引用である。秋風そよと身に沁みて物寂しく、忠五郎の妻は茫然《ぼうぜん》として庭の菊に眺めいり、思わず狐の姿を現してしまった。

誠にふくろう松樹の林に鳴《なき》つれて、狐は乱菊の華に隠れ住むとはこの時かや。

こうして忠五郎の妻が狐の本性をあらわしたとき、子供はそれに気づき、

「恐ろしや、母人《ははびと》は狐になり給《たま》ひぬ」と「わっ」と泣き出しけり。はやばや母も心付き、また本体に立ち帰りて、「何を申《もうす》や。二人の子供」

と、その場を取りつくろおうとした。

葛の葉伝承を語った古浄瑠璃《こじょうるり》『しのだづま』（一六七四年刊）でも、

頃しも今は秋の風、梟松桂《ふくろうしょうけい》の枝に鳴きつれ、狐蘭菊の花に蔵《かく》れ棲むとは、古人の伝へしごとく……。

かくて葛の葉狐は庭の籬《まがき》の菊に眺めいり、あらぬ姿に変じてしまった。童子は、

「やれ恐ろしや」とおめき叫んで嘆きける。母ははっと思ひしが、さあらぬ体《てい》にて「やれなにを。さように恐れ嘆くぞ」

と問い返す。なお、「梟……」の部分は、白居易《はくきょい》『白氏文集』巻一の「梟鳴松桂枝、狐蔵蘭菊叢」によっている。

『見聞私記』と『しのだづま』の対応部分は、以上のように酷似する。ここで女化狐伝承と葛の葉狐伝承は、二次的な影響・被影響の関係をもったようである。葛の葉伝承を書き留めた文献のうち、『しのだづま』に先行する『簠簋抄』、および浅井了意の『安倍晴明物語』（一六六二年刊）では、葛の葉が狐の姿を現して去るくだりの描写が極めて素っ気ない。「梟……」の詩の引用も、母子の応答も書かれていない。白居易の詩についていうと、『日本国語大辞典[一三七]』によれば、この詩は広く狐を導きだす言葉として使われる。『殺生石』でもこの詩が利用された。したがって、『見聞私記』と『しのだづま』が独立に菊の話柄を採用した可能性も否定しきれない。

けれども単に狐と菊の因縁が述べられているのではなく、狐の正体露見時の描写までも似ているところから判断すると、両者の関連を想定するのが妥当だろう。そして、白居易由来の詩を基準とすると『見聞私記』の崩れが大きく、かつその変化は『しのだづま』の小さな崩れを経由しているように思われる。『見聞私記』のほうが一六七四年以後、『しのだづま』またはその類書の影響をうけた可能性が強い。

第三段は、忠五郎の妻の狐が農耕を助けるという話柄である。前著で「狐女房・農耕援助型」は『安倍晴明物語』ではじめて見られると述べたが、『縁起』のほうが時期的に先行する。ここに神狐と農耕神との接続を見てとることはたやすい。また、この段は『見聞私記』に欠落することを注意しなければならない。『縁起』では、狐信仰と稲荷をつなぐ基本的な利益《りやく》、つまり農業繁栄を強調した。他方、『見聞私記』は子孫繁栄に力点をおいたと思われる。

ついでながら、天野信景の『塩尻』巻八六（一七一〇年頃成立か）は、狐を母に持った子が尾張音聞山あたりの松の下に母を慕いきた、という伝承を記す。菊岡沾涼の『本朝俗諺志《ほんちょうぞくげんし》』（一七四六年刊）巻三には、信州安曇《あずみ》郡重柳《しげやなぎ》村に伝わる農耕援助型の狐女房説話が紹介されている。この狐は、子に乳をふくませて寝ているとき、正体を現す。なお、信濃の伝承に関しては章を改めて検討したい。さらに、一八二五年に関思亮が報告した類似伝承が『兎園小説』六集に採録されている。これによれば、下総赤法華村の当代の孫右衛門の六代前の祖先が狐を妻として男子を産んだが、この子に添い寝しているとき狐の本性を現し、山の穴に入った。いずれも、伝承の舞台が東国である点に注目してよかろう。

第四段は、異類との結婚が子孫の出世・繁栄をもたらす、という一つの定型にしたがった話柄を示す。これは、女化《おなばけ》狐の伝承が戦国時代の雰囲気を残す近世初期までに成立したことを示唆するであろう。なかでも、農作豊穣よりも子孫繁栄を重視した『見聞私記』で、忠五郎の孫＝栗林義長の挿話は詳しい。「狐女房・子孫出世型」と名づけておこう。この段の話の特徴は、子孫が武将として成功した点にある。

忠五郎の第三子＝竹松はやがて京に上り、一人の男子＝千代松をもうけた。千代松は一三歳のとき、祖父に会うため父の生国《しょうごく》＝常陸に向かい旅立つ。しかし、途中で道に迷い、木曾の山奥で一人の老翁に会う。千代松は老翁の弟子となり、さまざまな学問を学ぶが、生来利発な彼は五年のあいだに六芸に通じ、兵法に妙を得、風雨吹降《ふううすいこう》のことを知るなど至らざるということがなかった。名を柳水軒義長と改め、常陸に下って北条氏堯に取り立てられ、軍師として名声をあげた。これは元来、義長が深く信心していた稲荷の神慮によるものである。

木曾の御岳《おんたけ》では近世以来、修験系の道者《どうじゃ》とよばれる人たちが、神がかりによって農作の吉凶、風水火難の卜占《ぼくせん》、狐落としおよび病気治療を行ってきた。[一二・六二] この行法の初期の形態は、一六世紀末にははじまっていたらしい。[一二・一八二] 千代松が木曾の山奥で出会った翁から得た験力の一つに、風雨吹降の予知能力がある。この翁に、上記のような卜占を行う道者の片鱗が見えはしないだろうか。

玉藻の前伝承にみられるように、中世の陰陽師《おんみょうじ》には狐を落とす能力が認められていた。そして、葛の葉狐伝承では、狐が傑出した陰陽師を生み育てた。これと並行的な事態が、狐の孫にして道者の弟子＝千代松の身の上をめぐっても成立し得た。彼は、狐落としの法を木曾で習得したのかもしれない。狐を落とす術者は、狐を使うこともできる。彼らは狐と一体視される傾向があった。千代松に限っていえば、木曾で修行しなくとも、狐の情報を受けて兵の動き、天候の変動を予言する潜在的な能力をもっていたのではないか。

これから先は、しばらく末梢的（本筋から外れる）な詮索になる。『見聞私記』が『しのだづま』のあとに完成したとしたら、いつごろ成立したのだろうか。そして『縁起』成立との前後関係はどうだろうか。これらの点を考えたい。『見聞私記』は皆川老甫の著だが、大道寺友山の後補があるようだ。したがって、女化狐伝承の部分がどの段階で記載されたか、またそれが最初から現在残る形にできあがっていたのかどうかは、残念ながら不明である。この書の完成時の最下限は、友山が没する一七三〇年である。女化狐の部分の成立最上限は、『しのだづま』との関連では一応一六七四年といえるが、それも確定したわけではない。『しのだづま』出版以前のある時期以後、葛の葉伝承は、狐と菊の話柄をふくめて口頭で語られていたであろう。それを『見聞私記』が取り込んだのかもしれない。

ところで、『縁起』には白居易の詩は出てこないが、狐妻が菊に見とれる話柄自体は語られている。しかも、先述のとおり『縁起』には一六三三年の奥書がつく。この年は、『しのだづま』の一六七四年はもとより、『安倍晴明物語』の一六六二年より古い。しかし、奥書のあとに「古文は見るに煩はしくして信仰も薄かれど、余るを終《ママ》り欠たるを補ひて、今文久元［一八六一］年酉初秋の日謹侍再刻なす」とある。「余るを終る」はよいが、「欠たるを補」った部分があるので、一字一句のすべてが一七世紀の記述と判断することはできない。狐妻が菊に見とれる話柄もまた、一八六一年の追加でないとは断定しえない。

『縁起』と『見聞私記』の前後関係の解明も、いままでに明らかにした事情により、一筋縄ではいかない。要するに、葛の葉狐の伝承と女化《おなばけ》稲荷の伝承の成立が、なんらかの形で関連していたことを示し得たならば、それでよい。

あと一つ論点を付加しておく。前著で、葛の葉狐伝承との関連で常陸にも信太《しのだ》郡があるという高原豊明[一〇〇]の指摘を紹介した。そして忠五郎が狐を助けた女化原も、古くは信太郡に属しており、油原長武[二〇四]もこの問題に関心をはらっている。

江戸後期の一揆事件の舞台——女化稲荷

女化稲荷は、近世後期に一揆事件の舞台となった。この経過を高橋実《九九》の論文に依拠して簡単に要約しよう。近世も、時代が進むにしたがって各地の街道の交通量が増加する。これにともない、人馬の供給を担当する宿《しゅく》は疲弊し、宿の経済力を補助するために設けられた助郷《すけごう》も窮乏化していった。天明七(一七八七)年までは、水戸街道牛久《うしく》宿・荒川沖宿の定助郷《じょうすけごう》(固定した助郷)として、宿に比較的近い一〇か村が定められていた。加えてこの年、宿・定助郷の窮乏を救うために助郷の増加を望む宿側の要請が許可され、翌一七八八年から一〇か年の期限つきで、新たに三五か村が助郷に指定された。

当然のことながら、新たに指定された助郷(増助郷《ましすけごう》)には不満が鬱積した。他方、期限が過ぎたのちは、宿と定助郷の困窮がいっそう進んだ。そこで文化元(一八〇四)年、かつての増助郷の定助郷化と規模の増大が企図された。これに反対するため同年一〇月一八日、近隣五五か村の農民六〇〇〇人が女化稲荷に集合し、百姓一揆に立ちあがった。ただちに、牛久藩はもとより土浦・佐倉・谷田部《やたべ》藩も出兵し、一揆は二二日には解散してしまう。しかも、首謀者の処罰と参加村への科料が課せられる結末となった。なかでも中心となった三名は、拷問によって死亡した。当局と宿の企図はほぼ予定どおり実現されたが、増助郷の定助郷化だけはまぬかれた。

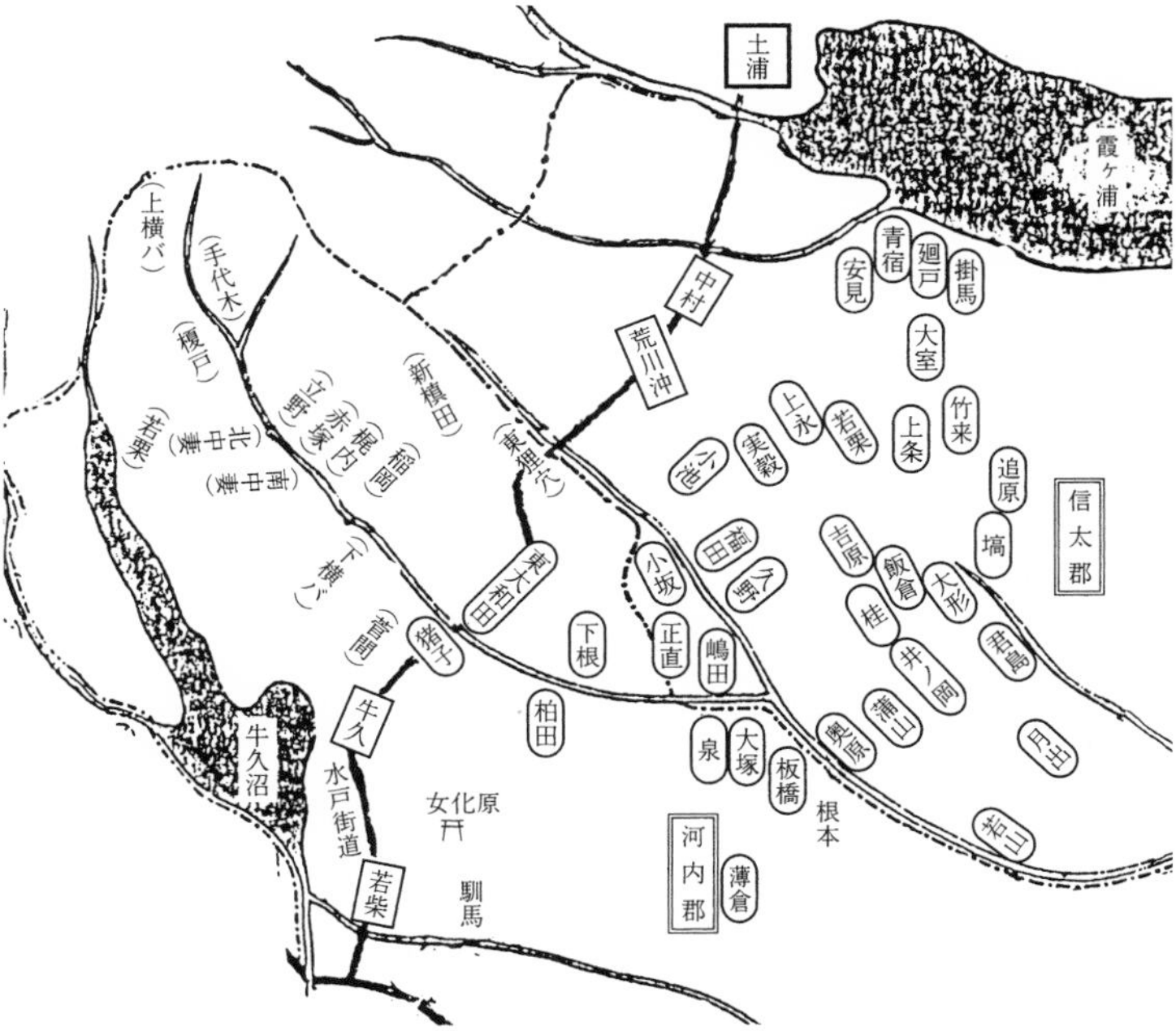

図４　牛久助郷一揆に参加した村（高橋実の原図とデータによる）。地図は「常陸・下野・上野三国図」（1843 年刊、人文社複製）にいくらか変更を加えて用いた
⬭：一揆に積極的に参加　（　）：一揆に消極的に参加　▭：宿駅

農民たちは、なぜ女化稲荷に集まったのだろうか。一つは、この場所が広い原であり、大勢の者が集結するには好都合だったからであろう。さらに**図４**に示すように、女化稲荷が水戸街道の東側村落（東郷）と西側村落（西郷）のあいだに位置していた、という便も考慮されたに違いない。ただし、女化稲荷の土地を持っていた馴馬村は、増助郷の対象であったにもかかわらず一揆に参加しなかった。馴馬村がほかの増助郷の地帯といくらか離れていたのが、不参加の一因であったと思われる。ほかに不参加の村は、主として西郷決起諸村の北東部に位置する村

むらである。

一揆勢《ぜい》が女化稲荷に集まったとき、その持ち主の駟馬村がどのような態度をとったか注目される。『女化原夢物語』（一八五七年以前成立）によれば、駟馬村は「このたび助郷一件承り、御集会尤《もっと》も御苦労千万に候」と食物飲湯《しょくもついんとう》などを差し入れた。これも、一つの知恵だったろう。あるいは、ささやかな連帯の志だったのだろうか。

一揆勢が女化稲荷に集まった理由は、以上二点には尽きないかもしれない。現在も一揆の故地《こち》に四系統の女化騒動の記録が残っているが、いずれにも女化稲荷神社の縁起、つまり忠五郎（忠七とする書もある）の狐妻物語を挿入する。一揆騒動に無関連の縁起に、わざわざ説き及んだのはなぜだろうか。女化稲荷の信仰がからんでいた、と想像するのが自然であろう。

鈴木久と高橋実[九九]によれば、四系統の書のうち『女化騒動記』（一八〇六年頃成立）の成立期がもっとも古い。また、ほかの三系統と違って、当局・牛久宿の立場にたった記録ではなく、比較的一揆側に近い視点からまとめられたと思われる。そのなかに、

> この原に会合せし事は、往古天正年中東国兵乱にこの女化の狐子栗林治郎義長……功あるにより従《じゅ》五位《ごい》下総守に昇進せしは、この女化稲荷の御加護也《なり》。さすれば爰《ここ》に集りて武運長久を祈るものならば御加護あるべしと、皆一同これを尊み敬ひ御加護こそ祈りけり。

のくだりがある。一揆に加わった農民が女化稲荷を頼ったのは、武運長久だけではなかっただろう。『女

化騒動記』『女化原夢物語』及び、すぐあとに紹介する『牛久騒動女化日記』（一八二五年以前成立）の女化稲荷縁起には、忠五郎の狐妻が一家の農業繁栄をもたらすという話柄《わへい》が入る。助郷の負担に疲弊しつつある農村にとっては、なによりも農作物の収奪と農業の衰退が不安であったに違いない。一揆に加わった村民たちの女化稲荷への祈願には、助郷指定から免れ農業の繁栄を実現したい、という願いもふくまれていたに相違ない。

一揆批判の姿勢が強い『牛久騒動女化日記』では、次の挿話が語られる。

一揆の首謀者たちが女化稲荷に牛久村降伏の祈誓《きせい》をかけ、一七日の間毎夜丑《うし》の刻《こく》に神前において水行をなし、「この義大願成就なさしめ候はば、百六ケ村の助力を以て御本社を建立《こんりゅう》致し、例年二月初午《はつうま》の縁日御祭礼も近在にすぐれ賑々《にぎにぎ》しく老若男女群参なさしめ奉らん。保食稲荷大明神」と祈ると、六日目の夜にいたり、社の北脇から白狐の声が聞こえた。首謀者たちは、「いよいよ願ひ相叶《あいかな》ひし知らせと見へたり」と喜んだ。「迷ひは浅ましき者共かな」。

最後のコメントは、『牛久騒動女化日記』の著者の感想である。彼が稲荷信仰をもたなかったわけではあるまい。白狐出現の解釈が一揆の首謀者たちと異なったのである。丑の刻参りと白狐の件は、おそらくのちの風聞、または『牛久騒動女化日記』の著者の創作で、事実ではあるまい。丑の刻参りは、呪詛《じゅそ》を込めた祈願である。一揆批判の側は、一揆の首謀者たちが女化稲荷に対し、なしてはならない邪《よこしま》な願をかけたと見た。そして牛久陣屋のほうでも、伏見から勧請《かんじょう》した小松原稲荷に頼った。女化稲荷の白狐も邪望をしりぞけ、牛久宿側に左袒《さたん》（味方して加勢すること）したと解釈したのかもしれない。困っていたのは、増助郷の農民だけではない。牛久宿と定助郷の農民も困窮していた。けれども、両者が一体化して幕藩体制に抗するだけの見通しと力量は、当時の衆庶《しゅうしょ》のものではなかった。この状況のなかでは、白狐も右往左往せざるを得なかったのだろう。

一揆とその挫折の年から二〇年の歳月が流れ過ぎた。定助郷の増加を幕府勘定奉行に願いでたため、一揆の打ち壊しの対象となった牛久宿の商人＝飯島治左衛門は、文政六（一八二三）年、拷問で殺された一揆首謀者三名の供養塔を建立した。治左衛門の心情的動機は不明である。売名でも偽善でもあるまい。だからといって、かつての自己の行為を反省したわけでもないだろう。彼は、近隣諸村の人びとの生活を守るために命をかけた一揆指導者の心情を、おそらく理解した。それと彼自身の心情を重ね合わせることができるようになった。このときから、女化稲荷の白狐も右往左往の過去を忘れ、稲荷と一体化し、また、宿・近隣諸村の農民・住民の心の象徴に復帰したに違いない。

本章の最後を少しのんきな話で締めくくる。大田南畝《おおたなんぽ》の『一話一言』巻二七（一八一二年成立か）に、女化稲荷に関する記事がある。南畝は、女化原に近い関宿藩のものが池田正樹に与えた情報を写した。記事末に「庚午六月七日」とある。この庚午は、文化七（一八一〇）年であろう。

これによると、話の大筋は諸記録と違わないが、狐妻の夫の名は覚右衛門。彼が後年に建てた碑が、情報提供者の関宿《せきやど》藩士生存時にも残っていたという。施主の名は「利左衛門」と一応読めるが、「利」

以外ははっきりしない。また「覚右衛門の子孫は今に代々覚右衛門とて、顔永にて口とがりたり、狐の子孫ゆえにや」と村民は語るそうだ。文化七年は一揆の年からまだ六年しか経過していない。ひど過ぎはしないかと思いたくなるが、南畝はおそらく一揆のことなど知らなかった。では、正樹はどうか。じつは、彼は一八世紀後半の関宿藩士にして、文人肌の人だったようだ。一揆のときには、たぶん没していた。そうすると「庚午六月七日」は、南畝が正樹の文書を複写した日付けということになろう。

さて覚右衛門だが、『女化騒動記』には忠五郎の長男の子孫が覚右衛門と名乗ったと記す。この覚右衛門が、ある段階で忠五郎と混同されたのだろう。利右衛門については一切わからない。

現在では、旧の初午《はつうま》を中心に祭礼が行われているが、主体は講《こう》である。講の所在は千葉県の八街《やちまた》市・市川市・銚子市など、さらに埼玉県・東京都、遠く北海道にも講がつくられている。『全国神社名鑑』[一七]によれば、氏子は七四戸、崇敬者は五千人。女化稲荷神社のほか日枝《ひえ》神社も馴馬の鎮守だが、両社は地域によって氏子を分けている。女化稲荷神社のほうは氏子だけでなく、伝承の広がりに支えられた他都道県の講を崇敬社団体として確保することができた。同時に、助郷騒動のとき一揆の集合場所になったことからわかるように、女化稲荷の境内は近隣諸郷の人たちに開かれた場所であった。この伝統が、各地の講を受け入れる前提となったとも思われる。

註（1）新井敦史氏[六]の全文筆写・提供による。

第二章　葛の葉稲荷

葛の葉狐と信太の森

安倍晴明と葛の葉狐について記した最初の文献は、前章で述べたとおり中世末に成立した『簠簋《ほき》抄』である。例の歌の別れがあったのち、次のように語る。

晴明上洛の砌《みぎり》、先《ま》づ母の読置し歌を如何と思ひ、和泉国へ尋行き、しの田の森を尋入て見れば、社壇これあり。伏拝し母の様子を祈誓すれば、古老経たる狐子一匹、我が前にて出来し、我こそ汝が母なれ、と云て失《うせ》にけり。是即《これすなわち》、しの田《だ》の明神にて御座候。

文中の「信太（しの田）の明神」の正体が問題になる。盛田嘉徳[一九〇]は、古くからの信太の稲荷は、村の東南にある聖神社、俗に山の明神がそれであると指摘し、さらにここは「中世末期から近世にかけて信太の稲荷と称せられていた」と主張する。粂稔子[五六]は、信太の森の狐を稲荷神とする庶民信仰の舞台が、近世のあいだに聖神社から葛の葉稲荷神社に移ったことを明らかにした。中世末期以後、聖神社が信太の稲荷と称せられていたとする説について、盛田は文献的根拠をあげていない。粂は、一七〇〇年序の『泉州志』と一七九六年刊の『和泉名所図会』の内容を比較した。また、近世の古地図を調べ、聖神社神宮寺＝万松院境内に加茂・春日とともに稲荷が祀《まつ》られていたことを示し、上記の説の根拠とした。

中世末に聖神社が信太の稲荷と称せられていたとする盛田の説については私見を保留したいが、ほかの点では両者の説は妥当だろう。それゆえ蛇足にはなるが、ほかのわずかな資料の追加をふくめて信太の稲荷の成立過程を復習したい。

井原西鶴の『懐硯《ふところすずり》』（一六八七年序）巻二に、ある男が信太の森に野宿したときの経験談がある。

男がうとうとしているところへ、伏見稲荷からの使者の到着を告げる先ばらいの声が聞こえてきた。これに応じて森の社のご神体＝葛の玉姫が静かに歩み出た。使者は、深草の飛丸という狐である。やがて和泉国一帯から著名な狐が続々と集合し、宴会が始まる。

『懐硯』は創作で、内容のすべてが史実であるはずはない。宴会の件などを史実とみなすものはいないだろう。しかし、創作でも当時の一般的な通念を反映しうる。一七世紀の終わりごろには、信太の森に葛の葉を祀ったとされる祠《ほこら》があったことは、否定しえない。伏見稲荷から使者が到来したところから見ると、それが稲荷社であったと推定するべきだが、稲荷の名は出ていない。管見では、水島四郎兵衛（一六四八〜？）の上方《かみがた》狂言『しのだづま後日』（一六九九年刊）に、はじめて稲荷大明神の末社に祀られた葛の葉が登場する。(1)成人し、功成り名遂げた晴明の前に、彼女は老女の姿で現れた。稲荷大明神の末社とは、伏見稲荷社末の稲荷小祠《しょうし》という意味だろう。

石橋直之編『泉州志』巻三の「信太大明神」の項には、式内社である聖神社は当然記載されているが、稲荷や狐との連想を誘う文言はまったく見られない。続いて、「信太森」の項で「今同郷中村森田氏の居地に老楠あり。云《いわ》く。古《いにしえ》より世に賞する千枝の楠也《なり》と。『簠簋抄』に曰《いわ》く。安倍晴明の母は信太森の狐也と。酷《はなは》だ奇怪の説也」と述べる。

関祖衡編の『日本輿地通志』畿内部和泉国（一七三六年刊）にも、信太山の聖神社の記載があるが、極めて簡略であり、依然として稲荷にも狐にもふれない。中村のほうには、新たな記述が現れた。といっても「信太楠本の神祠、信太大社の神祠（ともに中村にあり）」と書かれているだけである。それでも、信太の森の千枝の楠のもとに祠が造られ、別に、近くにあと一つ祠ができたことがわかる。おそらく「信太楠本の神祠」は、この段階では樹霊信仰に関連していたのだろう(2)。

山本好阿の『怪談登志男』（一七四九年序）巻三の「信田の白狐」によれば、信太の森の稲荷の宮居を訪ねると、何の文左衛門とかいう豪富の家の後園に垣を結いまわし、なかの一構えの木立に宮居がある。しかし、屋敷構内だからなかに入って拝することはできない状態だった。『怪談登志男』も創作には違いないがまったくの虚構で、このような説明を書くわけにはいかない。

池田正樹の『難波噺』後編巻一（一七七二年記）の記述もこれを裏づける。文左衛門の庭に稲荷祠と千枝の楠があり、樹のもとに狐が住む。この狐が「さきごろ子を産んだ」という俗説が広がり、参詣者群をなしたという。正樹は、前章にすでに登場した関宿藩士で、藩主が大坂城代に赴任したとき、その家臣として来坂した。信太楠本神祠または信太大社神祠を狐と結びつけて稲荷とみなす認識は、一八世紀半ばには一般化していたと思われる。樹霊信仰が周辺に住む蛇や狐の信仰と結びつく現象は、まれではない。

『日本輿地通志』は、『怪談登志男』の一〇年あまり前に世に出た。このわずかのあいだに突如、狐信仰がはじまり稲荷社建立の段階にまでいたった可能性は、やや少ない。信太の森に生息する狐の印象が徐々に樹霊信仰に入りこみ、両者の習合が進行していったのではないか。中村の森田家の屋敷稲荷が成立したのが一七三〇〜四〇年代と仮定すれば、『懐硯』の葛の玉姫の社《やしろ》はこちらではなく、聖神社側にあったことになるだろう。この点は、盛田の説と矛盾しない。近世の地図には、聖神社の神宮寺に稲荷祠があったという粂の調査結果は貴重である。

粂は、神仏分離で神宮寺が廃寺になったのちに稲荷祠は本殿横に移された、と指摘する。聖神社前の和泉市教育委員会の説明立札（一九九一年）によれば、末社の三神社本殿は、慶長九（一六〇四）年に奥の院に建立され、明治六（一八七三）年に本殿近くへ移された。三神社の一つは稲生神社であり、粂のいう稲荷神社に相当するのだろう。現在も狐像が置かれているところを見ると、稲生＝稲荷と狐のコンビは、いまなお認知されているはずである。近世初期に、稲生＝稲荷と葛の葉狐を結びつける噂があったのかもしれない。『懐硯』の葛の玉姫の正体は、これだったのだろうか。

この推測をうけると、さらにさかのぼり室町時代末の『簠簋抄』で、晴明が母狐と会った社も聖神社奥の院の稲生＝稲荷祠だったと思われる。

秋里籬島の『和泉名所図会』（一七九六年刊）巻三には、

信太の杜　信太郷中村の荘頭森田氏の宅地にあり。信太社より十町ばかり西也。いにしへは森の封境広大なり。今は農家建ならびて、かの居地に方廿間《ほうにじっけん》ばかりなる森ありて、草木繁茂し尋常の叢林なり。稲荷祠あり。奥に白狐祠あり。林中に狐穴多し。

楠大樹。林中にあり。高さ八丈ばかり、周り五丈、株の太さ五尋《ひろ》……。この地は、信太神初《はじめ》て鎮座し給《たま》ふ所とかや。

本文と別に、挿絵の説明に「稲荷祠　一名葛葉祠と称す」とあり、また、楠大樹を「千枝《ちえ》の楠」と記す。聖神社については、信太大明神のタイトルで簡略に説明される。挿絵には奥の院も描かれているが、稲生または稲荷祠は見えない。一八世紀末になると、森田氏居地の稲荷祠が葛の葉を名乗ったことは、明らかである。

『江戸節根元由来記』（可柳、一八〇四年跋）は、信太の原のなかほどの寺の脇に狐が稲荷に祀られ、原の下り口に信太大明神が鎮座し、八町下り信太の森に保奈葛の葉社がある、と述べる。可柳が実地を見たのかどうか不明だが、彼がいう狐の稲荷が聖神社の神宮寺稲荷祠に相当するとすれば、これと聖神社及び葛の葉稲荷社の位置的関係は納得できる。可柳が情報を得た時期には、万松院と森田家屋敷の二か所に稲荷が祀られていた。

結論をいうと、室町時代の終わり頃には聖神社の奥の院に稲荷があり、この祠が葛の葉狐伝承と結びつけられていた。『人国記』（一六世紀半ば成立か）巻上「和泉国」によれば、信太あたりは狐が人を誑《たぶら》かすので有名だったらしい。やがて、狐と稲荷の結びつきが普及するにつれて稲荷祠がつくられ、さらにこれが葛の葉狐伝説の受け皿になったと思われる。(3)一八世紀前半には森田氏居地内に樹霊を祀る祠が成立し、それは狐—稲荷信仰と習合して、この世紀の終わりに葛の葉狐伝承は、聖神社から森田氏居地の祠のほうに移り終っていた。しかし、聖神社のほうも狐祭祀を残していたのである。

狐—稲荷信仰と樹霊信仰との習合については、説明の必要があろう。蛇を媒介にして考えなければならない。蛇は樹上に這いのぼり大樹の洞《うろ》に住むので、蛇と樹霊とはたやすく習合する。蛇も狐と同様に、農耕神・食物神としての一面をもっていた。かくて、樹霊と狐—稲荷も縁を結んだのだと思われる。

雑祠乱立——葛の葉稲荷神社の現状

葛の葉稲荷神社（和泉市葛の葉町）と聖神社（和泉市王子町）の現状を見ておこう。葛の葉稲荷神社所有の『末社原簿』《ニニ》（成立年不明、小西潤子写）を見ると、本殿周囲のお塚（雑祠）に祀られる神の数は九五に達する。『和泉名所図会』で「狐穴多し」とされているあたりに雑祠が乱立したのだろう。

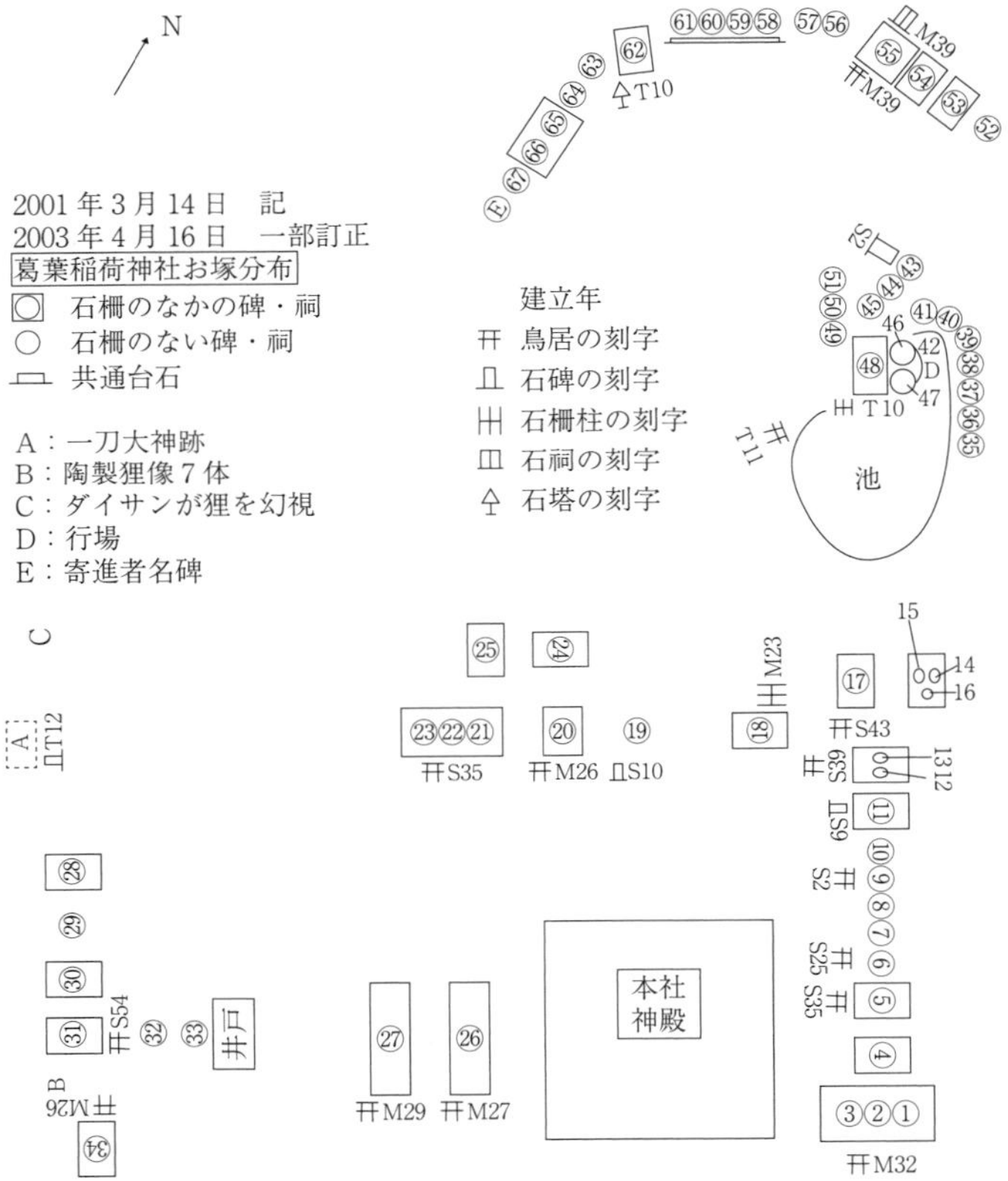

図5　葛の葉稲荷神社（和泉市葛の葉町）の境内

二〇〇一年に著者が調べたところでは、末社及びお塚の数は六七、一つのお塚に複数の神が祀られていたことがあるから、祭祀神数はこれより多く八五となる。**図5・表1**はその配置を示す。ここでいくつかの問題を考えたい。まず、末社・お塚はいつごろから祀られるようになったのだろうか。文献に加えて、鳥居及びお塚を囲む石柵に彫られた造立年記を参考にすると、年代はおよそ四つのグループに分けられる。[4]

1	春吉大神
2	春永大神
3	春高大神
4	白姫大神・末光大神・不動長大神・吉光大神
5	教信徒守護神諸霊
6	竹内大神
7	白明大神
8	（神名不明）豊葦大神か
9	白永大神
10	梅鶴大神・福王大神
11	荒熊大神・白長大神
12	弘法大師
13	不動明王
14	黒竜権現・白姫竜神
15	松平大神・千代一大神
16	松吉大神
17	白光大神
18	小玉大神
19	阿部大神・楠宮大神
20	千代丸大神・葛姫大神
21	石切剣箭大神
22	森吉大神
23	慈母観音
24	義隆大神・静山大神
25	重高大神・岩永大神
26	楠大明神
27	楠大明神
28	葛姫大神
29	葛玉大神
30	玉姫大神・猿依光大神・宗高大神
31	楠木大神・竜王大神
32	（神名不明）奉高大明神か
33	（神名不明）水波女神か
34	厳島大神
35	高春大神
36	春高大明神
37	豊丸大明神
38	（神名不明）葛葉姫神か
39	白滝大明神
40	白長大明神
41	（神名不明）
42	不動明王
43	京春大明神・ヨメ□□□
44	御初大明神
45	白菊大明神
46	末永大神
47	（神名不明）
48	吉広大神
49	（神名不明）
50	（神名不明）
51	（神名不明）
52	格賀大神
53	千代天神
54	千代丸大神
55	（神名不明）葛葉大神・青木大神・猿女大神か
56	葛姫大明神
57	（神名不明）豊中大神か
58	貝徳大神
59	菊松大神
60	王一大神
61	日吉大神
62	国高大神
63	光吉大神
64	梅雨福大神・福王大神
65	樋口大神
66	国高大明神・末光大神
67	馮之木大神

表１　葛の葉稲荷神社お塚祭神（a）数字は碑・祠のナンバーを示す。（b）同一の碑・祠に祀られる神名は・をはさんで連記する。（c）□は柵を示す。

図６　「和泉国信太森千枝楠之図（部分）」（1804 年）

第一期は近世である。本殿に向かって左側の末社＝楠大明神の祠は、千枝の楠を祀る。『日本輿地通志』の楠本の神祠がこれと推定できる。『和泉名所図会』の白狐祠はその挿絵には見えないが、千枝楠の裏に稲荷本祠と九〇度向きを変えて、鳥居が描かれている。これが白狐祠の鳥居だろう。そして一八〇四年刊、一枚刷りの「和泉国信太森千枝楠之図」では、『和泉名所図会』の鳥居の奥に相当する場所に、白狐祠をはっきり見ることができる（**図6**）。現在は、これに相当する祠は存在しない。しかし、お塚の位置及びその神名を考慮すると、（20）の葛姫大神が白狐の名前を変えた姿かもしれない。

第二期に属するのは、明治二〇～三〇年代の年記をもつものである。本殿すぐ裏のお塚群のうち、小玉大神（18）の柵の石柱に明治二三（一八九〇）年の年記があり、千代丸大神・葛姫大神（20）のお塚の鳥居の年期は明治二六（一八九三）年となっている。本殿に向かって左の楠大明神（楠本大神・楠大神）祠（**図7**）の鳥居年記は、それぞれ明治二七（一八九四）

年・明治二九年。また、厳島神社（34）の鳥居は明治二六年。本殿右横の春永大神など、（1）のお塚は明治三二（一八九九）年の鳥居をもつ。さらに、境内の北端に並ぶ一群の祠のうち（55）は、明治三九年には成立していた。

伏見稲荷大社の石碑のお塚が始まったのは、明治一〇（一八七七）年頃だというが、その前から土盛りのお塚はあった。[一六三]葛の葉神社の石碑・石祠のお塚も明治二〇年頃にはじまったが、もっと素朴なお塚はそれ以前から祀られていた可能性がある。ただし、『和泉名所図会』と「和泉国信太森千枝楠之図」には、楠本社・白狐祠を除いてお塚・末社らしきものは見当たらない。

図７　楠大明神　千枝の楠を祀る。楠は根本より二つに分かれているので、夫婦神として二個の祠に別々に祀った

ついで第三期は、大正後半から昭和初期。鳥居・石柵・石碑に当該期の年が刻まれたお塚の番号・記号だけを示すと、本殿右側では（9）・（11）。本殿左側では、今は廃止されたA、池の周辺のお塚では（43）・（48）、北端群で（62）がこれに相当する。

第四期は、第二次大戦後である。番号も省略するが、もっとも新しいのは（31）であろう。石柵に昭和五三（一九七八）年、鳥居に昭和五四年の年記を読みとることができる。

お塚に関与する宗教者の問題も、記し洩らすわけにはいかない。いま取りあげたばかりの（31）について、境内に次のような説明を

	碑・祠名	宗教団体名	刻字場所
0	本社	大阪天満春永講・大阪玉昇講	石柵石柱
		大阪宝明講・大阪玉生講	同上
		大阪神保講	同上
4	白姫・不動長大神	白姫講	鳥居石柱
5	教信徒守護神諸霊	神道大教本山および葛の葉支部	石柵石柱
10	梅鶴・福王大神	平和協会	台石
12・13	弘法大師等	石切生野協会	石柵石柱
17	白光大神	木山協会葛の葉支部	同上
18	小玉大神	大阪玉栄講社	同上
21・22・23	石切剣箭大神他	石切生野協会	鳥居石柱
A	一刀大神（消滅）	石柱一刀会	単独石柱
31	楠木大神・竜王大神	浄覚山信徳寺権大僧正　吉田良斎	石柵石柱
		式内旧府神社宮司　林繁樹	同上
		御嶽教信太山協会　吉村好春	同上
49	（神名不明）	大阪神保講	石碑
50	（神名不明）	大阪春栄講	同上
55	（神名不明）	延栄講	石柵石柱
65・66	樋口大神他	天高講講師　忠地絹子	同上

表２　葛葉稲荷神社関連宗教団体

書いた石碑が建つ。

昭和五三年六月夕暮れちかく、大音響とともに千枝の大楠の大枝が折れて落下し、直下の石灯籠を砕いた。そして落ちた枝をかたづけていると、その下に白蛇がうちひしがれ死んでいた。翌朝以後、さっそく一二〇〇名あまりの有志の協力により、白蛇＝白竜の霊を弔うため、楠木・竜王両大神の祠の建立がはじまり、このたび完成した。

石柵に刻まれた主要な寄進者のリストには、後述の企業のほか、

浄覚山信徳寺権大僧正　吉岡　良斎
式内旧府神社宮司　林　繁樹
御嶽《おんたけ》教信太山教会　吉村　好春

の名を見る。この例を含めて、境内末社・お塚に関与した宗教団体名を鳥居・石柵・台石・石柱のなかから探すと、**表2**のようになる。

気づいたことをいくつか述べたい。第一に、比較的古いのは大阪でつくられた講である。本社の石柵に彫られた年代は不明だが、石の状態から判断すると、少なくともその一部は戦前のものだろう。(18)大阪玉栄講社の名は、明治二三年に造られた柵の石柱の一つに書いてある。この石柱がその後、取り換えられたものである可能性は排除できないが、いずれ比較的古いことは間違いあるまい。(55)の延栄講についてもそのことがいえよう。

第二に、(31)の御嶽教や(5)の神道大教のような伝統のある教派神道結社が関わっていることも、注目される。関西の稲荷巫覡《ふげき》つまりオダイには、御嶽教系が少なくない。(31)の旧府神社は、今は有名ではないが、『日本三代実録』(九〇一年成立)巻二によれば、聖神社などと同時に貞観《じょうがん》元(八五九)年五月に官社に列し、『和泉国神名帳』(一一八九年写)にも記載された由緒ある神社である。現在は神社本庁に属さず、単立となっている。和泉市尾井町に鎮座。同じく(31)の信徳寺は、天台系の金峯山《きんぶせん》修験本宗に属し、和泉市王子町に所在する。(31)のお塚は、神道・仏教の本流の外に位置する地元神社・教派神道・修験が合同して創設した。

第三に、オダイについていうと、お塚の建立と信仰は、おそらくこの種の宗教者の主導により成立した場合が多い。講も彼・彼女らが主催したものが多数と思われる。(65)・(66)の天高講の忠地絹子もその一人かもしれない。なお現在、オダイサン・ダイサン・オダイとよばれる巫覡の前身は、摂津で一九世紀初期には活動していたようである。[一一九]

第四に、（12）・（13）と（21）～（23）を祀る石切生野教会では、弘法大師信仰をうかがい知ることができる。もともと伏見の稲荷神社と東寺《とうじ》の関係は中世以来密接だったので、そのことは不思議とはいえない。しかし、雑多な名称のお塚のあいだに弘法大師が入りこんでいることに違和感を感ずる人がいてもおかしくはない。上田正昭[二五]は、伏見稲荷のお塚における同様の現象について、衆庶が頼る神々の開放性・混成性・創造性を説いている。

オダイなどのさまざまな宗教者や、彼らに指導された信者たちが修行する場所が行場である。葛の葉神社境内にある行場は、池の北側の地下に掘られた洞窟で、そこに不動明王が祀ってある。神社の説明によると、古くはここに滝が落ちており、滝が止まったのちには水道水で修行がおこなわれていた[一三八]。A・ブッシィ[一六二]によれば、一般にオダイの誕生には滝の修行が不可欠であり、いったんオダイとして認められた宗教者も、その完成のため滝修行を続ける。

信者たちの職業・身分は不明だが、お塚の寄進者はいくらかわかる。一八九三年以前の創立と思われる千代丸大神ほかのお塚（20）の石柵・鳥居には、阿倍野中道市場・北天下茶屋・木津市場・大阪天満魚市場等の名が刻まれている。一九二一年にはすでにあった国高大神のお塚（62）の石柵には、泉州電機の名がある。一九五〇年代後半ごろ建立の弘法大師等（12）・（13）の石柵には、和泉製作所・山下メッキ工業所の名が記されている。

もっとも新しい楠木・竜王大神（31）の石柵には、すでに掲げた宗教者のほか宮崎電設工業の名がある。

もちろん、お塚ができたのち時間的間隔を経て社名などが刻まれる場合もあるだろう。石柵の状態から判断すると、国高大神の泉州電機の名は比較的新しい。神社の説明では、この二〇年ほどは新しいお塚の建立は認めていない。楠木・竜王大神の一九七八年あたりが最後だったのではないか。

以上の結果にもとづき、次の想定が可能である。すなわち、比較的古い時期には、お塚は商業従事者の信仰を集めていたが、第二次大戦後には地元中小の工業会社が信者の仲間に入った。

かんじんの祭神の本体にふれないわけにはいかない。オダイが関わるお塚は、おおむね狐信仰または蛇信仰と不可分である。また、楠樹霊信仰に関係しているお塚もまちがいなく存在する。そして、蛇信仰が樹霊信仰にも関わる。以上の件は、葛の葉稲荷神社本社に関して先に述べた説明が、お塚についてもそのまま当てはまる。蛇信仰と樹霊信仰の結びつきは、楠本竜王の祭祀の経緯からもよくわかるだろう。楠の名がつく（19）の楠宮大神のほか、ナガのつく（2）春永大神・（9）白永大神・（11）白長大神などは蛇を暗示する。

大阪あたりでは、蛇をナガサン、狐をシロサン、狸をクロサンとよぶ。[一三]（14）の白姫竜神のように、竜を名乗れば蛇神の本体はあらわに見える。（20）・（28）・（56）の葛姫が、本社の由緒に照らして考えれば狐神であることはいうまでもないが、そのほかにも狐のお塚は多いに違いない。もちろん、狐・蛇・樹霊習合のお塚の存在を疑うこともできない。上記の白姫竜神は、この型かもしれない。なお、のちに述べるように、狸神のお塚も知られている。

ここにきて気になるのは、楠と葛の音通である。かなに濁点をつける習慣は室町時代末期に始まるが、近世でも濁点ぬきのかな書きはしばしば行われた。葛の葉稲荷のお塚に限定すると、そのことがさらに葛＝狐神・楠＝蛇神の同一化に貢献しているとも思われる。

聖神社のお塚の名称は、**表3**の通りである。概して、あまり古いお塚はなさそうである。お塚の祭神名を調べると、葛の葉稲荷神社のお塚祭神と同一のものが少なくない。同じ宗教団体やオダイが関係した部分があるのだろう。本殿北にある御剣大神を中心としたお塚は、比較的大きな御剣大神の石碑を、それぞれ三個の神名を刻んだ一〇個の極めて小さな石碑が取り囲む構成をなす。その三神トリオの筆頭に置かれる神名は、葛の葉稲荷神社のお塚（現在消失をふくむ）神名と共通のものが多い。石柵には大教正・少教正・準教正の名が記される。これを祀った教団のメンバーの名であろう。なお、御剣大神の両脇に陶製狐が置かれる。また、本殿南西奥の塚の黒竜大神・白姫竜神の組み合わせは、葛の葉稲荷神社の（14）とほとんど等しい。いずれも建立は新しいようだ。

三社のお塚を比較する

葛の葉稲荷・聖両社のお塚名を、伏見稲荷山のお塚名と比較してみよう[5]（表3）。伏見稲荷大社が一九六五・六六年に稲荷山お塚の全調査を行った[一六〇・一六一]結果、七七六二のお塚名がすべて明らかになった。ここには全国の稲荷信者の願いが集中している。葛の葉・聖両社のいずれかにあるお塚と、祭神名が共通するものは少なくない。

そのなかで稲荷山に多いお塚の名をあげると、末広（一八四）・白竜（一八〇）・白光（一二三）・白菊（一一八）・玉姫（九三）などである。また、葛の葉稲荷・聖両社共通のお塚には、稲荷山にも多数存在するものが多い。上記の白光・白菊・玉姫などがそうである。これらのお塚祭神はポピュラーであるから、葛の葉稲荷・聖両社にも鎮座しやすかったのだろう。次に、どちらかといえば聖神社にあって葛の葉稲荷神社に欠けるお塚のほうが、逆の場合のお塚よりも稲荷山に多数見られる。上記の末広・白竜がそれである。聖神社のお塚のほうが地域特性が弱いのかも知れない。

葛の葉稲荷・聖両社にありながら、稲荷山には少ない型のお塚にも注目しなければならない。保名《やすな》（稲荷山は0）・貝徳（稲荷山は0）・国高（稲荷山は七）などがこの型に属する。保名は安倍晴明の父・葛の葉狐の夫の名であり、その地域性の根拠は明瞭である。貝徳などについては、そのローカリティの意味は明らかではない。とにかく、これらの特殊な名を持つお塚が両社ともに存在することは、これを祀った宗教組織・信者が両社共通であることを示唆する。両社の一方のみに祀られ、稲荷山にその形跡がないお塚名もある。葛の葉稲荷神社の竹内・格賀・樋口・馮之木、聖神社の愛山・小野女・向陽・剣嶽などがこれに該当する。その一部は、祭祀者に関係する固有名詞かもしれない。

お塚名		お塚数	
葛葉稲荷神社	聖神社	伏見稲荷	同参考
	愛山	0	
青木		32	
	赤手拭	3	
阿部		0	
荒熊		62	
石切剣箭		2	類似名 4
	石光	10	
厳島		3	
	稲荷	29	
岩永		5	
	岩姫	1	
梅鶴		0	
	大高	3	
	おつぼね	0	
	小野女	0	
	大倉	6	
	御辰	4	
御初		1	
貝徳	貝徳	0	
格賀		0	
	眼力	47	
菊松		2	
京春		1	
楠（楠木）		18	
楠宮		1	
葛玉		0	
葛葉		11	
葛葉姫		2	
葛姫		2	
国高	国高	7	
	国高稲荷	0	
黒竜	黒竜	26	
	五社	25	
小玉		4	
	向陽	0	
	最上	11	
猿女		0	
猿依光		0	
	産湯	0	
	しお	0	
重高		4	
	清水	5	産場 1
	白秋	0	
白明		0	
白菊	白菊	118	
白滝		68	
白永		14	
白長	白長	46	
白姫	白姫	53	
白光	白光	123	
末永		15	
	末広	184	
末光		68	
	杉長竜	0	
静山		0	
高春		7	
	滝竜	1	
竹内		0	
	唯丸	0	
	竜永	1	
玉一		19	
玉姫	玉姫	93	
	玉光	80	
千代一		0	
千代天		0	
千代丸		18	
梅雨福		0	
	剣嶽	0	
	照玉	4	
豊葦		0	
	豊玉	18	
	豊竹	6	
豊中		0	
豊丸	豊丸	26	
	虎彦	0	
	白竜	180	
春高	春高	19	
春永		13	
春吉		33	
樋口		0	
馮之木		0	
日吉		11	
福王		0	福玉 37
	福丸	49	
		0	
	正吉	13	
	松高	11	
松平		0	
松吉		22	
水波女		0	
	美王	1	
	御剣	54	
	美津	1	
	光長	11	
光吉		59	
宗高		1	
森吉		1	
保名	保名	0	
	八ツ総	0	八ツ房 3
義隆		0	義高 9
	吉永	3	
吉広		11	
吉松	吉松	11	
吉光		44	
	力松	29	
竜王		5	

お塚の固有神名を記載した。これに大神・明神・大明神・善神・大善神を付した名称は、同一神名とみなして合算した。お塚の固有神名に、上記以外の語、たとえば稲荷・龍王が付された場合は、別神とした。玉姫＝玉姫大神＝玉姫明神＝玉姫大明神＝玉姫善神＝玉姫大善神≠玉姫稲荷。

表３　葛の葉稲荷神社・聖神社のお塚名と伏見稲荷のお塚名

葛の葉稲荷神社の葛の葉・葛葉姫・葛姫と同名のお塚が、それぞれ稲荷山にも一一・一・二個存在するのは、葛の葉狐信仰が稲荷山まで進出したことを意味しよう。オダイは、稲荷山にもお塚をつくる。

では、信者たちはこれらのお塚神にどのようなご利益を期待してきたのだろうか。既述の寄進者名からもいくらか推定できるが、『末社御鎮座所在補正』[二二三]には、それぞれのお塚の神のご利益が書き込まれている。お塚との対応は省略して、順不同でそれらのご利益を示す。

病気快癒（婦人病・皮膚病・胃病・扁桃腺炎・眼病・中耳炎・尿道結石・脳病・肩こり）・子宮（出産か・婦人病か）・出世・学問成就・金福・商売繁盛・集金・料理・幼少年保護

ふつう、神仏に祈願するありふれた現世利益が並べられているが、なかでも諸病平癒の願いがお塚のご利益として期待されていたことがわかる。かつて晴明の母であった狐の姿を今になって見たものはいないが、彼女は人々のために活動を続け、休息することがない。晴明の事跡も現代の人々の興味の対象となり、彼に関する伝記・小説の刊行は、現在（二〇〇〇年前後）、流行とでもいうべき盛況を呈している。しかし、晴明はすでに遠い過去の人でしかない。彼は京都の晴明神社（上京区堀川元誓願寺）に祀られているが、その名声は伝承の世界に退いたのに比べ、彼の母はもともと伝承上の存在であるにも関《かか》わらず、今なお現役であった。名声はとても息子に及びそうにないが、日々、衆庶《しゅうしょ》は葛の葉やその仲間たちとひそかな会話を繰り返している。

お塚の存在は、関西の一部の神社の際立った特性である。葛の葉神社・聖神社のお塚は、その規模に

図８　高山稲荷神社（青森県つがる市）裏の祠内部　中央はダキニ天と狐

おいて比較的大きなものであろう。オダイがいない関東の稲荷神社の境内にも、稲荷系小祠・雑祠がしばしば見られるが、お塚のように整った祠が多数配置された例を知らない。もっと北へ行き、イタコ・ゴミソ（カミサマ）の活動地帯に入ると、お塚類似の現象がみられる。この地域では、稲荷と狐の同一視はとくに著しいという。

つがる市車力の高山稲荷山裏における境内祠の林立は壮観である。**図8**に、祠《ほこら》の一つの内部を示す。直江広治[一一六]によれば、高山稲荷は明治のある時期以後、流行神的に盛んになったらしい。その背景には、宮司《ぐうじ》が各地のゴミソに神習教の教導職免許を斡旋《あっせん》した、という経緯があった。神習教は戦前からの教派神道の一つである。以後、これらのゴミソ活動圏で高山稲荷信仰が発展し、ゴミソが講を組織して高山に参詣する習慣も生まれた。ゴミソと高山稲荷神社の関係は現在も続き、一九六五年の大祭世話人名簿にはゴミソがかなり混ざる。

以上の直江の調査とは独立して、今野円輔[六九]もカミサマの高山稲荷参りについて報告している。車力村の北、津軽半島の北部にある中泊《なかどまり》町小泊には神理教という宗教団体があり、これに属するカミサマは高山稲荷にはしょっちゅう行くという。神理教という名の教派は、九州を中心として勢力をもつ団体があるが、中泊町の神理教はこれとは一応別だろう。ゴミソ・カミサマと山の裏の小祠群の関係は具体的には不明であるが、これが彼・彼女らの活動と無関係とは思えない。

本社との不即不離、生成廃滅の流動、信仰の多様などのお塚の特徴は、個々のオダイの浮沈の激しさをも反映している。しかし、狐が蛇と手を携《たずさ》えて支えているあいだは、お塚信仰は継続するだろう。

さらに一つ、話題を追加しよう。現在、神社が出している『泉州信太森葛葉稲荷由緒』[七八]によれば、本殿内に白狐石と御霊石が安置されている。白狐石は、晴明の父＝保名の命婦《みょうぶ》白狐が身を写したものとされ、葛の葉稲荷神社の神体でもある。ここで命婦白狐とは、もちろん葛の葉狐を指す。白狐石は、現在は公開されていないが、かつて公開された時期があったらしく、豊島泰国[一一四]の著書に写真が掲載されている[6]。横一〇数センチ、縦一〇センチほどの小さな石に、狐の姿が浮き出す。御霊石は、葛の葉狐が保名のもとからこの森に帰ったとき、化した石だという。

葛の葉狐の化け石は、先述の旧府神社にもある。伏見稲荷大社社務所奥の間にも、一尺四方の白狐石が安置されている[一三四]。ちなみに、戸田茂睡の『紫の一本』（一六八三年成立）巻下によれば、江戸湯島の妻恋稲荷社の神体は、「黒石に白狐の貌《かたち》あり」という。西村藐庵の『花街漫録』（一八二五年序）巻上は、江戸新吉原の西角にあった赤石稲荷の境内から石が掘りだされ、その石には狐が玉に向かう姿が映っていた。芦屋道海の『近村めぐり一歩記』（一五七五年成立）は、姫路近辺の山にある人取り石は狐が化けたものだ、という伝承を紹介している。これらの狐の石化は、玉藻の前の石化伝承と同源かもしれない。

狐は石と縁があるようだ。玉藻の前の場合はどうだかわからないが、農耕神としての狐は土地神でもあった。そして石は、土地が圧縮された精とも認識されたのではないだろうか。

そののち、葛の葉は狸とも見なされるようになった。早池峰神楽の幕間《まくあい》狂言『猿引き』には、「保名くどき」という歌が入る。[7] ただし、この狂言が採録されたのは一九七〇年だから、葛の葉がいつから狸になったのかはわからない。

　国は泉州安倍野の里よ。安倍の保名の妻子の由来。もとは狸で命の恩人。女と変じて保名とつれた。忘れ形見に童子をもうけて、童子七歳秋までつれて、秋の小菊に我目をくれて、親と子ながら親恥ずかしい。

それかあらぬか、オダイが狸を祀ったお塚がある。憑之木大神（67）がそれである。国高大神（62）・国高大明神（66）は、憑之木大神と同体とする説もあるようだ。憑の意味は、「たのむ・たよる」。このお塚を設立した人は、「憑之木」を「タノムノキ→タノキ→タヌキ」と読ませたのではないだろうか。そして内容的には、樹木に憑依《ひょうい》した狸の霊を表したのではないか。また**図5**のCのあたりでは、かつてあるオダイが狸を幻視した。[一三八] Bには、信者が持ち込んだ信楽《しがらき》焼などの狸像が七体置かれている。これらの狸像はかなり新しい。まずは一九七〇年以後のものだろう。稲荷への狸の侵入は、現代では各地に見られる興味ぶかい現象である。葛の葉稲荷神社の場合には、近世末期以後に大阪に入った徳島の狸信仰の波及の結果も無視できないだろう。[一二八]

註

（1）この上方狂言の存在は、井口恵吉氏からいただいた氏の著書[一〇]で知った。

（2）正応二（一二八九）年写の『和泉国神名帳』には、正一位信太聖社のほか、正四位信太大杜社・従五位信太楠本社の名が見える。『日本輿地通志』に信太中村にありとする神名とおなじである。二つの記載の関係について、解釈は次のように幾通りか可能と思われる。第一、名称はおなじだが別の社を指す。第二、『和泉国神名帳』の両社が、後に森田家屋敷内に囲われた。たぶん、第一が事実だろう。『延喜式』（九二七年成立）巻九の神名に、和泉郡楠本神社がある。これが森田家の楠本神社と同一とは考えにくい。楠本は樹霊信仰の社としてありがちの名なのだ、と思われる。

（3）林羅山の『本朝神社考』（一六四〇年頃成立）巻六には、摂州の垂井氏が大蔵谷（現、明石市大蔵谷）で美女に出会い、彼女を妻として子をもうけた話が出る。子に正体を知られた母狐は去るが、残された子は謡《うたい》の名手になった。信太妻に倣《なら》ったそのヴァリエーションが生れはじめていたのか、それともこれに先立ってこのあたりの狐の性格が改善され、狐女房伝承が誕生していたのか、どちらとも言えない。

（4）これらの時代推定は、葛の葉稲荷神社が所持する『末社御鎮座所在』[二二]・同補正[二三]（いずれもA４一枚手書き、筆者・筆記時期不明）と二〇〇一年の私の調査結果、および鳥居・石柵等の年記を照合してえられた。『末社御鎮座所在』・同補正は、沼通子氏、および小西潤子氏のご好意で見ることができた。時代を記さなかったお塚の建立期は、おおむね古い。ただし（10）は、信者団体の名称から判断すると、戦後建立だろう。

（5）稲荷山のお塚名と葛の葉稲荷神社のお塚名の比較にさいしては、後者の現存しないお塚名も示した。根拠に使ったのは、『末社原簿』・『末社御鎮座所在』である。

（6）沼通子氏提供の情報による。

（7）杉仁氏・土佐秀里氏提供の情報による。

第三章　源九郎稲荷

『義経千本桜』と源九郎狐祭祀のはじまり

竹田出雲《たけだいずも》・三好松洛《みよししょうらく》・並木千柳《なみきせんりゅう》の『義経千本桜』（一七四七年奥書）は、源九郎《げんくろう》と称する狐の名の由来談でもある。長いストーリーのうち、源九郎狐に直接には関係しない部分は一切省略し、ごく大要を紹介する。

京を落ちのびていく源義経とその家来＝亀井六郎・駿河《するが》次郎、それに静《しずか》の一行が、伏見稲荷神社の前で追手《おって》に発見される。そして後白河上皇から義経に賜《たまわ》った因縁の初音《はつね》の鼓《つづみ》を追手に奪われた。そのとき母の病気の介抱のため出羽《でわ》にくだっていた佐藤忠信が突然現われ、追手をたちまち打ち倒す。義経は、静と初音の鼓を忠信に預け、まさかのときには源《みなもとの》九郎《くろう》義経を名乗って敵を欺くようにと、自分の鎧《よろい》を忠信に与えた。義経は、静・忠信と別れ、亀井・駿河および途中から追いついた弁慶とともに、九州の緒方を頼ろうと、大物の浦から船に乗る。ところが義経一行は、海上で荒波にうち寄せられ住吉の浦に着く。ここから彼らは吉野に入って、河連法眼の館にかくまわれた。

そこへ忠信が到着する。義経は、「静はいかがしたか」と尋ねるが、忠信には静を預かった覚えがない。悶着がおきているところへ、もう一人の忠信が静をともなって入ってくる。義経が吉野にいるという情報を聞いた静は、忠信を連れその後を慕ってきたのだ。騒ぎが大きくなっていくうちに、静をともなってきた忠信は姿を消す。消えた忠信の正体を見きわめようと、静が初音の鼓を打つと、その美しい音色に誘われ忠信が現れた。問いつめられて彼は言う。「それなる初音の鼓、桓武《かんむ》天皇の御宇《ぎょう》、内裏《だいり》に雨乞いありし時、この大和の国に千年功経る雌狐雄狐、二匹の狐を狩り出し、その狐の生き皮を以《も》って拵《こしらえ》たるその鼓。……その鼓は私が親、私めはその鼓の子でござります」。親を失った子狐は、親孝行する機会もなく、他の狐に蔑《さげす》まれてきた。ただ頼みは、その鼓である。初音の鼓の皮には、親狐の魂がとどまっている。これに付き添うのがせめての親孝行と思ったが、禁中に保ちおかれているため近づけない。ところが天道様のお恵みで、鼓を賜った義経の一行が稲荷の森を通ったので、忠信になりすまして現れた。静が義経を慕って打つ鼓の音も、この源九郎狐には親の声に聞こえるのだ。いま、親狐の鼓は子狐に諭《さと》す。本物の忠信の不審のもとになったからには、「暫《しばら》くも忠臣を苦しますは汝《な》が科《とが》、早ばや帰れと父母が、教《おしえ》の詞《ことば》に力なく、元の古巣へ帰りまする」と源九郎狐。義経はしばらく制止して、「静を預かり長ながの介抱、言葉には述べがたし。……これを汝に得《え》さする」と初音の鼓を源九郎狐に与えた。そこへ吉野一山の衆徒が、義経の首を取ろうと押し寄せてくる。本物の忠信は、義経の名を名乗り討ち死にして事態を収めようと謀《はか》ったが、意外な結末が待っていた。押し寄せてきた衆徒たちは、源九郎狐の転変の通力《つうりき》により、片端からひねり倒されてしまったのだ。最後に現れたのは、横川《よかわ》の法眼、じつは壇ノ浦で沈んだはずの平教経の仮の姿である。いくらかの応答ののち彼は、義経と対決するかわりに、忠信と勝負することになった。忠信と教経が力をつくして争ううちに、狐忠信つまり源九郎狐が本物の忠信に入れ替わり、教経に組み敷かれたが、義経の鎧のなかには何者もいない。そこへ本物の忠信が現れ、兄＝佐藤嗣信の仇を討つ。

つまり主人公の狐は、義経の身代わりを頼まれた忠信の身代わりとなった。狐忠信はかくて生まれたが、じつは源九郎狐は『義経千本桜』が成立するまえから、その存在が認知されていた。

西鶴は『西鶴諸国ばなし』（一六八五年刊）巻一で、大和の源九郎狐は姫路の刑部《おさかべ》狐（次章で説明）の弟で、女性の髪を切ったり焙烙《ほうろく》を割らせたりして万民を煩わせる、と述べている。続いて元禄一四（一七〇一）年初演と思われる近松門左衛門の『天鼓』にも、端役としてではあるが大和の源九郎狐がほかの狐どもとともに登場する。詳しくは、すぐあとに紹介したい。

さらに、寺島良安の『和漢三才図会』（一七一三年刊）巻三八の狐の項に「およそ狐は多寿、数百歳を経る者多くして皆人間の俗名を称す。（大和源九郎、近江小左衛門の如きはこれ也）」と記す。八文字屋自笑らの『鎌倉諸芸袖日記』（一七四三年刊）巻四―一にも、源九郎の名が出る。難波《なんば》の紅屋太郎右衛門は七三歳にもなり曾孫までいるが、踊りは下手の横好き。町の参会にせせり出て、仕舞小唄がはじまると、

「わしは大和国源九郎が家来、青葉半之助」と声を張りあげ、大昔の役者のせりふを抜けた歯のすきまから洩れだし、歌い踊る。太郎右衛門がなぜ源九郎の家来を名乗ったのか私にはわからないが、当時の読者はそこで笑える知識を共有していたのだろう。私が知らない浄瑠璃などで、源九郎の家来＝青葉半之助がおもしろい役どころを演じるのかもしれない。

以上の資料に照らして考えると、『義経千本桜』が出た一八世紀中葉には、源九郎狐は大和国を代表する狐として周知であったことがわかるだろう。しかし、この狐が大和のどの地域を住みかとしていたのか、ここでは不明である。

源九郎狐が、稲荷と結びついたことを示す最初の文献は、山田知子[二〇〇]が示すとおり村井古道の『奈良坊目拙解』（一七三〇年序）である。その巻九によると、現在、奈良市漢国町《かんごくちょう》の念仏寺（浄土宗）の境内に、まず享保《きょうほう》五（一七二〇）年に稲荷神社が建立《こんりゅう》された。引き続き享保七年、裏の山陵《さんりょう》に住んでいるという源九郎狐を祀《まつ》るため、狐稲荷一座を末社とした。この書の説明では、通常の稲荷とは別に「狐稲荷」という呼称が使われている。そして、狐稲荷は稲荷神ではなく、狐を祀るのだと公言された。狐稲荷の記述は、同書巻七の天満宮の項にも見られる。享保三（一七一八）年、天満神地に住む古狐が神主に付き、祠《ほこら》を造るように要求したので、これを創建した。古道は、狐は稲荷の使者であって神霊ではないとコメントしているが、一八世紀の初期には、奈良のあたりでも狐と稲荷との混同が始まっていたことは間違いない。

図９　源九郎稲荷神社　奈良県大和郡山市洞泉寺町

源九郎稲荷は、現在も念仏寺及び近くの漢国神社の境内に祀られる。神体はダキニ天である。元来、念仏寺にあった稲荷が神仏分離政策で漢国神社に移されたが、念仏寺は神体等を保持し、第二次大戦後、源九郎稲荷社を再建した。そしてこの稲荷は、大和郡山市《やまとこおりやま》の源九郎稲荷を勧《かん》請《じょう》して祀られたという説もある。源九郎狐の伝承は、この名の稲荷が建立されたきっかけとして無視できない。しかし、享保五年の稲荷も含めて、稲荷祠建立に農民たちの五穀豊穣の願いが込められていたことも無視してはなるまい。

現在も、すぐ南の大和郡山市にも源九郎狐が祀られている[二〇七]（**図９**）。この稲荷は、洞泉寺町洞泉寺（浄土宗）の鎮守であった。米山徳馬によると、洞泉寺は天正九（一五八一）年に長安寺村（現、大和郡山市長安寺町）に創建され、四年後の天正一三年に現地へ転じた。異伝も知られる。洞泉寺刊『源九郎天略縁起』[二]によれば、天正一一年の頃、廻《かい》国行脚《こくあんぎゃ》の僧＝宝誉が長安寺に錫《しゃく》を停めたとき、夢に白狐が現れて「郡山城巽《たつみ》の広野に住む源九郎」と名乗り、郡山に一寺を建立し寺内にダキニ天を祀るよう求めた。こうして洞泉寺と源九郎稲荷が創立《そうりゅう》されたのち、豊臣秀長が郡山城にこれを勧請したという。宮坂敏和[一七七]が引く『洞泉寺縁起』は、秀長が郡山城を築城したとき、吉野川岸の稲荷を城内に勧請したのが源九郎稲荷のはじまりで、のち享保四

（一七一九）年に洞泉寺境内に移されたと説く。

いずれの説が史実であるかわからない。しかし、郡山城に勧請された稲荷の名が源九郎稲荷であったとは考えにくい。一つには、勧請した秀長の兄の秀吉は織田信長の死後、天正一三（一五八五）年七月まで平氏を名のり、そののち翌年一一月まで藤原氏と称している。秀長が郡山城に入ったのは天正一三年である。形式的にでも平氏と称していた彼が、義経を連想させる名称の稲荷を勧請したとも思えない。あと一つ、この頃、源九郎狐がこの世に存在し、しかも稲荷の眷族とされた証拠がない。洞泉寺または郡山城に祀ったのは、別の名の稲荷ではないだろうか。

源九郎稲荷（郡山）社務所の『大和源九郎稲荷神社の略縁起』[六〇]によれば、この稲荷はかつて寛平稲荷と称していた。郡山城または洞泉寺にあった寛平稲荷が、近世のある時期以後、または享保の頃、源九郎狐と結合して名称を変えたのかもしれない。もちろん、当初の稲荷の名は寛平でも源九郎でもなかった可能性も大いにある。なお、神体は『源九郎天略縁起』の伝承の通りダキニ天である。現在の崇敬者組織は奉賛会。社前の燈籠には宝暦一二（一七六二）年と刻まれている。近世中期には近隣農村の支持を受けていたのだろう。

とにかく、享保の頃までには源九郎狐が稲荷そのもの、またはその眷族と公認され、ほぼ同時に大和の北部二か所で祀られるようになったことは事実だろう。

『義経千本桜』以前――源九郎狐の誕生

『天鼓《てんこ》』の話に入る。この浄瑠璃では、「千年劫経る狐の革にて張ったる鼓、天竺《てんじく》より渡りしを、これを天鼓と名付く」とされる。富士丸という者が、新年に宮中で万歳楽《まんざいらく》を奏するのが習慣であったが、富士丸の死後、残されたのは娘の沢潟《おもだか》だけだったので、家臣の智略之介・武略之介があとを継ぎ、沢潟を立てながら家宝の天鼓を守っていた。

そこへ、親王《しんのう》から沢潟に天鼓を携《たずさ》えて出仕するよう仰《おお》せがあった。沢潟の叔父の時景は、沢潟の果報を嫉妬して天鼓を奪い、彼女を亡き者にし、代わりに自分の娘の夕映《ゆうばえ》を沢潟と偽《いつわ》って出仕させようと策謀する。ここから天鼓をめぐるドラマが展開するが、狐・稲荷に関連する場面だけ掲げよう。

（1）時景は新たに狐を捕らえ、その革で偽の天鼓をつくり夕映に持たせ、参上させようとする。沢潟の恋人＝雪枝の家来の巴丸がそのため狐釣《きつねつり》を命じられたが、丹波《たんば》国能勢に住む古狐が巴丸の叔父の僧に化けて狐釣をやめさせる。この話柄《わへい》は、狂言の『釣狐』（または『こんくゎい』、一五八一年以前成立）から借用された。なお、古狐は天鼓の皮にされた狐の夫であり、妻を守護して天鼓につきそっている。天鼓が天竺渡来という冒頭の説明と食い違うようにも思えるが、能勢の狐が、千年前には天竺にいたと考えれば矛盾はない。かりにそうだとすると、ここには玉藻《たまも》の前《まえ》の姿がおぼろに重なって見えてくる。

（2）沢潟は、父の墓のある堺の寺を訪れ滞在した。一方、智略之介・武略之介は雪枝を尋ねて大和に入ろうと、木津主の渡しにいたる。そのとき、急いで船に乗り込み、岸に着くや否や舟賃を払わず走り去ろうとする童子と出会う。この童子の正体は、伊賀上野《いがうえの》の弥介という狐であった。丹波四松の白狐の御台の皮でつくった天鼓を護るため、日本国中の狐が三日がわりに番をする。弥介は父親の弥左衛門狐の名代《みょうだい》として、天鼓を護る当番に間に合うよう堺の寺をめざし急いでいたのだった。弥介が寺に着くと、時景とその子の宇治太郎が来襲し、寺の住持《じゅうじ》に沢潟と天鼓を渡すよう要求する。住持は断固として拒否し乱闘になるが、たちまち住持をはじめ僧侶たちは搦《から》め捕られてしまう。弥介も奮闘し時景に重傷を負わせるが、結局、宇治太郎に殺され天鼓も奪い取られた。

（3）大和国三笠の山の麓の御殿で、時景は天鼓を親王に献上し、沢潟は自害したと偽る。そのとき、沢潟の幽霊に化けた弥左衛門狐が現れ、親王に真相を告げ、時景親子を成敗《せいばい》した。そして弥左衛門狐が「こん、こん、こん」と呼ぶと、沢潟とその縁者たちがそれぞれ一匹の狐に伴われ姿を現わす。沢潟と雪枝を連れてきたのは姫路のお次郎狐、雪枝の弟を連れてきたのは近江《おうみ》の小左衛門狐、智略之介を伴い来たのが大和の源九郎狐であった。そのほかの狐の名は省略する。ストーリーは、「福神徳神五穀神、稲荷の神の御神力めでたし、尊し、ありがたし、喜ばし、賑《にぎ》わし……」で締めくくられる。

この物語を概観して、次の読み取りができるだろう。第一に、源九郎狐をはじめ登場する狐たちは稲荷の眷族とされているが、特定の稲荷と結びついていた気配はない。もともと関西の固有名詞をもつ狐の多くは、信仰とは無関係に人の姿に化けて人を惑わし、ときには危害を加える類《たぐい》のもののようだった。それが、やがて稲荷の名に採用されることもあった。葛の葉狐も、安倍晴明伝説以前の妖狐の痕跡をとどめる。

一例をあげると、次のような噂話が流れていた。大朏東華の『斉諧俗談』（一七五八年刊）巻四によると、河内《かわち》の塚本狐（雄）は、信太《しのだ》の狐（雌）のもとに通った。信太の狐とは、前章の主題、葛《くず》の葉《は》狐を指すのだろう。葛の葉は保名《やすな》と別れたあと、狐同士の愛情に目覚めたとみえる。それはさておき、葛の葉稲荷の狐が、稲荷の眷族化の流れのなかで関西のほかの狐に先行したという実績は否定できない。源九郎狐は、『天鼓』の段階では稲荷眷族化へむかう過渡的段階にあったといえよう。『天鼓』より半世紀近くあとに出た『義経千本桜』の源九郎狐は、義経との密着に偏《かたよ》りすぎたため稲荷とのつながりを絶ってしまったのだろう。

第二に、近世中頃までに成立した『天鼓』『義経千本桜』の狐は、同時期の東国《とうごく》の狐に比べると乱暴である。これらの創作を女化《おなばけ》稲荷などの伝承と比較するのは少々無理があろうが、関西の浄瑠璃の狐の背後に、当時のこの地方の狐イメージがあったことも間違いあるまい。次章に述べる中世末播磨《はりま》の伝承の狐にも、同じような乱暴さが目立つ。狐信仰の流布が、東国に比べて遅れたことと関わりがあろう。

第三に、狂言『釣狐』→浄瑠璃『天鼓』→『義経千本桜』のあいだに一部、話柄《わへい》継承関係を見てとるのはたやすい。それぞれ先行作から重要な話柄を取り込みながら、独自の趣向をつくりあげた。『天鼓』では、巴丸の叔父が僧に化けて「ことに狐は世の常の獣にかはり、天竺にては斑足太子《はんそくたいし》の塚の神、大唐にては吒枳尼天《だきにてん》、我朝にては稲荷大明神とあらはれ」たのだから、狐を捕るなと諭《さと》す。ちなみに、この台詞《せりふ》は一七世紀に行われた狂言諸本のうち『狂言記』（一六六二年刊）巻二の『こんくゎい』のものに似ている。ただし、『狂言記』では「大唐にては幽王の妃と現じ」となっている。狂言はさておき、二つの浄瑠璃の継承関係についていうと、狐の皮を張った『天鼓』の天鼓は、『義経千本桜』の初音の鼓に再現された。前者では、妻の皮で製した鼓を夫の狐が守護するが、後者は両親の皮でつくった鼓に子狐が付きそう。

初音の鼓については、あと一つの系譜を考慮しなければならない。『義経記』（一五世紀成立か）→近松の浄瑠璃『吉野忠信』（一七三〇年頃刊か）→『義経千本桜』の流れである。『義経記』巻五では、義経は静に初音の鼓を託して訣別《けつべつ》するが、その鼓は羊の皮で張った唐伝来の鼓である。『吉野忠信』第四段にもほぼ同様の場面があるが、唐渡来の初音の鼓が羊の皮製だとは書いてない。おそらく、直接には近松の二つの浄瑠璃における二つの鼓、つまり初音の鼓と天鼓が『義経千本桜』で合流したのであろう。

第四に、天鼓のモチーフには天狐との音通の意識が込められている。天狐とは、古代中国では天に通じる霊力をもった狐を意味する。日本の平安時代に、それが天狗や天狗に化けた鳶《とび》を表すものと解釈されるようになった。これらは、高所から響く音響の怪異を発する。天鼓については、藤原宗忠の『中右記』天永三（一一一二）年一〇月二三日以降の条に、東方より太鼓を打つような大鳴動があり、天文博士《てんもんはかせ》は「これは天鼓の音だ」と説いた由の記事がある。この天鼓も、高所から来る異様な音源という点で、天狐＝天狗と共通する。

しかし、浄瑠璃の天鼓は、中国伝来の天狐の意味をより強く取り込んでいる。天狐は、その皮で製作した天鼓に天通の力能《りきのう》を移し入れた。『天鼓』の皮となった狐、それに、おそらくは『義経千本桜』の初音の鼓の皮と化した狐も、天狐の霊を秘めていたのだろう。奇跡はここから生まれた。親狐の皮を人にとられた後者の子狐、妻の皮を加工されてしまった前者の夫の狐が、人を怨む様子を見せない理由は、皮の材料の狐は天狐（鼓）として、なお生きているからであろうか。

第五に、狐のゲンクロウの語源は、義経の名とは無関係としたほうが無理がない。しかし、これが源九郎と表記された段階では、義経との連想は不可避であった。あるいは、義経を念頭においてはじめて、源九郎の表記を得たのかもしれない。『義経千本桜』は、このような事情を前提にして成立した。

では、義経の身代わりになる前に、ゲンクロウの名はどのような由縁《ゆえん》で狐に付けられたのだろうか。結論をいうと、私にはわからない。『言元梯』（大石千引、一八三四年刊）の、毛黒狐《けのくろきつね》からの転だとする説は無視できない。九郎がクロ（黒）に由来するという点では、異存はほとんどない。源は、あるいはクロと同義の玄の転かもしれない。実際、千引も、ゲンクロウを玄九郎と表記している。前著で明らかにしたように、古代において玄狐が瑞兆《ずいちょう》とされていた時期があった。ただ、同義の二語を重箱読みに重ねて単語を構成する習慣が、普通にあったとも考えられないので、この説に自信があるわけではない。ほかの狐の名も平凡だから、ゲンクロウも最初から元九郎のように平凡な名前だった可能性もある。

ところで、近世後期の合巻本《ごうかんぼん》に式亭三馬の『腹鼓狸忠信《はらづつみだぬきただのぶ》』（一八〇九年刊）がある。兎に土舟ともに沈められた狸を父親にもつ子狸が、猟師の力を借りて敵討ちを志す、という話の大筋は、朋誠堂喜《ほうせいどうき》三二《さんじ》の黄表紙の『親敵討腹鼓』（一七七七年刊）からの借用であった。前者の文章には、後者の一部をほとんど引き写したままのくだりさえ、いくつか見られる。要するに、狸が釜に化ける型の「ぶんぶく茶釜」と『義経千本桜』の初音の鼓のパロディー話柄《わへい》を、『親敵討腹鼓』のストーリーに挿入して造作されたといってよい。話は、子狸が「狐は稲荷の使いとされ芝居でも用いられるのに、狸はなぜ無視されるか」と残念に思い、ちょうど『義経千本桜』の芝居がかかっていたので、狐忠信の様子を見に行くところからはじまる。

図10　狸の陰嚢の皮で張った鼓を打つ正直爺と、鼓の皮の孫狸が化けた男　『腹鼓狸忠信』(1809年)

「ぶんぶく茶釜」のパロディーは省略するとして、初音の鼓のパロディー話柄について述べると、初音の鼓の役を「そらねの鼓」が果たす。そらねの鼓（**図10**）は、兎に殺された狸の父親、つまり主人公の子狸の祖父の金玉の皮で作られた。「そらね」は、もちろん「狸のそら寝」にかけた駄酒落《だじゃれ》でもあった。「空音」・「嘘音」でもあろう。『腹鼓狸忠信』の筋は、『義経千本桜』の筋とまったく違う。持ち味も異質のものである。にもかかわらず一八世紀中期の狐の話が、一九世紀初期には狸の話にすり替えられたことに注目すべきだろう。

遺憾ながら『腹鼓狸忠信』の私が見た本では、題名からの予想に反し、源九郎狸も忠信狸も登場しないが、源九郎稲荷の祭神または眷族がなかば狸に変わった実例がある。鬼内仙次[四八]によれば、大阪市中央区生玉町にある生国魂《いくくにたま》神社境内の源九郎稲荷は、狸を祀っている。生国魂神社[一〇九]及びこの神社の講のかた[五九]の話を総合すると、次のようになる。

大阪の源九郎稲荷の前身は、かつて生国魂神社のすぐ南にある源聖寺坂に、大和郡山の源九郎稲荷神社から勧請されたものである。その時期は不明だが、明治の頃はすでに祀られていた。一九八八年に、道路工事のため坂から立ち退かなければならなくなり、崇敬者が生国魂神社の宮司に依頼して現在の場所に移した。現在の講を構成している崇敬者のあいだでは、源九郎稲荷の祭神または眷属《けんぞく》が狸であるという認識はない。まわりの人たちの俗信らしい。

源聖寺坂に源九郎稲荷が勧請された動機は、源の名を共有したからであろう。これが狸を祀ると見なされた一般的背景には、ほかの機会に詳説した[一二八]大阪における狸祠の発展という事情が存在する。加えて、特殊的には九郎が黒と音通であり、大阪では狸を「クロさん」と呼ぶことも[一三]無視できない。

第四章　長壁神社の狐

姫路城の妖異と狐付きの関連

狐は、稲荷の神とだけ縁を結ぶとは限らない。前著で明らかにしたように、一二世紀の狐は稲荷と特別の関係をもつ以前に、伊勢《いせ》と連絡したようである。中世以後、狐が稲荷に集中するに伴い、他社と狐との結縁《けちえん》の機会は著しく減少した。とはいえ、そのような例が絶無というわけではない。近世に入る直前、関西で狐と伊勢の縁が切れていなかった証拠がある。愚軒の『義残後覚』（一五九六年成立）巻六では、一七歳の娘に付いた狐が神明《しんめい》と名のり、娘は伊勢福と呼ばれて、さまざまな奇跡を演じた。(1)

近世にも『本朝故事因縁集』（一六八九年刊）巻三は、伯耆大山《ほうきだいせん》智明権現の使者＝横山狐について語る。よろずのことは、この狐に頼れば成就するという。菊岡沾涼の『諸国里人談』（一七四三年刊）巻五にも同様の主旨の文が見られる。春名忠成の『世説麒麟談』（一七六一年序）巻三によれば、播磨国赤穂《あこう》郡岩城谷（現、上郡町岩木か）の猟師が、美作《みまさか》国白水村の氏神＝八幡宮のすぐそばで狐の足にケガをさせた。すると、猟師の定宿の親父にその狐が付き、「我は当社八幡宮の使はしめなり」と名乗った。これらの記載は、狐信仰が西日本の一部の地域にも東日本と同様、稲荷と一応、独立に存在しえたことを示唆する。今から話題に取りあげる刑部《おさかべ》神社の狐も、その一例であろう

天正一九（一五九一）年成立の『播磨国神名帳』の大社二四社のなかに姫路刑部《おさかべ》太神があり、飾東《しきとう》郡の小社二六社のうちに播磨富姫明神が記されている。近世になってから狐との密着がしきりに噂された姫路の社《やしろ》は、この二社であった。前著で詳しく述べたが、姫路城の天守閣が完成した慶長一四（一六〇九）年頃から、姫路城内に妖異が相次いだ。その年の一二月、城主の池田輝政および夫人などにあて、「播磨のあるじの太天神とうせん坊」と「みやこ主せんまつ」から書状が届く。遠江《とおとうみ》の四りんぼう・九りんぼう等の小天神が輝政夫妻を調伏《ちょうぶく》しようとしているから、これを退けるために八天塔を建て、護摩の法を修めよというのが書状の内容である。ここで天神とは、天狗を意味すると解してよいだろう。遠江の地名が突然出てくる理由は不明だが、輝政の生地が尾張であり、当時の夫人は徳川家康の娘＝督姫であった。彼女は最初、北条氏直に嫁いだ。このように、一家が東海地方と縁が深いことに関わっているのかもしれない。

これに関連して、狐付きの発生など姫路城内の怪異は刑部神の祟りだという流説《るせつ》もあった。古来、姫山の地主神であり、ここに築城されたのちに城内にあった刑部社を、豊臣秀吉が城外に移したのが祟りのもとであるという。そこで輝政は城内に神殿をつくり、刑部神を遷座《せんざ》した。

以後、姫路城の怪異譚は数多く語られている。まず、狐に関するものをあげよう。西鶴の『西鶴諸国

ばなし』（一六八五年刊）巻一によれば、「としひさしく播磨の姫路にすみなれて、その身は人間のごとく、八百八疋《ひき》のけんぞくを使」う〝於佐賀部《おさかべ》〟と呼ぶ狐がいたという。山口幸充の『嘉良喜随筆』（一七五〇年代成立か）巻三には、「播磨の天守五重目にをさかべと云ふ社あり。そこにいる霊狐が天守に来たりすむとみゆ。種々の奇妙をなす」とある。他方、『諸国百物語』（一六七七年刊）巻五、三坂春編の『老媼茶話』（一七四二年序）巻五、鳥山石燕の『今昔続百鬼』（一七七九年刊）巻上では、女性の妖怪の存在を説く。『今昔続百鬼』の挿絵（**図11**）を見ると、その顔には狐の気配を感じる。そして松浦静山『甲子夜話』（一八二三年記）巻三〇、西田直養の『筱舎漫筆』（一八四九年成立か）巻五二は、姫路城の天守の上に「女神の〝をさかべ神〟を祀る」と伝える。

図11　長壁　『今昔続百鬼』（1779年）

女神・女妖怪説はあとまわしにして、狐説についてしばらく私見を述べたい。姫路のあたりでは、中世末には狐の妖異に関する風聞が盛んに出まわっていたようだ。

芦屋道海の『近村めぐり一歩記』（一五七五年成立）は、「狐女房・妖狐型」とでも呼ぶべき伝承を記す。

大永《たいえい》二［一五二二］年、大江の玄峰という僧が狐と夫婦になったが、狐は玄峰を食い殺し、三年後に男子を産んだ。今英賀西［現、姫路市飾磨《しかま》区《く》英賀西《あがにし》町《ちょう》」の八郎大夫《たゆう》という農人は、この狐の孫のよし。

狐が産んだ子と玄峰との関係は不明である。そのほか、山崎境（現、姫路市飾磨区山崎のあたり）の井内源二郎狐、才村（現、姫路市広畑区才）の竹次郎狐、今宿（現、姫路市今宿）の福吉狐、山本村の鼠旭山の大法主狐、又鶴の半まだら狐、利生のおしも狐、神村の太郎大夫狐、管長狐、黒岡山（現、太子町太田）のはら斑《まだら》狐の名が列挙される。同じく道海の『播州府中めぐり』（一五七六年成立）を見ると、姫路の辺には、さらに狐塚（現、姫路市北条か）の小六狐、梛寺《なぎでら》（現、姫路市本町）の小よし狐などがいて、人を誑《たぶら》かしていたそうである。

芦屋道仙の『播州府中記』（一五七六年成立）には、狐の話が二つ出ている。一つは狐女房型であるが、尻切れとんぼでそっけない。置塩（現、夢前町宮置）の柏原次郎左衛門という武士が、佐用郡の春哉（現、三日月町春哉）で若い女性と出会い、彼女を家に連れ帰って妻とした。生まれた子が三歳のとき、妻は夫に向かい「我は久しくおれず」と告げて狐となり、夜半に去った。子も四歳で死んだ。あと一つの話は、もう少しおもしろい。

遠井兵間というものの妾《めかけ》が懐妊した。妻が憤り、老臣の辻大蔵と申し合わせ、兵間の留守中に昼寝している妾を大蔵が刀で刺したが、たちまち狐となって妻と大蔵を食い殺した。狐は、帰ってきた兵間をも食い殺して去った。妾は別義なく、親元に帰った。妾の父は、磯部の社を信仰していたので、この社の前に娘を護った小太郎という狐を祀った。

昼寝していた妾と狐との関係がはっきりしないが、小太郎狐が妾に化けて彼女の身代わりになった、と解釈すべきだろう。この狐を祀った社が稲荷だとは書いていない。

全般に、中世東国《とうごく》の狐話に比べると、播州の狐は凶悪である。東国では、狐は藤原鎌足の恩恵者であり、安倍晴明の母であった。少し時代が遅れるが、女化原の狐も夫の一家に農作の成功をもたらした。この違いは、西国《さいごく》では神狐信仰の発達が比較的弱かったことによるのかもしれない。しかし、信太《しのだ》の妖狐が中世末に晴明のやさしい母に変貌したように、播州の妖狐も徐々に性格を改善して人と協調し、人の信仰を集めるために霊力を使用する方向に向かったと思われる。

その一つの例は、東山村柿畔（現、姫路市東山）鎮守の稲荷社である。『播州東山村稲荷社略記』（白井元貞、一七四八年成立）によると、この神に祈れば、家業盛んにして富貴《ふうき》ならずということはない。そして、この社には八郎左衛門という神狐がいた。播磨でも、近世になると妖狐の一部は神狐に変貌したらしい。

問題を別の方向から考えてみよう。とうせん坊等が発した文書は、築城に伴い収奪の対象になった領民の怨みを代弁するものだった、という見解が出されている[九五・一九一]。私も、結果としてそのような状況があったことを否定しない。あるいは、とうせん坊たちは領民の不満を承知のうえで、これを意識的に利用し、輝政に脅しをかけたのかもしれない。しかし、彼らの要求は八天塔の建設であって、苛斂誅求《かれんちゅうきゅう》（年貢などを情け容赦なく取り立てること）の軽減・停止ではなかった。とうせん坊たちの直接の意図は、ほかにあったと思われる。それは不明だが、四りんぼう・九りんぼうとは陰陽道《おんみょうどう》の悪日＝三鄰亡《さんりんぼう》のもじりではないか。八天塔という発想も、陰陽師の思いつきそうな話だ。

そこで、「とうせん坊」の実態について考えてみよう。姫路藩は、いかなる根拠からか、「とうせん坊」の正体を「大峰天狗内　東禅坊千松」と判定して、この東禅坊に返答を出した。根拠なしになされたとは思えないこの解釈を無視して別の見解を示すのは、おそらく失敗のもとだが、あえて一つの仮説を提案したい。既出の道海・道仙は、安倍晴明のライバルだった芦屋道満の子孫と称する。姫路のあたりは陰陽師の活動が盛んな地域であったようだ[一八四]。道仙のごときは、「とうせん」とも表記される。彼は、英《あ》賀《が》城主の三木氏に陰陽師として仕えており、とうせん坊警告文の頃生きていたとしても不思議ではない。なお英賀城は、天正七（一五七九）年に秀吉によって攻め落とされた。しかし、まさか道仙が実名を使って輝政を脅迫したわけではあるまい。坊名をつけているからには、警告文差出人は修験者を兼ねた法師陰陽師と呼ばれた立場の人だったとも思われる。または、それを装った人だったのかもしれない。

第二・三部で述べるように、陰陽師も修験者も狐を操った。晴明の母が狐だったという伝承も、これにつながる。晴明のライバル＝道満の系統と称する下級陰陽師も、狐を使役《しえき》したのではないか。姫路あたりに狐の伝承が多いのは、一つにはそのことと関連するのかもしれない。

いずれにせよ、豊富な妖狐伝承[2]は転じて狐信仰を発達させた。これにともない、姫山に住む狐が同じ場所に祀られる刑部神《おさかべがみ》や富姫神《とみひめがみ》と習合するようになったのだろう。道海の甥＝芦屋道建は『国衙巡行考証』（一五七九年成立）で、「椰寺の小よし狐は、今刑部とあやまるよし」と述べている。しかし、狐はおおむね女性に化ける。だから、習合する相手として刑部神より富姫のほうが似つかわしい。そして刑部神と富姫神は、しばしばワン・セットで扱われる。

刑部・富姫伝承の虚構と造作

刑部神と富姫神が、姫山に祀られた由来をたずねてみよう。三木冬月は『播州小刑部社記』（一七一三年成立）で、『播陽府中巡行』を引き、

光仁《こうにん》すべらぎの御后《きさき》不義の事にて、その御女《むすめ》　富姫君《ぎみ》、播磨にまよひ下られ、さぎ井の本館に御入の後、御親方とて三品太政官事刑部親王を姫山にまつる説、実とすべし。

という。わかりにくいが、刑部親王と富姫の関係は次のように解される。

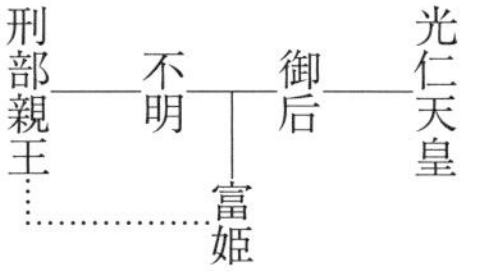

刑部親王と富姫の関係
——は血縁関係、……は擬制血縁関係を示す。

つまり、刑部神は富姫の養父（または兄）だったということになる。『播陽府中巡行』と題する書は不明だが、『播州府中めぐり』を指すとしても現存の同書にはこの記載はない。ただ、「姫山の地は往昔《おうじゃく》富姫の館舎にして、この山の地を姫山といへり」「刑部社、角の社、富姫の社、角岳国主の社等、猶《なお》姫山の鎮守たり」とは述べている。いきなり、富姫の名を出すのも不自然だから、

原本には富姫の由来も書かれていたのかもしれない。

三木東水の『府中八社記』（一七五四年成立）の説は、『播州小刑部社記』よりも具体的である。

一、小刑部大明神　四十五代聖武天皇御弟三品《さんぼん》太政官事刑部親王、同御女小刑部ひめをまつる。

……一、光仁天皇の王子他部［他戸］親王、天皇の御后井上内親王と密通、これによって御后獄に入る。他部配流、この御女富姫播磨へ下り、鷺山に居給ふ。この所姫山と云ふ。

『播州小刑部社記』の記述と対応させると、不義をなした光仁天皇后は井上内親王だったことになる。不義の相手は、なんと子の他戸《おさべ》親王である。

光仁天皇
井上内親王
他戸親王
富姫

もちろん、史書にはそのような記載はない。他戸の名が刑部に類似することから、だれかが思いついた造作だろう。史実では、井上内親王とその子の他戸親王が藤原百川の勢力と争い、七七五年に抹殺された。

聖武天皇の弟に刑部親王がいたという記録も、見たことがない。著名な刑部親王は天武の子であり、肩書きは『府中八社記』の記載と同じく三品太政官事になっている。彼は七〇五年に没しており、七一七年に生まれた井上内親王、または同世代のほかの光仁夫人の不義相手ではありえない。他戸親王は桓武の異母弟である。天武・聖武・桓武、刑部・他戸が意図的に、あるいは無知によって混同されているようだ。

『国衙巡行考証』には、「富姫館舎（弘仁六［八一五］九月十五日逝）……延暦三［年か］八［月か］七［日か］祭。……刑部社（延暦二年十一［月か］二十三［日か］祀）」とある。富姫の弘仁六年没も虚構かもしれないし、なんらかの根拠がなかったとも言えない。

あと一つ、紛らわしい伝承がある。『峯相記』（一三四八年成立か）に、奇妙な記事が載せられている。

昔巻尾の姫君と申す人坐《わし》き。宮を産《うみ》奉たりけるを、継母この宮を大路に捨られたりけり。旅人哀み悲み奉て、急ぎ懐《だ》き取奉り、父の宮に申《もうし》たりければ、取上給て親王に立奉り、「汝は何国の者ぞ」と御尋ありければ、「播磨国の者也」と申す。即ち播磨守に成されけり。「我本と住所也」とて、志深《しふか》にて国務を行けり。志深国府この地也。和泉国巻尾寺は、この宮の御願所也と云ふ。何帝何世の事ぞや尋ぬべし。

これまた意味の取りにくい文だが、素直に読めば、巻尾の姫の子の親王が播磨国の者に救われ、救った者は播磨の国府にいたり、この地で政務をとるようになった、と受けとれる。和泉国槇尾寺《まきおでら》は、巻尾寺とも表記されていた。『日本三代実録』（九〇一年成立）巻九には、和泉国巻尾神が貞観《じょうがん》六（八六四）年七月二五日に従五位下を、八月二〇日には従五位上を授けられたとある。

ともかくも、この巻尾姫までが刑部・富姫伝承に組み込まれてしまった。近世になって松岡雄淵《まつおかゆうえん》の『長

壁神社 并《ならびに》富姫神社略社記』（一七四八年成立）では、光仁天皇の御后＝富姫が巻尾姫とも呼ばれている。ここでは富姫を光仁の后とするなど別の混乱をも生みだしているが、富姫＝巻尾姫説は富姫に狐の尾のイメージを植えつけるのにいくらか効果を示したかもしれない。平野庸脩の『播磨鑑《かがみ》』（一七六二年序）では、刑部・富姫に関する諸説が雑然と記載されるなかで、刑部神を「八天堂と云《いう》」説をあげているのが注目される。不必要な議論によけいなスペースをさいたが、要するに諸伝承はいずれも不確定である。その不確定の範囲で、狐・女神・女妖と刑部神・富姫神との習合に関して結論を述べよう。

第一に、中世末には姫山に刑部社と富姫社が共に祀られ、その段階で姫山に住む狐と刑部社・富姫社が縁を結んだ。第二に、近世には刑部社・富姫社が密接不可分と見なされるようになった。狐の女性イメージに加え、富姫の参入で刑部神に女神の要素が濃厚に入りこむ。もちろん、狐は妖異を示すので刑部神は女妖の一面をも示す。

話題を、近世以後の刑部社・富姫社の運命に移そう。池田輝政が城主の晩年、一六一〇年頃、刑部神が姫路城内に祭祀されたことは間違いない。天守最上層にあった可能性が高い。そののち、刑部社は寛永一六（一六三九）年、松平（奥平）忠明のときに播磨総社《そうじゃ》に移された。慶安二（一六四九）年、当時の藩主＝榊原忠次が城内に新たに刑部社を再興し、この段階で刑部社は城内と総社内の二か所に祀られることになる。寛延元（一七四八）年には、吉田家から稲荷なみに正一位の位を授けられ、そのときから、刑部の表記を長壁と改めた。昭和二（一九二七）年には、富姫社も総社境内に移された。以上の経過は、主として桜井治彦[一七三]・牟礼仁[一八五]によって記した。狐との縁についていうと、現在、総社内の長壁神社社壇両脇に狐像が置かれている。なお、境内に稲荷社も祀られているが、長壁社の信者には芸能関係者が多く、稲荷の信者には商業関係者が多い[一二〇]。

姫路城内の刑部社は一時廃されたようだが、ある時期から一九四六年までは天守閣最上層に祀られていた。この年、占領軍の命令により姫路神社に移された。のち、一九六五年に天守閣に戻り、現在にいたる。天守閣の長壁神社以外にも、姫山から勧請した長壁神社が搦《から》め手口を一〇メートルぐらい入ったところにある[一五二]。

現在では、姫路城と総社境内のほか、姫路市立町に長壁《おさかべ》神社が勧請されている。社の由緒書[一五一]によると、城主の榊原家が越後高田に転封されるとき、先の城主ですでに隠居していた正岑が、立町長源寺住職に長源寺境内へ刑部社を勧請することを認めた。なお、この住職は一七〇四年以来、城内刑部社の日供《にっく》を司っていた。勧請が実現したのは寛保《かんぽう》二（一七四二）年という。明治初年、長壁神社は神仏分離政策により長源寺から独立した。祭神は刑部親王と富姫、神体は富姫の掛軸である[一四二]。**図12**

図12　長壁神社（兵庫県姫路市立町）のご神体掛軸（長谷川日出子氏提供）

図13　長壁神社（前橋市大手町）神殿裏

に示すとおり、富姫の両側に珠と鍵をくわえた白・赤二匹の狐が控える美しい絵である。このように今にいたるまで、総社長壁神社も立町長壁神社も、狐を眷属とみなしているようだ。

榊原氏のあとに姫路城へ入った松平（越前）氏は二代で終わる。一七四九年に松平朝矩《あさのり》が上州前橋に転封されたとき、彼は前橋城内に長壁神社を勧請した。長壁神社は、狐稲荷信仰の先進地域に入りこんだのである。明治三一（一八九八）年に近くの東照宮は刑部神を合祀し、祭神のコノハナサクヤヒメを東照宮本殿と相殿で祀った[九三]。かつての城内長壁神社神殿は現在も前橋市大手町に残るが、土地は群馬ロイヤルホテルの所有となり境内は荒廃している[一五五]（編集部註：現在は単独で町内に祀られている）。図13に示すように、神殿のまわりに稲荷小祠が集まっている。その様子から、狐との縁が続いていることはわかる。祭神はコノハナサクヤヒメへと変わり、刑部・富姫の名は記憶から消えた。

元前橋藩士＝富田政清の娘の春が長壁神社に篤い信仰をもち、さまざまな幻想体験を経過した。その様子は、政清が記した『富田氏の日記』（一八七〇・七一年記）に記録されている。これによれば、長壁神社の祭神について神主をはじめ誰も知る者がなく、俗に長壁稲荷と呼ばれていた。明治三（一八七〇）年一〇月一〇日、春が長壁神社を参詣したとき、社殿の扉が自然に開き大神の姿が見えた。大神は身長一丈ほどの姫神で、二匹の白狐にかしずかれていた。たぶん、姫路立町長壁神社の神体と似た絵か像が目の前にあったのだろう。一四日、春の夢に上州惣社の神が現われ、「長壁大神は木花開屋姫命にます故、然《しかと》心得べし」と告げたので、女神の正体も判明した。現在、この社の祭神をコノハナサクヤヒメとするのは、この事件から始まったのだろう。

なお、『古事記』（七一二年成立）・『日本書紀』（七二〇年成立）の神々に関する知識は、春の母の父＝早川路長から直接間接に伝えられていたと思われる。路長は、国学に傾倒していた。それにしても、姫路と前橋の長壁神社を媒介したのは女神と狐であり、上州では長壁神が稲荷として受容されたという事実は印象的である。

註（1）近世東国にも、狐と伊勢の親近をほのめかす記録があった。津村淙庵の『譚海』（一七九五年祓）巻一〇などが語る江戸の真崎稲荷（現、荒川区南千住三丁目）の狐の話は著名である。稲荷社のかたわらの茶屋の老媼がよぶと、狐が現れて老媼が与えた餌を食べる。そしてこの狐はやがて奥州仙台にくだった、という噂話である。ところが、仙台藩医の娘＝只野真葛の『奥州ばなし』（一八一七年頃成立）では、茶屋は真先（崎）の伊勢の宮のかたわらにあったことになっている。この書を著したとき真葛は仙台にいたが、一七九七年頃まで江戸に居住した。この狐の流行期については諸説あるが、宝暦・明和・安永の頃（一七五〇年代～一七七〇年代）として大きな誤りはないだろう。当時、真葛は江戸にいた。

（2）妖狐伝承の盛行を直接には陰陽師の活動とむすびつけて説明したが、大きくは次の状況があっただろう。中国の妖狐伝承や日本中世初期以来流行したダキニ天信仰が、中央の知識人や密教僧を通じて衆庶の方に下流浸透していった。これがやがて、京・伊勢や東国から来た狐信仰と混交し、さまざまな狐伝承を生み出したと思われる。玉藻の前にたいする安倍泰成の役割と葛の葉にたいする安倍晴明の役割を包括して考えると、陰陽師が上記の混交過程で重要な位置を占めたことは否定できない。

第五章　物ぐさ太郎と狐女房

ふたりの物ぐさ太郎——信濃の民間伝承と御伽草子

本章のテーマには、信濃の狐女房《きつねにょうぼう》伝承をとりあげたい。菊岡沾涼《きくおかせんりょう》の『本朝俗諺志《ほんちょうぞくげんし》』（一七四六年刊）巻三には、「重柳狐《しげやなぎぎつね》　物《もの》ぐさ太郎」という話が採用されている。

信濃国安曇《あずみ》郡重柳村（現、安曇野市豊科南穂高重柳）にものぐさ太郎がいた。妻に死なれた年、田植えの時期に雇った早乙女《さおとめ》の一人に、二～三人分の働きをする若い女性がいた。ものぐさ太郎は、彼女を妻にして男子一人をもうける。その子が三歳のとき、妻が子に乳をふくませながら寝ていたところをものぐさ太郎が見ると、衣のすそから狐の尾が出ていた。狐女房は去ったが、子孫は栄えて高持《たかも》ちの大百姓となった。その子は八〇歳ほどでまだ生きている。

ほとんど同じ話が華誘居士《かゆうこし》の『遠山奇談《とおやまきだん》』（一八〇一年刊）後編巻三にも出ているが、狐の子は八〇歳ぐらいまで生きて、延享の頃（一七四〇年代）に死んだという。「物ぐさ太郎の墓が穂高神社のあたりにある」とも述べている。華誘居士は、物ぐさ太郎の話を『本朝俗諺志』からとったのかもしれない。話

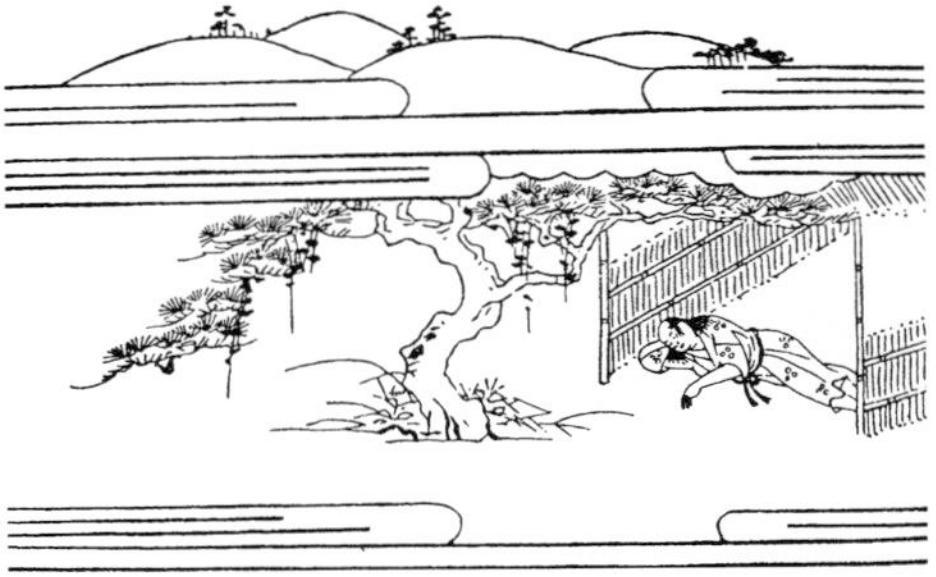

図14　無為に寝そべるものぐさ太郎（1750年刊本の挿絵）

をそのまま受けとると、狐の子は一八世紀の半ばまで生きていたことになり、あからさまにリアルな印象を与える。事実は、狐の子孫といわれるものが当時に生存していたのだろう。

似た話は、堀内元鎧《ほりうちげんかい》の『信濃奇談』（一八二九年序）巻上にもある。坂井の里（現、小県郡丸子町塩川か）の浦野氏の妻が昼寝をしていると き、狐の尾を出して子に気づかれる。妻は去るが、その夜のうちに浦野氏の田地にことごとく稲が生じ、実り多く家も栄えた。

以上、信濃の狐女房話は、すべて農耕援助型である。他方、葛《くず》の葉《は》狐や女化原《おなばけはら》狐のような常陸《ひたち》の狐女房に関する伝承は、別れの歌をともなうのに、信濃の同様の伝承はこれを欠く。もともと信濃の狐女房は、別れの歌を残さないまま夫と子のもとから去ったのだろうか。

私がこの点で疑問を持つきっかけを与えたのは、中世成立の御伽草子《おとぎぞうし》の『ものぐさ太郎』だった。まず『ものぐさ太郎』のストーリーを要約しよう。

（1）東山道信濃国筑摩《ちくま》郡あたらし郷（現、松本市新村か）に、ものぐさ太郎ひぢかずという男がいた。竹を四本立て、薦《こも》をかけて毎日寝そべっていた（**図14**）。商いもせず農作もせず、寝ているばかりだから食物もなかった。

（2）あるとき、近所の人が餅四つを彼に与えた。三つ食べて、あと一つは取っておこうと思い、寝たままもてあそんでいるうちに取り落とし、大道《だいどう》まで転ばしてしまった。三日目に、地頭がお供を五〜六〇騎連れて鷹狩りに出かける途中、その道を通ったので、ものぐさ太郎は餅を取ってくれと頼む。地頭はふびんに思い、ものぐさ太郎に毎日飯を食わせるよう領内にお触れを出した。

（3）三年のち、あたらし郷に京で働く長期の使役《しえき》が割り当てられた。村民はやっかい払いに、ものぐさ太郎を出そうとはかり、嫌がる彼を説得する。「わとののためなり。……それいはれあり。男は三度の晴業《はれわざ》に心つく。元服して魂つく。妻を具《ぐ》して魂つく。官をして魂つく。または街道なんどを通るにことさら心つくなり。……都の人は情けありて、いかなる人も嫌わず。色深きお人もたがひに夫婦と頼み頼まるるならひなり。されば都に上り、心あらん人にもあひ具して、心もつき給《たま》はぬか」。

（4）説得されたものぐさ太郎は旅立つが、宿やどを通るうちにものぐさが消えてゆく。京ではこれ以上まめな者はいないというほど、まめに働いた。

（5）使役期間も終わったが、「ひとり下らんこと、あまりにさびしからん。女房一人尋ねばや」と思い清水《きよみず》へ行き、これと思う女性を探す。そこへ、高貴な人の侍従の女性がお供を連れて通りかかった。ものぐさ太郎は彼女の腰に抱きついて離れない。彼女は、ものぐさ太郎になぞ問答をしかけ、彼が答に窮しているすきに逃げ出そうとしたが、ものぐさ太郎はすべてたちどころに答える。次に歌の問答になり、最後に女性が「思ふなら　訪《と》ひても来ませ　わが宿は　唐橘《からたちばな》の　紫の門」と詠んだところで、ものぐさ太郎が少し気を緩めた瞬間、彼女は逃げ去った。

(6)ものぐさ太郎は、「唐橘の紫の門」を手がかりに彼女の居所を探し当て、彼女はついにものぐさ太郎の心を容れる。そして、ものぐさ太郎を湯風呂に毎日入浴させると、七日目には美しい玉のような美男子になった。彼の噂は内裏《だいり》に達し、帝《みかど》が調べたところ、ものぐさ太郎の父親は仁明《にんみょう》天皇の皇子で、信濃に流された二位の中将であるとわかった。皇子が善光寺に願って得た子供が、ものぐさ太郎だったのである。

(7)かくて、帝はものぐさ太郎に信濃・甲斐《かい》両国を賜った。彼は筑摩の郷に御所を建て、国の政《まつりごと》は穏やかだったので仏神の加護があった。そして百二十年の春秋を送り、子孫は栄えた。死後、ものぐさ太郎はおたがの大明神に、女房は朝日の権現に祀られた。

「おたがの明神」とは、穂高《ほたか》明神(現、安曇野市穂高　穂高神社)の訛《なま》りという説が有力である[1]。

二つの物ぐさ太郎物語に関連はないだろうか――。折口信夫[四三]は、狐の妻を持った男の名に「其《その》地方の立身一番の」物ぐさ太郎の名称を転用したにすぎないという。柳田国男[一九九]は、狐女房型の物ぐさ太郎伝承には触れないが、御伽草子《おとぎぞうし》の物ぐさ太郎は、信濃における物ぐさ太郎の民間伝承にもとづいてつくられた、と指摘した。なぜならば、たとえば京都の人には善光寺の申し子という話は思いつき得たかもしれないが、穂高明神や筑摩郡あたらし郷の名をあげれるほどの知識はないはずであった。柳田によれば、もとの物語の骨子は、誰にも認められなかった大怠け者の器量才覚が、不思議の良縁を得て、はじめて世に現れたという筋であった。

二つの物ぐさ太郎物語の関連について、注目すべき問題点をあげよう。第一に、柳田のいう「不思議な良縁」に絞って比較すると、近世、信濃の物ぐさ太郎の女房は狐であり、そのおかげで家が繁栄した。そして、御伽草子では狐女房相当の役割を京都の美しい女性が演じる。中世の信濃に、御伽草子に素材を供給した物ぐさ太郎伝承が流布していたとしても、その伝承で物ぐさ太郎の妻がどのような存在であったかはわからない。穂高明神・朝日権現のような神の加護を受けた特別の女性だったのではないか、という推測までは難しくない。さらにいうと、それら土地の神に密着・習合した狐ではないかと想像したくなる。長壁《おさかべ》神社の章で指摘したように、稲荷以外の神に狐が習合する例は少なくない。

しかし、中世信濃における物ぐさ太郎の女房が、蛇であった可能性も否定できない。朝日権現と蛇との縁を示唆する記録がある。近世もずっと後になるが、豊田利忠の『善光寺道名所図会』（一八四四年序）巻五には、「三ノ宮村［現、松本市島立］に三ノ宮あり。式内沙田神社と称す。祭神彦火々出見尊《ひこほほでみのみこと》・豊《とよ》玉姫《たまひめ》・鵜茅葺不合尊《うがやふきあえずのみこと》（三柱相殿）。……是より三里西波田村［現、松本市］の朝日山より物草太郎といひし人勧請ありし由」とある。利忠の念頭にあった物草太郎が御伽草子の物ぐさ太郎であることは、すぐ後にこの物語の全文を引用していることからもわかる。なお、現在の沙田神社境内の様子については、**註2**で示す。

彦火々出見尊などの三神は、『古事記』（七一二年成立）・『日本書紀』（七二〇年成立）の著名な神話を構成するトリオであった。ヒコホホデミノミコトは、失われた鉤《はり》を求めて海神の国にいたり、「不思議な良縁」を得て海神の娘＝トヨタマヒメと結ばれる。そしてヒコホホデミノミコトは、「不思議な良縁」の成果をもちい近隣の者を従えた。さらに両者の間に生まれたのが、神話上の初代大王＝神武の父にあたるウガヤフキアエズノミコトであった。

　沙田《いさごだ》神社の祭神トリオが朝日山から勧請されたとなると、御伽草子物ぐさ太郎の妻＝朝日権現がおのずから想起される。朝日権現は、三祭神のひとつに相当するのかもしれない。そこで注目されるのは、トリオのうち唯一の女神＝トヨタマヒメであろう。トヨタマヒメの本体は、『古事記』巻上ではワニ、『日本書紀』巻二の第一の一書でもワニ、同書本文では竜である。

　では、なぜ松本市島立のような内陸部に、ワニ信仰が持ち込まれたのだろうか。後述するように、たぶん、安曇氏の海神信仰が安曇野に南接する東筑摩の地まで波及し、海神の記憶が深部に残留していた。そして歴史的経過を調べると、トヨタマヒメ型の説話が日本の内陸部に封じ込まれると、ワニの役割が蛇に譲られる傾向が著しい。[一二] そこで、トヨタマヒメとヒコホホデミノミコトが、蛇女房とその夫に翻案されたとしても不思議ではない。

　現在の口碑《こうひ》によると、沙田神社の旧地は現地の西方、松本市波田地区の鷺沢嶽にある。『善光寺名所図会』の朝日山は、口碑の鷺沢嶽と同じだろう。旧社は、梓川の水霊を祀っていた。[六七] 御伽草子の物ぐさ太郎の生地＝新村が梓川南東岸に位置することも注目してよい。現行の例祭は、鷺沢嶽から刈りとった萱《かや》で仮殿《かりでん》をつくり、その神座《かみくら》の下の桶に水を入れる[一八七]。これも梓川水霊信仰の名残《なごり》ではないか。

新村から梓川に沿って南西に行くとすぐ波田町に入るが、町の中心部にある三神社の境内社＝養蚕社の祭神はトヨタマヒメである。同じく、諏訪神社の境内社のひとつである子安神社に祀られる神も、トヨタマヒメにほかならない[六四]。養蚕とトヨタマヒメの結びつきは、豊蚕《ほうさん》を願うための繭玉《まゆだま》（繭の形をした団子）と彼女の名の豊かな玉を媒介にして成立したのだろう(3)。子安神社とトヨタマ姫の関係は、註2で述べたように、おそらく、ウガヤフキアエズノミコト出産の神話から出たものだ。それにしても、梓川流域におけるトヨタマヒメ信仰の浸透には注目しなければならない。

現地で沙田神社がトヨタマヒメなどを祀るのは、川は海に通じるという観念に由来する、と説明する[一八六]。私の陸封説と符合するこの説明に間違いはないだろう。海神の一族が梓川の陸水に封じ込められ、海神のワニは川の水神としての蛇に変貌したのだ。物ぐさ太郎が、朝日山からこの神社を勧請したと説いた人は、物ぐさ太郎伝承の蛇女房的要素を知っていた可能性がある。

異類女房、別れの歌それぞれ

御伽草子の物ぐさ太郎の妻は蛇か狐であった、と示唆する別の傍証をあげよう。『ものぐさ太郎』での、女房が自分の居所を告げた和歌と、葛の葉狐・女化原狐の別れの歌の類似がそれである。

古代から中世に移る時期の説話に、すでに別れの歌が取り入れられていた。しかも、その説話には蛇神が関与する。この点は、ほかの機会にいくらか述べたことがあるが、ここで再録したい。一一九〇年頃成立した『顕註密勘《けんちゅうみっかん》』巻四には、次のような説話が引用される。

伊勢国のある猟師が深山に入り、鬼にさらわれた神女を連れ帰って夫婦になる。彼らは一人の子をもうけ、家も豊かになった。ところが、やがて神女は子を残して去り、ついで子も姿を消した。あとには「三輪《みわ》の山もと　杉立てる門」と書きつけてあった。そこで、猟師が大和の三輪に赴き明神の社のもとで祈ると、社の戸が開いて妻と子が現れた。

神女は、三輪の蛇神＝オオモノヌシと関連がある。「三輪の山もと……」の歌の完形は、『古今和歌集』（九〇五年成立か）巻一八、読み人知らずの和歌、または後白河院撰『梁塵秘抄《りょうじんひしょう》』（一二世紀後半成立）巻二の二つの神歌、あるいはそれらに類似のものだろう。同じような歌は、中世にはさまざまな変化を経てもちいられた。「杉立てる門」の句は、三輪の古い神杉信仰に由来する。[一三] そして神杉は蛇を宿す。現在でも、三輪の大神神社境内の杉の洞《うろ》には、神使のアオダイショウが住む。

世阿弥作とされる謡曲『三輪』（一五世紀前半成立か）では、女性の姿をした三輪の神が自己の所在を示すために、「杉立てる門」の歌を利用した。吉田本『甲賀三郎兼家御由来記』（室町期末写）によれば、甲賀三郎は、根《ね》の国《くに》の翁の姪にあたる姫を大和の杉立てる山に訪ね、二人は夫婦になる。彼女は姫宮大明神だった。彼女も、ひとたびは三郎に別れの歌を告げる。ちなみに甲賀三郎の物語では、根の国の人は蛇の姿をしているらしい。

本書で今までにあげた蛇女房、または狐女房の別れの歌をほぼ時代順に並べ、そのなかに御伽草子『ものぐさ太郎』の京の女性の歌を位置づけてみよう。

（1）『古今和歌集』（一〇世紀初頭）
わが庵《いお》は　三輪の山もと　恋しくば　とぶらい来ませ　杉立てる門

（2）『梁塵秘抄』（一二世紀後半）
恋しくば　疾《と》う疾うおわせ　わが宿は　大和なる　三輪の山もと　杉立てる門

（3）『顕註密勘』（一二世紀末）　男性は伊勢の猟師、女性は三輪の神女。
三輪の山もと　杉立てる門

（4）『三輪』（一五世紀前半か）　男性は三輪山に住む僧、女性は三輪の神。
わが庵は　三輪の山もと　恋しくば　とぶらい来ませ　杉立てる門

（5）『甲賀三郎兼家御由来記』（室町時代末）　男性は甲賀の人、のち諏訪明神。女性は根の国の人の縁者、のち姫宮明神。
恋しくば　訪《と》ひても来ませ　大和なる　三輪の山もと　杉立てる門

（6）『ものぐさ太郎』（室町時代）　男性は信濃の人、のち穂高明神。女性は京の人、のち朝日明神。

思ふなら　訪ひても来ませ　わが宿は　唐橋の　紫の門

（7）『簠簋《ほき》抄』（室町時代末）男性は常陸《ひたち》の人、女性は常陸の遊女。

恋しくば　訪ね来てみよ　和泉《いずみ》なる　信太《しのだ》の森の　うらみ葛の葉

（8）『東国闘戦見聞私記』（一八世紀初期か）男性は常陸の人、女性は旅の人。

みどり子の　母はと問はば　女化《おなばけ》の　原に泣く泣く　伏すと答へよ

（1）～（8）の流れを見ると、（2）は（1）をもとにしながら「恋しくば」を頭に置いて、相手の慕情にこたえる呼びかけを強めた。また、「大和」の国名を入れた。（3）は、（1）・（2）の終わりの二句のみを取り出したにすぎない。（4）は（1）をそのまま採用したが、（5）はむしろ、基本的には（2）を下敷きにしながら「わが宿は」を抜き、和歌の形式を整えた。また、「疾う疾うおわせ」を「訪ひても来ませ」に置き換えた。

（6）は、（1）・（2）の基本をかなり崩しているように見える。それは（1）・（2）のパロディーとして創作されたともいえる。御伽草子『ものぐさ太郎』自体が、信濃以外にも伝わる怠惰な男の出世物語に、異類妻伝承と付帯する二つのモチーフを繰り込んだパロディーだった可能性がある。二つのモチーフとは、「不思議な良縁」と「別れの歌」を指す。そうだとすると、別れの歌もパロディー性を発揮しなければ、ストーリー全体を裏切ることになる。

しかし、（6）は本歌からの崩れが著しいにもかかわらず、「唐橋の紫の門」は「植物名＋門」という本歌の意味枠を踏襲する。場所は京であることが前提にされているので、国名は入れないでよい。そこで空《あ》いたスペースに、（2）の「わが宿は」を挿入するという細工を施した。第二句の「訪ひても来ませ」は、（5）を含めて中世の類話にすでに採られていたのだろう。かりに御伽草子『ものぐさ太郎』の信濃原話に別れの歌が入っていたとすると、どのような歌だったのだろうか。もちろん不明だが、こちらで偽作《ぎさく》を試みよう。

思ふなら　訪ひても来ませ　わが宿は　萱立つ原の　朝日さす門

（7）は、明らかに（5）型の別れの歌の部分的改作である。歌を「植物名＋門」で締めくくる従来の定型を廃したのは、大きな改変であった。それでも第五句に植物名を入れた点は、定型からはずれない。（8）になると（1）・（2）に始まった別れの歌の定型はほとんど消え去る。

（3）～（5）の別れの歌は共通して蛇神、またはその巫女《みこ》と思われる女性が、男性のもとを去るときに告げられた。（7）・（8）は、狐女房伝承のなかで歌われる。中間に位置する（6）に素材を提供した中世の信濃の伝承だけが、異類妻の話と無縁である可能性は極めて低いと判断せざるをえない。「不思議な良縁」および沙田神社祭神の分析と併せて考えると、なおさら、そのような理解を否定しえなくなる。

では、『ものぐさ太郎』信濃原話の異類女房は蛇だったのだろうか、狐だったのだろうか。物ぐさ太郎は穂高明神として祀られた。他方、一般に狐女房伝承では、夫が神に祀られる例は知られていない。

それに、諏訪明神として現れる甲賀三郎の蛇女房が、物ぐさ太郎の近辺で別れの歌を詠んでいた。御伽草子が素材に使った信濃の伝承でも、女性は蛇だった可能性が濃厚である。

何度も指摘したとおり、中世以後、蛇の役割を狐が引き継ぐ傾向がある。葛の葉狐・女化原狐の別れの歌は、蛇神から貰い受けたのではないか。そして物ぐさ太郎の初期信濃伝承では、彼の女房はいつしか蛇から狐に変わり、別れの歌をも蛇から引き継いでいたのではないだろうか。[4]

穂高明神の正体は蛇もしくはワニか

穂高《ほたか》明神に目を移そう。徳川義直《よしなお》の『神祇宝典《じんぎほうてん》』（一六四六年成立）巻六は、穂高神社に関して、

凡《およそ》祭礼の日、当社の神主神輿《しんよ》に乗り目を閉じて端座す。時に神小蛇と化して神主の襟懐《きんかい》に入る。祭礼終《おわり》て神主気絶し知らず。神乃《すなわ》ち殿中に帰りて後《のち》神主蘇生す。今に至て毎歳此の如し。

と記す。この蛇は、どこから来たのだろうか。古い記録はないが、『神祇宝典』は穂高神社の祭神をホタカミノミコトとする。現在の主祭神も同じである。

『新撰姓氏録』（八一五年成立）右京神別下に「安曇宿祢《あずみのすくね》　海神綿積《わたつみ》豊玉彦神子穂高見命《ほたかみのみこと》之後也」とあり、河内国神別では「安曇連《むらじ》　綿積神命児穂高見命之後也」とされる。古代の有力な海人族＝安曇氏

は、ホタカミノミコトを始祖とみなした。平安時代初期には、安曇氏の本拠は右京と河内にあったらしい。しかし宮地直一[一八〇]によれば、正倉院御物のなかに天平宝字《てんぴょうほうじ》八（七六四）年、信濃国の安曇氏から貢《こう》進《しん》された調布《ちょうふ》が現存する。宮地はさらに、安曇氏の信濃進出は、奈良時代より前であったと推測した。いずれにせよ、穂高神社を祀る地域は、古代の海人族＝安曇氏の定住と、彼らによる開発によって発展した。したがって、この神社が安曇氏の始祖＝ホタカミノミコトを祀るのは理解しやすい。

　そこでホタカミノミコトの出自について、もう少し調べておきたい。『新撰姓氏録』では、ホタカミノミコトの父親は海神綿積豊玉彦神または綿積神命とされているが、古語で「綿積《わたつみ》」は「海」あるいは「海霊」の意。したがって、ホタカミノミコトが海神の子と認識されていたことは間違いない。さらに狭く特定すると、『日本書紀』ヒコホホデミノミコトの段第一の一書ではトヨタマヒメの父、つまり海神をトヨタマヒコと称す。そうすると、ホタカミノミコトはトヨタマヒメの同胞ということになる。

　第一の一書によれば、トヨタマヒメの正体はワニだから、その同胞のホタカミノミコトの正体もワニでなければならない。平安時代初期、安曇氏の人たちはそのように自覚していたはずである。その自覚が中世・近世にいたるまで、完全な形で連綿として穂高神社の宮司や崇敬者の間に継承されていたとも思えない。とはいえ、近世の『筑摩神社縁起』によれば、安曇・筑摩両郡が日照りで困窮したとき、八幡神の使者である穂高の神が海中の竜王のもとを訪れ、水を出すべき旨伝えたという[一八〇]。この伝承は、近世にいたってもなお、穂高の神の出自が忘れられたわけではないことを示す。

『神祇宝典』におけるホタカミノミコトが蛇の姿で顕現するという記録も、この神がワニの子孫であったという記憶の痕跡ではないか。前述のように、ワニは内陸に閉じ込められると蛇と解釈されるようになる。それ以前の古代日本で、蛇は山神・水神として信仰されていた。陸封されたワニは、山神・水神の蛇と習合したのである。したがって、ホタカミノミコトの蛇を原始的な山神信仰の象徴とみなす宮地の説は、私見と矛盾するものではない。

ホタカミノミコトが蛇だとすると、この姿と重ね合わされ得るのは物ぐさ太郎であって、その妻ではない。御伽草子の物ぐさ太郎の原伝承において、彼は蛇女房の力で栄達したという私の仮説を支持する役にたちそうにない。また、わざわざホタカミノミコトの伝承を持ちださなくても、今までの議論で私見の裏は取りえたのではないか。

それでも、穂高見命が蛇だと強調していいのだろうか。結論をいうと、それでよい。物ぐさ太郎の妻が蛇であろうと彼自身が蛇であろうとかまわない。習合の論理はそう厳密ではない。中世の物ぐさ太郎は、自らにまといつく蛇という物の臭みを介して、蛇神＝ホタカミノミコトに引き寄せられたと理解すべきだろう。そのような説明でそっけないのであれば、両者習合にいたる二通りの具体的な筋書きを用意することもできる。

一つの筋書きは、柳田国男の説[一九六]に依存する。彼は、伝承において「朝日」はしばしば巫女《みこ》の名に選ばれるという。御伽草子『ものぐさ太郎』の朝日権現とは、巫女を示唆するのではないだろうか。三輪の神に仕える巫女が、後代には三輪の神＝蛇と同一視されたように、穂高明神の巫女が穂高明神＝蛇と同一視されることがあったかもしれない。巫女は夫もちであってよい。こちらの筋書きは、蛇女房が朝日山から勧請《かんじょう》されたトヨタマヒメのイメージを引く、という先ほどの説と根拠地に関してくい違う。しかし、蛇女房説話的要素を含む物ぐさ太郎伝承を広めた巫覡《ふげき》たちは、安曇・筑摩一帯に複数の根拠地をもち、その跡を残したはずである。「朝日」の場所の解釈が、一定である必要はなかっただろう。

次に、第二の筋書きを構成する。柳田[一九八]があげる信濃の関連説話を紹介しよう。小県郡《ちいさがたぐん》西塩田《にししおだ》村（現、上田市南西部）に生まれた蛇女房の子＝小泉小太郎は、大飯を食って遊んでばかりいたが、一六歳のとき突然、過剰の働きをして見せる。この伝承では、蛇女房の子が母親から受けとった不思議な力をある時期になってはじめて発揮した。伝承始原期の物ぐさ太郎も、同じく蛇女房の子だった可能性はないだろうか。のちに、物ぐさ太郎の父にその名が移転したのではないか。異類婚夫婦より一代遅れて子が異能を発揮し、あるいは出世栄達するのは安倍晴明の例を含め、狐女房・子孫出世型伝承では普通であった。物ぐさ太郎が蛇、または狐の子とする説をとるならば、彼も小泉小太郎のように、ある年齢までは怠惰であったと伝えられていたのだろう。そして別れの歌を詠んだのは、物ぐさ太郎の母親ということになる。この場合、成りたつ（1）の系図は、（2）の系図右二行の反復になる（次頁）。

そして、ウガヤフキアエズノミコトの子が日本神話上の最初の大王の地位についたように、物ぐさ太郎は信濃・甲斐両国の伝承上の領主となった。さらにいうと、ウガヤフキアエズノミコトの母がワニであっただけでなく、彼の妻＝タマヨリヒメもワニだった。物ぐさ太郎も彼が蛇の子だからといって、蛇の夫であってならない理由はない。物ぐさ太郎の名を息子から父親に移す必要はないのかもしれない。その場合、次の（３）の系図ができあがる。

いずれにせよ、物ぐさ太郎がホタカミノミコト自身、あるいはその子孫に対応されたのは中世以降のことだろう。彼が蛇の妻を持ち、または蛇の子だったので、ホタカミノミコトの姿と重ね合わされたと推定できる。

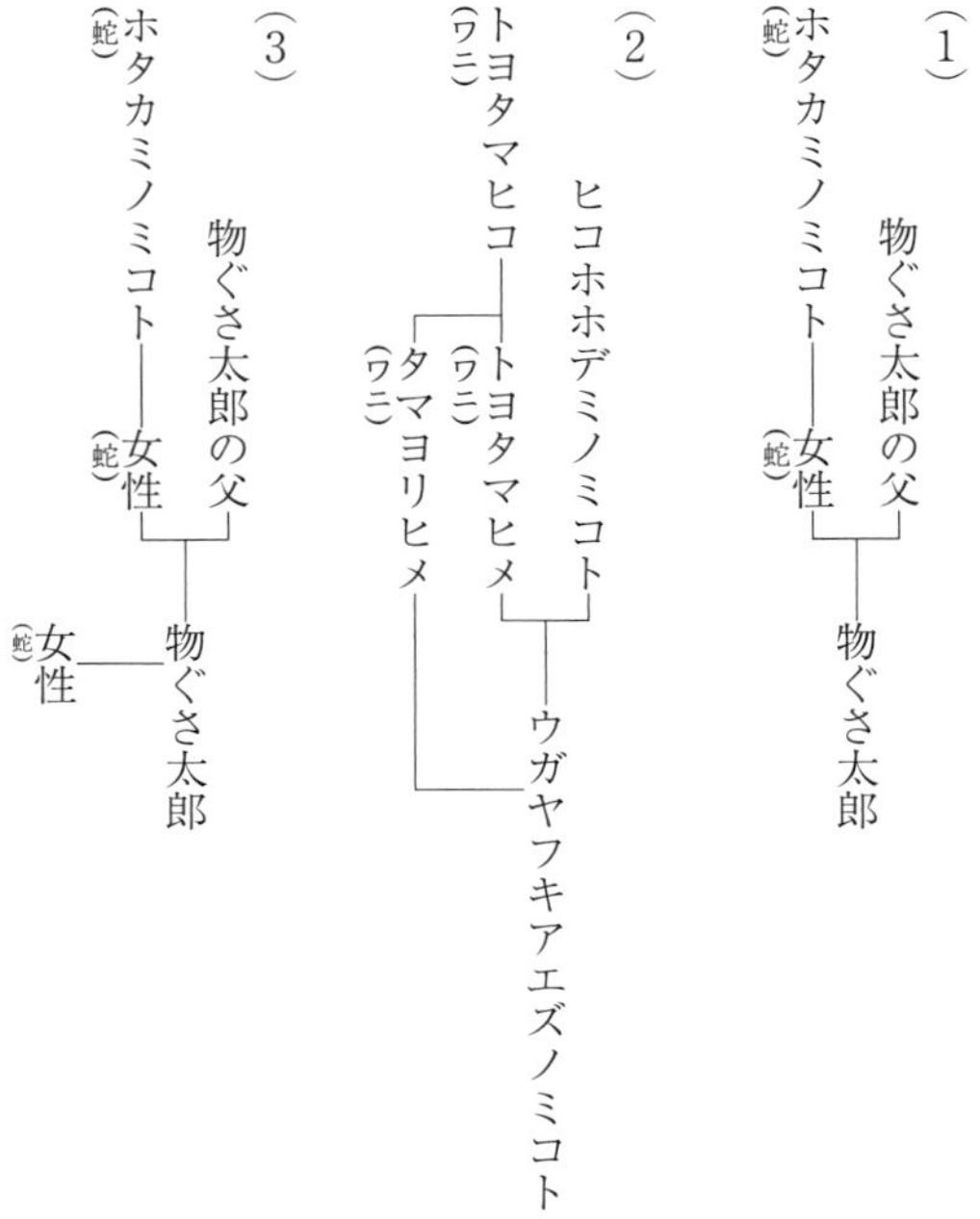

小泉小太郎の松本ヴァージョン＝泉小太郎をホタカミノミコトの子とする伝説が、現在も記録されている。倉石忠彦[五七(5)]は、次のように主張した。松本城下が政治・経済・文化の中心となり、周辺への影響力が大きくなるとともに、元来、松本平《だいら》に結びついて語られていた小太郎の活躍舞台も北上し、安曇の主＝ホタカミノミコトの子とされるようになった。倉石の説明は否定できないが、この型の伝承が始まっ

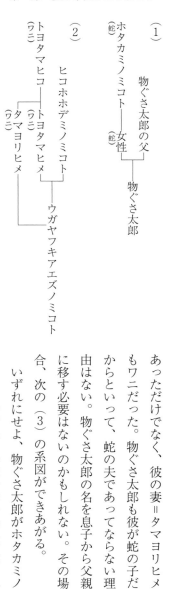

たのは御伽草子の『物ぐさ太郎』成立よりも後のことだろう。

小太郎は、小県伝承では蛇の母を持ちながら、安曇・筑摩伝承では蛇を父とした。身の上におけるこの矛盾は、私の仮説である物ぐさ太郎と共有する。しかし、二人とも蛇の面影を宿す点でホタカミノミコトの子孫となる素質を持っていたのは間違いない。以上の第二の筋書きは、複雑すぎてリアリティに欠くと自認せざるを得ないが、一つの可能性として提出しておく。

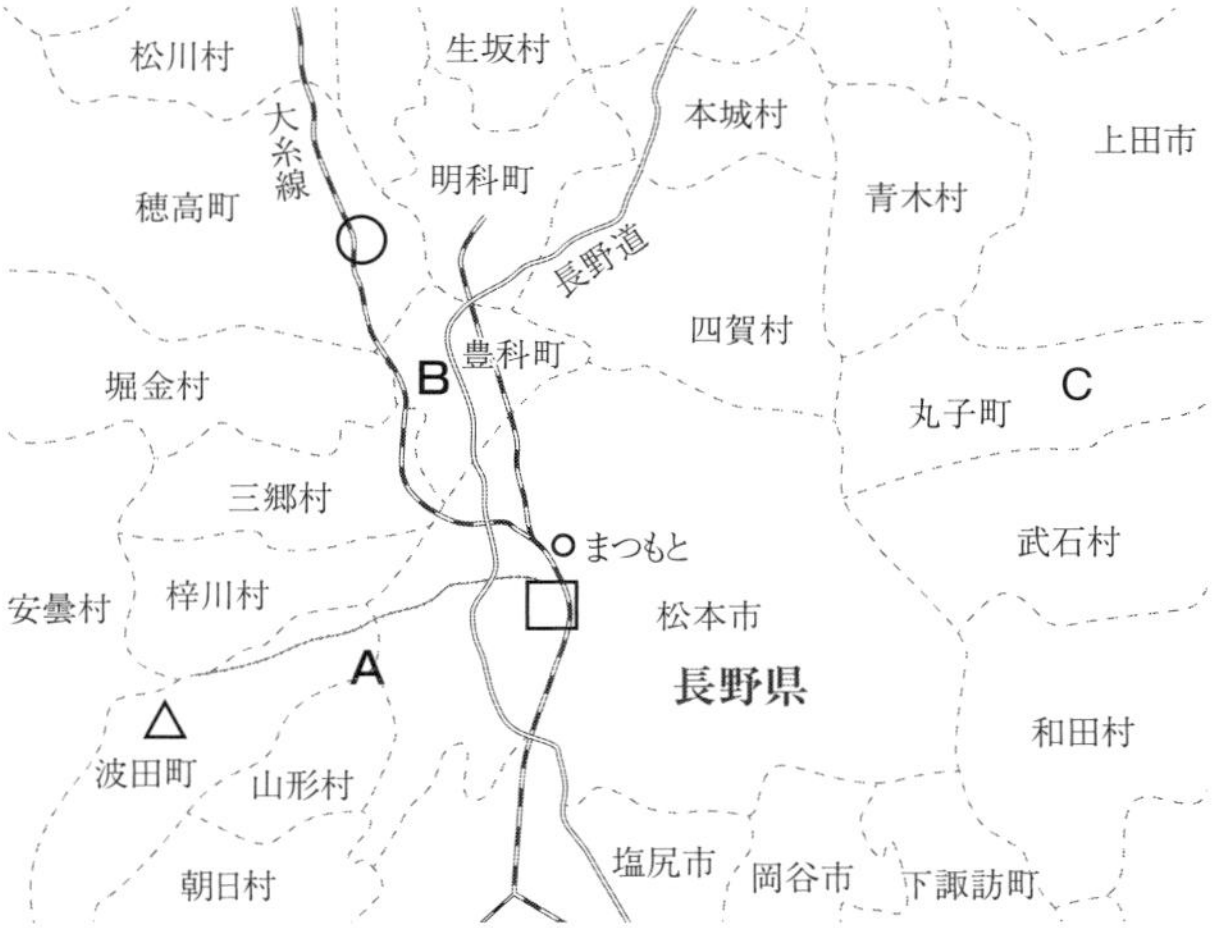

図15　物ぐさ太郎の関連地　A：新村　B：重柳　C：坂井　○：穂高神社　□：沙田神社　△：鷲沢嶽（※地図中の地名は初刊発行当時のもの）

蛇女房のモチーフをともなう初期の物ぐさ太郎伝承が、やがて狐を蛇のかわりに取り入れたとして、その事情についても少し触れたい。宮地が穂高神社の近世記録を調査したところによると、地元の願主の依頼にもとづく祈禱の目的は、主として五穀の豊穣であった。なかんずく、穂高神社に頼るのにもっともふさわしいとみなされていた願いは、祈雨であった。その意味も、ホタカミノミコトが雨を求めて海の竜神国に特使として派遣された伝承に照らして考えると、よく理解されよう。かくてこの神は、安曇・筑摩の地を沃野《よくや》となしたとされている。[一七一]

ホタカミノミコトのみならず、蛇神は一般に山神・水神であるとともに農耕神でもあった。穂高の「穂」はもともと山巓《さんてん》の突出部を意味したのであろうが、稲穂の「穂」の連想もありうる。そして稲穂の色と類似の体色をもつ狐も、また、中世には農耕の神として知られるようになる。いずれ、穂高の神は沙田の神とともに、御伽草子と狐女房譚と両方の物ぐさ太郎が生まれた地域の農耕を可能にした。とくに狐女房の夫の生地＝重柳は、天文一八（一五四九）年以来、中世にすでに穂高神社の課役を引き受けていた。[一八〇] 最後に、物ぐさ太郎関連の地図（**図15**）を示す（前頁）。

註（1）おたが大明神を松本市出川町の多賀神社にあてる説もあるが、『信府統記』（鈴木重武・三井弘篤、一七二四年成立）は、穂高神社に物ぐさ太郎を若宮として祀る、と記す。おたが明神＝穂高明神という認識は、おそくとも一八世紀初期には存在した。現在でも、穂高神社境内に物ぐさ太郎を祀る若宮の小社を見ることができる。

（2）沙田神社の北東隅に、篆書《てんしょ》の字体で「物臭社大神」と彫られた石碑（**図16**）がある。建立期は不明。それほど古くはないだろう。本殿裏北西側に、六個の木祠が立つ。その一つは子安神社で安産祈願のため底を抜いた金柄杓が奉納されている。また別の祠には、末社の屋根ふきかえや社殿改築のための寄進の木札が入っている。もっとも古いのは文化九（一八一二）年。沙田神社の子安信仰は、トヨタマヒメがウガヤフキアエズを出産した神話に由来するのだろう。

（3）くどくなるから註で記すが、蚕とトヨタマヒメの連絡には繭玉の経路以外にも、複雑な連想鎖が働いたと思われる。

松本市波田地区の神社境内の養蚕社には、トヨウケヒメを祀る例も見られる。トヨウケヒメは、もちろん食物神であり、ひいては農耕信仰に関わる。養蚕は、農家のなりわいであった。トヨタマヒメとトヨウケヒメの名称の類似もまた、養蚕神としての前者に関連しているだろう。しかもこの地方では、トヨタマヒメは水神とも解されている。水神は農耕神でもある。連想の鎖を図示すると、次のようになろうか。

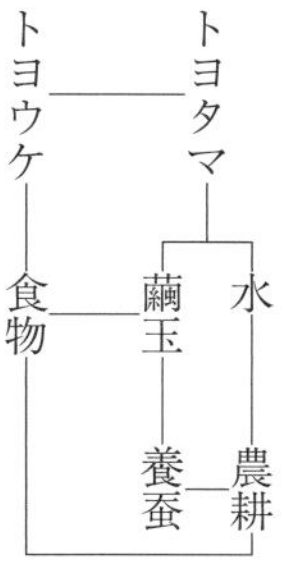

（4）一般に、蛇女房伝承・蛇信仰は西に強く、東に広がっていったと思われる。狐女房農耕援助型・子孫出世型および狐信仰は、東に勢力を持ち西に拡張していったと推定される。第二・三・四章で、旧来の妖狐伝承と蛇信仰が関東から来た神狐伝承と重なり合い、関西における狐信仰が誕生したことを明らかにした。信濃は、近畿と関東の間に入る。その点でも、物ぐさ太郎伝承が注目されるだろう。

なお、関敬吾の『日本昔話集成』[94]を調べると、次のことがわかる。富山—岐阜—三重以西を西日本とし、新潟—長野—愛知以東を東日本とすると、狐女房昔話の分布は東日本で六二パーセント、西日本で三八パーセントとなる。これに対し、蛇女房昔話は東日本で三〇パーセント、西日本で七〇パーセント。この数字は、東西均等化が進んだ二〇世紀採取の昔話を元にしている。近世の東西差は、もっと大きかったと思われる。

（5）倉石論文は、大塚智子氏からいただいた。

図16　沙田神社（長野県松本市島立）物臭社大神の石碑

第六章　狐と狸の僧侶たち

狐の祐天と阿弥陀来迎幻出

狐は、稲荷社をはじめ、神社の信仰に関して無視できない役割を演じたが、寺院にも出番がなかったわけではない。狐が近世浄土宗の重要人物＝祐天《ゆうてん》の名を騙《かた》った話を糸口として、この話題を扱うことにしよう。滝沢馬琴が編集した『兎園小説』（一八二五年記）第一一集に、「狐の祐天」と題する報告が掲載されている。馬琴およびその周辺の知識人が、毎月一回奇聞を紹介する会を開き、その報告を書物にまとめたのが『兎園小説』である。「狐の祐天」（第三部第一章表15―ク）を報告したのは、常陸《ひたち》土浦藩士＝関思亮であった。

文政三（一八二〇）年の秋、江戸大伝馬町（現、中央区大伝馬町）のキセル問屋の娘＝ゑいに祐天僧正の霊が乗り移った。六字名号を書き、祐天と署名した。むかし、羽生《はにゅう》村（現、茨城県常総市羽生町）の累《かさね》の怨霊を解脱《げだつ》させた僧正が再来したのだろうと、老若男女がキセル問屋におしかけ、あたかも門前市をなすかのようだった。ところが、六字名号すなわち「南無阿弥陀仏」のうち第四字・第五字が間違っていた。大田《おおた》南畝《なんぽ》に見せたところ、彼は「弥陀の二字をかへたるは、まさしく狐狸のわざならん。憚《はばか》りてわざとかく書きたがへしものなるべし」と判定した。のち、名主が問いつめたところ、狐が本性を現して退散した。

南畝自身も『半日閑話』（一八二三年成立）巻八で、同じ事件を報告している。また、祐天寺に問いあわせたが、とくに変事はなかったという。

祐天については、高田衛[九六]のすぐれた研究がある。高田にしたがい『祐天上人御伝記』（一七六三年序）にもとづき、彼の経歴を紹介しよう。史実ではなく、虚構の部分も含まれている。とくに新勝寺参籠の件は、史実かどうかわからない。

図17　旅姿の祐天　『祐天上人一代記』（1804年）による

祐天（**図17**）は、一六三七年に岩城《いわき》国に生まれた。一六四五年に江戸に上り、増上寺山内袋谷の檀通和尚のもとで修学するが、七〇日のち、愚昧のゆえ檀通から勘当される。まだ一二歳の少年であった祐天は、ひとたびは自殺を図るが、やがて増上寺開山上人の霊のお告げによって成田山新勝寺に籠り、断食を続けて不動明王に知恵を授かった。そののち檀通が館林善導寺、続いて飯沼弘経寺《ぐぎょうじ》（現、茨城県常総市豊岡）の住職に任じられると、その後を追って館林・飯沼に移った。

祐天が飯沼弘経寺にあった一六七二年に、有名な累の霊の取り付き事件が発生する。夫の与右衛門に殺された累の霊が、その怨みを明らかにするため義理の娘の菊に取り付いたのである。累落としを依頼された祐天は悪戦苦闘の末、累の霊になり変わった菊に念仏を十唱させて、ついに累の霊を解脱させ、お菊の健康を回復することにも成功した。しかし、当時の浄土教団は付きもの落としのような呪術的行為を禁止しており、禁制を破った形となる累落とし事件が祐天の人生の転機になる。祐天の同輩が、檀通に何度も勘当の赦免を願い出るが、そのたびに檀通は拒否した。それは、祐天の呪術的な祈禱行為に対する教団側の態度をおもんぱかってのことだったようだ。

一六八六年、祐天は浄土教団を退き、以後一六九九年まで、江戸をはじめ各地を行脚《あんぎゃ》して布教に努めた。その間の彼の消息については不明の点が多いが、村や街の衆庶《しゅうしょ》に依頼され、しばしば怨霊落としを行ったと伝えられる。また難産のために命を失おうとしている女性を救った実績も、広く知られた。その噂が将軍家の大奥にまで届き、彼女たちの推挙で祐天は浄土教団に復帰し、まず一七〇〇年にあの飯沼弘経寺の住職に任命された。その四年後には、江戸伝通院（現、文京区小石川三丁目）の住職、さらに一七一一年に増上寺住職になり、浄土宗教団の頂点に立つ。死去した年は、一七一八年であった。

では、なぜ狐は祐天のような近世浄土宗を代表する僧の名を名乗ったのであろうか。伝通院と飯沼弘経寺には、不思議に狐僧・狸僧の伝承がつきまとう。菊岡沾涼は『諸国里人談』（一七四三年刊）巻五において、次のように書いている。

伝通院正誉上人が京都から下向したとき（一七世紀初期か）、道連れに伯蔵という僧をともない伝通院に連れてきた。伯蔵は伝通院で学問に励んだが、居眠りをして、ついに狐の本性を現した。彼は宝永の頃（一八世紀初頭）まで存命であったが、死後は祀られて伯蔵主稲荷と称し、寺の鎮守とされている。この狐は、かつて常陸国飯沼弘経寺にいた。弘経寺にも同じような事件があった。沾涼は俳諧師として名を知られていた。おそらく、俳諧の旅中の見聞や俳諧仲間の情報にもとづき、各地の噂話・伝承を収集したのであろう。

後の記録になるが、伝通院別当所甚蓮社が出した『沢蔵主稲荷大明神略縁起』（一七七四年刊）には、元和《げんな》四（一六一八）年、正誉上人山主のとき、正誉をはじめ極山などの学僧の夢に「明朝一人の僧来たるべし。大衆のうちに加へて仏道修業さすべし」というお告げがあった。翌日、はたして年の頃三〇ばかりの僧が訪れ、「予は吉祥寺会下沢蔵主《たくぞうす》と云へるものなり。……希《ねがわ》くは今より当山に掛《か》錫《しゃく》して浄教を修学せん」と乞うので、正誉は入寺を許す。この僧、つまり沢蔵主は、一を聞いて十を知るほど聡明で、ついに浄土の奥義を究めた。元和六年、また、僧たちの夢に白狐が姿を現し、「予は、実は、むかし太田道灌《おおたどうかん》勧請せし稲荷大明神の分化なり。……今より元神に立かへり、永く当山を守護し法沢の荷恩を謝し、長に有縁の衆生を救ふて諸願を満足せしめん。早く一社を建立して予を稲荷大明神と祭れ」と語った。

とある。なお、竹尾善筑の『檀林小石川伝通院志』（一八二〇年頃成立）にも、類似の縁起が掲載されている。『沢蔵主稲荷大明神略縁起』の話は『諸国里人談』の伝承といくらか違う。狐僧は、後者では下総飯沼弘経寺を経由してどこかを放浪していたはずだが、前者では駒込の吉祥寺に住む白狐の化身であり、稲荷と一体と自称する。

弘経寺では、狐僧はどのような活躍ぶりを示したのだろうか。上州太田（現、群馬県太田市）、浄土宗大光院の住職＝義海の『蕉窓漫筆』（一七六六年成立）巻二「老狐僧に変ず」が、その事情に詳しい。

むかし飯沼弘経寺に法論にすぐれた一人の僧がいた。ある日仲間の僧とたわむれに相撲を取った。彼の力はきわめて強く数十人を倒したが、さすがに疲労はなはだしく、自室に入って熟睡してしまった。やがて隣房の僧が窓から覗き見ると、一匹の老狐がいた。正体を知られた彼は住持に会う。住持が阿弥陀来迎《らいごう》のようすを見たいと望むと、狐僧は、現われるのは自分の通力による幻影だから、「かならず粛敬することなかれ。否ならば、すなわち吾たちまち死せんのみ」と語った。一山《いっさん》の衆が集まると、阿弥陀観音勢至をはじめ、無量の聖衆の来迎する情景が出現した。住持が、思わず稽首して仏号を唱えたところ即時に幻影は消え、狐僧も斃《たお》れた。住持は、嘆きつつ狐僧を葬り、彼の墓碑をたてた。

『諸国里人談』は、伝通院の狐僧はかつて弘経寺にいたと説くが、『蕉窓漫筆』の弘経寺狐僧は、当地で死んでしまった。そうすると、一所不住の狐僧複数が弘経寺に仮の宿を求めていたことになろう。伝承だから、辻褄があう必要はあるまい。弘経寺と狐僧との縁《えにし》の深さ、それに狐僧伝承が弘経寺から伝通院に連絡していることがわかれば十分であろう。

飯沼弘経寺から江戸伝通院へ。これは、まさに祐天が動いた経路ではないか。娘に付いた狐が祐天を名乗ったという『兎園小説』の噂話をも考慮すると、両寺院の狐僧のモデルの一人が祐天だったという疑いが生じるのは、やむをえない。『諸国里人談』の著者は、伝通院の狐僧は宝永の頃まで存命であったというが、祐天は宝永元（一七〇四）年に伝通院の住持となり、宝永七（正徳《しょうとく》元）年に増上寺に移った。この一致は、たぶん偶合であろうが。

増上寺でも、また、狐の伝承が知られていた。ここでは狐は僧に化けたわけではないが、僧に付いた。伴蒿蹊の『閑田耕筆』（一八〇一年刊）巻三には、次の二つの挿話が記されている。一つは、ある僧が寮舎の狐小祠の祭神を弁財天と勘違いして拝んだところ、狐が人に化けて苦情を訴えてきた話。あと一つは、小祠を壊された花崎という狐が若僧に付いて再建を求めてきたので、その願いをかなえたという話（第三部第一章表12―コ）。花崎社は『閑田耕筆』当時、実在したという。(1)

他の機会[一二九]に述べたように、狐・狸僧のイメージ成立の絶対条件は、放浪性と非正統性である。これに呪性がともなえば、狐・狸僧の資格はいっそう強化される。狐・狸僧の素性《すじょう》そのものが、非正統性を象徴する。彼らの山野放浪性は、野獣の通性にほかならない。狐狸の呪力は、民間伝承でだれもが知るところであった。『蕉窓漫筆』の狐が阿弥陀来迎を幻じたのは、その一例である。祐天についていうと、彼は生涯の最盛期に遊行《ゆぎょう》僧の生活を送った。その時期、彼は教団から離れた。これに先立ち、祐天は呪力により累の霊を落とした。

弘経寺の狸僧、相撲で奮闘す

た。善筑の『檀林結城弘経寺志』(一八二〇年頃成立)所載、飯沼弘経寺の狸僧の話を紹介しよう。結城《ゆうき》(現、茨城県結城市)の弘経寺は天正三(一五七五)年、飯沼弘経寺の存把が戦火を逃れ、結城に開山した寺であった。飯沼弘経寺の狸僧譚が結城弘経寺に伝えられているのは、この因縁による。

弘経寺の話には、続きがある。いつの頃からか、この寺に仮住した異僧は狸とみなされるようになった。

下総国猿島郡の無量寿寺に、良正という僧が多年居住していた。そののち彼は、無量寿寺を出て飯沼弘経寺に入る。了暁が住持のとき(一五世紀後期)であった。器量は衆にぬきんで、凡人とは思えない。ある年の夏、一山の若大衆がたわむれに相撲を取りはじめたが、良正に勝つ者はいない。取り終りさすがに疲れた良正が、思わずうたた寝しているところを庵主がうかがい見ると、彼は貉《むじな》であった。了暁が良正に問うと、彼は涙を流し「本性《ほんしょう》すでにあきらかになる。住居なりがたし。遠離《おんり》するにしかず」と述べ、去りぎわに魔術によって阿弥陀三尊来迎を現そうと告げた。

その後の経過は、『蕉窓漫筆』の「狐僧の話」とほぼ同じである。三尊来迎を現す前に良正は、「我が現すところの術に、信心を起こすべからず。もし然《しか》らざれば、必定《ひつじょう》罰をこうむり我は命を失うべし」と警告した。にもかかわらず、了暁が思わず起立作礼をなしたために、良正貉は雲中から落ちて失命したことになっている。了暁は良正を葬ったのち、彼の住居から「貉の聖教」と称する書を発見した。飯沼弘経寺が戦火にあったとき、存把はこれを持って逃れ、今は結城弘経寺にある。良正貉は、のちに延寿大権現として祀られた。以上が『檀林結城弘経寺志』の所伝である。この書の狸僧譚は『蕉窓漫筆《しょうそうまんぴつ》』の狐を狸に置き換えて生まれたと思われる。なお、貉は学名のタヌキ・アナグマの東国《とうごく》方言である。

善筑が用いた資料の成立期は不明だが、津村淙庵の『譚海』（一七九五年跋）巻一には、宗固という古狸が僧に化けて飯沼弘経寺に住み着いたが、昼寝をしたときに狸の本性を現した、という噂話が出ている。阿弥陀来迎《らいごう》および狸僧の墓の話柄《わへい》も語られる。さらに少し遡ると、与謝蕪村の『木の葉経』（一七七〇年代成立か）は結城弘経寺の狸の書経について語っており、「狸の書経」は、おそらく先の「貉の聖教」に相当する。したがって、遅くともこの頃には、狐僧ならぬ狸僧の伝承も生まれていたのだろう。一口泉老人の『草話風狸伝』（一八三六年刊）巻五では、狸僧の名は宗運となっており、飯沼弘経寺には、「狸宗運墓」の四字が刻まれた高さ三尺ほどの墓碑があるという。

伝承は、さらに変化を重ねる。『飯沼弘経寺略誌』[9]（一九二八年刊）では、狸僧の名は宗運、昼寝をした疲労の原因は開山上人の法要であり、阿弥陀来迎を現したとき宗運は大きな杉の樹上にいた。了暁および衆徒が、思わず「南無阿弥陀仏」と唱えるや、たちまち宗運は樹上から転落したが即死はせず、筑

文献名（巻）	著者名	成立年	異僧の名	異僧の正体	疲労・居眠りの原因	阿弥陀来迎幻出	死の状況
諸国里人談（5）	菊岡沾凉	1743年刊	記載なし	狐			
薫窓漫筆（2）	義海	1766年成立	記載なし	狐	相撲	あり	斃れる
譚海（1）	津村淙庵	1795年跋	宗固	狸		あり	
檀林結城弘経寺志	竹尾善筑	1820年頃成立	良正	狸	相撲	あり	雲中より落下
檀林飯沼弘経寺志	同右	1821年成立	良正→宗運	人	法要	なし	川へ投身
草話風狸伝（5）	一口泉老人	1836年刊	宗運	狸			
飯沼弘経寺略誌		1928年刊	宗運	狸	法要	あり	樹上より落下、のち川へ投身

表4　飯沼弘経寺の異僧伝承

波郡豊村（現、茨城県つくばみらい市狸淵）に逃れ、小貝川の淵に身を投じて死んだ。近くにある弘経寺の末寺＝浄円寺の境内に宗運を葬り、また弘経寺の杉、つまり来迎杉の下に彼の小祠を建て、その遺物を収めた。

近世の諸伝承と比べると、次の三つの点で大きな変化が見られる。**表4**に、その変化を他の事項とともにまとめた。第一は、異僧の疲労と居眠りの原因が、相撲での奮闘から法要への参加に変わった。第二に、動物僧が高所で阿弥陀来迎を幻じることができたのは、この動物が樹上に登っていたから可能だったという認識が生じた。第三に、異僧は川に身を投じて死んだ。これらの変化をもたらした原因は、よくわからない。

第一の点についてふれると、狐狸が人に化けて相撲を取るという話の類例は、あまり多くない。春名忠成の『世説麒麟談』（一七六一年序）巻二に、多数の狐が四本柱の土俵で四八手《しじゅうはって》をつくして相撲を取った話がある。おそらく、このとき狐は人の姿を借りていたのだろう。小川白山の『蕉斎筆記』（一八〇〇年成立）巻三にも、野辺《のべ》で狐が寄り合い相撲を取って戯れる場面がある。同書同巻の別話に登場する狐に付かれた下級僧は、相撲がめっぽう強い。修験道の『峯中十種修行作法』（中世末～近世初期成立）のなかで、相撲は修羅道の修行作法として六番目にあげられている。

後述のように、修験者には狐の姿が投影されることがあった。狐の相撲には、修験者の相撲のイメージが入り込んでいるのかもしれない。松山義雄[一六八]によれば、信州伊那《いな》の農地では狐が相撲を取って畑を荒らす。この相撲は、仔狐のじゃれあいを指す。以上は、わずかな参考例にすぎない。狐狸の相撲一般の伝承をより広く探索する必要があるだろう。とはいえ、客僧の話の筋からいって、相撲で疲れるより法要で疲れたほうが挿話としては自然であり、伝承の伝播には有利だったろう。

第二の点に関しては、狸の木登りの習性が折り込まれたと解釈できる。狐は木に登ることができないから、『蕉窓漫筆』の段階では、異僧は地上にいて「通力」で空中に幻影を現したのだろう。第三点については、後にあらためて

図18　飯沼弘経寺　宗運堂内の地蔵、宗運の位牌、宗運制作の面

検討する。

なお、今では狸僧の名は宗運とされ、飯沼弘経寺域内の来迎杉の下に宗運堂と称する祠が建てられている。内部には、**図18**のように位牌・地蔵および宗運制作という面が納められる。面についてはほとんど知識がないが、宗運堂の面は民間の竈《かまどがみ》神面か鬼面《きめん》系統ではないだろうか。面の系統・制作時代の鑑定がなされれば、伝承の背後にあったものがいくらかは解明できるかもしれない。

宗運が葬られた伊奈町の浄円寺を訪ねてみよう。境内に宗運の墓がある。線彫の尊像（尊名はたぶん地蔵菩薩）の下と横に次の文字が刻まれる。(2) 年記はない。それほど古いものではないだろう。すぐそばを流れる小貝川に、狸淵がよどむ。

天台沙門光輪拝写

発願施主　守　家　拝　彫

石材施主

岡　野　豊　前

為延誉宗運大徳

人間宗運はなぜ投身自殺したのか

あと一つ、資料を紹介したい。やはり善筑著の『檀林飯沼弘経寺志《だんりんいいぬまぐぎょうじし》』（一八二一年成立）「二世了暁の伝」に、人間の宗運に関する伝承が記されている。

長禄《ちょうろく》三（一四五九）年、一人の遊行僧が飯沼弘経寺を訪れ、ここで浄土の学を修めたいと望むので、了暁はこれを許した。この僧はかつて無量寿寺にいたが、そのときは良正と名乗り、今は宗運と改名した。彼は聡哲才学人を超え、舞曲にも長じていた。五月一二日に法要があり、終わったのち寺の大衆は常のとおり踊躍《ゆやく》歌舞高声で喜びを表した。特に宗運の歌舞は妙絶で、衆僧の腸《はらわた》を断《た》たしめた。このため宗運は心身の疲労はなはだしく、睡眠すること一二時間におよび、前後を忘失した。在山一八年ついに辞去し、のち常州に至り、文明一〇（一四七八）年、巨海川（小貝川）に投身して死んだ。その場所は今は貉淵と呼ばれ、末山浄円寺の東に位置する。当山（飯沼弘経寺）方丈の東に宗運の住居跡あり、また木製の墳標が残っている。その記述した書二巻が結城弘経寺に現存する。

『檀林飯沼弘経寺志』の伝承は、狐僧・狸僧の説話成立の背景を考える場合、大いに参考になるだろう。良正＝宗運もまた遊行の僧であった。それにしても、人間宗運はなぜ川に身を投じて死ななければならなかったのか。右の記載では、疲労睡眠による前後忘失、弘経寺辞去、および投身自殺の三者の因果関係が述べられていない。もちろん『蕉窓漫筆』の狐僧、『檀林結城弘経寺志』の狸僧に関しては、睡眠と辞去との関連は明瞭であるし、彼ら異僧は自殺はしていないが、死が辞去の表明の結果であることも定かに語られている。

　人間宗運の自殺については、二様の解釈が可能だろう。第一は、彼が弘経寺で前後忘失ののち何らかの失敗を犯し、そのため寺を去らざるをえないはめに陥り、さらに絶望して川に身を投じた、という解釈である。もちろん人間宗運の伝承も、そのまま史実とは言えまい。しかし、そのような事件がありそうな状況が、当時の宗教者の世界にあったからこそ宗運伝承が発生したのだろう。『檀林飯沼弘経寺志』には、睡眠前後忘失の記述のあと、二行分かち書きで「中略。これより同結城の由縁」と注があり、引き続き本文に戻って「在山一八年ついに辞去」となっている。前後忘失と辞去との因果関係を、編者の善筑が意図的にぼかした可能性も無視できない。

　ここで思い出されるのは、祐天の教団離脱である。彼の離脱の原因は、その呪術行為だったようだ。祐天は一時、遊行の宗教者として生きることになる。高田衛は『祐天大僧正御伝記《ゆうてんだいそうじょうごでんき》』における祐天の賤装の描写を引用しつつ、同時代人の祐天イメージに遊行する下級宗教者・賤民芸能者の姿が想定されていたかもしれない、と述べている。人間宗運も、浄土教団にはなじまない素性《すじょう》のものであることが、法要後の歌舞の振る舞いによって露われたのではないか。その行為は、放浪する非正統宗教者の呪術的芸能行為を示唆するものであったかもしれない。あるいは、自殺にまで至ったところから推察すると、それを含み、それ以上の何かが係っていたのだろうか。

既述のように、祐天にもまた自殺を試みた前歴があった。『祐天大僧正御伝記』で、祐天は愚昧のゆえに親からも師の檀通からも勘当され、絶望した彼は増上寺近くの海に身を投じた。幸いにして、寺の徒弟の善長に救われたが、このとき祐天は一二歳であった。したがって、在寺一八年ののち死を選んだ人間宗運の場合と直接比較することはできない。ただし、この事件をきっかけに祐天の心が自己救済の努力に向かうことがなかったならば、成年後の彼に、人間宗運の場合と同じようにむごい運命が待っていたかもしれない。繰り返すが、人間宗運の伝承もおそらく史実ではない。祐天の自殺未遂も、また史実という証拠はない。伝承構成者のストーリーのなかに、なにが隠されていたかが問題なのである。

第二に、人間宗運の自殺は、この話が狐狸の宗運伝承を素材としながら、宗運を人類に差しかえたとき生じた無理に由来する、とも解釈できる。そうだとしても、狐狸宗運は選ばなかった投身自殺の途《みち》に、人間宗運が自らを追い込まざるをえなかった意味はどこにあるのだろうか。確かに、阿弥陀来迎幻出・死亡という話柄《わへい》を避けたからには、人間宗運は他の方法で死ななければならなかった。しかし、自ら命を絶たなくともよかったはずである。たとえば、事故死というケースも考慮可能だったろう。第一の解釈と同じくこの場合も、放浪の宗教者の心底に潜む、死に至る絶望を伝承改作者が認知していたと思わざるをえない。いずれ、『檀林飯沼弘経寺志』が使った原資料と『蕉窓漫筆』との成立の前後関係次第で、上記のいずれの解釈が正しいか、結論が異なってくる。今は、この点について判断を下すべき材料が手もとにない。

話を史実のレベルに戻したい。狐・狸僧のモデルの一人は祐天であった。けれども飯沼弘経寺には、もともと祐天のような型の僧を生み出しそうな伝統があったのではないか。宗運は、了暁の時代に飯沼弘経寺に仮の修行の場を得た。彼は、一四五九年にこの寺に入り、在山一八年というから、死の前年、つまり一四七七年あたりまで在住していた。これとほとんど入れ替わるように、三世清訓の時代、良然という僧がこの寺で学んでいた。清訓は一四七八年から一五〇〇年まで、飯沼弘経寺の住持であった。

『檀林飯沼弘経寺志』によれば、良然は「修学居棲すること十余年、学内外にとみ、智英俊の名」があった。在学のときにふと発心《ほうしん》し、「霊山幽窟に入る時は数日五穀をたちて、精心に菩提心を祈誓あり。猶顕密性相内外の博達として、一宗の外自他の碩匠《せきしょう》常にその門に来問するに、すこぶる文殊の知恵に比すべし」と評判が高かった。密教や外典にも通じ、山岳修業を試みたという経歴に注目しなければならない。密教に関していうと、祐天が真言宗の新勝寺で不動明王の利益《りやく》を得たという伝承も、思いあわされる。この型の僧が、呪術に無縁なはずがない。

良然は、遅くとも明応《めいおう》二（一四九三）年には弘経寺を去り、遊行の旅に出る。ただし祐天と異なり、教団を脱したわけではない。記録されているだけでも、三河・和泉・摂津の諸国の寺に滞留、または新たに寺を開山し、教化《きょうけ》に尽力した。和泉時代が長かったようである。良然のほかに、飯沼弘経寺に由縁をもつこの型の僧がいたかどうか知らないが、寺の正史のなかで良然の伝記に大きな紙幅が割かれた。

おそらく飯沼弘経寺には、狐・狸僧の伝承を生み出す素地が備わっていたのだろう。

茶釜に化けた狸の守鶴

飯沼弘経寺の異類僧伝承に関していえば、狐僧のほうが狸僧より早く出現したと推定される。一八世紀半ばに世に出た『諸国里人談《しょこくりじんだん》』『蕉窓漫筆』は狐僧の話であるが、一八世紀末の『譚海』以後の諸文献は、現在に至るまで狸僧について語る。しかし、異類僧伝承全般に関して調べてみると、狐と狸のどちらが早く活躍していたか、なんともいえなくなる。

狸僧の伝承で最も古いのは、『諸国里人談』の著者＝沾凉の『本朝俗諺志』（一七四六年刊）巻一記載のものである。ここでは、上州館林《たてばやし》堀工村（現、館林市堀工）茂林寺《もりんじ》（曹洞宗）の狸僧＝守鶴（**図19**）が主役を演じた。この書は『諸国里人談』よりもわずか三年遅れて刊行された。したがって、伝通院や弘経寺の狐僧伝承と、茂林寺の狸僧伝承のどちらが先に誕生したか、新たな資料が発掘されない限り、判定は不可能といってよい。そこで、『諸国俗諺志』の話を要約する。

元禄の頃、茂林寺に守鶴という僧がいた。住職七代のあいだ納所《なっしょ》・学頭をつとめ、碩学にして一山に並ぶものがなかった。ある日、守鶴は金十数をもって茶釜をあつらえた。ところがその金は、木

図19　茂林寺の守鶴　『本朝俗諺志』（1746年）

の葉だった。茶釜を庵室の囲炉裏にかけておくと、いちど水をさせば五〜七日も沸きつづけたという。その後、守鶴が思わず昼寝をして狸の姿を現したところを小僧に発見された。「ぶんぶく茶釜に毛がはえた」という口ずさみは、守鶴の正体が狸であることがわかったために生じた、と人びとは言う。正体をあらわした守鶴は、住職のもとを訪れ暇《いとま》を乞う。住職は翻意をもとめたが、守鶴は承引しない。いよいよ別れのとき、彼は「昔のことを見すべし」と庭におり、源平屋島の合戦の情景を、つづいて釈迦の霊鷲山《りょうじゅせん》における説法と双林における入滅のようすを幻出した。住職大衆が我知らず歓喜すると、たちまち幻は消えてもとの庭になった。

以上、紹介した守鶴狸の話は、飯沼弘経寺の良正狐・宗運狸の型の話に茶釜の話柄《わへい》を挿入して成立したと見てよい。ただし、武蔵府中（現、東京都府中市）の安養寺（天台宗）にも茶釜挿話をもたない類似の伝承が残っている[一二四]から、この型の伝承の根源が弘経寺とは断定できない。現在では証拠となる文献を示し得ないが、同様の伝承をより古くから伝えた寺もあったかもしれない。

元来の茂林寺守鶴伝承が、茶釜の話柄を欠いていたとほのめかしそうな証拠がある。武士出身の卜占《ぼくせん》家《か》＝成田朝辰が編した狸資料集『貍説』（一八〇一年以後、一八三三年以前成立）所載『守鶴鑑寺略伝』（一八世紀成立か）の本文には、茶釜の話柄は述べられていない。ただし、別の資料から採ったらしい茂林寺の「什物《じゅうもつ》」のなかに、「守鶴取得の茶釜、唐銅と相みえ候。常の茶釜よりよほど大きなり。これはかの僧鑑寺の時、右の釜にて衆僧千人茶をきっし候よし」とある。当然、朝辰が使った資料の成立期が問題になる。それに、彼が原資料に手を加えた可能性も否定できない。

榎本千賀[二七]は、館林の北東に位置する佐野（現、栃木県佐野市）が釜の名産地として知られていたことが、守鶴の釜に関連する、と指摘した。弘経寺・安養寺の狸の回りにその気配がないのに、茂林寺の狸のみが茶釜をともなう事情の背景が、榎本の指摘で明らかになった。佐野の釜が守鶴伝承に持ちこまれたルートについては『伯耆《ほうき》国大山寺縁起』（一三九八年成立）、または下野《しもつけ》岩船寺の縁起が媒介した可能性がある。

前者によれば、ある僧が伯耆大山寺の地蔵のお告げで下野岩船の地蔵坊から一包みの米をもらう。この米を湯屋釜に一すくい入れると、釜に満ちて尽きることがなかった。ここでは釜ではなく、中身の米のほうに無限生成力が潜んでいたようだが、話柄としては確かに茂林寺の釜と酒の伝承に似ている。近世後期の作と思われる『下野国岩松山略縁起』にも、ほぼ同様の伝承が記載される。岩船（現、栃木県栃木市岩船町）は現、佐野市の東隣である。

茶釜については、あと一つ考慮すべき問題がある。後代に、茂林寺の守鶴が茶釜に化けたという話型が生まれた。鳥山石燕《とりやませきえん》の『百鬼夜行拾遺』（一七八一年刊）巻中の「茂林寺釜」（**図20**）には、茶釜に化けた狸が描かれる。他の機会にすでに述べたが、水谷不倒[一七二]によれば、一六六〇年〜八〇年代に室町季世

図20　茂林寺釜『百鬼夜行拾遺』(1781年)

の赤小本『京東山ばけ狐』が出た。この本では、狸は登場せず狐が茶釜に化ける。一七三〇年頃の近藤清春《こんどうきよはる》の赤本《あかほん》『ぶんぶくちゃがま』では、狐のほかにはじめて狸も現れ、しかも茶釜に化ける役は狸が引き受けた。あれこれ考えると、赤本の『ぶんぶくちゃがま』系統の茶釜話が佐野の茶釜の媒介を得て茂林寺守鶴の伝承と結びつき、守鶴が茶釜に化ける話ができあがったのではないかと思われる。

茂林寺守鶴に関する七点もの縁起が、榎本によって精細に研究された。これによって基本的な構成話柄の分析、および諸本におけるそれらの有無の検討は終了している。さらに、榎本論文にない『本朝俗諺志』と『守鶴寺鑑略伝』の縁起をも考慮すれば、諸縁起の系統がいくらか分明するかもしれない。

榎本があげた諸縁起のうち『文福茶釜由来』は、特に注目に値する。この縁起は、以下に論じる理由により比較的古く成立したと推定される。榎本は、他の縁起では茶釜の功徳《くどく》について述べられ、福を分け与えるゆえに分福茶釜と称したという話柄があるが、『文福茶釜由来』はそれを欠くことを示した。

この書では、ぶんぶくの表記は「文福」である。『本朝俗諺志』のぶんぶくの表記は「ぶんぶく」、その由縁は、この釜が常に「ぶんぶく、ぶんぶく」と沸いていたことに求められている。「文福」の由来に関する『文福茶釜由来』の記述は明晰ではないが、やはり湯の沸く音との関連を示唆する。近藤清春の赤本も「ぶんぶく」。もともと茶坊主の名であった。茶釜の功徳の話柄は、いかにも後に付加した効能書きのように思える。阿部泰郎[五]は、時代を経過するにつれて伝承が新しい話柄を付加する傾向に「増加法則」の名を与えた[3]。茶釜話柄の付加、さらに功徳談の付加は、その適例であろうか。

『守鶴寺鑑略伝』も、他の諸本よりは『文福茶釜由来』と共通する特徴をそなえる。たとえば、両本のいずれにも守鶴の居眠りの原因は、寺外で飲酒したための深酔である。彼の本性を発見したのは盲人であった。さらに彼の正体露見・釈迦如来幻出・退去の三件の日付はこの二本のみに記され、いずれも天正一五（一五八七）年二月二八日とされる。

『文福茶釜由来』には、あと一つ注目点がある。肝心の守鶴の話に入る前に、厩橋《まやばし》城（前橋城、現、群馬県前橋市）をめぐる北条（高広?）[4]と上杉・小笠原・前田・真田連合軍との攻防についての奇跡談が、この本の導入部を占める。大軍をもって攻撃した包囲軍は再度、北条軍の後詰《うしろづめ》にうしろから攻撃され、大破される。しかし、のちに点検すると包囲軍には手負いも討ち死にも一人もいない。諸将は、尋常ならざる事情が潜んでいるのではないかと近在の農民を集めて聞く。すると館林の庄官が罷《まか》り出て、心当たりがあるという。彼の話の大要は次の通り。

厩橋を去ること一〇里あまり、館林の領内に茂林寺という寺がある。いまの和尚は厩橋城主の次男である。この茂林寺には古狸が住む。去年厩橋城二の丸に大火があったとき、館林領内の百姓が和尚の指図で火消しに馳《は》せ来て、さっそく火を鎮めた。それにしても一〇余里の遠地からすばやく到

文献名（巻）	著者名	成立年	守鶴の正体	居眠りの原因	源平合戦幻出	釈迦説法幻出	天竺・震旦渡来	ぶんぶくの表記
本朝俗諺志（1）	菊岡沾涼	1746年刊	狸		あり	あり	なし	ぶんぶく
文福茶釜由来		1725年以後成立	狸	酒酔	あり	あり	天竺のみ	文福・文ぶく
守鶴鑑寺略伝		不明	狸	酒酔	あり	あり	あり	釜の話柄なし
上野国志	毛呂義郷	1774年序	狐		なし	なし	なし	釜の名称なし
甲子夜話（35）	松浦静山	1823年記	狸	あり	あり	あり	あり	分福
分福茶釜略縁起		不明	狸	居眠話柄欠	なし	あり	天竺のみ	分福

表５　館林茂林寺の守鶴伝説

着したのは、火事が発生する前にそのことを知ったとしか考えられない。例の狸の仕業《しわざ》だろうと沙汰した。今回の不思議も、その狸のわざだろう。

そこで、包囲軍の大将＝上杉景勝が「もっともさもあるべきことなり。さながら殷のだっきは狐にして紂王をたぶらかし、わが朝の玉藻前は玉体にちかづきしためしもあり。数千年をへし曲ものは、わざあるまじきものにあらず。その古狸につき定めて物語もあるべし」と促されたところで、館林の庄官は守鶴の話を語り始める。守鶴は、意外なところでも活躍していたのである。前著で詳述したが、館林城の縄張りを狐が設定したという伝承が、中世末成立と推定される『館林盛衰記』に出ている。さらに『館林記』（一七世紀後半成立か）には、元亀《げんき》二（一五七一）年に北条氏政、天正一八（一五九〇）年に石田三成がそれぞれ館林城を攻めたとき、狐が奇験を現し城を守ったとされる。ときの城主は、それぞれ長尾顕長、北条氏規であった。

館林城を当地の狐が守り、厩橋城を館林の狸が守った。どちらの伝承が先に成立したかわからない。とにかく、ここでも狐と狸が類似の役割を演じたことが確認される。両伝承が互いに無関係に成立したとも思えない。

『守鶴鑑寺略伝』『文福茶釜由来』および『甲子夜話《かっしやわ》』巻三五（一八二三年記）には、あと一つ重要な話柄が入っている。釈迦説法の場面を幻出するに際し、守鶴は「自分は天竺・震旦《しんたん》（中国）を経て日本に渡来した」と語った。彼の経歴の意義については、本章最後の項で私見を述べる。以上、諸書の守鶴伝を**表5**にまとめた。

悪意を善意に――近世狐・狸僧像の変遷

仏教と狐狸の話に戻ると、狸は鎌倉時代以来近世初期にいたるまで、悪意にもとづきあるいは悪戯《いたずら》で、尊像を幻出していた。『宇治拾遺物語《うじしゅういものがたり》』（一二〇〇年頃成立）一〇四（巻八）には、次の話が出ている。

愛宕山《あたごやま》でながく修行している聖《ひじり》がいた。やがて彼の前に、毎晩象に乗った普賢菩薩《ふげんぼさつ》が現われるようになった。あるとき夜中に普賢菩薩が出現し、聖が泣く泣く拝んでいるところへ、猟師がうしろから普賢菩薩に矢を射ると胸のあたりに当たり、その姿も消え失せた。夜が明けて血の跡をたどっていくと、谷の底に大きな狸が、胸に矢を射通されて死んでいた。
もともと「狸」とは、中国では猫的野生動物の漠然たる総称であった。[二] 日本にはそれに該当する動物がいないので、中世の知識人たちは、狸について山に住む奇怪な獣というイメージで理解していたようだ。[二四] この話も、山の怪異談として採用されたのだろう。

近世になると、狸の字が指す対象は学名のタヌキとアナグマにしぼられる。しかし近世初期までは、狸の怪異は悪質であった。『一休ばなし』（一六六八年刊）巻中では、蜷川親当《にながわちかまさ》が臨終のとき、三尊二五菩薩が出現した。集まった一門の人びとは感涙にむせんだが、親当は床《とこ》から立ちあがり弓矢を取り阿弥陀如来を射た。その瞬間、諸尊の姿は消え、そこに古狸が死んでいた。『諸国百物語』（一六七七年刊）巻五では、ある僧にだまされ、餅と偽《いつわ》って焼き石を食わされた狸が阿弥陀如来に化けて現われ、だました僧に火定《かじょう》に入るよう勧める。僧が薪の上に坐って観念していると、阿弥陀三尊二五菩薩が姿を現し、僧が焼け死んだとき、どっと笑い声が聞こえ、数多くの狸が山に逃げ入った。

このように、狸が仏教の如来や菩薩を幻出する習慣が、近世初期には成立していた。ただし、これは人を誑《たぶら》かす行為であった。この伝統を受け継ぎながら、仏尊幻出を善意にもとづく行為に切り替えたのが、守鶴の型の狸だったと思われる。狐僧が先か、狸僧が先行したのか、なんとも判断はつかないが、仏尊の幻出をともなう伝承に限っていうと、狸僧の守鶴型の伝承が先に成立したのではないだろうか。すでに語られていた狐僧の話に、狸僧の仏尊幻出の話柄が付会《ふかい》された可能性も無視できない。

いずれにせよ、悪意を善意に切り替えるためには、狐狸は自己の意図に関する誤解を避けなければならない。善意の狐狸は、仏尊幻出の際、人を誑かすのが目的でないと予告をすべきであろう。実際、『蕉窓漫筆』『檀林結城弘経寺志』の狐狸僧はそのような予告を行い、心ならずも人を欺《あざむ》く結果になったと知ったときには命を捨てた。先には述べなかったが、『守鶴鑑寺略伝』の狸も命こそかけはしなかったが、同様の配慮を示した。人を欺く結果の抑止が、悪意の狸から善意の狸へ移行するための重要条件だとすると、『守鶴鑑寺略伝』は守鶴型伝承の古型の片鱗を見せたことになろう。

狸僧の登場には、あと一つ有利な条件があった。先に述べたように、中世には狸は山の怪の象徴でもあった。この特性は、各地を放浪し山を越えて到来する下級宗教者の姿とただちに重なる。それらの下級宗教者は、しばしば下級芸能者でもあった。屋島の合戦・一の谷の合戦の幻出は、平曲語りを連想させる。屋島・一の谷の段が取りあげられたのは、那須与一・熊谷直実が伝承近隣地の出身であるせいだろうか。『守鶴鑑寺略伝』で屋島の合戦の幻が浮かんだとき、衆僧は「はじめは操り事よ」と見ていた。『檀林飯沼弘経寺志』の人間宗運が「歌曲に長じ、歌清らか、舞は妙なり」と評されたのも先述の通り、彼の芸能者としての素養を示唆する。

状況は、狸僧先行に有利のようにも思われるが、狐僧もそれほど侮《あなど》れない。一つには、狐・狸僧が出現した立地条件を考慮しなければならない。毛呂義郷の『上野国志』（一七七四年序）では、守鶴の正体が狐であったとされている。義郷が上州地元の人だっただけに、この記述は見逃せない。もともと上州を含む北関東一帯は、霊狐の一大拠点であった。

館林城に関する狐伝承については、すでに語った。館林とは特定できないが、伊東藍田《いとうらんでん》の『湯武論《とうぶろん》』（一七七一年序）にも、上州の狐僧の話が記される。幸庵と称する老翁が仏説を教え、人びとの崇信を集めていた。のみならず、吉凶将来のことを明晰に予言し、人の心を読みとり、彼らを善道に導いた。しかしあるとき、間違って極熱の湯に浴し、跳び出したとき毛尾を現してしまった。正体は老いたる狐であった。なお、茂林寺のみならず弘経寺も北関東の一角に位置することはいうまでもない。

狐先行説に有利な第二の点は、狐と稲荷の結びつきである。公式には、稲荷の眷属《けんぞく》としての狐は、この神に仕えるという点で、稲荷社の別当僧や行者と同じレベルにある。狐僧の起源の一つは、ここにあったかもしれない。第三章で述べたように、中世にはじまる狂言の『釣狐』では、狐が僧に化けて狐狩をする男を戒《いまし》め、狐が稲荷でもあると説いた。

『諸国里人談』巻五「宗語狐」は、京都伏見稲荷に仕える狐の話である。俳人の八十村路通《やそむらろつう》が、伏見社に詣《もう》でるたびに一人の老僧と会う。彼は宗語と名乗り、五百年来のことを今見るようにはっきりと語ることができる。両者知己となり三年が経過したのち、宗語は路道を呼び寄せ、「このたび関東におもむく。老衰たれば帰京のほどもはかりがたし。今まではつつみぬれども、早や隠すべきにあらず。吾元来人間にあらず狐なり。年ごろ稲荷の仕者司をつとめ、今年仕を辞したり」と素姓《すじょう》を明らかにして去った。宗語の名は、弘経寺の狸僧、宗固・宗運を連想させる。なお、宗語は売薬によって蓄財をしていたが、

『甲子夜話』巻三五の守鶴伝では、守鶴が例の茶釜により練った妙薬があり、その薬効は神のごとくであった、という。

狐先行説を助ける第三点は、第二点に関連する。中世末成立らしい『簠簋抄《ほき》』以来の安倍晴明伝説では、晴明は人と狐のハーフとみなされた。晴明は、なぜ狐の血を受け継がなければならなかったか。おそらく、狐を自在に操作する力をここから得たのだろう。『簠簋抄』で鳥羽上皇を亡きものにしようとした玉藻の前を北関東那須に追いやったのは、晴明であった。狐を落とす陰陽師・修験者・神道者・僧侶などと狐との関連は微妙である。この点は第三部で述べるので省くが、要するに、狐の支配者は狐的だが、狐を上回る呪力を所有しなければならない。彼には、狐の姿が投影されている。

もう一度、祐天にふれると、彼が累《かさね》などの死霊の付きを落としたのは著名であるが、狐を落としたという記録や伝承は知られていない。しかし、困った人に依頼されれば、彼には狐落としを拒否する理由はなかったであろう。現に残壽の『死霊解脱物語聞書』（一六九〇年刊）によれば、祐天は、はじめは菊へのもの付きは「狐狸のしわざにて、おおくの人をたぶらかさんために取《とり》つくにもやあらん」と思った。この書は、残壽が祐天を含めた当事者に聞いて作成したといわれている。祐天と狐の関わりは、狐落としの実績に関連するところもあったのかもしれない。

狐と狸のゆくえ

あれこれと書いてきたので、筋道に混乱が生じたかもしれない。ここで今までの議論を補足しながら、要旨を整理しよう。

（1）遅くとも一八世紀になって、北関東に狐・狸僧の伝承が生まれた。狐僧が先か狸僧が先か、不明である。これらの動物が僧形に化ける根拠は、それぞれの素性のなかに潜んでいた。以後の変遷に関しても、確定的なことは何も言えないが、狐・狸僧の誕生とその伝承の変化について比較的確度が高い経過を想像してみよう。

（2）北関東一帯は中世には、すでに狐伝承の多産地帯であった。鹿島で生まれた藤原鎌足が鎌を狐から得て、それを出世の糸口にしたという伝承、玉藻の前が大陸から来てまず那須に住み着き、京を追われたのちも那須に戻ったという伝承、安倍晴明が常陸《ひたち》猫島で狐を母にして生まれたという伝承、また館林城を狐が守ったという伝承、などがよく知られている。このような歴史的背景を考慮に入れると、中世のこの地域では狐信仰が盛んに行われていたと想像される。やがて、中世末に関東に稲荷信仰が入り、次第に狐信仰を吸収していった。狐信仰は、もともとは仏教の枠外の習俗だが、稲荷が仏教と習合すれば、それが僧侶と狐との習合を派生したとしても不思議ではない。そして中世・近世の稲荷信仰は、真言・天台および天台から分出したいくつかの宗派に広がっていく。かくて、狐―稲荷―仏教―僧侶の連鎖の成立が容易になったと思われる。

（3）狐は『日本霊異記』（八二〇年頃成立）に見られる通り、九世紀には人に付いていた。また、狐の出現や鳴き声の予兆性も古代以来、信じられて来た。狐の呪性は、この動物と重ね合わされた宗教者にも付属する。

（4）狐僧伝承の初期は『檀林小石川伝通院志』のような単純な筋のものだったろう。あるいは『諸国里人談』の伯蔵・宗語のように、狐僧はすでに放浪をはじめていたのかもしれない。それは、稲荷の各地への伝播《でんぱ》・勧請の反映だったのではないか。

（5）狸僧が現れる段階で、異類僧伝承のストーリーに大きな変化が生じた。中世以来、狸は山の怪異を代表する動物であった。本章の文脈では、悪意にもとづき尊像の幻を現す行為を重要な属性としてあげなければならない。近世に至り、幕府の政策として寺請《てらうけ》制度・寺院本末制度が確立され、すべての人びとがこの制度の統制下におかれるようになると、山の狸も仏教信仰に取り込まれざるをえなくなってしまう。かくて、狸は自らの古い伝統を現象的に維持しつつ、その伝統の意味を逆転した。狸は放浪の僧に姿を変え、仏教教化の手段として尊像の幻を示すことになった。異類僧が寺を去る際に、如来・菩薩の姿を幻出する話柄《わへい》が追加されるについては、このような事情が存在した。そして狸僧の出現は、狐僧伝承にも影響を及ぼすことになった。狐狸が幻出する如来・菩薩の種類は、その伝承が属する寺院の宗派によって異なる。曹洞宗の茂林寺では釈迦如来が現れた。浄土宗の弘経寺では阿弥陀三尊が来迎した。さらに、天台宗の安養寺では釈迦・多宝の二如来がともに姿を見せた。

(6)その後「増加法則」により、新たな話柄がそれぞれの寺の伝承に次々と加わっていく。茂林寺の茶釜の話柄は、なかでも有名である。これが狸伝承に挿入されたいきさつについては、近くに釜の名産地である佐野があったことを無視するわけにはいかない。佐野の釜は館林でも販売されていただろう。あるいは、佐野と目と鼻の距離にある岩船寺の縁起がかかわっているかもしれない。そして赤小本・赤本の狸が茶釜に化ける話が、ある時期以後、流入したのだろう。

(7)『檀林飯沼弘経寺志』の人間僧＝宗運の物語は、狐・狸僧譚が漂泊の僧のイメージとの深い関連のもとに語られたことを示唆する。その自殺伝承の奥底にあったのが、何であったかわからない。しかし、彼の運命が仏僧としての非正統性と無関連ではないように思われる。

(8)『文福茶釜由来』『甲子夜話』の守鶴縁起で、守鶴が去ろうとするとき一山《いっさん》の寺僧や村人たちは「愛情悲傷し」(『文福茶釜由来』)、「みどり子の母にわかるるごとく、なげきしたはぬはなし」(『甲子夜話』)というありさまだった。慕われたのは守鶴だけではない。祐天のような高僧の名を狐が騙《かた》ったのも、衆庶《しゅうしょ》のあいだを遊行しつつ、彼らの救済のためにひたむきに心をつくした祐天に対する、彼ら衆庶の思慕の屈折した表現ではなかったろうか。狐は祐天の名を騙って人に付けば、人びとが歓喜することを知っていた。その背景には、狐と祐天が紛らわしかった時代の無意識の記憶が潜んでいたのでははないか。それは、天下の高僧としての彼の名声とは、いちおう別のレベルでの評価であった。

（9）狐僧・狸僧たちは衆庶のなかへ入り、仏陀の教えを布教した身分の低い宗教者であった。特に諸縁起における守鶴は、天竺を発し、震旦を経て、はるか日本列島にまで到来し、その生涯を衆庶の教化のためにあてた。彼は、天竺・震旦・日本で反仏教的な行為に終始した玉藻の前の反存在ではないか。しかしながら、前著で指摘した通り玉藻の前もまた、結果として仏教の普及に大きな役割を演じた。茂林寺守鶴伝承のうち、少なくとも大陸渡来の話柄は、玉藻の前の説話を密かに取り入れたうえで成立したのかもしれない。

註

（1）狐僧の話は、関東以外でも知られていた。本章で述べる宗語狐のほか、堀麦水《ほりばくすい》の『続三州奇談』（一七八〇年頃成立か）巻三に、安永元（一七七二）年の事件として狐の黄蔵主に関する妖怪談が出る。また、山崎美成《やまざきよししげ》著『三養雑記《さんようざっき》』（一八四〇年成立）巻一に美濃の野干坊正元、おなじく美成の『提醒紀談《ていせいきだん》』（一八五〇年刊）巻二に信濃の蛻菴の記載がある。この二匹の狐はそれぞれ天正一三（一五八五）年、貞享《じょうきょう》三（一六八六）年に活動したとされるが、記録は新しい。

（2）浄円寺住職＝木村信雄氏のご教示[五五]により解読した。

（3）伝承の始原部分に新たなモチーフが付加され、ストーリーの魅力を増す場合、モチーフの付加がその伝承の持続に有利であることは言うまでもない。けれども、すべての伝承がこの経過をたどるわけではない。また、成長を続けた伝承も、やがて安定期に達する。逆に始原伝承の成長が貧しく、ついには始原部分も消えてしまう場合もあっただろう。いったん構成が豊かになった伝承でも、いくつかのモチーフが脱落し退化する例も存在するに違いない。伝承の成長を制限する要因の第一は、サイズの問題である。口承の語り、書承の草子、それぞれに適性サイズが存在する。また、伝承あるいはその構成モチーフ一般に関し、時代・地域の文化との適合が、その存続には必要である。このようなテーマでは、文学の方面で多くの研究が発表されていると思うが、私の探索力はそこまでは達し得ない。進化の規則にも似た伝承の規則を異僧伝承に適用すれば別の視野が開けてくるかもしれないが、そこまで辿りつくには、私のエネルギーの余量は十分でない。

（4）高広は、永禄五（一五六二）年、厩橋城にいた。

第二部　江戸の稲荷を読み解く

第一章　江戸の稲荷の起源と隆盛

中世東国の狐信仰――稲荷の素地

江戸の稲荷社の乱立と増殖の様子は、西国《さいごく》と比較すると異常に際だっていた。近世後期の証言をいくつか引用したい。木室卯雲《きむろぼううん》は『見た京物語』（一七八一年序）で、京では「町々の木戸際ごとに石地蔵を安置す。是愛宕《これあたご》の本地《ほんじ》にて火ぶせなるべし。江戸のごとく稲荷多く祀らず」という。卯雲は明和三（一七六六）年春から一年半、幕命により京にいた。

ついで大田南畝《おおたなんぽ》の『奴師労之《やっこだこ》』（一八一八年序）は、「稲荷の社関東に多し。大坂より西には稲荷なし。ただ安芸路《あきじ》にて一社ありとおぼへし。長崎にもただ一社なり。すべて西国に多きは、八幡宮と天満宮なり」と報告している。南畝は享和元（一八〇一）年に大坂銅座詰めを命じられ、この年の三月から翌年三月まで大坂にいた。その間、京にも出かけている。さらに文化元（一八〇四）年、長崎奉行所詰めのため七月に江戸を発ち、大坂を経て九月に長崎に着いた。翌年一〇月まで長崎在。帰途、大坂・京に立ち寄った。

いよいよ幕末になると、原田光風《はらだこうふう》は『及瓜漫筆《きゅうりまんひつ》』（一八五九年序）巻下で、京の「市中には稲荷社至《いたっ》て稀なり」と感想をもらす。光風は京の二条城に在勤した美濃の人らしい。江戸在勤の経験もあるようで、江戸と京の初午《はつうま》の祭りを比較している。

今度は、西国から江戸に来た人の感想を聞いてみよう。紀州藩家老の侍医＝原田某[1]が江戸在勤中の見聞を記した『江戸自慢』（一八六〇年写）で、江戸では「武家は残らず、町家《まちや》も所々に稲荷を勧請《かんじょう》して、初午の前夜は太鼓の音《ね》天に響き地に答へて、いかな馬鹿太郎も目を合す事なりかたし」と書く。

類似の記録は他にも多い。これらの証言は、名所図会の類に記載された稲荷社の数によっても裏づけられる。秋里籬島《あきさとりとう》の『都名所図会』（一七八〇年刊）における稲荷社は四社。同じ籬島の『摂津名所図会』（一七九六・九七年刊）では二七社を数えるが、大坂地域内は一〇社にすぎない。また、大坂地域を対象にした暁鐘成《あかつきかねなり》の『浪華《なにわ》の賑《にぎわ》ひ』（一八五五年刊）に記載される稲荷社は三社。これに対して菊岡沾涼《きくおかせんりょう》の『江戸砂子《えどすなご》』（一七三二年刊）に出る稲荷社は八〇社、うち江戸地域内が七三社。また、斎藤幸雄・幸孝・月岑《げっしん》の『江戸名所図会』（一八三四・三六年刊）の稲荷社数は六〇社、うち江戸地域内が四三社である。京・大坂とは比べものにならない。このような状態だから「伊勢屋・稲荷に犬の糞」という諺が成立した[2]。

まず、江戸の稲荷社の分布を調べておきたい。江戸の稲荷社の分布については相反する説がある。春盞楼《八六》は、新移住者が多い下町の稲荷社の分布密度が高く、土地者の多い山手はまばらである、と指摘する。彼によれば、移住者は新たな土地の地主神を祀って神慮を慰め、除災招福を願った。

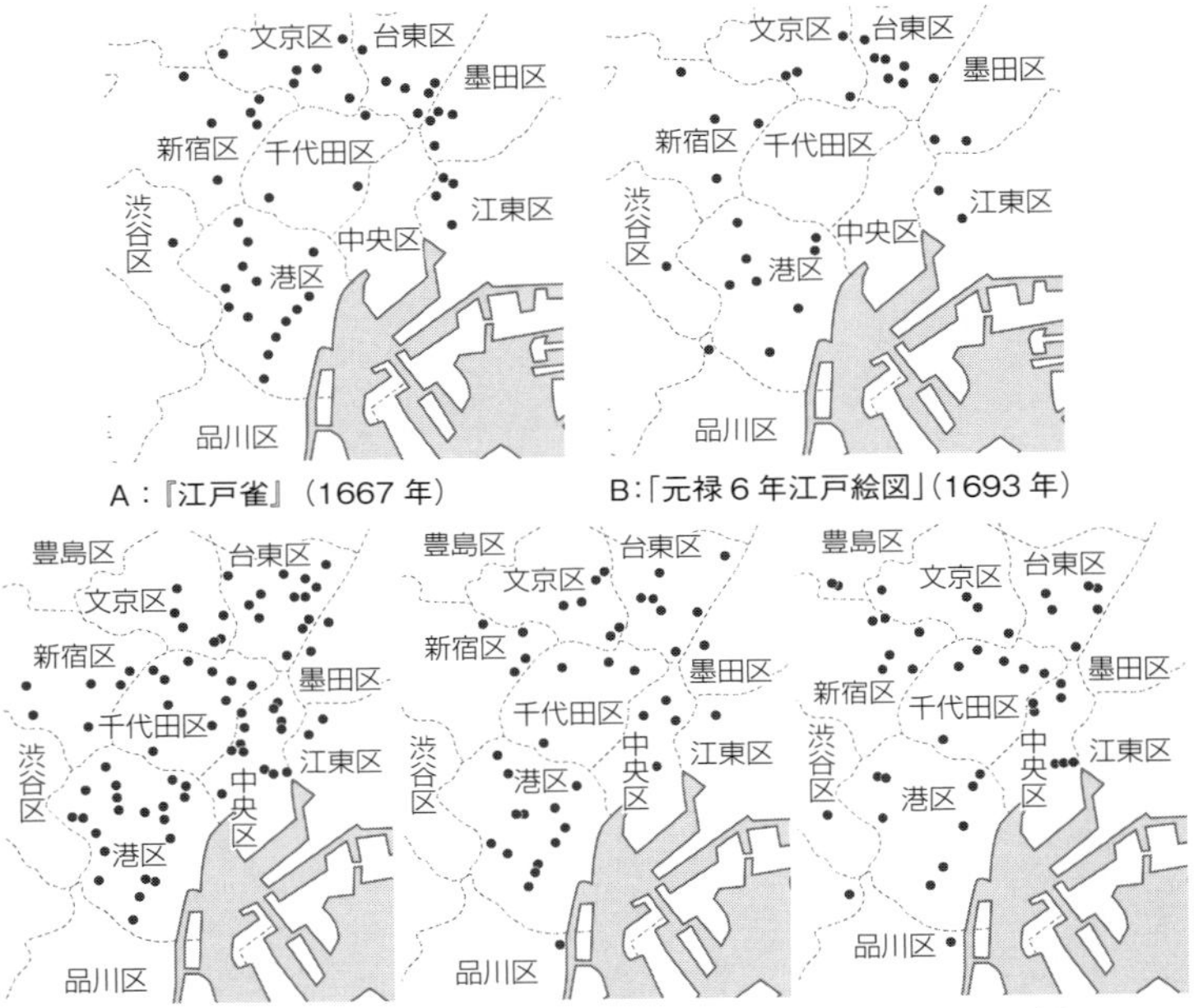

A：『江戸雀』（1667 年）　B：「元禄 6 年江戸絵図」（1693 年）

C：『江戸砂子』（1732 年）　D：「文政江戸絵図」（1828 年）　B：『江戸名所図会』（1834 年）

図 21　近世江戸稲荷分布の変遷

一方、萩原龍夫[一三九]は、有名稲荷社の所在を見ると、共通して江戸の発祥ともいうべき台地端に分布する、と述べる。萩原はそのような分布が生じた原因を明示していないが、横穴に住みつく狐の生息との関連が示唆されている。台地端でなくとも山手台地は起伏が激しいから、狐の生息に適した地が多かったことだろう。以下で稲荷分布の下町中心説と山手中心説の対立図式を用いて検討したい[3]。

近世江戸の稲荷社の分布を示しておく。**図21—A・B・C・D・E**は、それぞれ菱川師宣《ひしかわもろのぶ》著『江戸雀《すずめ》』（一六七七年刊）・「佐藤四郎右衛板元禄江戸絵図」（一六九三年刊、以後「元禄六年江戸絵図」

	千代田区神田		中央区		他地区		合計	
	実数	百分比	実数	百分比	実数	百分比	実数	百分比
江戸雀	1	2.0	1	2.0	47	95.9	49	100.0
元禄六年絵図	0	0.0	0	0.0	29	100.0	29	100.0
江戸砂子	5	6.8	13	17.8	55	75.3	73	100.0
文政絵図	2	4.7	5	11.6	36	83.7	43	100.0
江戸名所図会	4	9.3	7	14.0	33	74.4	43	100.0
尾張屋切絵図	10	7.1	39	27.7	92	65.2	141	100.0

(1)　元禄六年絵図・文政絵図・尾張屋切絵図は、それぞれ「佐藤四郎右衛板元禄江戸絵図」・「須坂屋板文政江戸大絵図」・「尾張屋板江戸切絵図」の略記である。
(2)　稲荷数は、元禄六年絵図が描く地域のもののみを算定した。

表６　江戸下町稲荷数の変遷

と略記）・『江戸砂子』・「須原屋板文政江戸大絵図」（一八二八年刊、以後「文政江戸絵図」と略記）・『江戸名所図会』に見る稲荷社の分布図である。記載地域は「元禄六年江戸絵図」の範囲を基準とした。

さらに「尾張屋板江戸切絵図」（一八五九〜一八六五年刊）の稲荷社の分布を明らかにしたいが、記載数が極めて多く、図21のサイズでは点を打ちきれない。そこで現千代田区神田地区・中央区の稲荷社数の変遷を江戸の他地区の稲荷社数と対比して**表6**に示す。『江戸砂子』『江戸名所図会』の稲荷社数は先にあげた八〇社・六〇社より少ないが、「元禄六年江戸絵図」の範囲内の稲荷社数を示したためである。「尾張屋板江戸切絵図」の現、千代田区神田地区・中央区のみの稲荷分布図は、第五章で提示する。

諸書・諸地図に記載された稲荷社数・分布と、その時期的変遷について考えたい。上記の諸資料が稲荷社を探る目は、それぞれ特性をもっている。したがって諸資料の稲荷社数・分布は、時期的変遷だけを表しているとは限らない。絵図（地図）の場合、紙面のスペースとの兼ね合いで、作成者が認知してはいたが記載できなかった稲荷社があっただろう。『江戸雀』は、調査者が足で歩いて目に触れた稲荷社をすべて記載したようだが、反面、足が向かなかった地域もあるようだ。『江戸名所図会』は、書名どおり名所の記録なので、著名でない稲荷小祠《しょうし》は無視されたに違いない。『江戸砂子』の稲荷社選択規準は、『江戸雀』と『江戸名所図会』の中間あたりと思われる。

このような資料の個性の差があるにもかかわらず、記載された稲荷社のおよその分布傾向はわかる。一七世紀江戸の山手台地端、広くは山手地区の濃密な分布は明らかである。しかし享保以後、特に幕末になると江戸下町（現在の千代田区神田地区および中央区）の北部に稲荷社が激増し、春薹楼の説く状況に近づく。一七世紀後半に成立した『江戸雀』と「元禄六年江戸絵図」の資料上の質は異なるが、いずれも現千代田区・中央区の稲荷社の記載はほとんど見られない。

一九世紀前半の「文政江戸絵図」と『江戸名所図会』は、両者の資料的性質の違いとは無関係に、現、千代田区神田地区・中央区の稲荷社の増加を示す。中間の一八世紀前半に成立した『江戸砂子』の稲荷分布状態は、明かに「文政江戸絵図」『江戸名所図会』の型に属する。ただし、『江戸砂子』では先述の理由で記載稲荷社の数はかなり多い。

江戸の稲荷社の異常な増殖・蔓延の原因を突き止めなければならないが、結論を先に言うと、完全な答を得ることは困難であり、仮説の提示にとどめざるをえない。おそらく、いくつかの要因が重複して江戸稲荷の繁盛をもたらしたのであろう。元禄と享保のあいだに生じた稲荷社分布の変化については第五章で改めて検討する。

第一部で記したように、中世の東国には狐信仰が広がっていたようである。狐は地下の巣穴に住むので、土地の神ともされただろう。その体色は、たわわに稔る稲穂の色を連想させたはずである。それゆえ、宮田登[一八一]の指摘どおり、中世末・近世初期の江戸地域には鎮守神・農耕神としての狐信仰がすでにあり、のちに稲荷の神号が付加されたと推定できる。ただし、稲荷の名を持つ前の狐信仰は単立していたのではなく、他の名称の神との習合状態で祀られていたのではなかろうか。中世末・近世初期の資料が手元にないので、現代の民俗調査の成果その他にもとづき推定したい。

直江広治[一一五]によれば、群馬県境町《さかいまち》（現、伊勢崎市）辺りでは各戸が屋敷神としてウジカミを祀っているが、実質的には稲荷の場合が多い。群馬県榛東村《しんとうむら》では、屋敷神に稲荷祠を置く。しかし祀ってあるのはコンコン様である。コンコン様は百姓の神様で、稲の穂をくわえて来てくれたと信じられている。佐藤紀子[七五]の調査もほぼ同じ結果を示す。群馬県吉井町（現、高崎市）では、屋敷神の祭神が稲荷とは意識されていないが、ある屋敷神の例では、祭日に油揚げを供え、犬を飼うのを忌む。村の稲荷はコンコン様と呼ばれている。たぶん、中世末・近世初期の状態も似たりよったりであっただろう。

埼玉県深谷《ふかや》市西島の西島稲荷神社は、かつて山神を祀る社として信仰されていたが、近世のある時期から稲荷社とみなされるようになった[七〇]。山神と稲荷を媒介したのは農耕神信仰と狐信仰ではないか。関東地方で山の神・田の神・地神と称していた屋敷神・氏神は、まずは狐、やがて稲荷が入ってくると稲荷とも習合したのだろう。佐藤は、埼玉県妻沼町《めぬままち》（現、熊谷市）および川口市安行《あんぎょう》の屋敷稲荷をも合わせて調査し、東京から離れた地ほど屋敷神と稲荷の結びつきが薄れると指摘した。江戸で流行を極めた稲荷が周辺に進出し、近い所から順に、曖昧な狐信仰が稲荷の形式に固まっていった、と推定したい。

仮にそうだとすると、徳川氏が江戸に入る前に農村だった地域には、すでに土地神・農耕神・氏神と習合した狐信仰（または稲荷—狐信仰）がすでに存在したと想定される。それと別に、村鎮守あるいはより広域の信仰を集める神としては、修験者の活動を背景に熊野権現の勢力が強かったといわれ、[一三九]そうした勢力も、関東に入ると少しずつ狐信仰に付着された。

第一部で述べたように、狐を使いとする神は必ずしも稲荷とは限らなかった。熊野神を祀る王子社はその早期の例だろう。王子社は、豊島氏《としまし》により鎌倉時代に勧請《かんじょう》された。[七六]十分な証拠はないが、その末社の一つがのちに狐信仰と結びついて王子稲荷社になったと推定される。鈴木権兵衛の『若一王子縁起』（一六四一年成立）巻下には、王子権現のかたわらに稲荷明神を祀ったので、毎年大晦日《おおみそか》になると各地の狐が集まり、明年の豊凶の徴《しるし》として狐火を見せる、と記している。狐は、熊野信仰などが稲荷信仰に優位を譲る過程で媒介的な役割を果たしたことだろう。

稲荷の名の流入、四つの由縁

江戸の山手端は狐が多く活躍しそうなところだが、狐が好むのは江戸山手に限らない。狐信仰が稲荷の名を負うためには別の要素が必要だろう。また春盞楼が言うように、江戸に移住してきた人たちが新しい土地の神を信仰したとしても、江戸土着の信仰の対象がすでに稲荷だったのでなければ、江戸の稲荷社の密集を説明することはできない。

そこで、江戸の狐信仰が稲荷として認知される経過について私見を提出しておく。近世初期に稲荷の名が江戸内に広がった由縁は、いくつかあったと考えられる。

第一は、戦国時代にはじまる稲荷の例。徳川氏が入る以前から、江戸には少なくとも一社の稲荷があった。それは烏森《からすもり》稲荷（現、港区新橋二丁目）である。(5) 享徳三（一四五四）年、足利成氏《しげうじ》は烏森稲荷社に戦勝祈願の願文を捧げた。この願文は現在も残っている。太田道灌が勧請したと称する稲荷は極めて多い。しかし、その多くは道灌の名声と結びつけた後代の作為と考えられる。

ただし江戸城に道灌建立の稲荷社がなかったとは言えない。すぐ後で述べるが、戦国武将には城郭内に稲荷を勧請する習慣があったようだ。『御府内寺社備考』（一八二八年成立）巻一二〇は、西丸東庭に勧請されていた稲荷を、享保《きょうほう》一八（一七三三）年に小石川指谷町《さしがやちょう》（現、文京区白山五丁目）の妙伝寺の東稲荷が預かったとする。西丸は徳川家が築城した部分であり、これがそのまま道灌勧請の稲荷とはい い切れないが、柏崎永以《かしわざきえいい》の『事跡合考』（一七四六年起筆）巻一は、かつて二の丸あたりに道灌を祝う稲荷社があったという古老の談を紹介しており、道灌自身が勧請した稲荷社の後身かもしれない。『御府内寺社備考』の西丸東庭の稲荷も、これとつながらないとも限らない。

第二は、大名屋敷に国元の城稲荷、または有名稲荷が勧請されるルート。前著（『狐の日本史――古代・中世びとの祈りと呪術』戎光祥出版刊）で書いたように、一六世紀の戦国大名は、しばしば城郭内に稲荷を勧請した。稲荷神元来の利益《りやく》である五穀豊穣のほか、城鎮守および怨敵降伏の狙いがあったと思われる。怨敵降伏のために祀る神は狐ではなく、選ばれる本尊はダキニ天であっただろう。ダキニ天の成立過程は、やはり前著のテーマの一つだったので、詳しくはそちらを参照していただきたい。

簡単に述べておくと、ダキニ天像は農耕・食物神の宇賀弁財天が狐に乗る姿で表現される。ダキニ天を本尊としたときにも、狐が連想されたに違いない。やがて戦国時代が終わったのちにも、戦国大名の後継者たる近世大名には稲荷の城郭祭祀が伝統となり、それが江戸の大名屋敷に分霊された。大名が領地で稲荷を祀った理由はもう一つありそうだ。かつて鎌倉幕府は京の都に倣《なら》って京の主要な神社を鎌倉の地に勧請した。なかには当然、稲荷社が含まれていて、これをさらに戦国武将が倣った可能性もある。江戸の大名屋敷にあった稲荷社については、まもなく述べよう。

第三に、比較的少数だが、幕臣や西のほうからきた町人が、地元の稲荷を持ち込んだケース。三河町（現、千代田区内神田一丁目）の御宿稲荷は、三河の町人が故郷から招いた（『江戸砂子』巻二）。安倍川《あべかわ》町（現、台東区元浅草三・四丁目）の孫三《まござう》稲荷は、慶長年間（一五九六～一六一四年）に御家人が駿河《するが》安倍川から移した（『江戸町方書上・浅草』、一八二五年成立）。

第四は、鎌倉街道・東海道経由で江戸に侵入した稲荷が考えられる。鎌倉には一三世紀の段階で稲荷が祀られていた。『吾妻鑑《あずまかがみ》』（一四世紀初期成立）を見ると、鎌倉幕府は建長六（一二五四）年、先述のように朝廷にならって稲荷社を含む京の主要な神社を鎌倉に勧請した（巻四四）。弘長元（一二六一）年には鎌倉市東部に大倉稲荷が確認できる（巻五〇）。『新編鎌倉誌』（一六八五年成立）巻五によれば、延文四（一三五九）年には現、鎌倉市佐助二丁目の佐助稲荷が祀られていた。

由阿《ゆうあ》の『詞林采葉抄《しりんさいようしょう》』（一三六五年以前成立）巻五は、藤原鎌足が鹿島明神に参詣するため鎌倉を通り由比《ゆい》に宿をとったとき霊夢に感じ、年来所持していた鎌を大蔵の松岡に埋めたと記す。この伝承は鎌と狐との因縁については述べていないが、『志度寺縁起《しどじ》』（一三一七年奥書）以来多くの書に、鎌足は幼時、常陸《ひたち》で狐から鎌をもらい、後年、その鎌で蘇我入鹿《そがのいるか》の首を斬ったと書かれている。『詞林采葉抄』のいう「鎌足年来所持の鎌」は、この鎌を指すのだろう。鎌を埋めた大蔵は、大倉稲荷の地ではないか。仮にこの解釈があたっていれば、一四世紀の段階で大倉稲荷は狐と習合していた可能性がある。鎌倉の他の稲荷にも、その気味があったかもしれない。

江戸が開けはじめると、鎌倉から江戸へと向かう密教僧・修験者・神道者などが稲荷信仰の伝播《でんぱ》を試みたと推定される。『江戸雀』の記事にもとづく江戸の稲荷分布（**図21―A**）を一見して、品川から芝口に至る道沿いに稲荷社が多いと気づく。烏森稲荷社を含め、これら稲荷社の成立に際し、西方から来た稲荷宗教者の貢献があったのではなかろうか。鎌倉の稲荷が狐と習合していたとすれば、狐信仰の素地をそなえた江戸では定着しやすかったことだろう。

ちなみに、『江戸砂子』『江戸名所図会』『御府内寺社備考』で江戸の稲荷社の別当寺を調べてみると、真言宗系の修験寺（当山派）と天台宗系の修験寺（本山派）が圧倒的に多い。他方、主要街道には多くの人びとが次つぎに通過する。茶屋なども発達して足を止める人もあり、町屋の形成も比較的早かったはずだ。稲荷社の形成・維持・発展は、旅の安全を含めた諸願の成就を保証することで可能になり、祭祀を担《にな》う宗教者の生活もまた保証されたのである。

以上、四つの由縁《ゆえん》で入ってきた稲荷信仰が、江戸在地の狐信仰と習合したのは必然であろう。

江戸の人口密度と開放型稲荷・寺稲荷の増加

次に、こうして成立した江戸の狐―稲荷社が、他の地には見られないほど密集した原因を探らなければならない。その前提として、江戸の人口密度が考慮されるべきである。江戸の町方《まちかた》人口は、寛永二（一六三四）年に一四万人、明暦三（一六五七）年に二九万人、元禄六（一六九三）年に三五万人、享保六（一七二一）年に五〇万人ほどといわれる。加えるに武家人口は、およそ四〇万ないし五〇万人。[五二・一〇三] 所願成就《じょうじゅ》を頼るために必要な神社の数は、それぞれ地域の人口にほぼ比例するのではないか。

江戸のように人口密度が極端に高かった地域では、神社の数は他地域より圧倒的に多くなければならなかった。なかでも、江戸でもっとも熱心に頼られた神は稲荷だった。稲荷社に対する高い需要を満たすには、供給のしかけが必要となる。供給された稲荷社の数は二種類の値を考慮する必要がある。一つは江戸にあるすべての稲荷社の数、つまり稲荷社総数である。あと一つ、衆庶《しゅうしょ》の参詣《さんけい》を許す開放された稲荷社数を念頭におかなければならない。前者には大名屋敷の稲荷のように、原則として閉鎖された空間内の稲荷も含まれる。主たる関心の対象になるのは後者の開放された稲荷社だから、とりわけ後者の増殖過程の考察が必要である。(6)

そこで、開放された稲荷社（寺院境内稲荷を除く）の増殖について。大きな屋敷を持たぬ町家《まちや》の人びとは、町内持ちの稲荷を勧請または新設した。下級武士の半開放的な組屋敷にも、共同の鎮守稲荷が建立《こんりゅう》されている。寺境内の稲荷も原則として開放されていたが、こちらの稲荷については別立てで述べる。文献に記されている一七世紀成立（新規起立・同名稲荷勧請）の開放型稲荷社を**表7**に整理しておく。もちろん、その後も稲荷社は増殖し続けるが、一七世紀にすでに開放型の稲荷が増加しつつあったことは明白である。一七世紀第4四半期に、稲荷社数増殖の勢いが衰えた印象をうけるが、これを補ったのは寺院内稲荷社の増加である（**表8**）。また、一七世紀成立の稲荷社が主として現、千代田区・港区・新宿区・文京区・台東区に分布しているのが注目に値する。この事実は、山手稲荷社分布説と関連があるに相違ない。山手の稲荷は、この時期にすでに充塡《じゅうてん》しつつあった。

稲荷社名	創立年	所在地(現区名)	文献名(巻)	著者名	成立年
三河稲荷	1606以前	千代田区	武江年表	斉藤月岑	1849・50刊
末広稲荷	1615以前	港区	再校江戸砂子(5)	菊岡沾涼	1772刊
太田姫稲荷	1615	千代田区	武江年表	斉藤月岑	1849・50刊
長左衛門稲荷	1615～1624	台東区	江戸砂子(2)	菊岡沾涼	1732刊
両社稲荷	1615～1624	新宿区	御府内寺社備考(15)		1828成立
境稲荷	1628	台東区	御府内寺社備考(14)		1828成立
鹿児島稲荷	1624～1644	中央区	江戸砂子(1)	菊岡沾涼	1732刊
鬼子母神前稲荷	1640以前	豊島区	渡辺幸庵対話	渡辺幸庵	1710記
玉川稲荷	1653頃	港区	武江年表	斉藤月岑	1849・50刊
火防稲荷	1658	新宿区	江戸名所図会(4)	斉藤月岑他	1836刊
日比谷稲荷	1661頃	港区	江戸砂子(5)	菊岡沾涼	1732刊
忍岡稲荷	1662以前	台東区	江戸名所記(1)	浅井了意	1662刊
清水稲荷	1662以前	台東区	江戸名所記(1)	浅井了意	1662刊
三田稲荷	1663	港区	御府内寺社備考(16)		1828成立
平塚稲荷	1672	文京区	御府内寺社備考(14)		1828成立
出世稲荷	1698	文京区	御府内寺社備考(14)		1828成立
縁起稲荷	1688～1704	港区	御府内寺社備考(15)		1828成立

(1)　江戸近傍の稲荷社は記載しない。(2) 新規起立・同名稲荷勧請ではなく、在地継承・寺中移転、またはその疑いある場合は記載しない。(3) 寺院境内の稲荷は記載しない。(4) 閉鎖された屋敷内稲荷は記載しない。(5) 依拠文献は初出の文献を示した。(6) 特定地域の地誌類の記載は採用しなかった。その地誌の対象とする地域の稲荷の比重が大きくなるからである。

表7　17世紀創立の江戸稲荷

次に、寺院内の稲荷社は原則として開放されている。しかも極めて多数の寺院が稲荷を建立した。表8のように、多くの宗派で半数以上の寺院が稲荷を持っている。『御府内寺社備考』に登録されたのは九七九寺だが、これには寛永寺・増上寺・伝通院《でんづういん》のような徳川家に縁《ゆかり》の深い寺は含まれない。寛永寺・増上寺・伝通院のいずれにも稲荷社があった。江戸の東・西本願寺も記載されていない。また、群小の諸宗寺院は記載から洩れているだろう。大寺の寺中《じちゅう》・塔中《たっちゅう》など付属小院もこの表には入っていない。それを無視しても五〇〇余の寺院に稲荷社が存在したことになる。

そして当然ながら、寺稲荷は寺院の多い現、台東区・文京区・港区を中心に分布している。寺院内の稲荷は、日本の神仏混交の伝統、特に現世利益重視の傾向を前提として存立《そんりつ》したことはいうまでもない。寺院側の意図で、寺稲荷の創設は寺鎮守の意味を込めた場合が少なくなかろう。まして、これが寺院の収入に結びつくとしたら、なおさら寺稲荷の繁盛を歓迎したに違いない。

特に一七世紀末期以後、稲荷は寺院の収入源として重視されたようだ。宮田登[一八一]は、元禄五（一六九二）年の町触《まちぶ》れによって、中小寺院は幕府の財政的援助を絶たれ、自力で寺院経営に取り組まなければならなくなったと指摘する。彼によれば、菩提寺は旦那の財政的バックアップに頼れるが、祈禱寺の場合は自分の寺内の神仏に新たな霊験《れいげん》を付し、縁日・開帳・富籤《とみくじ》のようなイベントを通じて町人に結びつこうとした。イベントが盛んになれば、寺内稲荷は町中の稲荷と同じように衆庶《しゅうしょ》によくなじみ、開放型稲荷社増加の理由を寺僧らに実感させたに違いない。実際、『江戸砂子』は一〇社、『江戸名所図会』は二〇社の寺内稲荷を挙げている。中小寺院所持とはいえないが、そして創建期も元禄末ではない場合が多いが、浅草寺の熊谷稲荷、伝通院の沢蔵主《たくぞうす》稲荷、感応寺と大円寺の瘡守《かさもり》稲荷、梅窓院の百

宗派	記載社数	稲荷持ち社数	百分比
天台宗	92	59	64.1
浄土宗	231	136	58.8
真言宗	80	49	61.2
臨済宗	72	49	68.0
曹洞宗	156	111	71.1
黄檗宗	14	10	71.4
時宗	2	1	50.0
法華宗	199	84	42.2
一向宗	124	3	2.4
修験	7	3	42.9
庵室	2	1	50.0
合計	979	506	51.6

表８　『御府内寺社備考』における稲荷持ち寺院数

済稲荷は寺内稲荷の中でも特に著名であった。

また表8によると、一向宗（浄土真宗）の寺持稲荷が極めて少ない。この宗派が現世利益にあまり重きを置かず、神仏混交にも消極的だったことに関係があるだろう。法華宗《ほっけ》宗（日蓮宗系）の稲荷も比較的少なめである。法華宗の寺にしばしば祀られている三十番神に稲荷神が入っている。そのため、単独稲荷社を不必要と感じる傾向があったのかもしれない。法華宗は、妙見・鬼子母神のような仏教系の神を好んで祀るので、稲荷の比重が相対的に軽くなったとも考えられる、

創立期	社数	建立地域（現区名）
1603～1625	5	港・文京（2）・台東（2）
1626～1650	3	港・文京・台東
1651～1675	8	港・文京・新宿・台東（4）・墨田
1676～1700	3	文京・墨田（2）
1701～1725	3	港（2）・台東
1726～1750	4	文京・台東・江東・渋谷
1751～1775	4	文京（3）・台東
1776～1800	2	台東・墨田
1801～1825	3	港・文京・墨田

（1）『御府内寺社備考』による。
（2）在地継承・新規起立・同名稲荷勧請・寺内移転のいずれかの場合も含む。

表9　寺院内稲荷の創立期

『御府内寺社備考』所載の寺稲荷の成立期を**表9**に示した。成立期が明らかな稲荷社は、記載全稲荷の約四パーセントにすぎない。それでも資料がまったく欠けているよりましである。廃止された寺稲荷もないことはなかろうが、ほぼ一様のペースで寺稲荷は増え続けていたようだ。サンプル数が少ないので、一六五一～七五年のピークに実質的な意味があるのかどうかわからない。一七世紀末以後の稲荷の創立には、宮田が挙げた元禄五年の触れの影響を想定することもできる。寺稲荷創立期が明記された地域は、やはり現在の台東区・文京区・港区が多い。一七世紀後半以後は、現在の墨田区地域における寺稲荷創設が目立ってくるが、こ

れもサンプル数の制約による偶然かもしれない。

寺稲荷は、江戸の稲荷の増殖という点からみれば、次の四つの型に分類することができよう。ごとに二例ずつあげる。以下、各類型

（1）在地継承型。もともと在地の地主神であった稲荷が、寺中に取り込まれた場合で、『江戸名所図会』巻一には、太子堂（天台宗・現、港区高輪二丁目）の稲荷は高輪の産土神《うぶすながみ》だという。『御府内寺社備考』巻一〇六は、東陽寺（曹洞宗、現、台東区寿二丁目）の手向野稲荷は、寺が寛永一二（一六三五）年に八丁堀から移転する前にすでにあったと記す。

（2）新規起立型。寺がみずから新たに稲荷社を起立した場合。『御府内寺社備考』巻四九は、無量院（浄土宗、現、文京区小石川三丁目）の稲荷社建立は天和《てんな》年間（一六八一〜一六八四年）だとする。また、同書巻一一八では、妙福寺（法華宗、現、台東区谷中四丁目）の稲荷社は寛文元（一六六一）年建立《こんりゅう》とされる。ただしこれらの場合、次の勧請型との区別はかならずしも明瞭ではない。

（3）同名稲荷勧請型。他の稲荷社のいわば別社を寺内に勧請した場合。『御府内寺社備考』巻四一によれば、真盛寺《しんせいじ》（天台宗・現、墨田区向島三丁目か）の川越《かわごえ》稲荷は寛永八（一六三一）年頃、川越から勧請された。また、同書巻一二五は、法養寺（法華宗・現、台東区東上野三丁目）の熊谷《くまがや》稲荷は享保二〇（一七三五）年に勧請されたとする。

（4）寺中遷座型。寺外の稲荷社を寺内に移入した場合。南畝《なんぽ》の『一話一言』巻二四（一八一一年記）によると、昌清寺《しょうせいじ》（浄土宗・現、文京区本郷一丁目）の三河《みかわ》稲荷は、近くの組屋敷にあった稲荷社を移した。『御

府内寺社備考』巻一〇〇には、栄壽院《えいじゅいん》（曹洞宗・現、墨田区東駒形二丁目か）の宝壽稲荷は享和四（一八〇四）年、深川の栗原太左衛門から預かり置いたという。

四つの型の区別は、いくらかあいまいであろう。そこで、それぞれについて一応の定義を試みる。（3）の同名稲荷勧請は、同一属性を有する稲荷を勧請元の稲荷社から分出し、新たな社を建立すること。（2）の新規起立は、新たな属性を持つ社を建立する場合。（4）の遷座は、稲荷社をもとの場所から撤去し、新しい場所に移すこと。（1）の在地継承については説明の必要はあるまい。以上のうち、（1）と（4）は江戸の稲荷社総数の増加には貢献しない。これらの型の比率は不明だが、『御府内寺社備考』の記載から抽出すると、（1）は一例、（2）は四例、（3）は八例、（4）は七例になる。

「米」と武家・町人屋敷稲荷の増加

稲荷社の増殖を助けた第三の要因は、武家屋敷・町人屋敷における稲荷祠の増加であった。先に記したように、その一部は江戸外から持ち込まれ、狐信仰に稲荷の名称を付与する一因になったと思われる。しかし、多くは武家・町人が江戸に定着したのち、新たに勧請・創立《そうりゅう》したもののようだ。

幕末成立の『江戸自慢』の「武家は残らず、町家も所々に稲荷を勧請」という報告は、いくらか誇大の気味がある。それでも、紀州から来た家老の侍医が江戸で訪れた多くの屋敷で稲荷に出くわして驚嘆した、という察しはつく。まず、武家屋敷の稲荷を念頭において考察しよう。

なぜ武家は屋敷に稲荷を置いたか。もちろん寺稲荷の（1）のケースのように、もとから稲荷祠があった場所が武家の屋敷地になった例もある。さらに江戸では、すでに稲荷が鎮守神としてもっとも普及しており、武家がそれに倣ったことも間違いない。それだけでなく、近世の武家は石高《こくだか》の俸禄制で地位と生活手段を保証されていた。この制度は米を重要視する農耕社会の歴史にもとづく。松崎尭臣《まつざきかんらん》の『窓のすさみ』（一七二四年序）巻三に、「今の諸士の仕へゐるは、君を愛する心にはあらで、唯《ただ》米を愛するのみ多し」という原養沢の慨嘆が紹介されている。「米」とは、要するに金銭と同義語、その量の多寡が貧富を分ける基本的財物にほかならない。このような武士の「米」観念が、農耕神としての稲荷神信仰を意識的・無意識的に強化したのであろう。

ついでながら「板屋弥兵衛板江戸大絵図」（一七〇二年刊、以後「元禄一五年江戸絵図」と省略）を見ると、元和《げんな》六（一六二〇）年創設の幕府の浅草米蔵の内部には、**図22**のように複数の稲荷が祀られている。綿谷雪[二〇]によれば、米蔵構内北方に八条《はちじょう》稲荷・末吉《すえよし》稲荷、南方に一徳稲荷・増信稲荷があった。加えて北から五番目の埠頭上に桜森《さくらもり》稲荷社が置かれていた。綿谷が依拠した文献は不明だが、『浅草志』（著者不明、一八〇〇年頃成立）巻一は、蔵の中の口に谷野《やの》御蔵稲荷（別名、感応稲荷）と桜森稲荷があり、蔵内には桜森稲荷と白蔵主《はくぞうす》稲荷を祀る、と記す。「元禄一五年江戸絵図」・『浅草志』および綿谷の記述の

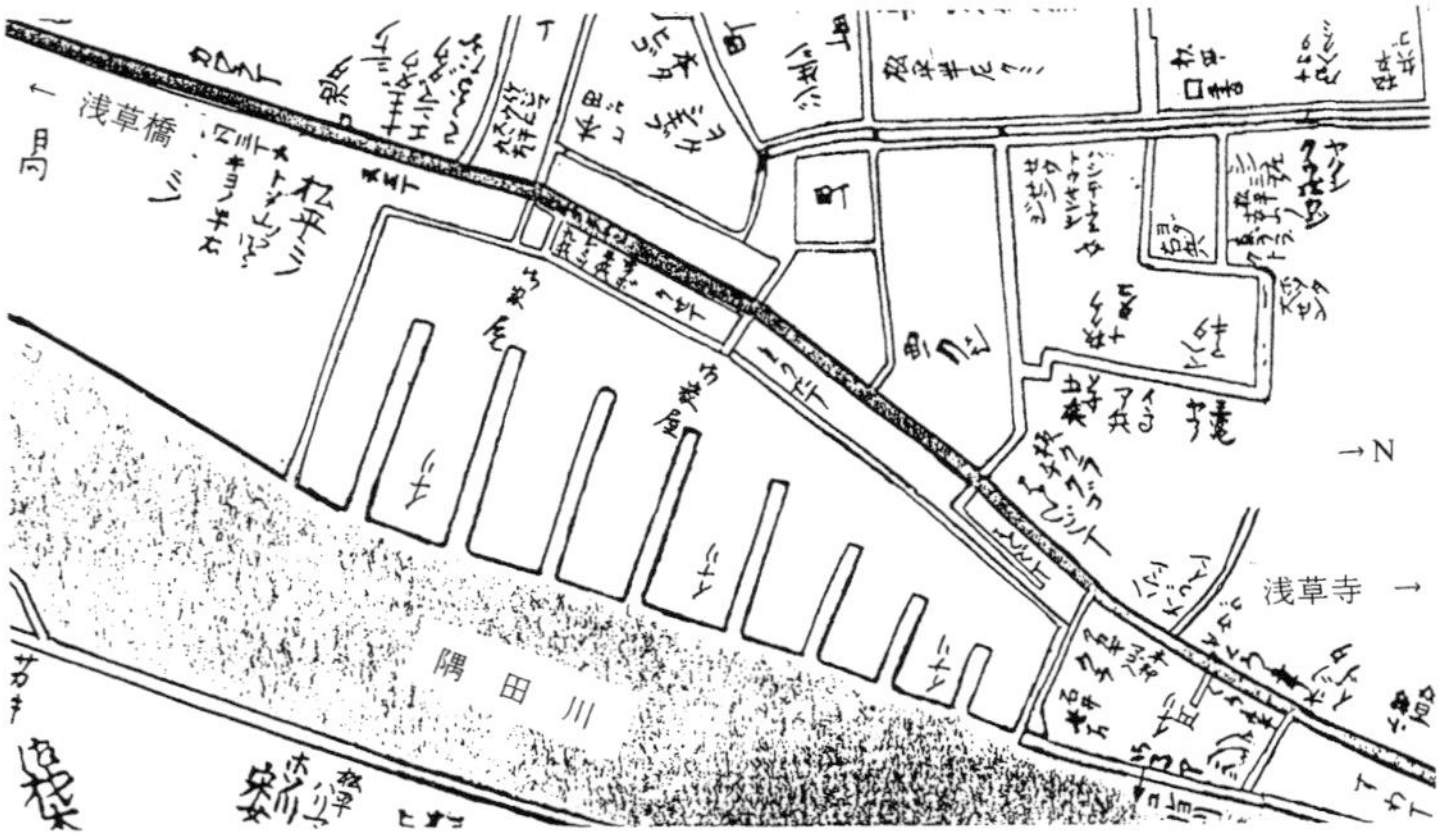

図 22　浅草米蔵とその内部の稲荷　「元禄 15 年江戸絵図」による

あいだには不整合もあるが、時期による変遷もあっただろう。いずれ米作を中心とした農耕社会と石高俸禄制をつなぐ象徴ともいうべき幕府米蔵に、稲荷が複数祀られていた事実は興味深い。

話を戻す。武家屋敷の稲荷の場合、寺稲荷と同じく（1）～（4）の型が混在しているに違いない。しかし、（2）の新規起立の類は比較的少なかっただろう。（1）の在地継承型と（3）の同名稲荷勧請型、および（4）の遷座のケースはよく知られている。いくつかの例をあげよう。

現、千代田区神田地区・現、中央区の屋敷《やしき》稲荷については、のちに詳述するのでここでは省く。『江戸雀』巻二には、「菅《すが》沼越中守《ぬまえっちゅうのかみ》屋敷に稲荷の宮あり。武蔵《むさし》一国の稲荷の根源とや」と述べる。場所は赤坂門から城郭内に入ってすぐ（現、千代田区紀尾井町・平河町の境界あたり）らしい。社殿は新しかった。武蔵国の稲荷の根源として多くの支持を得ているのは王子稲荷（現、北区岸町一丁目）であり、妻恋《つまごい》稲荷（現、文京区湯島三丁目）も類似の主張を公《おおやけ》にしている。しかし、菅沼屋敷の稲荷は少しも有名ではない。たぶん在地の稲荷または狐と習合した神を祀ったのだろう。『寛政重修諸家譜』（一八一二年成立）巻三〇四によると、屋敷の主《あるじ》の名は菅沼定賞、三〇〇〇石取り。

松平近鎮の屋敷にあった世継《よつぎ》稲荷（現、千代田区九段北一丁目）も『江戸砂子』巻一の口ぶりを信用すれば、江戸開府以前の旧社だった可能性が大きい。元禄一〇（一六九七）年に焼亡後、もと稲荷社の場所は町屋になったが、再建された。近鎮は豊後《ぶんご》府内領主＝松平（大給《おぎゅう》）近隣の弟（『寛政重修諸家譜』巻一四）である。この場合、在地の祠を継承した武家屋敷稲荷が、さらに町屋の開放型稲荷に変化した。

『駿河台志補遺』（著者不明、一八一五年頃成立か）には、現、千代田区神田駿河台四丁目の太田姫稲荷は、もとは隣接した若林家の屋敷にあったが、霊威が顕著にすぎるので屋敷外に出したという。同書は、太田道灌が江戸城に勧請したものを家康入城にともなって駿河台に移したというが、真相は不明。在地継承型と遷座型の複合か。この稲荷も最終的には開放型に変化した。

勧請の例も知られる。『駿河台志補遺』は、袋町（現、千代田区神田駿河台三丁目）の山下弥蔵屋敷寿稲荷、永井靭負屋敷の永井稲荷をいずれも勧請稲荷としてあげる。この頃の山下家・永井家の当主は、それぞれ勝英・真尭である。[二九]

遷座型では、少し変わった事例を示そう。栗原東随舎の『思出草紙』（一八四〇年序）巻七は、佐野《さの》稲荷の由緒を語る。天明五（一七八五）年、牛込通り寺町の金物屋の子に狐が付き、「我は番町御厩谷［現、千代田区三番町か」の佐野善左衛門方に年久しく在《いま》せし狐なるが……先頃、佐野家は断絶して跡屋敷は松平忠左衛門拝領して……代々の鎮守たる狐を稲荷と号して祭れり。依《よっ》て我は追い出されて其《その》居所を失へり。此辺《このへん》に一社を建立し我を祭らば、永く町内火災なきよふに守るべし」と口走った。

そこで岩戸町《いわとちょう》（現、新宿区岩戸町）の空き地に一社を建て、佐野稲荷と称した。佐野善左衛門政言《まさこと》は、天明四（一七八四）年に田沼意知《おきとも》を切り、同年四月三日に切腹してはてた旗本である。『思出草紙』の「先頃、佐野家は断絶して」との件《くだり》は、この事件の結末を示す。近くには由井正雪の屋敷跡があり、彼の処罰で屋敷廃絶になったのちも、かつて正雪が勧請した正雪稲荷社が残っていた。傍らには町鎮守の稲荷社があった。かくて相互に由来の異なる稲荷社が三社並んだ。

この記述では次の点が注目される。屋敷が移るときは旧地の屋敷稲荷祠をも新しい屋敷に遷座し、以前の屋敷所有者の稲荷祠を廃止することがある。同時に、断絶した佐野家の屋敷稲荷は外に遷座・開放された。いきさつによっては、屋敷が移転または廃止されても稲荷だけは遺ることがある。『江戸砂子補正』（一八六〇年代か）の言うところが本当ならば、市ヶ谷の茶の木稲荷（現、新宿区市谷八幡町）もそうだった。江戸では、行政の都合や火災等による武家屋敷の移転はかなり頻繁にあったようで、『思出草紙』があげたような事件は少なくなかっただろう。狐を稲荷とみなしたのも見逃せないが、この件についてはのちに述べる。

そのほか由来は不明だが、旗本屋敷にあった稲荷社が外に出た例としては、下谷《したや》稲荷を追加することができる。山崎美成の『下谷通志』（一八二〇年代成立か）には、下谷稲荷は天野弥五右衛門屋敷の鎮守だったのを移したという。「元禄六年江戸絵図」を見ると、下谷稲荷にほとんど接し、その南東に天野氏の屋敷が位置する。『寛政重修諸家譜』によれば、当時の弥五右衛門は長重であった。

寛政年間（一七八九〜一八〇一年）の旗本総数は、五千二百人であった。[一五四] 御家人のなかにも、屋敷稲荷祠をおきうるほどの敷地を持つ者もいた。その中の、ある割合の稲荷祠は外に開かれる機会を得たろう。世継稲荷・太田姫稲荷・佐野稲荷・下谷稲荷のように、屋敷外に出されれば開放型稲荷社数に算入される。そうでなくとも、斎藤月岑の『武江年表』（一八四九・五〇年刊）所載、明和《めいわ》元（一七六四）年の項にみえる大久保豊前《ぶぜん》守（当時は忠宣）の下屋敷（現、墨田区千歳二丁目か）の稲荷社のように、流行して開放されれば、その期間は稲荷社の開放型の数値に加えなければならない。その数は不明だが、約五千という旗本総数から類推すると、けっして無視できる数ではなかったはずだ。

町人の屋敷稲荷についても、多くの情報が残っている。下町の部分はのちに検討するので、ここでは近世後期の浅草の特定地域での町人屋敷稲荷の状態を見ておこう。浅草のうち、台東区雷門一〜二丁目・駒形一〜二丁目・寿三〜四丁目の地域、すなわち東は隅田川、北は浅草通り、西は国際通り、南は春日通りで限られる地域を対象とする。『江戸町方書上《かきあげ》・浅草』を調べると、上記地域に六〇社の稲荷があった。三社が町内持ちの稲荷社、うち一社は著名な清水稲荷（現、台東区駒形一丁目）である。これを除く五七社は町人の屋敷稲荷と推定できる。

1704 以前	1778
1710	1785
1715 以前	1786
1736 以前	1798
1745 以前	1799
1758	1802
1762	1816
1766	1821 以前
1773	

表10　浅草雷門・駒形・寿３〜４丁目地区、稲荷の創建・遷座・勧請期　『江戸町方書上・浅草』による

この地域に家は三九八七軒あり、六六軒に一社の割合で稲荷社があった。この地域の面積はおよそ〇・三平方キロなので、一辺ほぼ七〇メートル四方に一社の稲荷が祀られていた計算になる。そのうち、新規建立・遷座・同一稲荷勧請の時期がいくらかでもわかるのは一七社にすぎない。これを**表10**に整理した。一八世紀、特にその後半以後、徐々に増加していることがわかる。

領地からの勧請——大名の屋敷稲荷

第四に、大名屋敷の稲荷社は、稲荷の名を江戸に持ち込んだだけではなく、その増加と開放が、江戸の稲荷社増殖の一因になっただろう。大名の多くは、領地の稲荷を江戸屋敷に勧請した。旗本などの屋敷稲荷とは異なる特徴がここにある。もちろん、大名が屋敷内に領地外の稲荷を勧請したり新規に設立したり、屋敷が定まる前からあった稲荷を維持し、あるいは遷座した場合もあったに違いない。

『御府内寺社備考』巻一五に次の記事がある。徳川綱吉は、上州館林の矢場《やば》稲荷を小石川の江戸屋敷（現、文京区白山三丁目）に勧請した。鵜鼠の『裏見寒話《うらみかんわ》』（一七五二年序）によれば、徳川家宣《いえのぶ》は甲府城

内に祀られていた稲荷を桜田の旧甲府藩屋敷に勧請した。稲荷の名は八左衛門。上屋敷の場所は、桜田門外日比谷門寄り（現、千代田区日比谷公園）である。『江戸砂子』巻一は、赤坂門内（現、千代田区永田町二丁目）の出雲《いずも》松江藩＝松平出羽《でわ》守上屋敷に稲荷社があったと記す。稲荷の名は新左衛門。この稲荷は元来、出雲松江城内にあり、それを江戸屋敷に勧請したようだ。勧請の時期はわからない。

そのほか、第三章で紹介する柳川藩＝立花家下屋敷の太郎稲荷（元、台東区入谷二丁目）、蜂屋茂橘《はちやもきつ》の『椎の実筆』（一八五〇年代成立か）に記される三河西大平藩＝大岡家屋敷（現、港区元赤坂一丁目）の豊川稲荷、吉田正高[二〇五]が示す川越藩主＝松平大和守下屋敷の箭弓《やきゅう》稲荷（現、港区赤坂一丁目）は、いずれも領地の稲荷を勧請したものだ。宮田登[一八一]は、寛永元（一六二四）年、津軽（弘前《ひろさき》）藩主が江戸の辰の口（現、千代田区丸の内一丁目）に領地の稲荷を勧請したと述べている。当時の藩主は津軽越中守信牧であった。

以下の例では、大名屋敷稲荷が領地から勧請されたとは明記されていないが、そのような例も含まれているだろう。大谷木忠醇《ただあつ》の『醇堂漫録』（一八六五年成立）二は、上州高崎藩主＝松平（長沢・大河内）右京亮の中屋敷（現、文京区本郷四丁目）、または下屋敷（現、江東区三好三丁目か）に稲荷があったと伝える。西南の大藩について『椎の実筆』は、毛利藩の抱《だき》屋敷（現、墨田区本所一丁目）に稲荷があったと記す。

薩摩《さつま》藩の絵師＝木村探元は『三暁庵随筆』（一八世紀半ば成立か）巻下で、高輪《たかなわ》の薩摩藩下屋敷（現、港区高輪三丁目）の稲荷をめぐる事件を記録している。頼春水《らいしゅんすい》の『癸丑掌録』（一七九三年記）も薩摩藩の屋敷稲荷にふれているが、その屋敷が上・中・下屋敷のいずれかはわからない。薩摩は西日本で例外的に、戦国時代以来、稲荷信仰の伝統があった土地柄で、これも地元稲荷勧請の可能性が強い。

『享保世話』（著者不明、一七三〇年頃成立）巻三は、麻布市兵衛町（現、港区六本木三丁目）の石川近江《おうみ》守中屋敷と三田台（現、港区三田四丁目）の松平（形原《かたのはら》）紀伊守の下屋敷に稲荷が祀られていたと語る。享保期の石川氏の領地は常陸下館《ひたちしもだて》、松平紀伊守の領地は丹波篠山《ささやま》である。丹波篠山の城郭内には稲荷があった。一六七この話には狐付きが関連しているが、それについては次章で紹介する。

大名屋敷の稲荷の狐が付いた例は他にも知られている。大郷良則の『道聴塗説《どうちょうとせつ》』（一八二九年成立）一九編には、肥前島原藩主＝松平（深溝）主殿頭《とものかみ》の中屋敷（現、港区三田二丁目）の稲荷に住む狐が顔を出す。狐は近くの人に付いて、「余は爰《ここ》に数百年の星霜を経て已《すで》に神霊に通じぬ。若《も》し諸願あらば聴届《ききとどけ》くべし」と宣言し、以後、この稲荷は外部にも開放され流行した。

椋梨一雪の『新著聞集』（一七〇四年成立）巻一六によると、安藤対馬《つしま》守の屋敷にも稲荷があった。安藤氏の上屋敷の場所は転々としたようだが、「元禄一五年江戸絵図」と「延享三年出雲寺和泉掾《じょう》板江戸絵図」（一七四六年刊、以後「延享三年江戸絵図」）には鍛冶橋内（現、千代田区丸の内二丁目）に記載される。元禄期から幕末まで、中屋敷は小網町裏・蛎殻町（現、中央区日本橋小網町・蛎殻町）、下屋敷は大塚・雑司《ぞうし》が谷《や》（現、文京区大塚二丁目）にあった。

中屋敷については、諸絵図に稲荷堀をはさんで両側に安藤氏の土地が記される。特に「元禄一五年江戸絵図」は、堀の南西岸北部、安藤氏屋敷内の稲荷社を示す。いわゆる稲荷堀稲荷である。「延享三年江戸絵図」でも同様。下屋敷は高台にかかり、ここに稲荷があってもおかしくはない。安藤氏は、元禄八（一六九五）年まで上州高崎、以後、正徳《しょうとく》元（一七一一）年まで備中《びっちゅう》松山を領していた。

白幡洋三郎[八七]は、大名庭園内の稲荷について詳しく紹介し、その役割を論じた。水戸徳川家上屋敷の後楽園（現、文京区後楽一丁目）は、鵜飼信興の『後楽園記事』（一七三六年成立）の段階で田端稲荷を持っていた。さらに連歌師《れんがし》＝坂昌成の『後楽園記』（一八二六年成立）を見ると、これに加え徳川家の守護神として吾妻《あづま》稲荷を祀っている。現在の後楽園には、錦糸稲荷がある。以上、白幡の報告によるが、塵哉翁の『巷街贅説』（一八五四年頃成立）巻六によれば、水戸徳川家の屋敷庭園には東稲荷・錦繡稲荷・田畑稲荷・柏稲荷と稲荷が四社も祀られていた。一八二六年から一八五四年の間に錦繡稲荷と柏稲荷が追加され、現在では錦繡稲荷の後身だけが残ったのだろう。四社の稲荷のうちに、水戸領からの勧請社があったかどうかはわからない。

また、白幡は、尾張徳川家下屋敷の戸山荘（現、新宿区戸山二・三丁目）には最大五社の稲荷社が祀られ、紀伊徳川家上屋敷（現、港区元赤坂二丁目）、白川藩松平家下屋敷（現、中央区築地五丁目）にも稲荷社があったと指摘する。紀伊藩・白川藩の稲荷が、初午《はつうま》の日に開放されていたことは注目に値する。

以上の情報は氷山の一角にすぎない。なにしろ藩の総数は、幕府開設当時一八五、元禄四（一六九一）年に二四三、幕末の慶応三（一八六七）年には二六六に達する。仮にその三分の一の藩が領地の稲荷を江戸屋敷に勧請したとすると、一八世紀には八〇以上の稲荷が江戸に集まったことになる。大名の稲荷勧請は、各地に分散していた稲荷を江戸に集結する働きをした。これらの稲荷が部分的にでも開放され、または他の開放された場所に勧請されると、衆庶《しゅうしょ》の目に触れるようになる。太郎稲荷・豊川稲荷および肥前島原の中屋敷の稲荷はそうした例であった。仮に稲荷堀の稲荷が安藤家の屋敷稲荷だったとすると、これもその類例に追加すべきである。

他社の稲荷化と個性の主張

第五に、かつては無名、あるいは稲荷以外の名を称していた社が、江戸稲荷の繁栄に刺激されて稲荷を名乗った場合も見逃せない(8)。山の神・田の神・氏の神などと呼ばれていた農村の地主神が、やがて稲荷に名目を変えたことは、すでに述べた。

正体が明らかでない社について、漠然たる疑いが後世の人から提出された例もある。まず、浅草寺内西宮稲荷。『浅草志』巻二は、「西宮稲荷祠。……祠内西宮蛭子《えびす》太神宮、入口にあり。当山地主神なり。稲荷とあるは非《あらず》なり」と非稲荷説を唱える。稲荷の肩を持ったのは『江戸名所図会』の説であった。その巻六は、「西宮稲荷の祠……当山地主の神にして浅草の鎮守なり。かたはらに蛭子祠あるゆゑにこの号あり。……上千束《かみせんぞく》稲荷と称す」という。真相はどうだろうか。第三の見解も提出されている。著者

不明の『豊島郡浅草地名考』（一八三六年成立）に曰く、

『雑話字辨辯集』云。西宮大神宮、蛭児尊社、浅草寺一山《いっさん》の鎮守也。別当知楽院に神告有《あり》て、保食神《うけもちのかみ》を相坐として、是《これ》より西宮稲荷大明神と称す。

『雑話字辨集』は『国書総目録』にはないが、『字辨集』がある。岡野琴糸著、宝暦一一（一七六一）年刊。私は未見ながら、このへんの解釈が妥当ではないか。直江広治は、旧来の神の力の不足する部分を補うために、新たな神を添えるのが相殿《あいどの》の思想と説く。従うべき主張だろう。西宮稲荷の場合、稲荷の流行に応じて、元来の地主神＝エビスの宮に稲荷を入れ相殿とした。やがて稲荷が分離して、地主神の地位を占有してしまったのではないか。

エビスは漁撈《ぎょろう》神として著名である。古く浅草には漁師が多く住んでいたという『浅草志』の説が正しければ、エビスは彼らの守護神であったのかもしれない。ちなみに寛永一二（一六三五）年以後、同一八（一六四一）年以前作成と推定される「浅草寺古図」には、仁王門の手前左に、恵美酒《えびす》と稲荷が同じ大きさの祠《ほこら》に描かれているが、寛政一〇（一七九八）年の「観音境内諸堂末社諸見世小屋掛絵図」には、稲荷の添えもののように夷《えびす》社が小さく描かれる。

もっとあいまいなのは、平田明神である。『江戸砂子』巻一によれば、旧平田村、当時竜の口の南、松平右京兆の屋敷（現、千代田区丸の内一丁目）に平田明神が祀られていた。「その村の鎮守なるよし。いずれの神ともしらず、近年稲荷の社と崇《あが》められしと也」というのが著者＝菊岡沾涼のコメントである。

『江戸名所図会』の説もほぼ同様。右京兆は右京大夫・右京亮は、前項で記した高崎藩主の松平（長沢・大河内）家にしばしば与えられる官名である。『江戸砂子』の時代の該当者は松平輝貞であった。「明和八年　須原屋茂兵衛板　江戸絵図」を見ると、竜の口南に「松平右京」の屋敷が示される。当時（一七七一年）の当主は輝貞の孫＝輝高で、彼も右京亮・右京大夫の官位を継いだ。

宝田《たからだ》神社の場合も平田明神の状況に近い。菅田某の『そらをぼえ』（一八八二年成立）には、旧宝田村が江戸城拡張にともない大伝馬《おおでんま》町に移ったとき、宝田村の鎮守＝宝田神社も常盤橋《ときわばし》内南側（現、千代田区大手町二丁目）から現地（現、千代田区日本橋本町三丁目）に遷座したとある。この社は稲荷とされているが、世間通例の二月初午《はつうま》の祭礼はないという。直江[一一六]によると、狐が付着した元来の田の神の祭は必ずしも二月初午ではなかった。春の農作予祝《よしゅく》の祭日が稲荷定型の枠にはめられたのち、二月初午に定まった。宝田神社の前身は、村の農民の農耕・鎮守神に狐が付着した型だったのではないか。

戸田茂睡の『紫の一本』（一六八三年成立）巻下には、浅草篠塚《しのづか》明神（現、台東区柳橋一丁目）について次のような説明がある。篠塚稲荷社は、かつて篠塚大明神と呼ばれていたが、この神は稲荷大明神のよし神告げがあったので、名を変えた。『江戸砂子』巻二、および以後の諸書の説明は平凡で、新田義貞の家臣＝篠塚伊賀守が流浪し、ここで稲荷を勧請したなどと説かれている。以上の稲荷は、いずれも徳川氏開府以前から開《ひら》けていた地域の社だから、もとは地主神・村鎮守神であった可能性が高い。

別の型の神が稲荷に変化した例もある。「尾張屋板江戸切絵図」は、永代橋《えいだいばし》西岸北詰に高尾稲荷社（現、中央区日本橋箱崎町）の存在を示す。高尾稲荷社は『江戸名所図会』にも『江戸砂子』にも記載がない。ところが、この社は吉原の遊女＝高尾の霊を祀ったという伝承が、それ以前にあったらしい。大田南畝・山東京伝共編『高尾考』（一八一三年頃成立）には、南畝が天明の頃（一七八一～一七八九年）書いたらしいメモが収録されている。

永代橋西橋づめに春朧地神の宮あり。土人《どじん》云《いわく》。これ仙台高尾の首のながれよりけるを、埋めて小祠をたてし也……高尾大明神と云《いう》のぼり多し。

『高尾考』には、高尾明神は山城国高尾（雄？）の神を祀ること疑いなしという説も載せられており、この社の起源の真相はわからない。ただ、一八一〇年代には稲荷と認識されるようになったのは確実である。万寿亭正二の『願懸重宝記《がんかけちょうほうき》』（一八一四年刊）には、「高尾稲荷の社が頭痛平癒に効く」と書かれている。

次に『江戸砂子』巻一は、神田お玉が池の稲荷（現、千代田区岩本町二丁目）は、池に身を投げて死んだお玉の霊を祀るという説を紹介し、さらに皿を壊した下女の霊を祀る皿明神（現、千代田区富士見二丁目）も稲荷の社だという。ただし『再校江戸砂子』（一七七二年刊）では、皿明神が「かの女の霊を祭《まつる》といふは非也」と訂正した。四谷のお岩稲荷（現、新宿区左門町）は例のお岩伝説にかかわる。お岩を奸計で騙《だま》し裏切った伊右衛門は異常死するが、その住居の跡地に怪異相次ぐので、日蓮宗の僧侶に依頼して稲荷を勧請するとともに、お岩の霊を供養したという（『椎の実筆』）。

人の霊が稲荷と混同される根拠について一言する。新井白蛾の『闇の曙』（一七八九年刊）によれば、彼の質問に応じて日蓮宗の僧は、「狐は向ふの人によって或は神となり仏となり、或は生霊といひ死霊といひて、人を誑惑《きょうわく》なり」と答えた。各種の付きの症状は類似するので、付きものの種別判定はその事件をとりまく状況によって定められる。付かれた本人の口走ったこと、または祈禱者等の診断によるのが普通だが、非業の死を遂げた霊はしばしば人に付き祟る。ところが狐の旺盛な霊威が認識される状況では、霊付きか狐付きか紛らわしい場合、後者と解釈されがちだった。人霊と狐霊の類似のほか、屋敷稲荷に関しては、氏神＝祖先神の作神的性格が狐と結びつく場合を無視できない[一一六]。

少し議論を追加する。稲荷と狐の結合は、稲荷繁盛を促進する別のメリットを生みだした。稲荷社の特徴の一つは、各地無数の稲荷が、一方では単一・一体の稲荷のさまを示しながら、他方ではそれぞれの社の独自性を著しく強調する点にある。ほかの神社にもそのような傾向がなくもないが、稲荷にこの特徴は突出《とっしゅつ》する。多くの稲荷社は固有名詞を名乗ることで、より強力に個性を主張した。他社の場合、固有名詞を付してもほとんど地名を用いるにすぎないが、稲荷社は好んで人名＝狐名を付属する。当該稲荷と同一視される狐の名、あるいはその狐に付かれた人物などの名が採択される。一匹一匹の狐が別の個体であるのと同じく、一社一社の稲荷も独特の社祠でなければならない。かくて稲荷につく固有名詞は人名＝狐名のみならず、たとえば第三章の瘡守《かさもり》稲荷のように、売り物のご利益名へも採用源を広げていった。

以上の稲荷の特徴を明確に指摘したのは、榎本直樹[一八]であった。彼によれば、近世各地の稲荷社にとって伏見の稲荷社の勧請の意味は、伏見社の神璽《しんじ》を受け、実質上正一位の官位を獲得することにあった。したがって、既存の稲荷社が官位目的で伏見の稲荷を改めて勧請することもある。神爾、実質的には官位を与える側の建前は、稲荷神の単一性・一体性にあるが、正一位を受けた地元では、当所の固有名詞稲荷が正一位だと認識される。それゆえ、同じ「勧請」と称しても、いまだ力量不足の稲荷社が伏見から官位を受ける場合と、すでに個性を主張しつつある特殊な稲荷の分霊を別の場所に招く場合では、まったく異なる意味を持つ。先に後者のケースを単に「勧請」と記さず「同名稲荷勧請」と表現したのは、このような理由による。

江戸のように猥雑で流動性が激しい大都市の住民は、各町内・各屋敷にそれぞれの守護神を一神ずつ祀って安心できる状態にはない。住民の個性・立場・身分は多様で、入れ替わりも激しい。個々の住民・家族が入れ替わるだけではなく町域もさかんに変更され、屋敷替えも多かった。稲荷―狐はこのような状況によく適合した。一つの町にいくつもの個性の異なる稲荷が共存・競合する。すたれる稲荷もあれば、流行する稲荷も次々に現われる。住民にとって豊富なメニューはありがたい。それでも満足できなければ、さらに新たなメニューを求める。このような傾向も、江戸に稲荷社がむやみに増加した一因であろう。

いままで列挙したさまざまな要因、すなわち開かれた場所での稲荷社の起立《きりゅう》、寺稲荷の増加、武家・町家屋敷稲荷の成立、大名稲荷による全国の稲荷の集結と新たな稲荷の創建、他社から稲荷社への転向などが相互に作用しあった。さらに稲荷と狐の習合は、各稲荷社の独自性を成立させた。稲荷社が多ければ多いほど、江戸住民の要求を満足させることができた。以上の要因の一つが機能して稲荷社が増えると、それに影響されて別の要因も発動し、稲荷社をいっそう増大させる。このような相乗効果によって、自己触媒的に稲荷社は増殖していったのだろう。その基盤には、江戸を含めた東国《とうごく》の狐信仰の伝統、江戸の人口稠密《ちょうみつ》、および米の石高《こくだか》俸禄制という社会状況があったことを見落とせない。

註

(1) 原田光風と原田某が同一人物ではないかという疑いが残るが、ここでは一応別人物としておく。

(2) 関東の東＝東北地方においても、近世中期には、狐―稲荷信仰は比較的希薄だったらしい。岡村良通は『寓意草』（一八世紀半ばすぎ成立）巻上で、東北地方では関東地方と異なり狐を祀らないし、狐が祟《たた》ることもない、という。彼は晩年を仙台で過ごした人である。

(3) 江戸時代末までは、浅草は下町の範疇に入っていなかった。同時に浅草は山手ともよばれていなかったようである。したがって、正確には浅草は第三範疇に、本所・深川は第四範疇に属することになる。これらの地域における稲荷の繁昌については別に考えなければならない。浅草は徳川氏による江戸開府以前から成立していた町であり、浅草寺を擁するなどの事情により、寺社内稲荷社、町屋中心の稲荷社が広がったが、その点については一部本文で触れる。

(4) 本書に引用した江戸絵図複製のほとんどは博物館売店などで購入したものなので、複製発行年は明記されていない。そのため文献表には発行年を記載しなかった。

(5) 本章では、稲荷社の位置を現在の区町丁目と比定した。当該稲荷社が現存していても、旧地とすこし場所がずれている場合もある。ここで示したのは、文献・地図などに出る時期の位置である。現在の区町丁目は、文献の時期の地図・「尾張屋板江戸切絵図」、および現在の地図を照らし合わせて推定した。まちがいも少なくないだろう。とくに自信がない場合は、区町丁目のあとに「か」という疑問辞を付した。それでも、およその位置は明らかにできたと思う。他の各部・各章においても事情はおなじだが、本章ではとくに現在の地名との同定が頻出するので、ここでおことわりしておきたい。

（6）白幡洋三郎[八七]がすでに、「閉じた稲荷」・「開かれた稲荷」を区別していることを付記する。

（7）資料として利用した文献のかなりの部分は、いわゆる近世随筆・考証・日録・地誌である。資料的価値は問われるだろう。もちろん、それらの資料に記されたことがすべて真実だとは考えていないが、ほかに資料がない場合、およその状態・傾向を知るためには、随筆・考証・地誌の調査は欠かせない。以下の考察においても同様である。

（8）社祠がある時期になってはじめて稲荷を名のるケースが少なくないので、稲荷社の創立時期についてはとくに慎重に判断しなければならない。稲荷社にかぎらず、神社の創立期に関して実際よりも古い時期にまでさかのぼらせる伝承が多い。稲荷社の場合はそれだけでなく、稲荷を名乗る前の社祠の創立時期が、稲荷社そのものの創立時期と混同される可能性がある。

第二章　江戸の〝狐稲荷〟

狐信仰をめぐる数々の事件

本章以降は、江戸の稲荷とさまざまな事象との関連を、狐の役割に焦点をあてながら解明していこう。稲荷社は、古代の書に出る著名な食物神・農耕神を祀《まつ》っている。稲荷社そのものとしては、それが歴史的にも古くからの実態であった。宮沢光顕[一七九]が、現代の全国有名稲荷百社の祭神を調べたところ、倉稲魂《うかのみたま》（宇迦之御魂）神七五社、保食《うけもち》神一三社、豊受姫命《とようけひめのみこと》一二社だった。宮沢は記録していないが、御食津《みけつ》神を祀る社も知られている。

他方、既述のように、北関東では遅くとも中世には稲荷信仰と独立した狐信仰が広がっていたと思われる。その南方に展開した江戸の稲荷に狐信仰が重なることは容易に想像できるし、江戸の狐信仰の異常な普及は北関東ぬきでは説明できない。本章では、狐信仰の例として稲荷祠を創設するきっかけが狐の依頼であったという噂話、および実際に狐が信仰の対象であったと語る噂話を諸書から拾いあげていこう。それをまとめたものが**表11**、分布は**図23**に示す。このように実質的には狐を祀る稲荷社を、狐稲荷と呼ぶことにしたい。

江戸で広く行われていた狐信仰は、これと無関係に成立した稲荷にも投影された可能性がある。特定の稲荷における狐信仰の噂話の信頼性を判断するには、記録者と狐の噂話が語る事件との時代的遠近を考慮に入れなければならない。そこで、事件が記録された時期と、事件が発生した時期との間隔にもとづきA・B・C・D・Eの五段階を区別した。

A＝記録とほとんど同時期の事件　B＝記録者の生後の事件　C＝近世の事件、D＝江戸近辺に稲荷が入りはじめた一五、一六世紀の事件、E＝一四世紀以前の事件を示す。時期は不明だが、古いことは確かな噂話はXとした。A・Bの事件は史実である可能性が高く、Cがこれに次ぐ。Dの該当事件は今までのところ見つけだせなかった。E・Xの伝承が、なんらかの史実を背景に生まれたことも否定できないが、それは信頼しがたい。

図23　江戸狐稲荷の分布

A・B・Cのケースについて、いくつか具体的に説明しよう。圧倒的に多いのは、狐が人に付いて稲荷祠建立《こんりゅう》を求めたという事件である。たとえば『江戸砂子』（一七三二年刊）巻二によれば、上野坂本（現、台東区北上野一丁目か）の小野照崎社《おのてるさきしゃ》内の長左衛門稲荷は、元和《げんな》（一六一五〜一六二四年）の頃、白狐《びゃっこ》が在地の長左衛門という者に付いて祠の建立を求めた結果、造られた。また、『享保世話』（一七三〇年頃成立）巻三

表11　江戸の狐稲荷

稲荷社名	所在地	文献名(巻)	著者名	記録の時期	事件の時期	稲荷祠の現状、または建立の動機	信頼度
名称不明	中央区日本橋富沢町	元禄世間咄風聞集	不明	1703頃成立	1698	狐、人に付き祠の建立をもとめる	A
六右衛門稲荷	港区六本木3丁目	享保世話(3)	不明	1730頃成立	1725	狐、人に付き祠の建立をもとめる	A
百済稲荷	港区南青山2丁目	江戸砂子(4)	菊岡沾凉	1732刊	1716~20頃	祠は白狐のよし	B
熊谷稲荷	台東区浅草2丁目	同上(2)	同上	同上	1684~88	狐、守護を誓う	B
火防稲荷	新宿区市ケ谷住吉町	同上(4)	同上	同上	1658	狐、白翁の姿で来たり祠の建立をもとめる	C
忍岡稲荷	台東区上野公園	同上(3)	同上	同上	1625頃	狐、山の開発で住みかを失う	C
長左衛門稲荷	台東区北上野1丁目か	同上(2)	同上	同上	1615~24	白狐、人に託し祠の建立をもとめる	C
烏森稲荷	港区新橋2丁目	同上(5)	同上	同上	938~47	白狐、白羽の矢を加えて来る	E
鎢林稲荷	中央区京橋3丁目か	同上(1)	同上	同上	その昔	白狐、日鳥の扇を奉納する	X
国珠稲荷	台東区谷中7丁目	下谷国珠明神感応記		18世紀前半成立か	1733・34	狐、人に付き祠の建立をもとめる	A
伯蔵主稲荷＝沢蔵司稲荷	文京区小石川3丁目	諸国里人談(5)	菊岡沾凉	1743刊	狐1704~11存命	狐、僧と化して寺内にとどまり法を論ず	B
名称不明	港区芝公園4丁目	閑田耕筆(3)	伴蒿蹊	1801刊	不詳	狐の小祠あり	Bか
花崎社	港区芝公園4丁目	同上(3)	同上	同上	不詳	狐、人に付き祠の建立をもとめる	Bか

名称不明	江東区北部	耳嚢(5)	根岸鎮衛	1814成立	18世紀か	狐、人に付き離れたのち祠をつくる	B
円稲荷	1：中央区小伝馬町 2：台東区上野公園	一話一言(30)	大田南畝	1815記	1727	狐、人に付き祠の建立をもとめる	C
白全稲荷	港区芝公園4丁目	檀林縁山志(3)	竹尾善筑	1819刊	1688～1704	狐、人に託し祠の建立をもとめる	C
産千代稲荷	港区芝公園4丁目	同上(3)	同上	同上	1625	狐、人の夢に現れ祠の建立をもとめる	C
定吉稲荷	千代田区外神田2丁目	兎園小説(5)	滝沢馬琴編	1825記	1825	狐、人に付き祠の建立をもとめる	A
名称不明	文京区本郷4丁目	同上(8)	同上	同上	1809	狐、近くの稲荷の倅と称して人に付く	B
永徳稲荷	台東区駒形	江戸町方書上・浅草(4)		1825成立	1785	狐、人に付き祠の建立をもとめる	B
於六稲荷	千代田区東神田3丁目	御府内寺社備考(23)		1828成立	1791以前	於六という雌狐を勧請	B
竹長稲荷	港区麻布十番1丁目	同上(16)		同上	1301	白狐、夢中に現れる	E
桜田稲荷	港区西麻布3丁目	同上(15)		同上	1181	白狐、天に向かい気を吐き、気中に観音出現す	E
青松寺鎮守	千代田区平川町2丁目	同上(95)		同上	1828	俗日、稲荷之神は即白狐也	A
島原藩邸稲荷	港区三田2丁目	道聴塗説(19)	大郷良則	1829成立	1825	狐、人に付き諸願聞き届けると宣言稲荷流行	A
佐野稲荷	新宿区岩戸町	思出草子(7)	栗原東随舎	1840序	1785	狐、人に付き祠の建立をもとめる	B

が伝える事件については第一章で少し触れたが、今回は詳しく紹介しよう。

享保一〇（一七二五）年、麻布市兵衛町（現、港区六本木三丁目）の八百屋六右衛門の下女に狐が付き、さまざまな祈禱を行《おこな》ったが効果がない。下女に付いた狐が言うには「我は松平紀伊守様屋敷の狐にて候へども、少々住居成り難き事候て、方々に罷越《まかりこし》候。石川近江守様屋敷の稲荷は我娘にて候。……此辺に如何様にも小社を建呉様に致候はば退き申すべく、其上我等は火の番相勤《あいつとめ》候間、町々は申すに及ず、近所の火難除《よけ》申す可く候」。「稲荷の名はどうするか」と狐に問うと、「六右衛門狐としてくれ」と答える。そこで六右衛門は、六右衛門狐の小社を作った。

この話で留意したい点がいくつかある。第一に、大名・武士の屋敷稲荷の少なくとも一部は、衆庶の考えでは狐稲荷と見なされていた。当時の松平紀伊守は、丹波篠山《ささやま》藩の藩主＝松平信岑である。その下屋敷が三田台（現、港区三田四丁目）にあったから、六右衛門狐はここから来たのだろう。その娘狐を祀るという石川近江守の屋敷は市兵衛町にあった。石川氏は常陸下館《ひたちしもだて》を領し、石川総陽が藩主の時代である。たぶん六右衛門狐は、娘のつてで市兵衛町にやって来た。第二に、この種の噂話では「祠をつくってくれれば家を守護する」と狐が約束する例が多い。本話の狐は、特に火防に力点をおいた。

次に、『兎園小説《とえんしょうせつ》』第五集（一八二五年記）にある定吉稲荷の創建と破却の経過を記す。『兎園小説』は、滝沢馬琴などが主催した奇事異聞披露会の記録である。定吉稲荷に関する報告は、主として屋代弘賢によってなされたが、山崎美成および馬琴の見聞も付されている。

文政八（一八二五）年四月（または三月末）、神田明神の経営のため講中の者が境内の茶屋に集まり相談していたところ、永富町の釘屋清左衛門が連れて来た年季奉公人の定吉に狐が付いた。「われは明神の門を守る狐なり」と名のる。そのほか自分、つまりこの狐が関与したさまざまな事件を告げ、明神の境内随身門のわきに祠をつくるよう求めた。かくて狐を諸人尊敬しているところへ、山城淀《よど》藩の藩医＝河原林春塘が来て、狐に質問しようとする。しかし、春塘が自分を禽獣《きんじゅう》扱いにするので、狐は答えようとしない。春塘は帰ったが、人びとは四月四日に隋身門外に小さい祠を建て、定吉稲荷大明神と書いた幟をあまた立てた。たぶんその後のことだろう。狐がまた定吉に付き、「われは明神の社地に来たりて七〇年をへたり。……もとは末広稲荷の社の下に住みけり。［末広稲荷が］正一位になられしにより、そこを出でて小船町の天王のみこし蔵の下に住みけり」と述べた。富籤《とみくじ》の願をかけてはずれた男が幟を切り裂くなどの出来事があったのち、五月三日、明神の神主が寺社奉行に呼びだされ、定吉稲荷の破却を命じられた。神主は抵抗したが、五月四日に破却が強行された。

以上が事件の要約である。同時代の記載であるから、この狐付き事件が現実のものであったことは間違いない。具体的内容も、ほぼ事実通り記されただろう。なお、寺社の富籤興業は宝永の頃から始まり、文化文政期にピークに達した。第一章で述べたように、幕府の財政的支持を失った寺院が考えだしたのかもしれない。興業の主体は著名寺社であり、火災焼亡などの後の再建には不可欠だったらしい。神田明神は、一年に四回の富籤興業を行った。四六定吉稲荷に関しては、二つの点に注目したい。第一は、狐の移動である。定吉狐は、神田明神境内の末広稲荷の床下から、いったんは小船（舟）町（現、中央区日本橋小舟町《こぶなちょう》）の天王社に移り、最後は旧地に帰還しようとした。第二の点は、知識人および当局の定吉稲荷否定の根拠であるが、これについては次節でふれる。

ついでに、大田南畝の『一話一言』巻三〇（一八一五年記）所載、円稲荷の場合である。享保一二（一七二七）年におゑんという女性に狐が付いた。狐付きの現場は現、中央区日本橋小伝馬町。狐は稲荷祠を白銀町（現、千代田区神田司町《つかさまち》二丁目か）、さらに最終的には東叡山《とうえいざん》の凌雲院《りょううんいん》（現、台東区上野公園）に建立するよう求める。実は、南畝は原本を写し終る前に返却することになったので、最後は尻切れとんぼで結末はわからない。しかし、タイトルが「上野凌雲院勧請円稲荷之事」なので、最終的には稲荷社が凌雲院につくられたのだろう。定吉稲荷・円稲荷のいずれの場合も、低地と台地の間に狐が動いた。近世の江戸では、稲荷の本体である狐が移動するという観念があったようだ。この観念は、稲荷社の勧請や代地への移転などによる祭祀場所変更と、増殖の事実を反映したものと思われる。

次に忍岡《しのぶがおか》稲荷の由来談を紹介するが、その話に入る前に、狐生息の自然条件を述べておこう。元来の狐稲荷は、この動物が生息する場所に発生したはずだ。狐は、樹林が近くにあれば山地・台地はもちろん、低地・湿地でも生息可能である。ただし、狐の巣穴は原則として斜面に掘られるので[四]、起伏のない低地・湿地には定住しないだろう。下町でも日本橋北の地域の北方には神田の台地が控えているので、狐は活動することができた。狐の生息と狐稲荷成立の関係をもっとも端的に語るのが、忍岡稲荷の縁起である。『江戸砂子』巻三は言う。

慈眼《じげん》大師（天海僧正）当山（東叡山寛永寺）をひらき玉ふとき、山もあらはになり人あしもしげければ、当所の狐途《みち》をうしなひ歎きて大師の夢中に告ぐる事数度におよぶ。よつて茲《ここ》の地をあたへ、栖《すみか》の洞《どう》を作り、そのうへにやしろをたてて稲荷を勧請し給《たま》ふと也。又《また》太田道灌の建立といふ説もあり。

『江戸砂子』よりも七〇年早く世に出た浅井了意の『江戸名所記』（一六六二年刊）巻一には、「太田道灌これをくはんじょう（勧請）せらる。本社は洞の内にあり、洞のうへにもまた社あり。やしろの前はすなはち石のほりぬき也。穴のまへ両わきに白き狐有《あり》」と記し、慈眼大師の事跡にはふれない。したがって、慈眼大師＝天海が忍岡稲荷を創立《そうりゅう》したという説は、のちにつくられたのかもしれない。

図24　花園稲荷社（東京都台東区上野公園）の祠下の狐穴　洞窟の中に円形の狐孔が開き、外を鉄格子で塞いである。上部のガラス窓から祠が見える

天海が上野の山に寺院建立をはじめたのは元和八（一六二二）年、本坊の完成は寛永二（一六二五）年だが、その後も開発は進んだ。当然、山に生息していた狐の生活は攪乱《かくらん》されたろう。施主が天海かどうか疑わしいが、巣穴を失った狐を祀るため祠がつくられたのが史実である確度は高い。前章で述べた通り、道灌建立説

図25　慈眼院（東京都文京区小石川３丁目）内窟霊祠正面石の下に狐穴が残る

は江戸の少なからざる稲荷について伝えられるが、必ずしも信頼できない。忍岡稲荷に関しても同様である。

現在も忍岡稲荷は花園稲荷と名を変え、ほぼ『江戸名所記』が語るままの形で残っている。上野の山から不忍池の畔《ほとり》に向かう急激な崖を少し降りた場所に洞穴が掘られ、中に入ると**図24**のようにコンクリートで固めた円形の穴がある。内部には神体の石が安置されているが、暗くてよく見えない。穴の上方には透き間がとられ、崖上の祠が見通せるように工夫してある。もちろん、狐は遠く昔に消えた。

あと一つ、狐生息の地勢に関連する狐稲荷を紹介する。小石川（現、小石川三丁目）の伝通院《でんづういん》（浄土宗）は、近世前半、伯蔵《はくぞう》主《す》または沢蔵《たくぞう》主《す》という狐が僧に化して滞留していたという話を伝承し、この狐を稲荷と一体として祀っていたことは第一部第六章で詳しく述べた。現在も善光寺坂を東から西へ登っていくと、伝通院手前の慈眼院本堂裏に沢蔵主（沢蔵司）の神殿が建つ。そのすぐ南東の崖下に霊窟と名づけられた祠があり、内部にはいくつかの狐穴の跡が残る[1]（**図25**）。近世の沢蔵主稲荷祠は、崖下の低地から坂をあがった南側にあった。当時このあたりには狐が出没し、沢蔵主伝承成立に材料を提供したのであろう。

なお、徳川家康が入ったときには、人も住まず農耕にも適さなかった東京湾沿いの湿地帯に、狐は生息しなかったはずである。しかし近世中期になると、実物から離れた観念の上で狐が増殖しはじめたので、低地にも稲荷社が多く誕生した。そのいきさつは第五章で述べる。

Eに属する稲荷と狐との関係を見ると、いずれも狐が人に付いて祠の建立を乞う型ではない。狐との因縁は、いわば神話的に語られる。もちろん、これらの稲荷が狐稲荷として建立された可能性も十分あるが、文献に記録された狐の話は後の創作であろう。

狐稲荷にたいする知識人からの批判

定吉稲荷の事件からうかがい知れる第二の点は、狐稲荷に対する知識人および行政者の批判的見解と行動である。春塘が定吉のもとにやって来た動機が、狐稲荷の正体暴露だったことは、ほとんど間違いない。彼は定吉狐との問答の中で、次のように問いつめる。「其方《そなた》は神通を得たりときけば、わが心中のことはいはずともしるべし」、「人の道に義といふこと有り。その人の為《ため》に身をわするることも有り。しかるにその一の否《いな》をことわることも得せざるは、さすがは禽獣《きんじゅう》なり」、「祠《ほこら》をたつるにも人にたのまねばならず。正一位をさづかればとても、人にねがはねば給はらず。されば人ほど尊きものはなきに、いかで人のとふことをひとことだにもこたへざるや」。春塘に限らず、狐信仰の流行を苦々しく思っていた知識人は少なくなかった。いくつかの発言を紹介しよう。

儒学者として、幕府のブレインとしても著名な新井白石は、『鬼神論』（一七〇九年頃成立）で、いかなる神明でも狐・蛇の形になればその動物そのものであって尊いものではないし、祭祀するいわれはないと主張している。同じく儒学者の太宰春台も『経済録《けいざいろく》』（一七二九年成立）巻六で「狐をば稲荷と崇め、蛇をば宇賀神と名づけて祭る類《たぐい》は、淫祀《いんし》の中にも殊《こと》に愚なることなり。人は万物の霊にて、万物の中に人より貴き物はなし」という。

神道家・浮世草子作者として知られ、兵学・有職故実《ゆうそくこじつ》・俳諧など多方面で活躍した多田南嶺は『蓴菜草紙《ぬなわのそうし》』（一七四三年序）巻一で次のように論じる。「稲荷五社は神記にも見あれども、いま祀るものただ狐なり。人は万物の長にあらずや。四足の物に敬礼をなし、供物をなす。其心財をいのるよりあさましく思けり」。

諸国の俗謡を集めて編集した『山家鳥虫歌』（一七七二年刊）の著者＝中野得信は、「世の愚かに暗き人、多くは狐魅《こみ》に斎《いつ》き祭りて神となし、又いづれの御神は御形蛇にてましますなどいふは、あさましきや」とコメントした。

儒学・易学者の新井白蛾は、『闇の曙』（一七八九年刊）巻上で「近世は姦慝邪曲《かんとくじゃきょく》の悪僧悪俗ども、狐に神号を名《なづ》け何々明神様と称し文盲無智の者をまどはし誑《たぶら》かし、金銭をむさぼりかすめて取《とり》て、世渡りする奸悪人多し。……既に聖人も人は万物の霊と述給ひ、人ほど貴きものはなし。かかる貴き人と生れて畜類を拝礼し屈《かが》むは、誠に憐《あわれ》むべく痛むべき事也」という。

国学者の平田篤胤が『本教外編《ほんきょうがいへん》』（一八〇六年成立）巻上で主張するには、「［神の］本地を立て経を読み仏あしらひにすれば、神は去りて妖鬼その神の本地仏と称して人をたぶらかすこと、今、世に稲荷と称して狐を祭るに、其の狐いなりと称して種々のあやしきわざをなすもてしるべし」。

なお、長崎の天文暦算家＝西川如見は、『百姓袋』（一七二一年序）巻五で、白鼠・白狐が現れる家は富貴になるという説があるが、「人の家の盛衰幸不幸は、積善積悪の陰徳陽報にありて、白鼠白狐の故にはあらずと知るべし」と説いた。稲荷と結びつけたわけではないが、狐のご利益は否定している。

このくらいで止めよう。春台・白蛾は、人を万物の霊とみなす中国思想にもとづき、狐祭祀を批判したことがわかる。彼らと同じ儒学者の白石も、文面には顕示してないが、狐信仰否定の根拠は同じだったに違いない。春塘も当時の医者のしきたりとして、儒学を学んだと思われる。南嶺には人＝万物の霊の思想が明らかだが、神道家の彼も中国思想の影響を受けていたのではないか。得信も、たぶん同様だろう。いずれにせよ、これらの知識人がむきになって狐信仰を叩く状況は、それだけ狐信仰が蔓延していたこと裏づける。

日本には、狐信仰以前に野獣信仰が古くからあったことは、『古事記』（七一二年成立）・『日本書紀』（七二〇年成立）の鹿・猪・狼の神に関する記述で明らかである。むしろ衆庶《しゅうしょ》の狐信仰は古来の動物信仰の伝統を受け継いでいた。『下谷国珠稲荷大明神感応記』（一八世紀前半成立か）は『御府内寺社備考』（一八二八年成立）巻二五所載だが、これによると二〇歳ほどの男に付いた狐が、自らはかつて藤原鎌足に鎌を与え出世の糸口をつくった狐だ、と名乗った。前章で紹介した『志度寺縁起』（一三一七年奥書）以来の鎌足と狐の伝説が口承でも広められ、ここまで達したようだ。国珠狐稲荷の縁起は、東国の古い狐信仰の記憶を近世中期の狐稲荷信仰と連絡しようとした、一部衆庶の心を代表しているのだろう。鎌足と狐・鎌の因縁については前著で詳論したが、ここでは鎌が農耕の象徴であることを指摘しておきたい。

関連して『御府内寺社備考』巻三一、および池上（もと浅草）法養寺所蔵の[2]「浅草寺裏門稲荷宮来由」、すなわち熊谷稲荷の縁起を一瞥しよう。

寛文五［一六六五］年、大伝馬町近くの薬師堂前に住む木屋半左衛門の一子＝長右衛門に狐が付き、狂乱状態となる。そこで大伝馬片町に住む熊谷安左衛門がよばれ、彼は狐を落とすことに成功した。安左衛門の祖父＝山本武了が越前にあったとき、宗林という狐の娘を助けたが、長右衛門に付いた狐は宗林の一族だったのだ。狐は浅草観音の境内に祠《ほこら》をつくるよう依頼し、その願いはただちに聞きとどけられた。これが熊谷稲荷である。

縁起の末尾には安左衛門の本名＝山本武頼の署名（法養寺所蔵写本では捺印《なついん》も）、および貞享《じょうきょう》二（一六八五）年の年記がある。年記等の信頼性は判断しかねるが、一七世紀後半に発生した大伝馬町（現、中央区日本橋大伝馬町）あたりの狐付き事件が、熊谷稲荷建立の動機になったことは事実だろう。[3]ところで、安左衛門は熱心な法華経信者であった。それを反映し、狐も長右衛門の口を通じて「世に我等ごときのけだものを稲荷大明神と心得るはあやまり也。勿体なし、勿体なし。忝《かたじけなく》も明神は、法華経二十五普門品につらなり給ふ観世音の変作《へんさ》、我等などは仕者也《つかえもの》」と論じた。

「浅草寺裏門稲荷宮来由」に従うならば、熊谷稲荷は典型的な狐稲荷ではない。しかし菊岡沾凉の『江戸砂子』巻二では、この話は狐稲荷の勧請談になっている。しかも事件は貞享年間（一六八四～八八）以後。そして『再校江戸砂子』では、「此事《このこと》あまねく世にしる所也」との評がつく。熱心な法華経信者は別として、江戸衆庶《しゅうしょ》の大部分は熊谷稲荷が狐を祀るという認識を持っていたと思われる。

付け足しを一つ。上記の狐信仰批判者は江戸の人とは限らない。したがって、すべてが江戸の狐稲荷の批判として書かれたのではない。南嶺は摂津の人、得信は河内の人、そして白蛾は江戸に生まれたが京都で活躍し、晩年は加賀藩に仕えた。彼の狐稲荷批判は、京都の狐狸妖異談とのからみでなされている。関東では、女化《おなばけ》稲荷の例でもわかるように一七世紀には狐を祀る稲荷が存在したが、関西では遅くとも一八世紀には狐稲荷が出現したようである。第一部第三章「源九郎狐」で述べた通り、『奈良坊目拙解《ならぼうもくせっかい》』（一七三〇年序）に村井古道が「狐稲荷」という表現を用い、本来の稲荷と区別した。これまでの叙述に使った「狐稲荷」は、これの借用にすぎない。

それでは、寺社奉行が定吉稲荷をたちまち破却するように命じたのはなぜだろうか。のちに述べるように、火除明地《あきち》や河岸明地の稲荷社は抑制された。火災が発生した場合、これらの明地が延焼を抑えるはずなのに、そこに立っている建築物は延焼の媒介になるからである。けれども神田明神境内は、明地ではない。しかも定吉稲荷より前に、末広稲荷と内山稲荷が末社として鎮座していた。やはり寺社奉行は、稲荷一般のなかで狐稲荷は信仰の対象ではあり得ないと考えていたのであろう。

神田明神は山王社《さんのうしゃ》とともに江戸鎮守の社であり、人心に不穏に影響を与えると判断したと思われる。それだけではなく、『御府内寺社備考』巻九によれば、神田明神は幕府の保護を受け、将軍家が祈願に来社することもあった。さらに富籤《とみくじ》はずれの事件も奉行の耳に達し、彼の迅速な決断を促進したかもしれない。行政側の狐稲荷観は、思想的には知識人の狐稲荷批判に支えられていたに違いない。

註

（1）沢蔵司稲荷別当の遠田弘賢氏によると、窟霊は古くからあった祠である。狐穴の情報も、遠田氏から得た。

（2）法養寺住職＝小松邦彰氏のご好意により、コピーを提供していただいた。

（3）異伝もある。堀麦水の『三州奇談』（一七六五年頃成立）巻四によれば、明暦の頃前田利常が狩猟に出たとき、渡辺弥三右衛門が利常の命に反し、妊娠中の白狐を助けた。弥三右衛門は利常の怒りを買い、武士の身分を取りあげられる。ある夜、弥三右衛門の夢に例の白狐が現われ、彼が江戸に行けば自分の命にかけて富貴にする、という。弥三右衛門が夢の告げを信じ江戸に赴き、熊谷姓を名のった。彼の夢にふたたび白狐が現われ、病を治癒する符を教えた。そのち彼がこの符をもちいると、どのような難病も快癒し、礼金が山のように集まった。弥三右衛門はこの金銀で浅草観音内に稲荷堂を建立した。宝永四（一七〇七）年、これを加賀に勧請して造られたのが浅野山王権現別殿の稲荷社である。この伝承は、稲荷社の全国ネットワークの存在を語る一例であるが、関係者が稲荷の由来を地元の白狐伝承に結びつけたのだろう。

第三章　瘡病と狐と稲荷

梅毒の流行と瘡守稲荷

『江戸砂子』（一七三二年刊）や『江戸名所図会』（一八三四・三六年刊）を調べても、稲荷のご利益が記されている例は比較的少ない。稲荷の利生《りしょう》は多岐にわたり、しかもそれが周知だったので、かえってわざわざ言及しなかったのだろう。その中で、火防《ひぶせ》稲荷のように稲荷の名称が効験を表わしている場合がある。この種の稲荷名の中の即物性でもっとも目立つのは、瘡守《かさもり》稲荷である。これからの二つの章では、稲荷の多様な利益のうち、梅毒《ばいどく》・麻疹《ましん》・疱瘡《ほうそう》のような瘡性の皮膚病予防・治癒の効験、および火防の利益について調べることにしたい。いずれも、狐との深いかかわりを示すはずである。まず梅毒と稲荷。

稲荷について入念な調査を行った大森恵子によれば、病気治癒を効験とし、その名を冠する稲荷を病名で分類すると、瘡守の稲荷がもっとも多い。**図26**の瘡守稲荷の絵は、のちに述べる小川顕道著『瘡家《そうか》示訓《じくん》』（別称『瘡守土団子』、一八一〇年刊）から採用した。近世末期の「尾張屋板江戸切絵図」には、芝増上寺塔中《たっちゅう》＝通元院内（浄土宗・現、港区芝公園四丁目）・谷中感応寺《かんのうじ》（一八三三年以後、天王寺）内（日

図 26　瘡守稲荷社　『瘡家示訓』（1810 年）

蓮宗→天台宗・現、台東区谷中七丁目）・谷中大円寺内（日蓮宗・現、台東区谷中三丁目）・雑司が谷（現、豊島区雑司が谷三丁目）の四か所に、瘡守稲荷を発見した。『新編武蔵風土記稿』（一八二八年成立）巻一六を参照すると、雑司が谷の瘡守稲荷は鬼子母神の末社らしい。『江戸砂子』巻三記載の白山《はくさん》（現、文京区白山四丁目）の瘡守稲荷は、寛政九（一七九七）年に上記の大円寺内に移された（『御府内寺社備考』一八二八年成立、巻一一七）。

さらに、切絵図の記載からもれた瘡守稲荷も知られていた。『御府内寺社備考』巻一三によれば、妻恋稲荷社の境内末社に瘡守稲荷社があった。寺院内の瘡守稲荷も少なくなかった。浅草寺雷門から入って右側にある長寿院内（天台宗・現、台東区浅草一丁目）、麻布《あざぶ》円福寺内（天台宗・現、港区西麻布三丁目）、小石川大善寺内（浄土宗・現、文京区西片一丁目）にも瘡守稲荷社が鎮座していた。源信綱の『大江戸春秋』（一八〇六年序）は、宝暦年間（一七五一〜六四年）のできごととして、「日暮里に笠もりいなりの贋《に》せできる。土の団子を供す」と記す。宝暦年間が寛政年間の間違いならば、贋もの稲荷は大円寺の瘡守を指すことになるが、その根拠もないので、とりあえず正体不明としておこう。瘡守稲荷のご利益で願いが成就したときは、米の団子を供えるようになったようである（喜多川守貞『守貞漫稿』、一八五三年序、二〇編）。

これら瘡守稲荷の創立期はおおむね不明だが、一部は推定可能である。白山の瘡守稲荷は、斉藤月岑の『武江年表』（一八四九・五〇年刊）巻四によれば、大前氏の住居が和田倉門近くにあったとき、宝永年間（一七〇四〜一一年）に摂州芥川（現、高槻市芥川町）から勧請し、(1)正徳《しょうとく》年間（一七一一〜一六年）に大前氏が白山に移ったさい瘡守稲荷も伴った。感応寺の瘡守稲荷は、『武江年表』延享年間（一七四四〜一七四八年）の記事に「谷中瘡守稲荷参詣始む」とあるから、その頃には名が知られていた。(2)大円寺瘡守の成立期は寛政九（一七九七）年。さらに竹尾善筑の『檀林縁山志』（一八一九年刊）巻三は、元禄の頃に所化《しょけ》僧だった単笛が、そののち通元院内に瘡守稲荷を創立《そうりゅう》したとする。したがって、その時期は元禄以後、彼の生存中だったろう。以上の諸社の成立経過を見ると、ほぼ一致して一八世紀の成立となる。

瘡は一般に瘡ぶたを生じる皮膚病を意味する。実際、『縁山砂子』（著者不明、一八一六年成立）によれば、通元院内の瘡守稲荷は「何の病気たり共、瘡と名付立願するに、必其霊験有」とされた。瘡ぶたを生じる病気でなくとも、そのように名目を立てて祈れば治るというのは誇大宣伝気味だが、瘡病なら何でも治癒すると信じられていたことは間違いない。『江戸砂子』は、白山瘡守稲荷に祈ると小児の頭・顔のできものに不思議の奇瑞《きずい》があるという。

しかし当時、「瘡」とは梅毒の俗称でもあった。享和元（一八〇一）年刊の『俳風柳樽《はいふうやなぎだる》拾遺』四篇の明和中の句に、「大服《たいふく》を　呑めと瘡守　夢想なり」の川柳がある。山本成之助[二〇二]の解説では「大量の一服を飲め」とは、梅毒平癒の祈願で賑《にぎわ》った江戸谷中の瘡守稲荷のご託宣。梅毒の治癒は、瘡守稲荷に求められた主要なご利益の一つだったようだ。大服は山帰来《さんきらい》＝土茯苓《どぶくりょう》のことであり、中国から輸入していた梅毒の治療剤であった。

日本に梅毒が入ってきたのは、永正《えいしょう》一〇（一五一三）年頃らしい。[158]近世初期にこの病が流行した証拠をあげることもできる。徳川家康の次男＝秀康と四男＝忠吉は、いずれも慶長一二（一六〇七）年に梅毒が原因で死亡した。特に江戸では、宝暦（一七五一～六四年）の頃から患者が増えた。[203]このタイミングは、谷中に贋《にせ》瘡守稲荷が現れた時期と一致する。そのほかのいくつかの瘡守稲荷の創立期はこれより早いが、家康の子の例でわかるように、その前から梅毒の流行は始まっていた。

蘭方の祖として有名な杉田玄白は、晩年その著『形影夜話』（一八一〇年刊）巻下で、「瘧瘡黴《ばい》［梅］毒古書に無《なく》して後世盛に行はる」という状況を語った。かくて彼は、梅毒治療に力を入れようと志す。玄白は、

兎角《とかく》する内に年々虚名を得て、病客は日々月々に多く、毎歳千人余りも療治するうちに七八百は黴毒家なり。斯《かく》の如くして四五十年の月日を経れば、大凡《おおよそ》此病を癒《いや》せし事は数万を以《もっ》て数ふべし。今年七十といふに及べども、いまだ百全の所を覚えず。これは患者の不慎《ふつつし》みなるか、但《ただ》し療治の拙なるか、益《ますます》難治と云ふを知りたるまでにて、若年の頃に少しも変ることなし。

という感懐を表白せざるをえなかった。この回顧談には、一八世紀中期から一九世紀初期にいたるまで

の、梅毒流行の貴重な証言が示されている。梅毒の蔓延は年を追って激しく、志ある医者は梅毒の患者の治療に強い関心を抱かざるをえなかった。にもかかわらず上記の数十年間、事態は好転しない。したがって、梅毒に罹病《りびょう》した者が神仏に祈願することで不安を解消しようとしたのは当然であった。

江戸吉原の若狐――狐とセックス

それでは、梅毒の治癒を願う人たちは、多くの神仏のうちなぜ、特に稲荷を頼りにしたのか。いくつかの要因が複合したのだろう。第一は、狐との交接が人に害を与えるという観念だ。藤原頼長の『台記』天養元（一一四四）年五月三〇日条、狐と火災に関する記事（第四章参照）の前に、次の話が置かれる。ある若い男が女性と知りあい交接したところ、陰瘡にかかった。数日前、狐が軒の間からこの男を見ていた。狐との交接が原因で陰部に瘡病を発したことを示唆する事件であった。ただし、梅毒が日本で発病するには時代が早過ぎるので病名は判断を控えるが、性病ではあろう。同じような噂話は近世にも知られていた。松浦静山の『甲子夜話』巻二二（一八二三年記）によれば、狐は人に化けてこれと交わり、その陰部を傷《いた》める。男女ともにこの災いにあうことがあるが、男性が狐と交わると陰茎が痛み、ついに腐脱する。京都の話だが、武者小路の魚屋が梅毒らしき症状を発し、僧に祈禱させると狐が去る、という事件が発生した（緒方惟勝『杏林内省録《きょうりんないせいろく》』一八三六年序、巻五）。

ここで疑問が生じるだろう。梅毒の感染源である狐が、なぜ梅毒を治癒し得るのか。大森恵子が『稲荷信仰と宗教習俗』で引く『近江の伝説』では、彦根市馬場町の瘡守稲荷の狐は、人びとの病毒を身代わりに引き受けてくれたそうである。祟る神にたいし、祟らぬように祈るのは日本文化正統の習慣だったはずだ。

狐は遊女に化け、遊女は狐に喩《たと》えられた。『甲子夜話』巻二一（一八二三年記）は、王子に行く道で狐が娼妓に化けて男をだまそうとして、かえってだまされる話である。三清浄心は『そぞろ物語』（一六四一年刊）で、「まことに江戸よしはらのひる狐には天地もうごき、……江戸よしはらのわか狐にまよはぬ人あるべからず」と評した。もちろん若狐とは遊女を意味する。[3] 男性の側からは、遊女を買って梅毒にかかった事件は、狐との交接が悪瘡を発する話に比べられたであろう。

現実の遊女に関しても、小川顕道は『瘡家示訓』で、「此病《このやまい》百人が百人大かた娼妓よりつたふ。……余、むかし女閭《じょろうや》よりたのまれて、おほく此病を治療せしことあり。いつれの家も、娼妓十人あれば七八人は内々に此病あり」と述べている。とくに下級遊廓の遊女は罹病率が高かっただろう。顕道は、小石川療養所の肝煎《きもいり》をつとめた医師だ。また石塚豊芥子の『岡場遊廓考』（一八四〇年代成立）は、このような遊女から梅毒を移される恐れを、戯文《ぎぶん》の形を借りて言う。「此の森に夜鷹《よだか》といふ鳥多く住み、両の翼二十四枚あり。日暮に至り所々へ飛出す。森の脇に瘡毒山《そうどくさん》かさ寺あり、此所《ここ》殊《こと》の外《ほか》難所なり」。

聞くも哀れなのは、喜多川守貞が『守貞漫稿』二〇編で語る梅毒病みの遊女であった。

鼻の落たるは蠟燭の流れを以て是を作り、びっこつんぼあきめくらあり。何《いず》れも瘡毒にて、娼家に用ひ難き醜女の顔に白粉《おしろい》を塗《ぬり》て疵《きず》のあとを埋《うず》め、手拭《てぬぐい》をほうかむりして垢《あか》つきたる木綿布子に黄ばみたる木綿に布をして敷物を抱へて、端々の辻に立て朧月夜《おぼろづきよ》を上首尾として、「おいで、おいで」と呼声またまして、いと哀れ也。

遊廓で遊女と交わる客は、遊女の梅毒を恐れたが、遊女は遊女で客の男性から梅毒を移されるのを忌避したにちがいない。彼女たちが客を狐に譬《たと》えていたとは思われない。しかし遊女には、これとべつに稲荷―狐に祈願する理由があった。平安時代に早くも、狐が愛法の祈禱対象になっていたことが知られている。藤原宗忠の『中右記《ちゅうゆうき》』嘉承元（一一〇六）年一二月七日条は、京富小路《とみのこうじ》の小屋に住む老女が蛇・狐を祀り、好色諸女を集め、まことにもって市をなすありさまだった、と記す。中世には、狐に乗る女神で、しばしば稲荷の神体に採用されるダキニ天が、やはり愛法の対象になっていた。[一〇四]

近世の話に戻ろう。ある時期には、新吉原遊廓の四隅それぞれに稲荷が鎮座していた。高柴三雄の『種くばり』（一八四四年序）所載の挿絵（**図27**）を見ると、北隅に榎本稲荷、南隅に九郎助（黒助）稲荷、東隅に明石（赤石）稲荷、西隅に歌丸稲荷が鎮座している。遊廓の人びとは、これらの稲荷に何を願っていたのだろうか。もちろん遊廓の経営者たちは、商売繁盛の目的で稲荷を祀ったに相違ない。また遊女が慢性で進行性の性病、つまり梅毒に罹病するのは好ましくなかった。それは商品の劣化であり、最

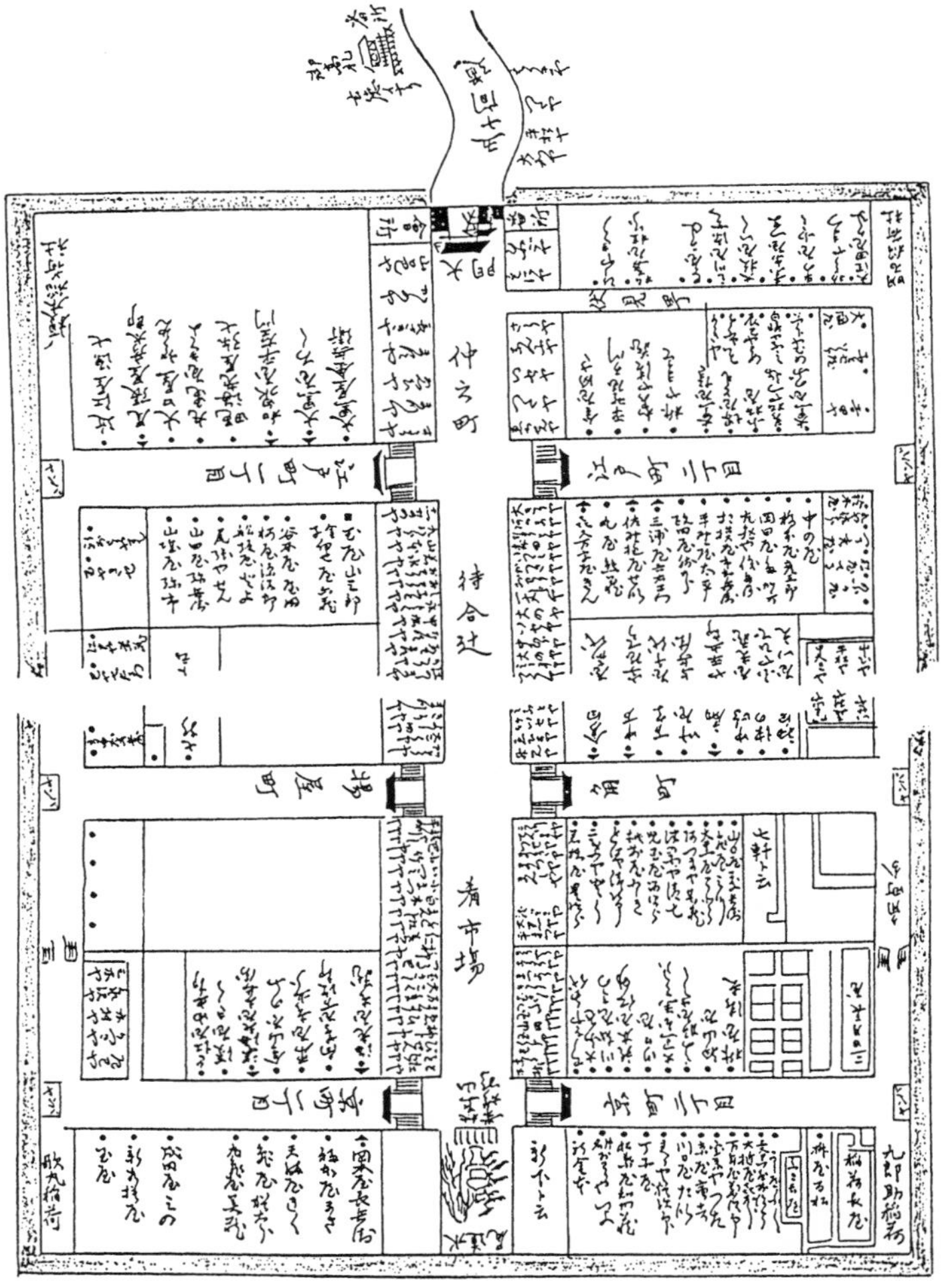

図 27　新吉原とその四隅にある稲荷社　『種くばり』（1844 年）

終的には破壊である。これは避けなければならない。一方、遊女たちは、良客の訪問、叶《かな》うことなら好条件の身請《みう》け の実現、そしておそらくは性病の予防と治療のために稲荷─狐を祈った。

榎本稲荷は天和・貞享の頃（一六八〇年代）勧請と、竹島春延の『洞房古鑑』（一七七〇年代成立）巻一にある。九郎助稲荷の勧請期は確かではないが、『浅草志』（一八〇一年頃成立）巻三が紹介する一説は、明暦四（一六五八）年とする。他の文献に徴しても、一八世紀初期までに成立していたことはまちがいない。明石稲荷の勧請期は一九世紀初期らしい。西村藐庵は『花街漫録』（一八二五年序）で、明石稲荷はかつて西村家の先祖の地にあったが、「とし頃」町内の鎮守に崇《あが》めたいという懇望《こんぼう》があったので、今の地に移したという。歌丸稲荷勧請のいきさつについては、まったくわからない。

遊女たちは、大円寺内瘡守稲荷の縁日には集団で参詣したという。その他の瘡守稲荷も、事情はおなじであっただろう。遊廓内に閉じ込められた彼女たちも、吉原四隅の稲荷への祈願なら日常的に可能だった。

江戸には岡場所がきわめて多かった。局《つぼね》長屋と称する粗末な家屋に囲われた下級の遊女が客をとった。これに隣接して、しばしば稲荷が祀られていた。江戸の稲荷社祠の数はおびただしく、岡場所も劣らず多いので、両者が接近した場所に位置していたとしても、それが心理的近接を意味するとは限らない。

しかし『種くばり』の付図を見ると、岡場所と稲荷の近接はたんなる偶然ではなく、両者のただなら

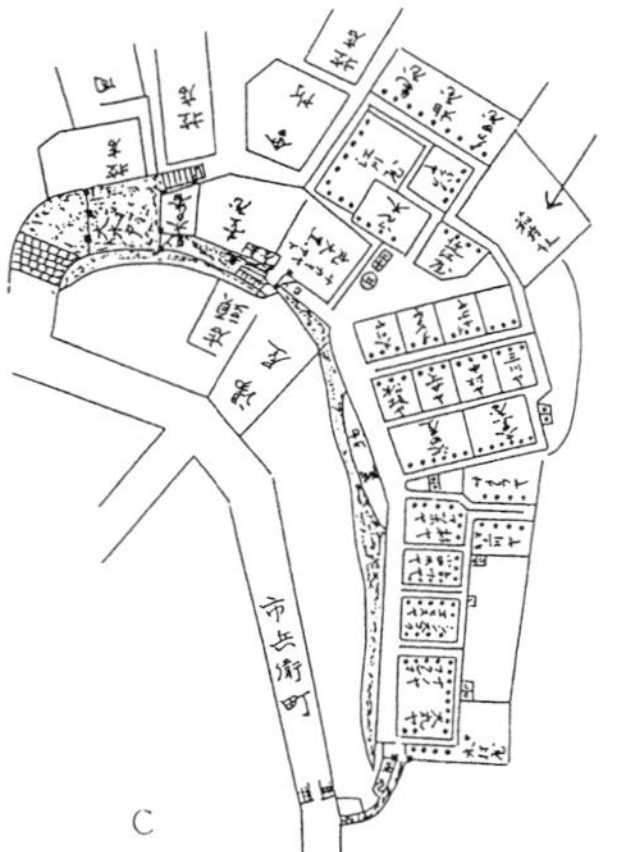

▲C：市兵衛町

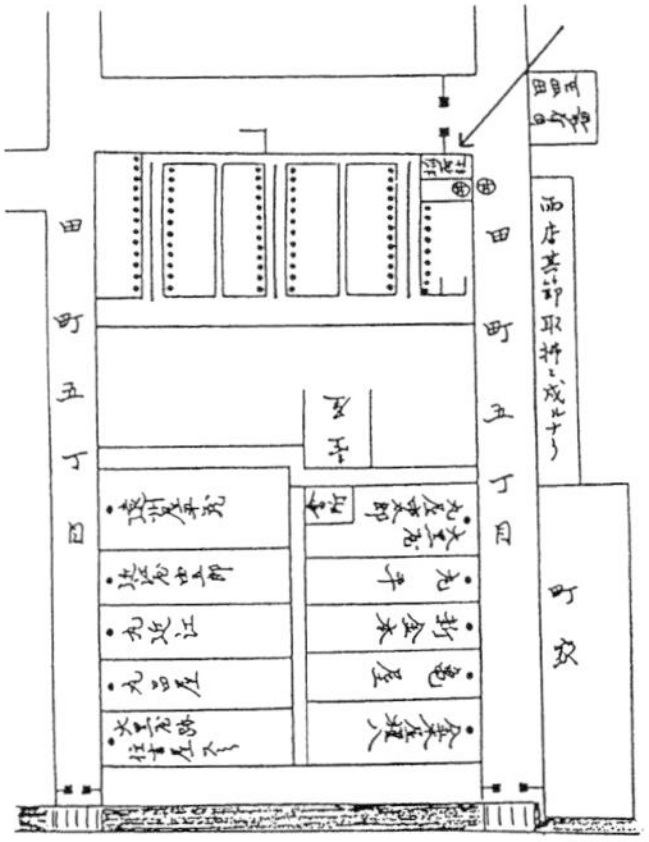

▲A：赤坂田町

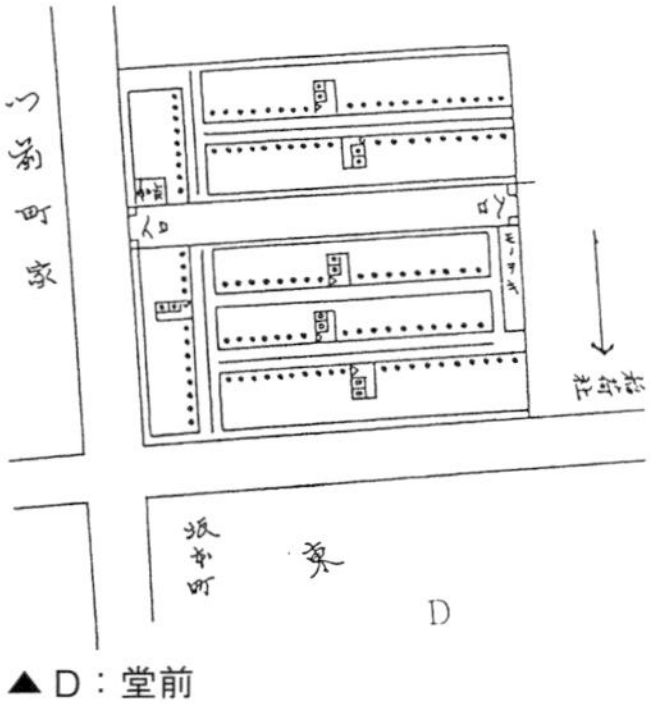

▲D：堂前

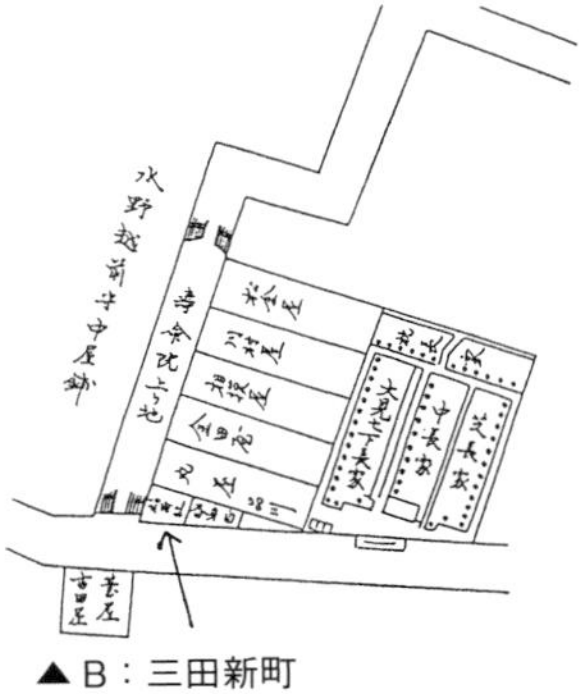

▲B：三田新町

ぬ関係が想像される例が多い。赤坂田町（現、港区赤坂三丁目、**図28―A**）・三田新地（現、港区芝五丁目、**図28―B**）・市兵衛町（現、六本木一丁目、**図28―C**）・堂前（現、台東区松が谷二丁目、**図28―D**）・おたび（現、江東区新大橋二丁目、**図28―E**）・あひる（現、江東区牡丹三丁目、**図28―F**）・石場（現、江東区越中島あたり、**図28―G**）がそれに該当する。

『岡場遊廓考』の付図

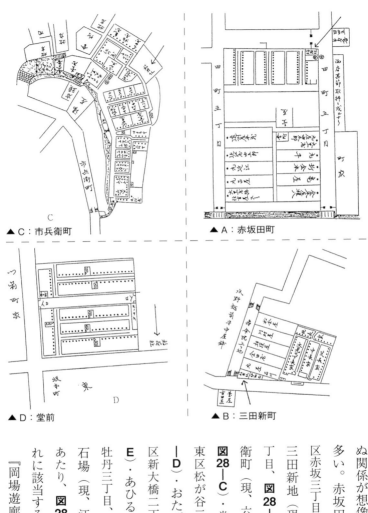

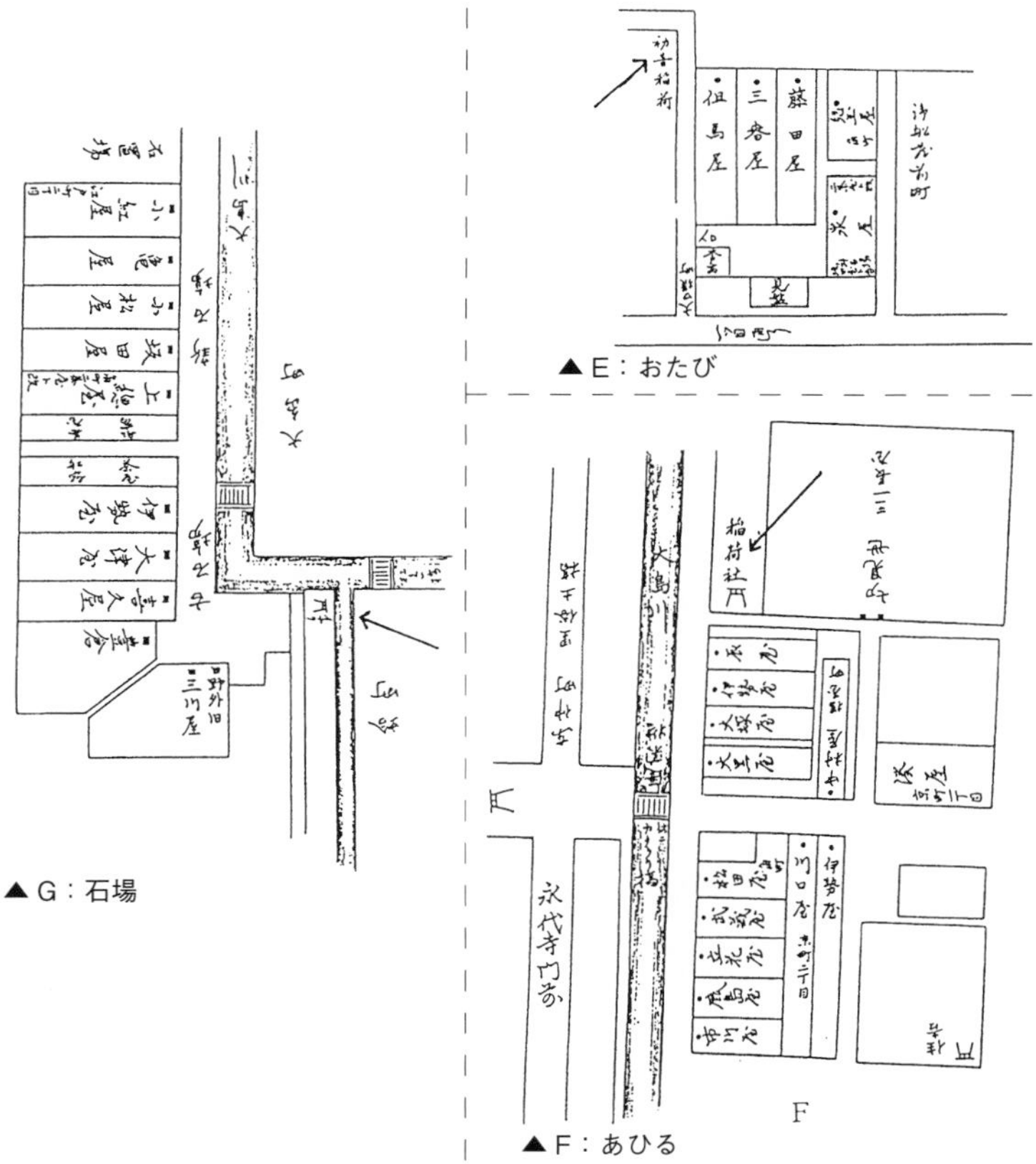

▲E：おたび

▲G：石場

▲F：あひる

図28　『種くばり』（1844年）付図の岡場所と稲荷社　矢印の先が稲荷社

には、上記赤坂田町・市兵衛町・堂前のほか、本郷大根畑《だいこばたけ》（現、文京区本郷五丁目、**図29―A**）・本所三笠町（現、墨田区亀沢四丁目、**図29―B**）・深川松村町（現、江東区永《えい》代《だい》二丁目、**図29―C**）の岡場所に稲荷社が顕然と見える。大根畑の岡場所のまわりに、からかさ谷・よこね坂の名がつけられているのもおもしろい。

　岡場所の所在地として稲荷そのものの名をあげる例も見られる。市ヶ谷

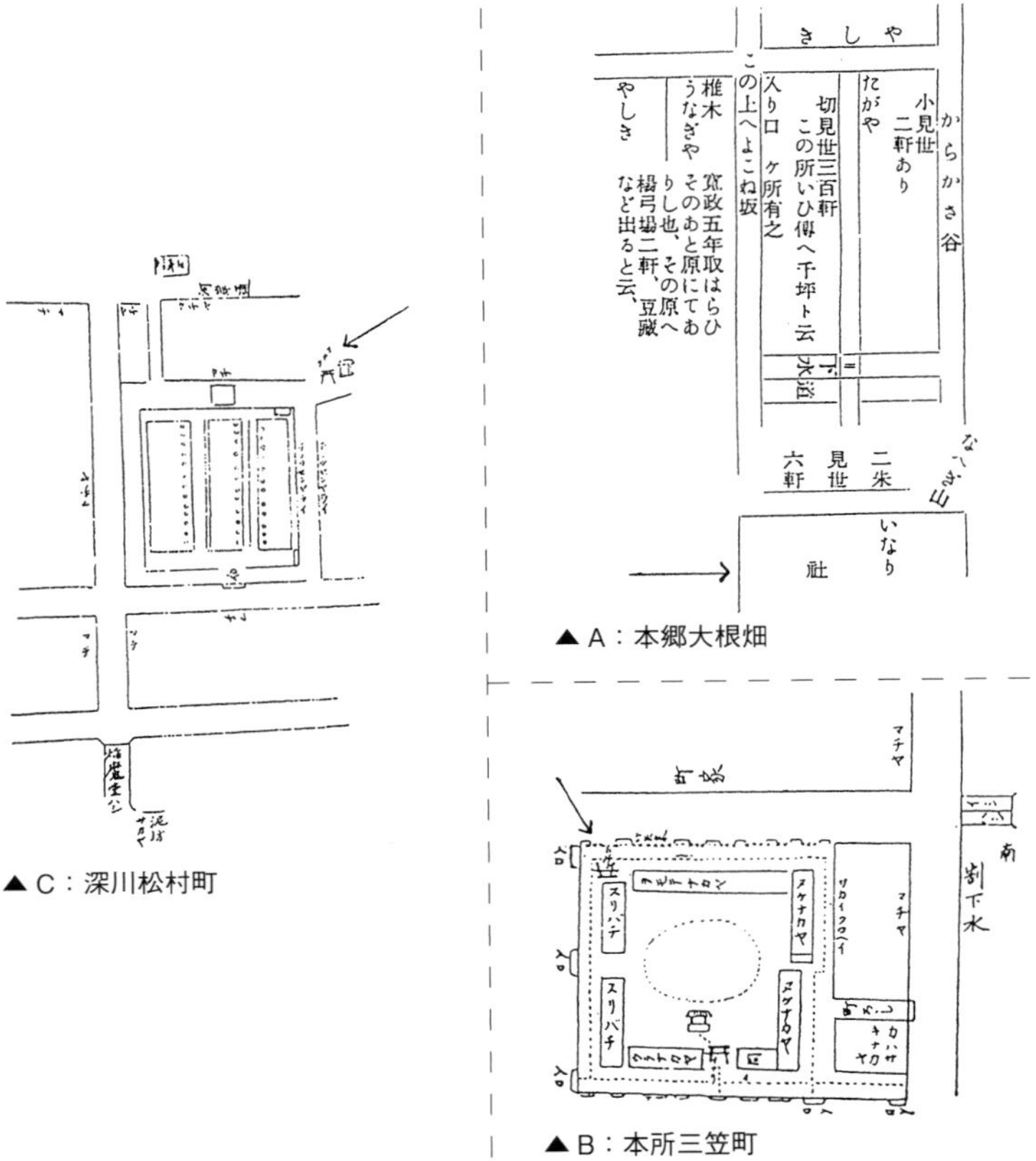

▲A：本郷大根畑

▲B：本所三笠町

▲C：深川松村町

図 29 『岡場所遊郭考』（1840 年）付図の岡場所と稲荷社　矢印の先が稲荷社

の愛敬稲荷（現、新宿区市谷田町）、三田の五光稲荷（現、港区芝五丁目）、麻布の高《たか》稲荷（現、港区麻布永坂町）、品川稲荷前新町の稲荷（現、港区高輪四丁目か）、板橋の木下稲荷（現、板橋区大和町）の名が、岡場所の所在地として記される。高稲荷に関しては、「此の所に狐あり。毛色四六にして人をばかす。斯《かく》あれば四六見世もありしと見へたり」という評を引く。四六見世とは岡場所の隠語である。

『種くばり』・『岡場遊廓考』に出る稲荷社のほとんどは、第一章の分布図に使った資料には記載されていない。『寛天見聞記《かんてんけんぶんき》』（著者不明、一八四〇年代成立か）は、瘡守稲荷で有名な谷中天王寺の門前にも娼家が五、六軒あったという。

遊廓の繁盛が、性病の蔓延の原因だった。著者不明の『江戸愚俗徒然噺《えどぐぞくつれづればなし》』（一八三七年成立）巻二は、

瘡毒を煩ふもの……江戸にては下人《げにん》多く看て上の人に少し。其の訳はいかなる故ぞといふに、……大体の所が遊女売女よりして此の病を煩ひ初《そむ》るが多し。まず江戸にては右の病気を恐れざる時は、夜鷹切見世よりして安直段は自由の事故《ことゆえ》、終《つい》に此の病下人に懸かるべし。

という。切見世・局見世・局長屋は同義である。この状況のなかで、遊廓の経営者・遊女・客の男性、いずれも稲荷をもとめ、江戸の稲荷増殖の一端を担ったと思われる。

狐肉が梅毒に効くとする中国説の逆転

いきなり突飛《とっぴ》だが、中国の本草《ほんぞう》書では、狐の内臓が悪性の皮膚病に有効だとされていた。李時珍の『本草綱目』（一五九六年刊）巻五下は、狐の肉・五臓および腸肚が「悪瘡疥を治す」と記している。この情

報が日本の知識人に知られたことはまちがいない。

『本草綱目』の説は、まもなく日本の本草書にも採用された。曲直瀬家の医者の編と思われる『宜禁《ぎきん》本草《ほんぞう》』（近世初期刊）巻坤には、「狐肉……煮焚りて食すれば、久《ひさし》く癒《い》えざる瘡疥を治す」とする。ほぼおなじ頃世に出た著者不明の『宜禁本草要歌』（一六〇七年以後、一六五九年以前刊）には、「狐肉寒　久しき瘡や唐瘡のいへざるに吉。常に食せよ。……狐は黒やきにして瘡毒の骨のうづくに常にのむべし」とされる。唐瘡・瘡毒は梅毒を指すから、この説明は狐肉の効用の対象を、皮膚病一般のなかでほぼ梅毒に特定したことになる。ただし狐肉が、梅毒ではなく疱瘡や疥癬《かいせん》に効くとした説も知られる。松崎尭臣の『窓のすさみ追加』（一七四五年頃成立）巻下は、延宝の頃豊後岡《ぶんごおか》藩主中川家の家伝で、疱瘡薬として狐の肝を使っていたと記す。衣関順庵の『懐中備急諸国古伝秘法』（一八一七年刊）は、疥癬の予防と治療に狐の肉が効くという。

以上あげたような各種の書物をつうじて、皮膚病治療についての狐肉の効能が周知され、さらにそれが心理的に、狐―稲荷の効験に転化した可能性がないではない。関連して興味をひくのは、『本草綱目』巻五下のさきに引相した「悪瘡疥を治す」に続く「生で食えば狐魅《こみ》を治す」という記述である。つまり、皮膚病と狐惑は、ともに狐を食うことによって癒される点で共通する。

上記諸書と異なり、狐の肉がかえって悪瘡を生じると説く書もある。蘆川桂州の『食用簡便』（一六八七年序）によれば、狐を食って悪瘡を生じ、狂を発するものあり、これを慎まなければならない。同書は、狼肉も多食すれば悪瘡を発すとし、狐を含むある種の野獣の肉に共通の害を認めていた。その他、獣肉食の害を説く書は少なくない。

外来の習俗の機軸となる観念が、作用方向をあいまいにしたまま受容される現象を、かつて私は指摘したことがある。[一二七]この現象を考慮に入れれば、事態はわかりやすくなるだろう。狐―瘡疥の連想を維持したまま、狐肉が梅毒に効くとする中国の説を逆転し、狐肉が瘡疥を発するという解釈が出てきても不思議ではない。日本のある集団で肉食獣の肉が有毒だと見なされていたことが、逆転を誘発する条件だったかもしれない。

以上、狐と梅毒をつなぐ個々の要因について論じたが、これらの要因と梅毒治癒のための稲荷祈願をむすぶ心理的な仕組みについて確証をあげることはできない。けれども、稲荷―狐と瘡守、狐肉と瘡治療、狐との交接による性病・梅毒感染、狐と遊女との類比、これだけ狐と梅毒をつなげる説や噂話を承知すると、それらが相互にまったく無関係だとは思えなくなってしまう。瘡の病を癒す稲荷―狐の力も、どうやら狐のほうに主導があったようだ。

近世には、稲荷―狐に頼る呪法以外に、医者がすでに合理的な梅毒治療法に挑みはじめていた。中国では軽粉、すなわち塩化第一水銀が外用薬として用いられ、これを服用すれば強烈な副作用をともなうことも認識されていた。一八世紀半ばの日本では、軽粉の副作用を緩和するため、山帰来《さんきらい》のような植物性薬材の併用が試みられるようになった。そののち蘭方の梅毒治療法も普及する。山脇悌二郎[二〇三]によれば、杉田玄白は、外用薬として昇汞《しょうこう》（塩化第二水銀）を、内服薬として水銀にアラビヤゴムの粉を混ぜた丸薬を用いたようである。しかし現実には、副作用と治療効果とのバランスをとることに成功できなかった。第四章のテーマとなる火防の場合とおなじく、梅毒の治療の際にも、合理的方法と祈禱法が補完し合わざるを得なかった。

疱瘡・麻疹の流行にご利益をふるまう稲荷

梅毒の患者だけではなく、痘瘡・麻疹にかかった人びとも瘡守稲荷に願をかけたにちがいない。稲荷社は瘡守とはべつに、しばしば疱瘡神を末社に祀っている。『御府内寺社備考』の稲荷から拾うと、妻恋稲荷・下谷稲荷・清水稲荷（現、台東区駒形一丁目）・稲荷天王社（現、新宿区須賀町）・竹長《たけちょう》稲荷（現、港区麻布十番一丁目）・烏森稲荷・高山稲荷（現、港区高輪三丁目）が疱瘡神を持っている。全般に由緒ある著名な稲荷が目立つ。稲荷だけではない。疱瘡除けのご利益を喧伝《けんでん》する寺社は、とても多かった。疱瘡神は、元来は疱瘡を人に付ける疫病神であったが、この神に活動を遠慮してもらうために祀り、祈願したのだろう。大坂での話だが、疱瘡神すなわち狐だとする説もあったようだ（池田正樹『難波噺《なにわばなし》』後編巻五、一七七四年記）。江戸でも、その種の考えが一部では信じられていたかもしれない。だとすると、人びとは疱瘡除けのため、他の寺社以上に熱心に、狐―稲荷祈願につとめたことだろう。中ノ郷成就《じょうじゅ》寺《じ》境内の宝珠稲荷社（現、墨田区吾妻橋二・三丁目あたり）の神体のように、疱瘡神ではなく、はっきりと疱瘡守護神とうたっている場合もあった（『御府内寺社備考』巻四二）。

『続日本紀』（七九七年成立）天平七（七三五）年の条が、疱瘡流行の最古の記録である。三世紀半後の平安時代の『中右記《ちゅうゆうき》』寛治《かんじ》七（一〇九三）年一二月四日条は「赤疱瘡」流行のありさまについて、「十余歳以下小児一人残らず云々」と記す。翌年一月二〇日条には、おなじ病気が「疱瘡」と表記された。この年後半にも「赤疱瘡」が流行したようであり、ついに年末には疱瘡の厄《やく》を払うため改元が行われ、次の年の年号は嘉保《かほう》となった。一二月一五日条によれば、承保《じょうほう》四（一〇七七）年の疱瘡流行のために、承暦と改元された前例がある。

疱瘡の予防法が日本に伝わったのは近世になってからのことである。石原明[一八]と酒井シヅ[七一]の著書で、その経緯を大まかに見ておこう。まず延享元（一七四四）年ごろ、中国から人痘法が入ってきた。人の疱瘡の痘痂《とうか》を鼻腔《びこう》に吹き込む方法だった。それから一世紀あまり経て、嘉永二（一八四九）年に牛痘法が鍋島藩で実施された。江戸でも、藩医＝伊東玄朴が鍋島藩邸の子供に牛痘を接種させた。そして安政五（一八五八）年、玄朴ら江戸で開業していた蘭方医八二名の拠金によって、神田お玉が池に種痘所が設立され、江戸での疱瘡予防事業が軌道にのった。お玉が池には稲荷が祀られていた。この場合、合理的な疱瘡予防施設と稲荷が空間的に近接したのは偶然であろうが、一般的にいえば稲荷と種痘は疱瘡除けの方法として共存かつ競合していたのである。

平安時代には、麻疹は赤疱瘡または赤斑瘡とよばれていた。『日本紀略』（平安期末成立か）後篇一〇には、長徳四（九九八）年七月条に「天下衆庶《しゅうしょ》疱瘡を煩ふ。世これを号して稲目瘡と号し、また赤疱瘡と号す」と記す。前述のとおり『中右記』では、疱瘡を赤疱瘡ともよんでおり、平安時代には疱瘡と麻疹の区別がはっきりしなかったようだ。藤井尚久[一五六]は、疱瘡の初期疹が麻疹と類似しているため、このような混同がおきたのではないか、と示唆している。近世には、両者はそれぞれ主として痘瘡・麻疹と称せられるようになった。しかし衆庶の観念のなかでは、いくらかあいまいなところがあったと思われる。

いままであげた三つの瘡病のうち、梅毒は伝染病ではあるが急性とはいえず、進行は徐々に深くすすむ。疱瘡と麻疹をくらべると、酒井シヅがいうように疱瘡は毎年各地で散発的に発生するが、麻疹はひとたび発生すると大流行となることが多い。とくに江戸のような人口密度の高い大都市ではそうである。瘡守稲荷は、麻疹の予防・治療にもご利益をふるまおうとしたであろう。瘡守稲荷や、疱瘡神を境内にいれた稲荷の他に、半田《はんだ》稲荷（現、葛飾区東金町《ひがしかなまち》四丁目）が疱瘡・麻疹に効くという宣伝で有名だった。加賀美遠懐『江戸砂子補正』（一八六〇年頃成立か）によれば、この稲荷は享保の頃から流行しはじめたようだが、一九世紀になってから成立した書に、疱瘡・麻疹治癒の話題がしばしば記される。たとえば『道聴塗説』（一八二九年成立）には、「今年此節、半田稲荷の赤坊主いそがはし」とある。「今年」つまり文政一〇（一八二七）年に疱瘡が流行したようだ。赤坊主とは、赤い布で頭を包み赤い衣を着て「疱瘡・

麻疹もかるがると」などと唱えてまわった下級宗教者である（四壁庵茂蔦『わすれのこり』一八五四年序）。疱瘡神が赤色を嫌うという俗信もあった。赤は稲荷の鳥居の色でもある。強力な赤で弱い赤を制する。あるいは前者が後者を吸収する。これは、ちょうど蛸薬師が疣《いぼ》落としの霊験をもつという類《たぐい》の、同類抑制・同類吸収の発想に由来するのだろう。

関連して一つ奇妙な話題を紹介しておく。只野真葛の『むかしばなし』（一八一二年序）五によれば、狐は疱瘡のかさぶたを喰う。人の目には病人が自分で喰うように見えるが、じつはその人に付いた狐が喰うのだ。緒方惟勝のような医者もそれを認める。『杏林内省録』巻四で緒方は、「諺に狐狸之類痘痂を嗜《たしな》む。……予、痘瘡家にて狐の怪事を見たることあれども略す」という。ただし、狐がかさぶたを好むから瘡病患者をつくりだすのか、それとも狐は自分に無関係に発病した瘡病患者のかさぶたを喰い、少なくとも結果として病の治癒に貢献するのか、真相は明らかでない。

太郎稲荷の突発的な流行とその終息

麻疹に効験があると噂されて突発的に流行した稲荷がある。浅草新堀（現、台東区入谷二丁目）の立花家下屋敷に勧請された太郎稲荷がそれであった。立花氏は筑後柳川藩の藩主、太郎稲荷は地元柳川から勧請されたといわれる。勧請の時期は不明だが、立花氏が下屋敷を拝領したのが寛文元（一六六一）年だから[二〇五]、太郎稲荷勧請はそののちのことだろう。

太郎稲荷に関しては吉田正高[二〇五]のすぐれた研究が出ている。吉田は、麻疹流行との関連だけではなく、江戸の大名屋敷の閉鎖性・特権性と町人の心理との関連などにも眼を配り緻密な議論を展開した。後者の論点も注目されるが、本稿の関心からはずれるのでほとんどふれない。

手もとにある資料のうちもっとも古いのは、享和三（一八〇三）年の序を持つ『享和雑記』巻四である。筆者は柳川亭と名のるが、正体は不明。立花藩の所在地＝柳川との関係も考え得る。しかし『享和雑記』を通覧しても、柳川藩の江戸留守居＝西原一甫の知り合いと称するほか、それを確かめる手がかりはない。一甫は通称六弥太、梭江と号し、家号を松羅館と称した。当時の著名な文化人であり交際範囲も広いから、彼の知人だからといって柳川藩関係者だとはいいにくい。柳川亭と柳川藩の名の一致は偶然の一致か。柳川亭は、古代から同時代にいたるまでの麻疹流行の歴史について述べたのち、次のように記す。長くなるがその主要部を引用する。

これ［麻疹］の為に命を損ずる人少なからず。あわれむべし。爰《ここ》に浅草新堀の行当りに立花左近将監の下屋敷あり。此《この》稲荷前々より利生《りしょう》ありと沙汰しけるが、別《わけ》て病災はその応験すみやか也と申《もうす》より、此度《このたび》麻疹流行に付、願を掛くるに遁《のが》るる者多く、はしか病者も至て軽く、一人も難治の症なしと聞伝て、是《これ》より参詣日増に多く、後には人と人重なり合て、跡へも先へも行難く、押倒され踏殺され死人怪我人《けがにん》多かりし故、無縁の者は制禁して入る事なし。所縁ある者のみ切手（切手我知れる留守居、西原六弥太が印、後に切手の贋物売れり）を与へて出入る事を許しぬ。然れども参詣は弥《いや》増して無縁の者共日々に来《きた》り、門前より遥拝してむなしく帰る者共のあまりに歎き悲むにより、せめては其輩《そのともがら》の為にとて五節句三日と毎月午《うま》の日ばかりは切手の沙汰に及ばず、門の出入を許せり。されば其日毎にいまだ暁より門前に詰懸《つめかけ》て門明を待、参詣夥《おびただ》しなんどいふ計《ばかり》なし。往来は狭し人は多し、左右の下水に押落され、泥に染る者幾十百人といふ数を知らず。余りの群衆故、四五丁四方には商人出る事なし。これは参詣の人込合《こみあい》て買物すべきいとまなければなり。浅草下谷の町家は大半水茶屋となれり。茶計り商ふ者も三貫五貫文も茶代を得たり。夫故《それゆえ》此辺都《すべ》て明店《あきみせ》といふはなし。何を商ても其売事、日比に十倍せりとぞ。稲荷の参詣は益多く成て、門の内より稲荷の社迄《まで》諸人の納《おさめ》たる幟にて垣をなし、道には石を敷詰、井戸椽は石にて出来、石の鳥居も何方《いずかた》よりか納《おさめ》たり。……されど往昔より時花神には、その限りありて半年一年にして寂るる者也。此稲荷はいかがあらん知るべからず。今の有様を記し置て後の人に知らす也。敷石、石の鳥居、石の井戸椽は末々といふ共残り居て、皆人の見る事なるべし。

太郎稲荷の爆発的な流行は享和三年の事件だった。したがって柳川亭は、実況報告をしたことになる。ただし、多少の誇張はあるだろう。この報告で注目される点はいくつもあるが、一つは麻疹予防・平癒の効験で流行する前から、とくに「病災はその応験すみやか也」とされていたのに留意したい。この素

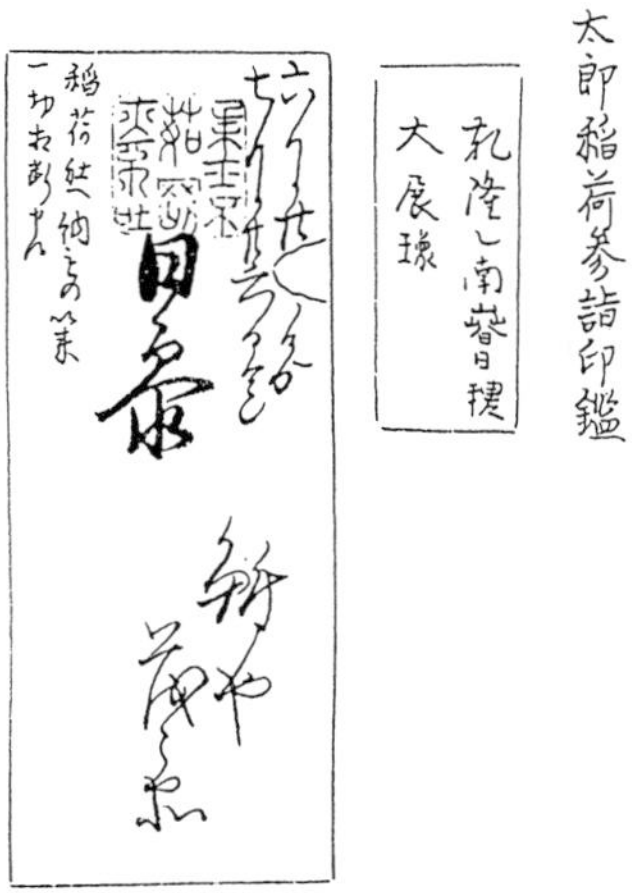

図30　太郎稲荷参詣切手と印鑑　『耽奇漫録』5（1825年）

地の上に麻疹流行が重なった。

太郎稲荷流行前の状況を見ておこう。文政七・八（一八二四・二五）年、山崎美成を中心として古物珍品の会＝耽奇会が開かれた。『耽奇漫録』はその記録である。西原一甫は文政八（一八二五）年にこの会で太郎稲荷について報告し、それはこの書の五（一八二五年記）に収載された。一部引用しよう。いわく、流行前には藪中に狐が二匹住み、「盗賊の難にかかりたるもの、太郎狐に頼り来《きた》れるはふるきことにて、そのしるしもありけるとなん」。一甫は、太郎稲荷の参詣者に彼が出した印鑑と参詣切手（**図30**）をこの会に展示している。

『瘡家示訓』の著者＝小川顕道は『塵塚談《ちりづかだん》』（一八一四年成立）巻下で、享和三年より前、太郎稲荷の床下その他に狐穴があり、狐四、五匹が白昼にも屋敷中を走りまわっていた、という。喜多村信節の『きのまにまに』（一八五四年成立か）は、享和三年二月中旬から太郎稲荷がはやりだしたが、この段階では粗末な祠にすぎず、狐が住み供えものを取って食う状態だったという。信節は、麻疹が流行したのは四月からだったと述べている。信節はまた『武江年表補正略』（一八五〇年以後五六年以前までに成立）で、二月の頃墓参のついでに太郎稲荷に行ってみると参詣者は一人二人にすぎず、屋敷門前には山伏の格好をした物貰いがおり、「念じ奉る太郎稲荷大明神」などと唱えていた。信節は江戸町年寄《まちどしより》の一族らしい。江戸の事情には詳しかったはずだ。『塵塚談』『ききのまにまに』『武江年表補正略』は後年の著とはいえ、事件当時、顕道はもちろん信節も成年に達していたから、事実からそれほど離れたことを語ってはいないだろう。

塵哉翁の『巷街贅説《こうがいぜいせつ》』（一八五四年頃成立）によれば、立花家の嫡子《ちゃくし》が麻疹にかかり、太郎稲荷のおかげで全快したのがこの稲荷流行のきっかけだった。しかし噂はかならずしも当てにならないだろう。流行前の太郎稲荷のご利益＝病災除けのなかでも、瘡病からの守護が重視されていたのかも知れない。岡茂政[三五]によると、享和三年一〇月、太郎稲荷流行の絶頂期、浅草寺の一塔頭《たっちゅう》＝長寿院が太郎稲荷の勧請を柳川藩に願いでたが、藩はこれを断った。懐《ふところ》手《で》のままでどんどんお金が入ってくる財源を譲ってくれというような申し出を拒否したのは、柳川藩としては当然だろう。さきに記したとおり、長寿院はおそくとも文政年間には瘡守稲荷を祀っていた。太郎稲荷の代替に瘡守稲荷を新設した可能性も否定できない。あるいは、享和以前からあったこの稲荷ではものたりず、ご利益の対象を麻疹の予防・平癒に特定した太郎稲荷を欲しがったのだろうか。太郎稲荷と長寿院瘡守稲荷の創立《そうりゅう》年が不明なので、どちらとも言えない。長寿院は名称の因縁で、病気の予防・治癒の宣伝にもともと力を入れていた可能性がある。太郎稲荷の流行は文化二（一八〇五）年まで続いたが、その次の年の春には衰え、参詣者はほとんど絶えてしまった。柳川亭の予言は一〇〇パーセント的中したことになる。

このような流行現象の分析はむずかしい。一般に、ある事物の流行は、その初期に鼠算式に増殖していくものだ。その事物にかんするプラスの評判は口づてその他の方法で広まる。かりに最初にある事物に熱中した人が、一日に二人を熱中させることができたとすると、一二日後には約一〇〇万人が流行に参加する計算になる。もちろん事件によって増加率は異なるが、流行中に促進要因となる情報が流れれば、増加率はいっそうあがるだろう。太郎稲荷は、初年の二月になんらかの理由で注目を集めはじめたところに、麻疹流行とその予防・治癒の評判が広まったので、流行の増加率が異常の域にたっした。吉田正高が指摘するように、書物・芝居・小唄のようなメディアもまた大きな促進要因となっただろう。ところが人の関心と熱中の容量にはさまざまな点で限度がある。熱中を持続するには心理的エネルギーを維持しなければならない。日常生活を長期にわたり放棄することもできない。また世間には人の関心と熱中の対象となり得る大小の事件がたえず発生し、流行対象の転換を誘う。かくて流行は飽和状態にいたったのちは、下り坂をたどらざるを得ない。その過程で流行抑制的な情報が入れば、衰退の度に拍車をかけるだろう。松浦静山の『甲子夜話』（一八二二年記）巻一〇には、次の噂が記録される。

太郎稲荷のあたりで魚屋の魚がときどき消える。そこで魚を囮《おとり》にして待つと大きな狐が現れたので、打ち殺した。「是より稲荷の事漸々《ようよう》衰て竟《つい》に流行息《や》む。その打殺されし狐、乃《すなわ》ち太郎稲荷と称せられしものなりと云」。

事実でなくとも、このような噂はただちに流行抑制要因として機能するにちがいない。さらに最大の流行促進要因だった麻疹の流行が終息すれば、太郎稲荷が治病をはじめ諸利益をかなえると称する平凡な稲荷の一つに戻ってしまうのは成り行きであった。注目すべき点を一つ追加すると、太郎稲荷の本体もウカノミタマなどではなく狐だとする認識があったことを、この記述は示しており、太郎稲荷を管理していた西原一甫自身が、稲荷を太郎狐と呼んでいることと符合する。

太郎稲荷の流行について、その後の記録を見ると、『武江年表』には慶応三（一八六七）年・明治元（一八六八）年の大流行について記す。[4] このときには麻疹流行を伴わない。享和・慶応両度の間には、文政七（一八二四）年・天保《てんぽう》七（一八三六）年・文久二（一八六二）年に麻疹の流行があった[七一]が、いずれの年も太郎稲荷の流行はなかった。慶応―明治の流行の原因は正確には不明だが、吉田が指摘するとおり、社会状況にたいする不安が背景にあったことはまちがいあるまい。

太郎稲荷の流行が再開した慶応三（一八六七）年の前年には、江戸をふくむ各地で打ち壊し騒動が頻発した。幕府と討幕勢力の争いの決着ぎりぎりの時期だった。そして『武江年表』によれば、慶応三年正月半ばより、疱瘡のため愛児を失った王子あたりの女性が鬼女と化し、死んだわが子の肉を食らい、さらに江戸中を徘徊して子供を食う、という噂が広まった。疱瘡の発生が引き起こす人心の惑乱は、社会的な危機と相乗的に作用し、極点に達していた。

ところが太郎稲荷の流行も、「世上の忽屑《こつせつ》によりてか、四月の頃よりして謁祠《えつし》の輩次第に減じければ、いまだ造作なかばなりし商店も、皆空しく廃家となれり」（『武江年表』）という結末で終わった。四月一一日、討幕軍が江戸に入った。いまや狐の霊力では、いかんともしがたい事態にたちいたった。江戸の衆庶の心理的焦点は、他の方面に転移しただろう。[5]

註（1）芥川説は、おそらく月岑の誤りである。『摂津名所図会』巻五（一七九七年刊）では、笠森稲荷は真上村にある。現高槻市真上町に相当するが、芥川町はそのすぐ南。同書は、「世人瘡神と称して土の団子を供じ瘡毒を病むもの遠近よりとくに来《きた》って祈願す。笠と瘡と訓を通ず」とある。

（2）感応寺の瘡守稲荷は江戸近辺の地域に勧請されたようである。高野進芳[九七]は、明和二（一七六五）年に武蔵豊島郡高木村（現、東大和市高木）の宮鍋家の屋敷に、また荒木恵美[七]は、元禄年間（一六八八～一七〇四）に現、千葉県山武《さんむ》市《し》木原へ、いずれも瘡守（笠森）稲荷を勧請したことを明らかにした。ただし後者の場合、勧請時期は同時代資料によるのではなく、もっとあとになる可能性は否定できない。

（3）大坂でも、岡場所を狐小路とよんでいた（『浪花見聞雑話』一八一〇年代成立か）。

（4）享和三―文化元年、および慶応三―明治元年のほか、太郎稲荷の流行についてはさらに四回分の記述が残っている。山田桂翁は『宝暦現来集《ほうれきげんらいしゅう》』（一八三一年成立）巻五で、寛政八、九（一七九六、七）年の頃、浅草新堀端《しんぼりばた》立花出雲《いずも》守の下屋敷内の太郎稲荷が流行した、と語る。この件については、もう少し調べてみなければその実否を判定できない。立花出雲守は柳川藩主ではなく、支藩の三池《みいけ》藩主である。しかも寛政以前の地図を見ても、浅草新堀端の立花下屋敷は、柳川立花家のものしか見当たらない。おそらく桂翁の記憶ちがいだろう。

西原一甫は『耽奇漫録』で、「太郎稲荷の参詣群集は文化十二［一八一五］亥年の六月末よりのことにてありし」と語り、麻疹の流行との関連も記す。三木隆盛の『其昔談《それむかしがたり》』（一八一〇年代成立か）も「文化亥年七月の頃より俄《にわか》にはやり出て、参詣の人群集することいふばかりなし」と述べる。一甫の文は、国会図書館本を底本とした吉川弘文館影印本から引用した。

福岡県立伝習館高校に『耽奇漫録』一甫自筆本が所蔵されていたが、これは今は柳川古文書館に移管されている。同館のご好意で該当箇所に当たっていただいたところ、「文化十二」の部分が筆で消され、「享和三」と書きなおされている。[一九四] さらに東京国立博物館蔵の二本を調べると、比較的古く、しかも丹念な写本（Q―和一九四五）の記載は、吉川弘文館影印本とおなじ。あと一本、明治写のもの（Q―と四一二二）があるが、これはかなり杜撰《ずさん》な写しで、たとえば「太郎稲荷」を「太郎」と誤記したりしているが、かんじんの流行年は享和三年とする。現存しない一本に「亥年」とあったのを、のちの筆写の際、転写者が自らの解釈にもとづき「文化十二亥年」あるいは「享和三亥年」と書きなおして、二様に分かれた可能性もある。両年とも亥年だったことにはまちがいない。柳川古文書館本についていうと、一甫の記憶ちがいがそのまま記載された可能性もないとはいえない。これをさらに、一甫あるいは事情を知るものが、「享和三亥年」と訂正したとも判断できる。『其昔談』の記事も、おなじように享和三年の事件の誤記だったのではないか。この書が記すもっとも新しい出来事は、太郎稲荷の件を除くと、文化八年である。しかし文化一二年に流行があった可能性は否定できない。

『わすれのこり』（一八五四年序）上に、天明期（一七八一～八九年）および天保期（一八三〇～四四年）に太郎稲荷の流行があったと述べるが、かならずしも信用できない。著者の茂蔦は、太郎稲荷は「加藤家の下屋敷の鎮守なり」としており、大名の家名を間違えている。流行年についても錯誤がありうる。宮田登は、[一八一] 天保三（一八三二）年の小流行を記載しているが、文献的根拠を示していないので、いまのところコメントは避けたい。

ついでながら、太郎稲荷についてふれた『甲子夜話』巻一〇は、前後の記述から一八二一年に書かれたと推定され

図31　明治10年代の太郎稲荷（小林清親画）

る。そして著者の松浦静山は、太郎稲荷流行は一〇余年前の事件とする。享和三（一八〇三）～文化元（一八〇四）年は、一八二二年の一〇＋X年前だが、少なくとも現在の感覚ではXには四以下の数値がふさわしい。とはいえ、太郎稲荷の流行史を考慮すると、静山が述べたのは享和三～文化元年の事件に違いない。

（5）しかし明治初期にも、太郎稲荷はまだ維持されていた。小林清親の明治一〇年代の画（**図31**）が残っている。

第四章　火防と稲荷のご利益

稲荷――狐の火防成功談、失敗談

江戸の稲荷が火事のとき類焼せず、近隣を延焼から救ったという話は少なくない。戸田茂睡の『紫の一本』（一六八三年成立）巻下には、下谷《したや》稲荷（現、台東区東上野三丁目）について「一年《ひととせ》下谷火事の節、家居おほく焼けたれども、この稲荷の氏子一人も類火にあはず」としている。「一年」がいつの年かはわからないが、斎藤月岑《げっしん》の『武江年表』（一八四九・五〇年刊）巻三、天和二（一六八二）年の項には、この年一二月二八日、駒込大円寺より出た火が上野・下谷・池之端までおよんだ、としている。しかし江戸にはなんども大火事が発生し、下谷にまで火がまわったことも数多かったにちがいない。下谷稲荷の氏子全員が火災を免れたのはいつだったか、正確には同定できない。菊岡沾涼《きくおかせんりょう》の『江戸砂子』（一七三二年刊）巻五には、烏森稲荷（現、港区新橋二丁目）は明暦の大火のとき（一六五七年）火中に入ったが焼けなかった、と伝える。沾涼の『再校江戸砂子』（一七七二年刊）巻二は、明和五（一七六八）年の火事のさい、吉原の郭《くるわ》中ことごとく焼亡したのに、九郎助稲荷だけは残った、と記す。月岑らの『江戸名所図会』（一八三四・三六年刊）巻四によれば、万治《まんじ》（一六五八～六一年）の頃の火事のとき、市ヶ谷町の鍛冶＝宇田国宗は、同地安養寺内火防稲荷（現、新宿区住吉町）のおかげで火災を免れた。同書巻一が引く古老の説では、材木町の杉森稲荷（現、中央区日本橋堀留町一丁目）は、延宝七（一六七九）年の火災のとき周囲一帯が焦土と化したにもかかわらず、この稲荷の祠《ほこら》だけは残った、という。

稲荷社は、火防の効験を持つ神体などをしばしば所有していた。『御府内寺社備考』（一八二八年成立）によれば、妻恋《つまこい》稲荷社（現、文京区湯島三丁目）は鎮火白狐の像を安置する。火防の効験が認められていたのであろう。宮戸森稲荷社（現、台東区雷門一丁目）は、火災にあうとかならず雨を降らせて消火する飯綱《いづな》権現《ごんげん》の像を所持する。霞山《かすみやま》稲荷社（現、港区南麻布三丁目）には火天尊が鎮座し、火災消除の力をふるう。日比谷稲荷社（現、港区新橋三丁目）は、火伏の神宝＝鰐口を納めている。稲荷天王合社（現、新宿区須賀町）・内藤新宿稲荷社（現、新宿区新宿五丁目）・久国稲荷社（現、港区六本木二丁目）・広尾稲荷社（現、港区南麻布四丁目）は、火防の効験で知られる秋葉《あきば》権現《ごんげん》を併祀《へいし》していた。木室卯雲は『奇異珍事録』（一七七八年序）巻一に、三囲《みめぐり》稲荷社（現、墨田区向島二丁目）には守夜神があり、夜火事などを告知する、と記す。『江戸町方書上・浅草』（一八二五年成立）四には、浅草西仲町（現、台東区雷門一・二丁目）の永徳稲荷の狐は、祠を造ってもらったので火防の扇を出した、とある。河内全節の『麴街略誌稿』（一八九〇年頃成立か）下には、矢部稲荷（現、千代田区麴町一・二丁目あたり）の縁起（一六九〇年）が収載されるが、これによると矢部稲荷には「火災除難の神徳」がそなわっていた。

ついでに江戸郊外の稲荷にも言及する。『江戸名所図会』巻四によると、上石神井村《かみしゃくじい》（現、練馬区石神井台一丁目）三宝寺《さんぼうじ》（真言宗）内の稲荷の狐が、ある晩、禍福を知らせるようにしきりに鳴いた。実際その夜、再三火が出たが、いずれもすぐに消えたため、この稲荷を火消稲荷と称すようになった。次は『紫の一本』巻下の狐単独（稲荷は無関係）の火防伝承。中野の山中に庵をむすぶ道心者のもとに狐がときどき訪れ、道心者は狐に親切に応対した。狐はお礼に、庵が類火にあわないようにはかった。これらの伝承は、稲荷または狐に火防の効験を認めていたことを明らかに示す。

火防に失敗した狐の話も伝わっている。十方庵（津田）敬順の『遊歴雑記初編』（一八一四年跋）巻下に、伝通院《でんづういん》（現、文京区小石川三丁目）の狐＝沢蔵司《たくぞうす》（伯蔵主・沢蔵主）の話がでている。既述のとおり、伝通院にはこの狐を祀《まつ》る稲荷社があった。あるとき伝通院が火災で類焼した。そこで住職の憲澄が、「狐は火防の神でありながら、このたびの火災を鎮めることができなかったのは恩知らずだ」と怒った。そこで沢蔵司は憲澄の夢枕に立ち、「自分は官位を持たず眷族《けんぞく》がいないため、身一つで走りまわり火を防ごうとしたが、ついに力尽きて類焼を許してしまった」と詫びた。

矢印：稲荷　a：藍作場　b：紺屋干場　c：：材木置場

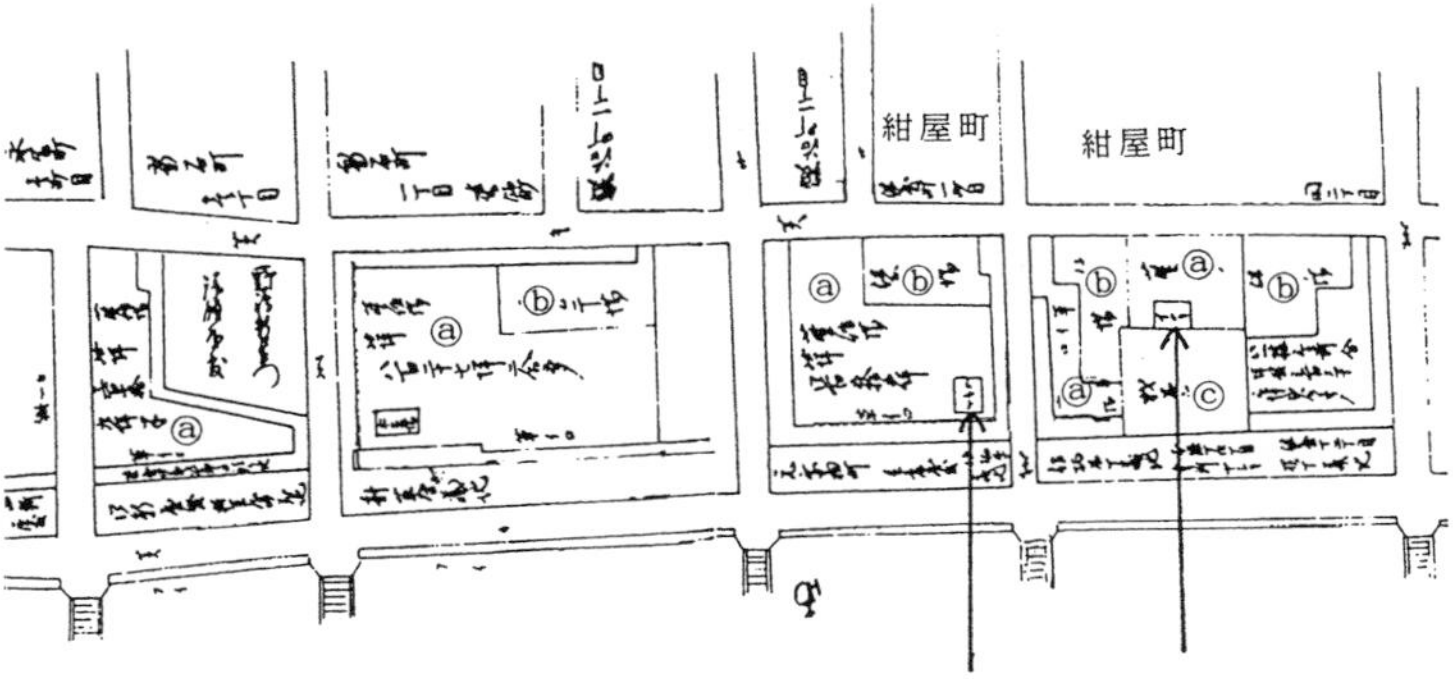

火除地・河岸明地・会所地と稲荷祠

稲荷・狐と火事の関係は、江戸の町の火除地《ひよけち》を中心に調べても、見えてくるかもしれない。火除地とは、延焼を防ぐための空き地である。幕府は、たびたび火除明地《あきち》（空地）の指定を行った。享保《きょうほう》三（一七一八）年から一六（一七三一）年までのあいだに、少なくとも一一か所ほどの火除地が指定されている。そのなかで、享保四〜七年に指定された本銀川通の火除地の状態を、幕府の法令集『享保撰要類集』明地部（一八世紀後半成立）下で見ておこう。ここには延享五（一七四八）年四月段階のようすが記録されている。

図32は該当地、すなわち南西の三河町から北東の岩井町にいたる、鎌倉川岸・神田堀（竜閑川《りゅうかんがわ》）北岸に続く細長い火除地のうち、南西部約三分の一の地域を示す。現在の中央区との境界線に沿い、千代田区側を占める内神田《うちかんだ》南側・鍛冶《かじ》

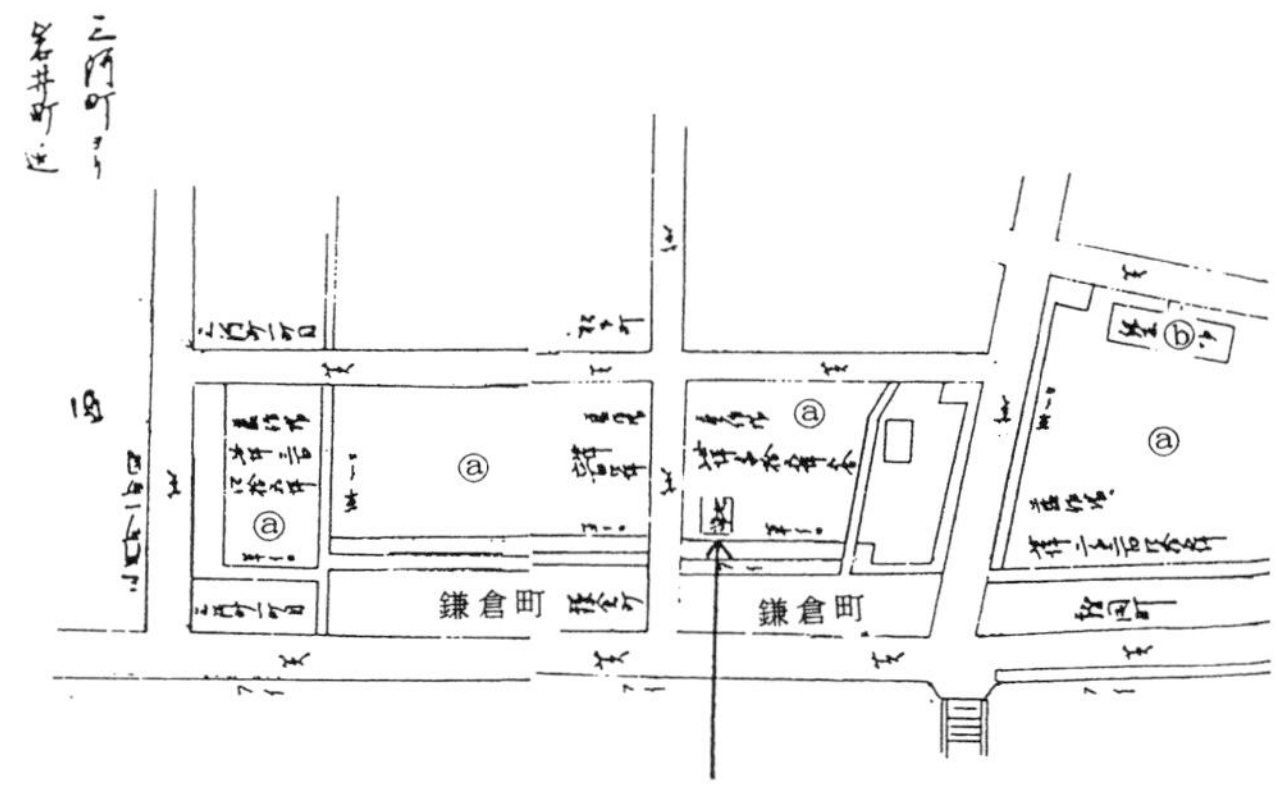

図32　鎌倉川岸・神田堀北岸日除地の利用（1748年）　『享保撰要類集』（18世紀後半）による

町《ちょう》一丁目・神田美倉町《みくらちょう》にほぼ相当する。これを見ると、明地は藍作場《さくば》・紺屋干場・材木置場などに流用されていたことがわかる。かつてここに居住していた町人が再三にわたり土蔵造りを出願しているが、享保一七（一七三二）年にこの訴願は却下された。図は、その十数年後に、川沿いの狭い土地に屋敷や蔵地が続いているようすを示す。その裏の明地の藍作場を見ると、蔵は建っていないのに稲荷祠が三か所、鎌倉町裏・紺屋町一丁目表・同二丁目表に建つ。

問題はこれらの稲荷の意味である。享保年間に火除明地に指定された一一か所のうち九か所は類焼の上召しあげとなっているが、本銀川通のなかでも紺屋町一丁目・二丁目表をふくむ部分は火除明地指定の布告に「類焼の上」の表現がない。住居は強制撤去されたのかもしれない。そうだとすると、稲荷だけは残存を許されたのか、あるいは藍作場に新たに造られたのか、どちらかであろう。鎌倉町裏は、類焼したので火除明地になったはずだ。ここの藍作場の稲荷社は、再建または新設ということになる。いずれにせよ、本銀川通火除明地にかかわった人たちは、なかなか稲荷にこだわったとは言えないだろうか。

神田川沿いの北岸、久右衛門町一丁目から佐久間町一丁目あたりまでの類焼地は、享保三〜五（一七一八〜二〇）年に火除地として上地《あげち》された。現在の神田佐久間町および東神田三丁目にほぼ相当する。久右衛門町一・二丁目は上地された翌年蔵地として承認され、さらに享保一五（一七三〇）年には火の使用も許可された。『江戸町方書上・外神田』（一八二七年成立）によれば、一丁目・二丁目の河岸通りにそれぞれ稲荷が祀られていた。もう少し北を調べると、猿屋町《さるやちょう》の橋詰の土地が火除地として取り上げられたときから、その場所に稲荷が建っていた。『江戸町方書上・浅草』はそのように記す。以上の稲荷社の創建の時期はわからない。稲荷が祀られた動機も不明だが、蔵および町の守護がもとめられたことはまちがいあるまい。そして守護機能の一つが、火災除けであったのも確実であろう。火除地に建てた蔵が火元になって火事が発生した場合、咎めもそれだけ大きいと予想されただろう。

享保三年に上地された与作屋敷・水谷町・金六町・北紺屋町は、京橋川の京橋・白魚橋《しらうおばし》間南岸と比丘《びく》尼橋《にばし》・中の橋間の北岸、現、銀座一丁目北東部および八重洲二丁目南部に相当する。文久元（一八六一）年の「尾張屋板江戸切絵図」を調べると、水谷町《みずたにちょう》の南、三十間堀川《さんじっけんほりかわ》に沿って小さな稲荷（豊蔵稲荷、現、銀座一丁目）が見える。享保一三（一七二八）年、火除地の跡に白魚商人の借地ができた[210]ことに関係があるらしい。享保七（一七二二）年に類焼ののち上地された楓川《かえでがわ》東岸の八丁堀塗師町代地《ぬしちょうだいち》・松下町一丁目代地裏明地・新銀町《しんしろがねちょう》代地は、新場橋《しんばばし》・越中殿橋《えっちゅうどのばし》間の川東岸、町家に囲まれた八二八坪余の土地であり、文久三（一八六三）年の「尾張屋板江戸切絵図」によれば、ここにも稲荷が祀られていた。現在の八丁堀一・二丁目あたりと推定される。

享保六（一七二一）年に類焼ののち上地された芝青竜寺《せいりゅうじ》門前・芝富山町明地・北新門前町《きたしんもんぜんちょう》の明地は、増上寺を火炎から遮断するために設けられたらしい。現、芝公園三丁目あたり。新門西の明地に沿って幸《さいわい》稲荷がある。住民は神田に代地を与えられたが、この稲荷はそのまま残った。享保九（一七二四）年に類焼のうえ、上地された南は浅草天王町《あさくさてんのうちょう》から北は黒船町《くろふねちょう》にいたる、蔵前の火除明地にも稲荷社があった。その場所は、猿屋町（現、浅草橋三丁目あたり）の六坪の明地に接し、三坪ほどを占める。九坪全部を明地にすればよいのに、その三割ほどを稲荷に割いた。文久元（一八六一）年の「尾張屋板江戸切絵図」も、この稲荷を記載する。

『享保撰要類集』明地の部・下には延享四（一七四七）年に出された次の達しが収められている。

> 此度取払《このたびとりはらい》仰付《おおせつ》けられ候明地の内、植溜にても番屋等残らず取払申付候所に、明地の内稲荷社御座候。火除地に召上られず候以前より有来候社は、其儘差置可申《そのまさしおきもうすべく》候。其《それ》以後新規に出来候社は取払候様申付《もうしつけ》る可候。

ようするに、火除地として上地される前からあった稲荷社は撤去の対象外として特別に認めるが、上地された後に建てられた稲荷社は撤去せよ、と命令されたのだ。この触れの裏に、次の事情を読み取ることができる。類焼のため火除明地に指定された土地にも、衆庶《しゅうしょ》は稲荷社を再建しようと試みた。類焼なしに住居等を撤去され火除地とされた地域でも、もとの住民は稲荷社は残そうとし、さらにもともと稲荷社を持たなかった地域でさえ火除地には稲荷を新設しようとする動きがあった。さきにあげたいくつかの火除明地にみる稲荷の存在意味は、以上のように解される。

伊藤好一[一九]によると、河岸《かし》もあけておくことが法令で求められていた。川を通って運送された荷物の揚げ降ろしのためだけでなく、火除地帯にする意図もあった。この種の触れは元文《げんぶん》〜天明の頃、つまり一八世紀に出されたようだが、厳密に実行されたとは限らない。ずっと後になるが、天保一三（一八四二）年一二月には、

　河岸地の内、前々より無地代にて除地《じょち》に相成、稲荷祠相建これある分は、来卯年六月迄に取払申す可候。尤《もっとも》取払候向《むき》は其段届申す可事（『天保新政録』一八四四年成立か）。

という触れがでた。火除地を兼ねる河岸でも稲荷は執拗に維持され、また天保期にもおそらく創建されていたのである。

火除明地指定外と思われる河岸にも稲荷社は少なくなかった。「尾張屋板江戸切絵図」で現、千代田区東北端・中央区あたりを見ただけでも、日本橋北では神田川沿い柳原通《やなぎはらどおり》の柳森《やなぎもり》稲荷（現、神田須田町二丁目）、両国橋際の両国稲荷（現、東日本橋二丁目）、稲荷堀の稲荷（現、日本橋小網町）、浜町《はまちょう》堀（緑川）沿いの竹森稲荷（現、日本橋小伝馬町）、竈《かまど》河岸に熊谷《くまがい》稲荷と鞴《ふいご》稲荷（現、日本橋人形町二丁目）、永久《えいきゅう》

橋《ばし》際の稲荷（現、日本橋箱崎町）、永代橋際の高尾稲荷（現、日本橋箱崎町）が祀られ、日本橋南では白魚橋際の稲荷（現、京橋三丁目）、楓川岸に大原稲荷（現、日本橋兜町）、永代橋南の隅田川沿いに稲荷二社（現、新川一・二丁目）、亀島川岸に一社（現、日本橋茅場町三丁目）がある。京橋南では、前記の豊蔵稲荷のほか、稲荷橋際に鉄砲洲《てっぽうず》稲荷（現、湊一丁目）、船松町《ふなまつちょう》鉄砲洲川岸に一社、南小田原町築地川沿いに波除《なみよけ》稲荷（現、築地六丁目）がある。

「尾張屋板江戸切絵図」には見られないが綿谷雪[二一〇]の考証を参照すると、そのほかにも河岸稲荷が存在したのではないかと推察される。日本橋北では新大橋の北に大橋稲荷（現、日本橋浜町三丁目）、京橋南には数寄屋川岸に塩守稲荷（現、銀座五丁目）、三十間堀川《さんじっけんほりかわ》東岸に正徳稲荷・朝日稲荷（いずれも現、銀座二丁目あたり）、同西岸に和光《わこう》稲荷・豊玉《とよたま》稲荷（いずれも現、銀座三・四丁目あたり）、船松町と十軒町《じっけんちょう》の隅田川岸に稲荷二社（いずれも現、明石町）があったようだ。これらの稲荷は、比較的新しく建立《こんりゅう》されたものと思われる。なお河岸稲荷の分布については、次章図35を参照していただきたい。

上記の地域以外では、河岸から道を隔てない場所に稲荷を祀った例はきわめて少ない。隅田川の西では、神田川南岸昌平橋《しょうへいばし》西の太田姫稲荷（現、千代田区神田駿河台四丁目）、水道橋西の三崎稲荷（現、千代田区三崎町二丁目）、浅草猿屋町浅草新堀岸の稲荷（現、台東区鳥越二丁目か）のほかは、右の条件にあう稲荷は切絵図には掲載されていない。本所《ほんじょ》・深川地区には運河が縦横に走っているにもかかわらず、該当する条件の稲荷は、木場堀の木場稲荷（現、江東区木場五丁目）および隅田川・小名木川《おなぎがわ》接続点に

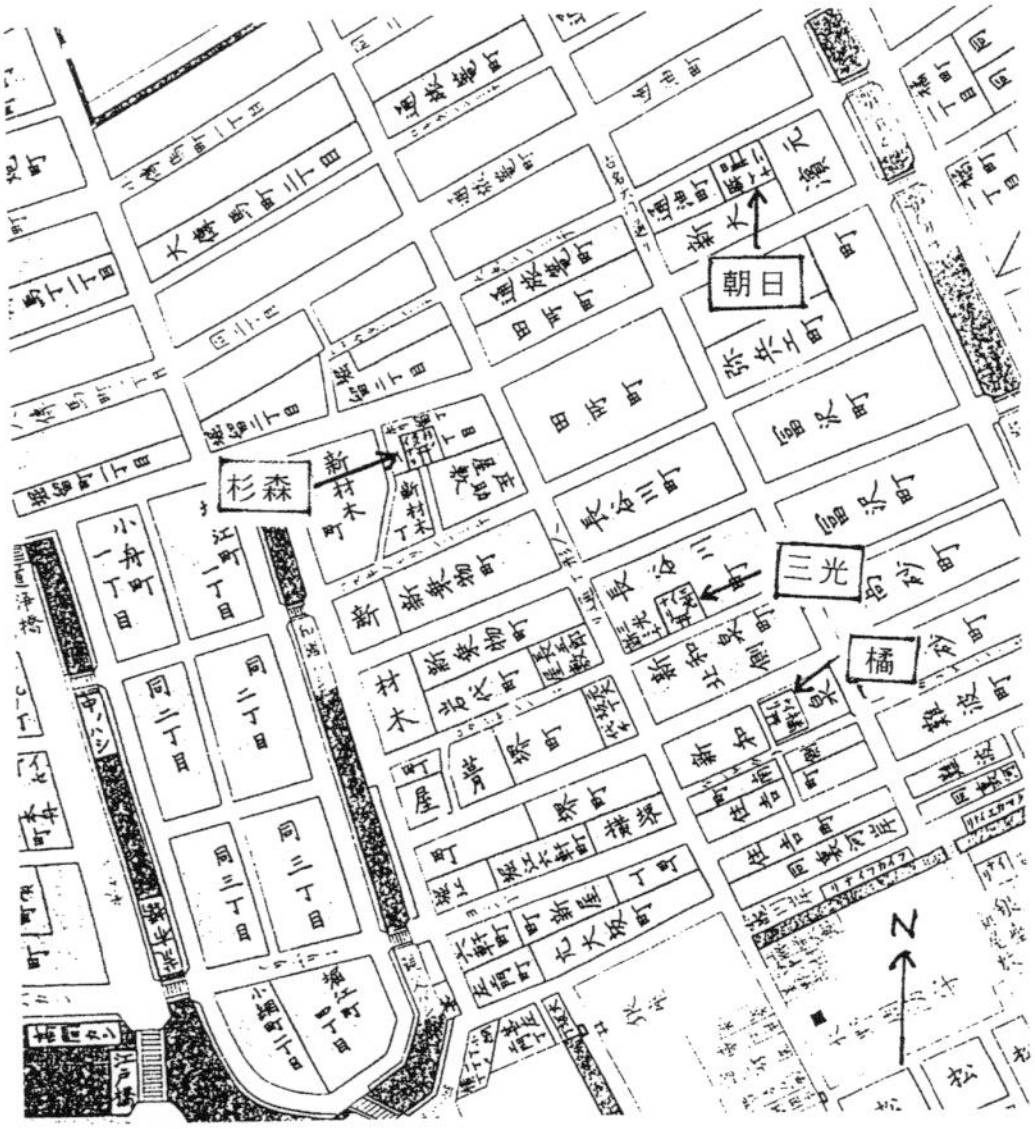

図 33　日本橋北地区の会所地稲荷　「尾張屋板江戸切絵図」（1850 年）による

あるマサキ稲荷（現、江東区常盤《ときわ》一丁目）の二社のみである。山手の武家の屋敷を主体とする地域や町人の大きな屋敷のある地域では、個人の屋敷に稲荷が招かれたであろう。浅草などでは、寺院境内に数多くの稲荷社が祀られた。また比較的古く成立した町では、やがて述べる会所《かいしょ》地などに稲荷社が設けられたと思われる。新開地の本所・深川には、河岸のほかに土地の余裕がまだあったのではないか。そこに町鎮守の稲荷を祀ったのだろうが、稲荷に託された諸願には火除けも入っていたにちがいない。

伊藤[一九]は、内神田や日本橋近くの会所地にしばしば町鎮守の稲荷が祀られていた、と指摘する。会所地は、まわりを町で囲まれた閉鎖的な場所である。しかし明暦三（一六五七）年の大火ののち、防火対策として会所地に道を通し明地とした。伊藤によれば、こうして閉鎖的な稲荷が外部からも参詣できるようになった。彼はその例として、堀留町一丁目の杉森稲荷、長谷川町の三光《さんこう》稲荷、新和泉町の橘稲荷、通油町《とおりあぶらちょう》の朝日稲荷をあげる（**図33**）。現、日本橋堀留町・日本橋人形町・日本橋大伝馬町あたりが該当地である。会所地の稲荷にも、少なくとも結果として火除けの願いが託されたにちがいあるまい。

稲荷社は焼亡しても信仰衰えず

稲荷は火難に遭わなかったかというと、江戸のように稲荷社祠がむやみに多く、かつ火事が頻発する地域で、そんなことはあり得ない。伝通院《でんづういん》の伝承はすでに述べたが、史実もそうだった。『御府内寺社備考』に収録された稲荷四四社を調べると、そのうち一四社の類焼の過去が明らかになる。妻恋稲荷社は万治《まんじ》元（一六五八）年に、現、港区麻布永坂町の三田《みた》稲荷社は元禄八（一六九五）年に、現、文京区本郷一丁目の出世稲荷社は享保二（一七一七）年に、現、台東区柳橋一丁目の篠塚《しのづか》稲荷社は享保三年に、現、港区麻布十番一丁目の末広稲荷社は享保六（一七二一）年をふくめたびたび、日比谷稲荷社は享保一六（一七三一）年に、現、台東区寿四丁目の黒船三社《くろふねさんじゃ》稲荷社は享保一七（一七三二）年に、それぞれ類焼した。現、台東区駒形二丁目にあった黒船稲荷社は享保一七年に類焼し、その跡は火除明地となり現、江東区牡丹一丁目に移されたが、ここでも安永九（一七八〇）年に火難にあった。現、文京区小日向あたりの平塚稲荷社も宝暦年中（一七五一～六四年）に焼けた。幸稲荷社は文化八（一八一一）年に類焼した。現、台東区池之端一丁目の境《さかい》稲荷社は、時期不明だがたびたび類焼した。現、墨田区千歳二丁目の初音《はつね》稲荷社も類焼経験があるが、その時期はわからない。

下谷稲荷社は、『御府内寺社備考』巻一四に「先年類焼の節《せつ》記録消失仕《つかまつ》り、鎮座の年代等相知らず申し候」と報告している。「先年」がいつのことか不明だが、一九世紀に入って後の年を指すのだろう。これ以外にも本島知辰の『月堂見聞集《げつどうけんもんしゅう》』（一七三四年以後成立）巻一〇によれば享保三（一七一八）年に、山田桂翁の『宝暦現来集』（一八三一年成立）巻一の記載では明和九（一七七二）年にも焼けた。そして皮肉なことに、本章はじめに述べたとおり、下谷稲荷社には火防の効験があると信じられていた。烏森稲荷社についても、おなじことが言える。この稲荷社は、明暦の大火（一六五七年）を免れ名をあげたが、享保一六（一七三一）年の火災では焼けてしまった。『宝暦現来集』巻一によると、明和九年の大火事では、下谷稲荷のほかに末広稲荷・早高稲荷（現、港区麻布十番一丁目か）・久国《ひさくに》稲荷・太田姫稲荷・柳《やなぎ》稲荷（現、台東区松が谷一丁目か）・玉姫稲荷（現、台東区清川二丁目）が焼けた。久国稲荷も火防稲荷であった。

このような被災があっても、稲荷に火防を期待する衆庶《しゅうしょ》の信仰はそれほど衰えることがなかったようだ。自分たちの祀《まつ》りかたが不適であるとか、不足であるとか、焼亡の原因はいくらでも考えつくことができた。しかし幕府・町奉行など行政側は、もっと合理的な対策を考え、火除明地を設定し、また消火組織を整備した。にもかかわらず、依然として火事は頻発した。だから衆庶にとっては、火防のためにも稲荷が必要だった。合理的対策と信仰とがあいまって、火災にたいする恐怖を抑える心理的仕組みができあがっていたのである。

狐と火の関連は、中国の伝承の影響を受けて成立したのかも知れない。陳寿の『三国志・魏書』（三世紀後半成立）巻二九「管輅伝《かんろでん》」に、すでにこの種の話が登場する。輅の知り合いの家でたびたび火が出た。輅の占いにしたがい、通りかかった書生を引き止めておく。書生が門前でうとうとしていると、狐が火を持ち、これを口で吹いていた。書生が狐を切り殺し、そのあと出火は止んだ。同様の話が宋の李昉がまとめた『太平広記』（九七八年成立）巻四四七にも掲載されており、この話が日本の知識人の目に触れたことは疑いない。

日本の文献では、狐が火を防いだ話が先行する。藤原頼長の『台記《たいき》』天養元（一一四四）年五月三〇日の条に、狐を祀るとされる小さな古社が火災を防除した、という記事がある。藤原兼実の『玉葉《ぎょくよう》』治承五（一一八一）年三月二一日の条によれば、狐が火災を予兆した。これらの記事は、平安時代末期に、すでに狐と火災との関連が想定されていたことを示唆する。近世にも、森春樹の『蓬生譚《よもぎうだん》』（一八三二年以前成立）には、少女が狐に操られて火を出した話や、狐の祟《たた》りで火災が頻発した話が採択された。この種の噂話も、稲荷の火除け信仰につながる。狐の不都合の抑制を稲荷に依頼するのは衆庶の常套だった。

大森恵子[三四]は、稲荷はダキニ天像の狐を介し、火の神として有名な秋葉神などと習合した、と指摘する。大森によれば、秋葉・稲荷等の火の神信仰は、修験者により各地に普及した。大森の見解は妥当と思わ

図34　尾から火を発する狐　『鳥獣人物戯画』（12世紀）

れる。ただし上記のように、すでに平安時代に狐が火災を予告または防除するという見解があったのだから、これが中世以後の秋葉信仰などを経由して格段に拡大され、顕著になったと考えるべきだろう。

　火を制御する稲荷の力は、狐火とも関係しているはずである。中国唐代八六〇年頃に段成式が著した『酉陽雑俎《ゆうようざっそ》』巻一五は、狐が夜に尾を撃つと火が出る、とする。たぶん、この種の話も日本に伝わった。日本の狐火にかんする古い記録は、三条西実隆の『実隆公記』長享二（一四八八）年二月二日の条に初出する。それより遥か前、一二世紀の『鳥獣人物戯画』には、狐の尾が火を発していると見える絵が描かれた（**図34**）。時代をとびこえて近代の情報ながら、大正の頃まで信州伊那《いな》の人びとは、稲荷の狐を借り、焼き畑の火入れの際に火事にならないようこの動物に守ってもらおうとした[一六八]。ようするに、古今を問わず火を制御する稲荷―狐の効験は、一次的には狐の働きに由来すると思われるが、狐にこの能力が付与された根拠はわからない。

　火事が名物とまでされた江戸八百八町のすみずみにまで、火除の願いを背負って浸透していったのは、秋葉だけではなく、それ以上に稲荷だったのである。もちろん稲荷の多機能的な効験がこれを可能にした。またどのような小道・細路にもするすると入りこんでゆく稲荷の不思議な性質には、狐の行動も反映しているかもしれない。

火事と稲荷の因縁は、江戸の稲荷氾濫の一因であったろう。大きな火事は、人口稠密《ちょうみつ》地帯で発生しやすい。また宮田登[一八一]や吉田正高[二〇五]が指摘するように、人心の動揺が稲荷の繁盛をもたらした背景の一つだとすると、火事は人を動かし家を動かし町を動かした。罹災者は焼死し、生き残ったものも家を失った。新しい住みかをもとめて流亡する人びとも少なくなかっただろう。罹災を免れても、火除地に指定された町の人びとは、代地に移らなければならなかった。人と家と町が流動するなかでは、心が静まることはない。かくて江戸の火事をめぐる状況が、直接・間接に稲荷と狐を跋扈《ばっこ》させたのである。

第五章　下町の稲荷社が増殖

江戸町方人口の膨張と稲荷社新設

第一章で明らかにしたように、元禄期と享保《きょうほう》期のあいだに、江戸下町（現、千代田区神田地区・現、中央区）で稲荷社の記録が目立って増えた。幕末の「尾張屋板江戸切絵図」の下町地域に書き込まれた稲荷社はおびただしい数に達する。**図35**には、「尾張屋板江戸切絵図」の現、千代田区・中央区の稲荷社の分布を示す。一見して、神田地区および中央区北部に稲荷社が集中しているのがわかる。そこで第二部の最後に、下町の稲荷社の増殖を考察したい。

近世後半に江戸下町の稲荷社が急激に増殖した基本的原因の一つは、江戸町方《まちかた》人口の膨張だろう。第一章で数字をあげたが、元禄六（一六九三）年には三五万人（推定）だった町屋人口が、享保六（一七二一）年には約五〇万人に増えた。この間、武家人口にはあまり変化がない。彼らを守護すべき稲荷社の数が人口にそのまま比例するわけではないが、町人が多く住む下町の稲荷社数が増大するのは当然である。

下町の稲荷社増殖の第二の基本的要因は、商業神としての稲荷への信仰の発展であった。素性《すじょう》からいうと地主神・農耕神だった稲荷は、時代と地域の要求に応じて機能を拡大し、万能神として広く信者にもとめられはじめた。病気予防と治癒・火防への貢献は、その片鱗にすぎない。町屋が発展してくると、なによりも稲荷神は、町人の基本生活にかかわる願い、つまり商売繁昌に応えねばならなくなった。大地の神は、その一次的生産物を材料に、加工のていどの著しい生産物も生み出させていた。

とくに江戸には、稲荷信仰が商業と結びつかざるを得ない事情があった。幕府・大名・旗本は、米を所有しただけでは生活できない。米を、札差・御用達《ごようたし》商人・米仲買を介して流通過程に投入し、換金しなければならない。近世の武士たちの石高《こくだか》俸禄制は、商品としての米の流通を前提としてのみなりたっていた。かくて米の換金により、四〇〜五〇万人に達する武家の消費生活が保証されるだけでなく、消費物資を供給する町人たちの生活も可能になる。したがって米の生産に効験を発揮する稲荷が、米を起点とする商業利潤を護《まも》る神としての性格を分出するのは必然だった。

このように米に凝縮されていた稲荷と狐のご利益は、次々と他の商品に転移し、稲荷―狐信仰は商業神としての面をますます強化してゆく。商品の姿態転換とその機能の変化は、

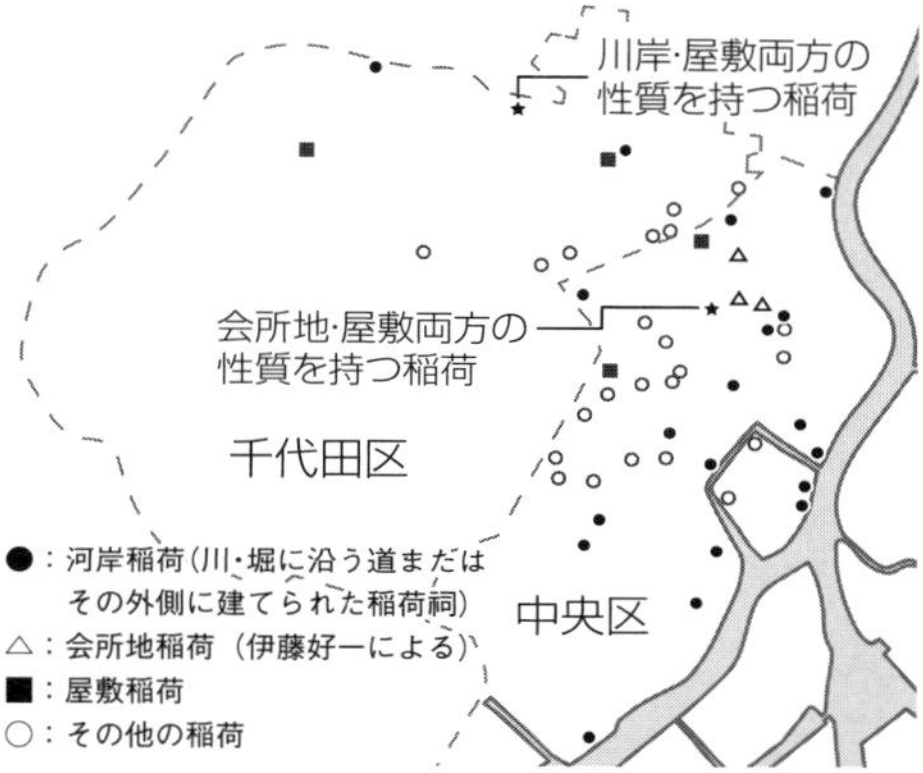

図35　現、千代田区・中央区における近世末期稲荷社の分布　「尾張屋板江戸切絵図」（1853〜65年）による

狐の特性との連想を誘うだろう。さらに遊女も狐と連絡される。女性の性の商品化によって成りたつ性産業をふくめた娯楽業の発展もまた、江戸の消費生活のなかで稲荷の担当となった。ただし、このような筋道を商人や娯楽業者が意識していたかどうかは別の問題である。

加藤貴[四五]の王子稲荷社にかんする研究は、とくに注目される。江戸中心部に近いとはいえない王子稲荷社への石造物奉納者を調べると、江戸町人が八割を占める。そして奉納動機の多くは、商売繁昌祈願だったと思われる。時期は延享五（一七四八）年から文久三（一八六三）年まで、奉納者の住所は江戸外の武州、それに上州にまでおよぶが、明和元（一七六四）年に石狐を寄付したのは、中橋《なかばし》・京橋・新橋・芝の講中だった。王子稲荷はたしかに強い吸引力を発揮して多くの祈願者を集めたが、江戸下町からは遠い。町人が日常的な祈願のために、その地元の町に稲荷社を設けたのは成りゆきだった。しかし稲荷社を新設するにはスペースが必要だ。その需要に相当ていど応じたのが、前章でとりあげた火除地と河岸だったと思われる。

さらに、先学の諸研究[一〇二・一〇三・二一〇]は次の事実を明らかにした。現、中央区の日本橋川以北の地域のうち、その南東部＝浜町・人形町・蛎殻町・小網町・箱崎町あたりは、海または洲だった。日本橋川の南、京橋川の北の地域でも南東部＝兜町・茅場町・新川・八丁堀あたりも、海または洲だった。さらに京橋辺および京橋川の南は日比谷濠あたりまで、深い入江になっていたようである。そののち慶長七（一六〇二）から万治二（一六五九）年までに埋め立てられたこれらの地域では、鎮守社一般の立ち上がりが遅れたのは当然で、稲荷社も当初は少なかっただろう。このような新開地にも徐々に稲荷社が新設されていく。

一七世紀の終わりごろから幕末のあいだに、現、千代田区神田地区・中央区の稲荷社が新設された例を見ておこう。『江戸町方書上・外神田』（一八二七年成立）に収められた全地域を調べる。その範囲は現、千代田区外神田一丁目・外神田三〜四丁目・神田《かんだ》相生町《あいおいちょう》・神田花岡町・神田平河町・神田佐久間町一〜四丁目・東神田三丁目の町屋の部分に対応する。武家屋敷などを除くと面積は約〇・二四平方キロメートル。「尾張屋板江戸切絵図」にさえ一社も示されないこの地域に、三六の稲荷社が祀られた。外神田の町家は、三四二八軒。九五軒に一社の割合で、稲荷社が鎮座していた。また地域面積との関連で見ると、ほぼ一辺八二メートル四方に一つの稲荷社が建っていた。第一章であげた浅草雷門・駒形・寿地域ほど密ではないが、かなりの割合であったことはまちがいない。三六社のうち町内持ちの稲荷は五〜六社、そのほかは町人の屋敷稲荷と思われ、創立期がわかるのは数社にすぎない。

神田餌鳥《えとり》屋敷（現、東神田三丁目）の鳥住稲荷は、享保一二（一七二七）年勧請と一応述べているが、「賤《しか》と相分兼申候《あいわかりかね》」と断定を避けている。神田仲町一丁目（現、外神田一丁目）の広里稲荷のダキニ天を収めた厨子には、享保一三（一七二八）年安座の記がある。もちろんその前に幣束《へいそく》や木札のようなもっと簡素な神体を祀《まつ》った時期がなかったとはいえない。柳原岩井町《やなぎわらいわいちょう》代地（現、外神田四丁目）の二つの稲荷社は、それぞれ寛政六（一七九四）・七（一七九五）年の勧請だった。神田松永町（現、神田佐久間町一丁目）の栄福稲荷は、文政六（一八二三）年勧請だった。稲荷社成立期を、現、雷門・駒形・寿三〜

四丁目地区と比較したいところだが、あまりにも例数が少ないので統計的に意味がある結果はでてこない。しかし両地域の稲荷成立期に、それほど大きな時間差があるとは思えない。問題は、内神田から京橋にいたる地域の稲荷社創立事情だが、残念ながら該当地域の『江戸町方書上』はなく、ほかの資料を使わなければならない。

とにかくも神田川を南に渡ろう。近世のある時期、現、日本橋蛎殻町と箱崎町のあいだに流れる箱崎川に永久橋が渡され、その箱崎町側南詰東側河岸（現、中央区日本橋箱崎町）に、小さな稲荷社が建立された。この稲荷には、前章の河岸稲荷の項で既にふれた。成立期を調べると、「元禄六年江戸絵図」「元禄一五年江戸絵図」には稲荷社も永久橋も見られない。調査と板行の時間差はあるだろうが、少なくとも「元禄六年江戸絵図」の時期には、まだ永久橋もそのたもとの稲荷もなかったと推定される。そこで『御府内沿革図書』（一八五八年成立）の「北新堀箱崎辺」絵図を見ると、問題の永久橋と稲荷は天和年中（一六八一〜八四年）にはまだ現われず、元禄年中（一六八八〜一七〇四年）に成立していたことがわかる。おそらくこの稲荷の建立は、元禄末年ということになろう。(1)

あと一つ例をあげる。『御府内沿革図書』「築地之内」絵図（**図36**）の南小田原町築地川岸には、天和《てんな》年中には稲荷社は記載されない。元禄年中の図になって、はじめて稲荷社（現、中央区築地六丁目）が記される。この稲荷社も、河岸稲荷の例として前章であげた。『御府内沿革図書』の元禄年中の絵図で、稲荷社の奥に御米蔵のあることが明らかにされた点に注目すべきだろう。明暦四（一六五八）年の築地造成以後、天和年間まで米蔵はない。その場所を占めていたのは町屋だった。この米蔵の設立時期をもう少し特定してみたい。

築地の米蔵は、天和二（一六八二）年および元禄一一（一六九八）年の火災で破損した矢の蔵（現、中央区東日本橋一丁目）の米蔵の代替だった。著者不明の『天和笑委集《てんなしょういしゅう》』（一六八五年頃成立）巻五・巻九は、天和二年の大火で矢の蔵の一二棟《むね》のうち九棟が焼失したと述べ、ふたたび火災に遭わないよう町家を撤去して広小路とし、堀をうがって隅田川の水を通したという。この段階では、当局は矢の蔵の再生を図ったらしい。次に柏崎永以の『事蹟合考』（一七四六年起筆）巻四では、元禄一一年の火災ののち、矢の蔵の「御米蔵は築地西本願寺の南東海端に移さる」と移転の事情が述べられる。

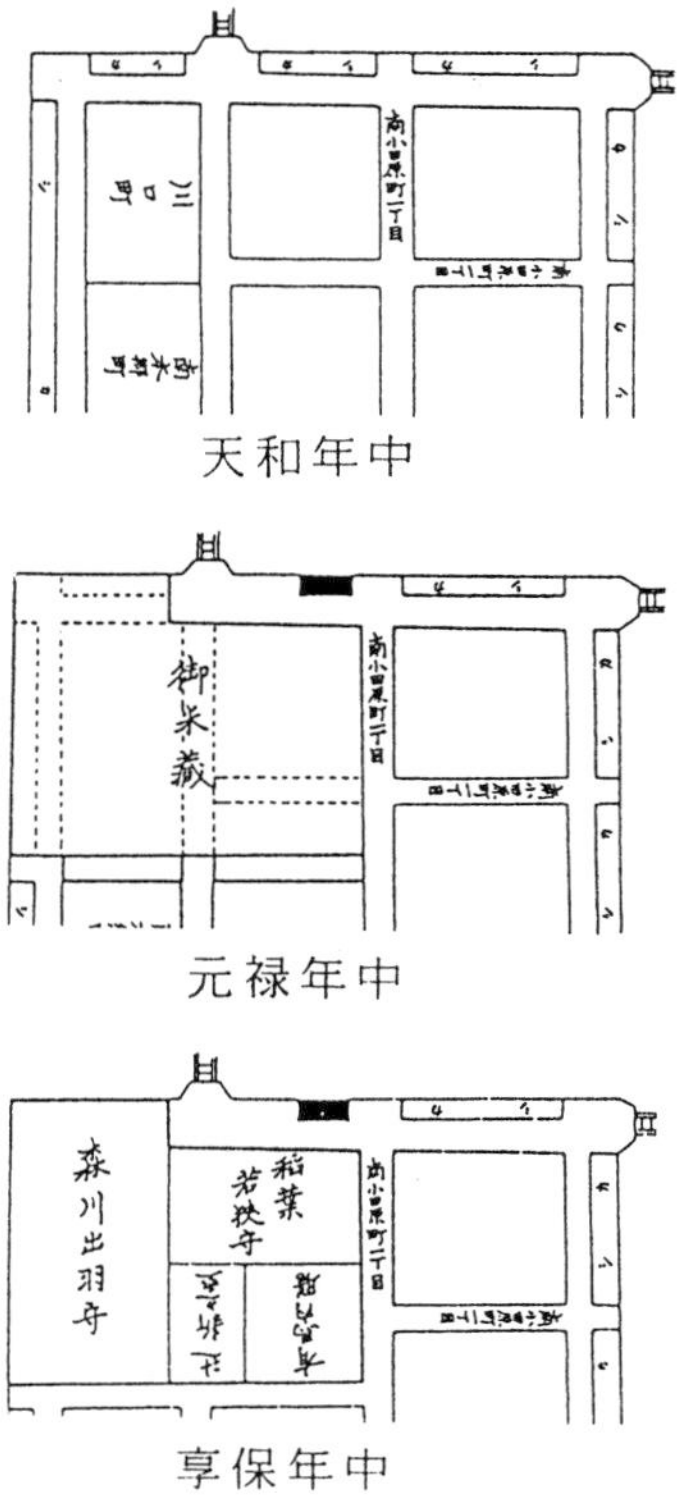

図36　南小田原町築地川岸の絵図
『御府内沿革図書』（1858年）■は稲荷社

実際、地図類を調べると、築地の米蔵は「元禄六年江戸絵図」になく、「元禄一〇年佐藤七郎右衛門江戸絵図」にも見えず、「元禄一五年江戸絵図」に「築地新御米蔵」として初めて現れた。元禄末に新しく造られたに相違ない。矢の蔵は、元禄一〇年絵図にあるが元禄一五年絵図では消える。築地米蔵は、矢の蔵に入れ替わって出現した(2)。

第一章で述べたように、浅草の米蔵には稲荷社がいくつも配置されていた。そして森島中良の『反古《ほうぐ》籠《かご》』（一八一〇年頃成立か）によれば、矢の蔵にもやはり鎮守の稲荷が祀られていた。築地の新米蔵にも、付属して稲荷社を置いたのだろう。そうすると、稲荷社の建立も元禄末ということになる。『事蹟合考』は先の引用に続いて、築地に移された米は汐風《しおかぜ》でふやけてしまうので、享保のはじめごろ浅草の米蔵に吸収された、と記す。地図類もこれを裏づける。『御府内沿革図書』の享保年中（一七一六〜三六年）の絵図では御米蔵は姿を消し、その跡地は森川出羽《でわ》守・稲葉若狭《わかさ》守など四家の屋敷に変わる。

その後もこの場所の変転はめまぐるしい。文化五（一八〇八）年には堀田相模《さがみ》守の中屋敷、文政一三（一八三〇）年には紀伊徳川家の屋敷、安政二（一八五五）年には講武所、文久二（一八六二）年には軍艦操練所に変貌した。しかもその間、一貫して稲荷社は継続する。思うに、米蔵新設にともない建立した稲荷社が、米蔵撤去ののちも残った。残すについては、周辺の町屋の要望があったのではないか。おそくとも一九世紀初頭には、浅草米蔵に谷野蔵《やのくら》稲荷があった。かつて矢の蔵を守護していた稲荷社が、この段階で築地と浅草の両方に移されて生き残ったのであろう。

以上二つの例は、いずれも元禄末期、現、中央区南部の埋立地に稲荷社が新設されたケースであり、事例としては時期的にも場所的にも偏るが、この地域の稲荷社創建の資料が他にないので残念ながらやむをえない。『江戸砂子』（一七三二年刊）・「尾張屋板江戸切絵図」にみえる江戸下町全般の稲荷社の状況から判断すると、元禄後の時期にも、現、中央区北部・千代田区神田地区でも、稲荷社が新設がされたと推定しても誤りではあるまい。

需要増に応えた屋敷稲荷の開放

文献・地図のうえで、より新しい時期に記載された稲荷社が、その時期に新規建立《こんりゅう》されたとは限らない。第一に、稲荷社の立地の変化を勘定に入れなければならない。屋敷稲荷など閉じられた場所にあったため稲荷社として拾いあげられていなかった稲荷社が、ある時期以後開放され、稲荷社の数に算入された場合があるだろう。

第二に、当該稲荷のある地域が調査から洩れていた場合があり得る。下町地区の稲荷社は小祠が多く、場所も江戸中心部から離れ、目立たなかったにちがいない。『江戸砂子』巻一は、柳森《やなぎもり》稲荷（現、千代田区神田須田町二丁目）について、「はじめは小笹の中のすこしき祠《ほこら》なりしが、元禄八［一六九五］年にはじめてやしろ造立《ぞうりゅう》し、江戸旧跡帳にも載りてはんじゃうせり」と記す。この稲荷社が『江戸雀』（一六七七年刊）や「元禄六年江戸絵図」に記載されなかったのは、目立たなかったせいだろう。

第三に、調査者は認知していても、重要性やスペースを考慮し、記載しなかった場合もあろう。早い時期に成立し、以後継続したことが明らかな稲荷社を、その後の文献・地図が記載しない例の多くは、第二・第三のケースに属する。しかし両者のどちらであるか判定するのはむずかしい。たとえば『江戸雀』巻三の八丁堀の稲荷（現、中央区八丁堀四丁目）は、「元禄六〔一六九三〕年江戸絵図」には出ないが、『江戸砂子』（一七三二年刊）以降の文献・地図にふたたび現われる。地図のスペースの都合で省いたと思われるにしても、断定はできず、第二・第三のケースの区別を詮索してもあまり成果がありそうもないので、これらについてはおおかた省略しよう。

さて、第一のケースについて。「太郎右衛門板江戸絵図」（一六五七年一月刊、以後「明暦三年江戸絵図」と略す）を見ると、明暦の大火（一六五七年一月）の前、現、千代田区の神田堀北の地域には、筋違門《すじかいもん》と日本橋をつなぐ大通り付近をのぞいて、大名屋敷・武家屋敷・寺院が建てこんでいたことがわかる。寺院はじきに移転し、屋敷も徐々に減少して、跡地は町屋になってゆく。そして大名屋敷・武家屋敷の稲荷があとに残され、町屋で祀《まつ》られた可能性がある。

まず神田堀北、現、千代田区の範囲に入る地域を調べよう。『江戸砂子』にあるお玉が池稲荷（現、岩本町二丁目）の場所は、「元禄六年江戸絵図」では武家屋敷になっている。しかし『江戸名所図会』（一八三四・三六年刊）巻一は、そこはむかし奥州への通路だった、という里老の説を紹介する。とりあえず図31においては屋敷稲荷ではないとして記載しておく。

神田堀南・日本橋北（現、中央区北部）に目を移すと、この地域の稲荷のうちかなりの部分が、町家の屋敷稲荷だったことがわかる。『江戸名所図会』巻一によれば、千代田稲荷（現、日本橋小伝馬町）は、名主の宮辺某が屋敷に勧請《かんじょう》して成立した。杉森稲荷（現、日本橋堀留町一丁目）は、小針孫右衛門という商人の宅地にあった。屋敷稲荷の開放の経過は不明な点が多い。第三章で説明した浅草の太郎稲荷のように、効験顕著であると噂が広まり、衆庶《しゅうしょ》の要望で開放された場合もあろう。前章に述べたとおり、伊藤好一によれば、杉森稲荷は会所地にあった。そして火災対策として閉鎖された会所地に新道が通じ、開放された。小針孫右衛門宅との関連は不明だが、杉森稲荷がかりに孫右衛門の宅地にあったとしても、道によって区切られていない町家の集塊は、火災の場合に延焼の可能性がつよい。これを防ぐため稲荷のそばに道が通じれば、結果としてその存在が知られやすくなっただろう。千代田稲荷・杉森稲荷にかぎらず、「尾張屋板江戸切絵図」に記載される神田堀南・日本橋北の稲荷の立地は、元禄段階ではすべて町屋になっている。記録はないが、これらの稲荷の一部は元禄以前から町家の屋敷稲荷、あるいは町鎮守の稲荷だったかもしれない。

次に日本橋南・京橋北の地域（現、中央区中部）を調べよう。「寛永江戸絵図」[3]「明暦三年江戸絵図」を見ると、明暦大火の前は日本橋南・京橋北の日本橋通以西の地域には、幕府お抱えの医師や絵師の屋敷が割り当てられていたようである。「寛永江戸絵図」では、幕医の久志本家は現、日本橋一丁目東側にあり、この場所は「尾張屋板江戸切絵図」の鹿児島稲荷の位置と一致する。『江戸砂子』巻一は、鹿児島稲荷は久志本家の屋敷内にあると記す。ここが町屋になったのち、鹿児島稲荷は露出した。久志本家の移出の時期は不明。『江戸砂子』巻一によれば、畳町（現、京橋二丁目）にあった王木稲荷ははじめは屋敷稲荷だった。露出の経過はわからない。『江戸砂子』の記事の引用を続けると、霊岸島《れいがんじま》の南部には恵比寿前《えびすまえ》稲荷が祀られていた。海賊奉行＝向井将監が海賊橋東（現、日本橋兜町）から、この稲荷の場所に移ってきたとき、屋敷内に囲いこまず外に出したという。霊岸島は、寛永元（一六二四）年に浄土宗の霊巌が霊岸寺を建立したあたりから発展する。「寛永江戸絵図」では、まだ海賊橋の際《きわ》に向井将監の屋敷がある。「明暦三年江戸絵図」になると、同族を海賊橋際に残したまま将監は霊岸島に移っていることがわかる。なお『寛政重修諸家譜』巻一〇四によれば、その頃の向井家当主はおそらく正方。恵比寿前稲荷を屋敷の外に出したのがいつか確定できないが、人の目につくようになったのは一八世紀に入ってからのことなのだろう。

さらに京橋南の地域（現、中央区南部）に目を移す。『江戸砂子』巻一に出ている観世《かんぜ》稲荷（現、京橋三丁目）は能役者として著名な観世家の屋敷鎮守、鎗林稲荷（現、京橋三丁目）は土方《ひじかた》七郎右衛門の屋敷鎮守、穀豊《こくほう》稲荷（現、銀座八丁目）は地主《じぬし》重右衛門の屋敷鎮守とされる。いずれも屋敷稲荷が外部に開放されたのだろう。開放された時期は、すべて不明。

全般に「尾張屋板江戸切絵図」のこの地域の稲荷社数は少ない。埋立地に造成されたため、町の充実には時間を要した。稲荷社の起立《きりゅう》も遅れただろうし、造立された稲荷社の知名度も低かったにちがいない。しかしそれだけではない。知名度がたかい観世稲荷・鍋林稲荷・穀豊稲荷も「尾張屋板江戸切絵図」には欠ける。消失したわけではない証拠には、後出の『東京名所図絵』には再び現れる。基本的には屋敷稲荷なので、地図には記載しにくかったのではないか。

以上のうち恵比寿前稲荷・王木稲荷・観世稲荷・鍋林稲荷・穀豊稲荷の立地は、いずれも徳川家入府以後に埋め立てられた地域である。したがってこれらの屋敷稲荷はその前から祀られていたのではなく、新開地に移住してきた武家・芸人・町人などが、以前の屋敷に祀っていた稲荷を持ってきたのだろう。かつての農村地域の屋敷稲荷をふくめて、閉ざされていた稲荷社が外部のものにも参詣を許すようになったのだとしたら、開放型稲荷社数は増加する。稲荷社の新規建立と並び、閉鎖型稲荷社の開放型への転換も、人口増と商業・娯楽業の発展による稲荷社の需要増に応えたのである。

『東京名所図会・日本橋区之部』（一九〇〇・〇一年刊）・『東京名所図会・京橋区之部』（一九〇一年刊）の稲荷社は三四社、「尾張屋板江戸切絵図」の三九社よりやや少ない。そのうち京橋より南の地域の稲荷は七社を数え、「尾張屋板江戸切絵図」の四社を上回る。しかし純増とはいえない。七社のうち「尾張屋板江戸切絵図」と重複するのは二社、この切絵図にはないが『江戸砂子』の段階で存在したのが四社。それまでの文献・絵図にない稲荷は一社（森氏稲荷、現、銀座八丁目）にすぎない。つまり一八五〇年頃から一九〇〇年頃までの半世紀間、目立つ稲荷社の増加は見られなかった。

二〇世紀に入ってからの変化はどうだろうか。京橋南銀座地域の稲荷社の現状が報告されているので紹介したい。島田裕巳と石井研士[八四]は、一九八四年に銀座の稲荷を調査した。その結果、確認できたのは三三社。一八二〇年代の浅草や外神田地区の稲荷社密度に比べると劣るが、それでも密度希薄だとはいえない。一五七平方メートルに一つの稲荷社がある計算になる。立地は、ビルの屋上が多く一七社、ビルの内部にも四社が祀られる。祭祀の主体は、個人経営をふくめて企業が一四社、町内会・商店街が九社となっている。近世下町の稲荷信仰の動機が商業繁盛祈願に流れた勢いは、まだ続いている。しかしご利益の内容を見ると、火防が多い。三三社のうち近世創立とされるのはわずかに三社に過ぎない。多くは近代以後の創建または勧請である。

江戸の稲荷と下級宗教者の奮闘

下町の稲荷は、基本的には町人たちの需要にもとづいて次々に誕生したのだが、これを促進した下級宗教者たちの存在を無視することはできない。神道者・修験者・陰陽師《おんみょうじ》などである。彼らの活躍範囲は下町にかぎらないが、町人地での彼らの活躍ぶりを見ておこう。茅原虚斎は『茅窓漫録《ぼうそうまんろく》』（一八〇七年序）巻中で、次のように祈禱系下級宗教者を非難する。

妖巫邪覡《ようふじゃげき》の輩《やから》は流行の時勢に乗じ、種々の奸悪をめぐらし、一つの獣穴を見出す時は稲荷の来現と称し、又狐惑《こわく》の人あれば神降《かみおり》たまふなどといひ触《ふら》し……

それほどではなかったにせよ、下級宗教者が、稲荷勧請《かんじょう》・流行の点で大いに奮闘したのは事実に相違ない。

喜田川守貞の『守貞漫稿』（一八五三年序）六編は、神道者について、「江戸にては、諸町防火稲荷祠の給仕人などこれを兼ねるあり。多くは山伏これを行ふなり」と述べている。前章で、江戸町人地には、火除けの効験が期待された稲荷小社が少なくなかったはずだ、と説いた。守貞のいうところを見ても、それが重ねて確認される。井上智勝の説明[二〇]によれば、がんらい神道者とは神道学者を意味したが、享《きょう》保《ほう》の頃（一八世紀前半）から、祈禱をもっぱらにする祈禱的神道者が派生してきた。天明期（一七八〇年代）にいたると、祈禱者的神道者はさらに増加し、また乞食同然の鈴振り乞食神道者も現れた。『守貞漫稿』のいう神道者は、この型のものを指す。

ところで、右の引用から明らかなように、神道者と修験者（山伏）の職掌は混交していた。これに加え陰陽師もまた、この混交集団に混じりあった。近世中期以後、土御門《つちみかど》家の権限確定に随伴して、下級宗教者の雑集合体のなかの一部は、陰陽師が区分けされた。巷《ちまた》の卜占《ぼくせん》師はこの部類に属する[一四三]。中世以来の雑下級宗教者の伝統を引くもののうち、吉田家・白川家の支配に入ったものが神道者であり、土御門家に支配に入ったものが陰陽師であり、さらに天台宗聖護院《しょうごいん》・真言宗三宝院の支配下に活動したものが修験者だったといえなくもない。修験道は、もともと日本の土俗信仰が仏教と習合して成立したものであり、陰陽師の総元締め＝土御門家も自派の宗教を天社《てんしゃ》神道と称した。実態としては三者の重複する活動はかなり多かったといえよう。

　神道者や修験者のなかには、たんに町を歩いて祈禱料を稼ぐだけでなく、都市の稲荷小社に奉仕する例があったことは、『守貞漫稿』の記事を見れば明らかである。そして陰陽師も稲荷の神主をつとめることがあった。井上智勝[二〇]によると、一八世紀後半、浪人の渡辺左京という男は、日本橋中橋あたりで占いをはじめ、やがて八丁堀稲荷（現、中央区八丁堀四丁目）の神人《かみびと》となる。井上はほかに、神道者が稲荷小社をつかさどった例として、日本橋二丁目の谷房稲荷（現、中央区日本橋二丁目）の社人＝摂原隼人、本所亀沢町（現、墨田区両国四丁目）の榛《はん》の木《き》稲荷の社人＝梅本大和をあげる。そして稲荷にかぎらず江戸小社の神人たちは、妻恋稲荷社を中心としたネットワークを組んでいたらしい。さらに彼らは、新たに立ち上げた稲荷社や流行のきざしを見せはじめた稲荷社に仕事の口をもとめた。修験者についてもおなじことがいえよう。第三章で詳しく紹介したが、喜多村信節の『武江年表補正略』（一八五〇年以後五六年以前成立）によると、太郎稲荷の流行が始まる直前、立花家の門前には山伏姿のものが物乞いをし、「念じ奉る太郎稲荷大明神」などとつぶやいていた。この稲荷の流行にも修験者が一役買ったのかもしれない。

　『御府内寺社備考』には三八社の稲荷社が記載されるが、そのうち八社で神主の名があげられる。六社の別当寺は、本山《ほんざん》派修験の元締＝聖護院支配下にあるとされ、一二社の別当寺は当山《とうざん》派修験の元締＝

三宝院または青山鳳閣寺《あおやまほうかくじ》の支配下にあると記される。羽黒修験または大山修験の別当寺を持つ社が、それぞれ一社ある。ほかにも別当寺名だけでは判定できないが、実際は修験者が関与する社があっただろう。神主と別当寺が併記される社は、烏森稲荷社をのぞいて見つからない。修験者と陰陽師をふくむ神道者が、自流の縄張を確保しつつ、稲荷と密接に関連していたことがわかるだろう。『御府内寺社備考』記載の稲荷社は、いずれも大社である。町地の小社に関してもおなじ状況が見られたにちがいない。

以上の宗教著たちは、とくに近世後期以後に活躍が目立つようになった。なぜだろうか。江戸にかぎった状況ではないが、いくつかの要因が重なった。まず修験道に関係がふかい仏教の事情を、主として圭室文雄[一〇七]にしたがって述べよう。一七世紀の半ばに檀家制が確立されると、檀那寺の僧侶たちは宗門《しゅうもん》改めと葬祭業務を優先し、衆庶《しゅうしょ》の現世利益の願望は、非定住傾向の下級僧が担うことになった。幕府は、寛文五（一六六五）年に下級僧などの祈禱行為を制限したが、効果はあまりなかった。中尾堯[一一八]は、近世の中後期には幕府や藩の威令が落ち、僧侶たちのあいだで、堂々と祈禱を掲げて信仰を勧める風潮がつよまった、と指摘する。

修験道も当然その影響を受ける。また元禄一一（一六九八）年に役行者《えんのぎょうじゃ》千年忌があり、これを機会に修験道が再編され、修験者の人口も増大していく。そして彼らはしだいに村落や都市におりてきて里修験・町修験として活動する。[七七]町修験の場合は、稲荷社の別当職の地位を得る者が少なくなかった。[一八三]陰陽師も寛政三（一七九一）年に土御門家の支配を受けるようになり、地域活動が保証される。[九八]神道者の中でも、前述のとおり享保の頃から祈禱者的神道者が出現し、天明の頃には彼らはさらに増加した。〔二〇〕かくて稲荷社の勧請と運営で生計をたてる宗教者の供給は、一八世紀以後に激増するのである。

稲荷信仰の疾走

（1）江戸城下町の成立前に、この地域には農耕神・土地神と結びついた狐信仰が広まっていた。近世江戸の稲荷社は、狐信仰を基盤として発達した。

（2）大名は、領地の稲荷社を勧請し、全国の稲荷社が江戸に集中することになる。

（3）江戸人口の半数を占める武士の俸禄は、米の石高《こくだか》制によって定められていた。このことが農業、とくに稲作の豊穣を保証する稲荷―狐信仰と結びつく。大名や武士の屋敷稲荷には、こうした機能も期待されただろう。

（4）幕府・大名・旗本・諸藩士に納められ配分された米は、定まった経路で商品化され、他の商品の流通に端緒を与えた。農耕神の稲荷―狐信仰も、この流れに適応して商業繁栄の神とみなされるようになる。

（5）江戸の人口稠密《ちょうみつ》は、それに見合った稲荷社数をもとめた。屋敷稲荷・町内鎮守稲荷・寺院内稲荷の数は人口の増加にともなって増えていく。土地神に付属する守護神としての稲荷―狐への信仰は、すべての江戸住民に安定して共有された。また人口の稠密は、流行にたいする人びとの反応を過敏にした。江戸にはびこる稲荷社は、流行神の特徴を強めることになる。

(6)一つ一つの稲荷社は個性を主張する。それは稲荷につく人名＝狐名やご利益名にも表現されている。言い換えれば、もろもろの稲荷のあいだに分業が成立しているのだから、稲荷社はいくらあっても多過ぎることはない。稲荷社の多元性は江戸の町・屋敷・人の流動性にも適応しやすかった。

(1)～(6)が稲荷社繁盛の基本的な要因だが、次の付帯的諸要因が、稲荷社流行をさらに促進した。

(7)人口稠密に関連して、火除《ひよ》けの神としての稲荷―狐の効験が重視された。

(8)稲荷―狐は、皮膚病の治癒の祈願対象にもなった。疱瘡《ほうそう》・麻疹《ましん》は流行病なので、稲荷の流行神化しやすい素質とうまがあったこともあるだろう。

(9)皮膚病の梅毒の感染とも関連し、稲荷―狐は性産業にも浸透した。性産業はまた、肉体をひさぐ商業であって、遊女が狐に例えられる風潮も見過ごせない。

(10)以上の要因にもとづく江戸の稲荷社流行の触媒の役割を演じたのは、神道者・修験者・陰陽師など種々の祈禱系下級宗教者だった。

(11)近世中期以後、とくに稲荷信仰がさかんになった原因は、一つには人口、なかでも町人人口の増加であろう。流行の触媒役の下級宗教者の活動を容易にする条件が、この時期に整ったことも無視できない。ただしそれだけならば、稲荷社の隆盛のみを説明する役にはたたない。さまざまな要因が複合して、一七世紀の段階で稲荷信仰は立ち上がり、走り始めていた。祈禱系宗教者の活動は、その走行に拍車をかけた要因にすぎない。

註

（1）永久橋は、享保の「鱗形屋板江戸絵図」（一七三三年刊行）には現れず、明和の「須原屋板江戸絵図」（一七七一年刊）に出現する。『江戸砂子』巻一は、永久橋は「元禄の頃はじめてかかる。いまはなし」という。そののち明和までのあいだに橋は復活したことになる。

（2）『伊勢町元享間記』（一七二四年以後成立）には、元禄一六（一七〇三）年二月末の火事で、「矢の蔵切り切り焼け申し候」とある。元禄一六年にも、矢の蔵が部分的に残っていた可能性もあるし、あるいは「矢の蔵」とはたんに地名ととるべきかもしれない。または著者の錯誤の可能性も否定できない。

（3）この絵図には寛永の年記はないが、ふつう「寛永江戸絵図」とよばれている。地勢その他の考証にもとづく研究成果により、時期が確定したものと思われる。

付論　農村地帯の稲荷と狐

農村地帯の稲荷については、今まで折にふれて私見を述べたが、系統的に論じたわけではない。この分野の叙述なしには『狐の日本史』は完結したとはいえない。しかし現在の私には、この大きなテーマに取り組む余裕がない。すでに先学が明らかにしたことを一応まとめておく。

まず、農民たちが稲荷に求めた祈願内容について。榎本直樹[二八]が調査した、伏見稲荷社・吉田家・白川家の「勧請《かんじょう》証書」などに記された稲荷の効験を見よう。たとえば伏見稲荷が寛政一二（一八〇〇）年に出した「安鎮《あんちん》証書」には、「豊饒万福可有守護」と木版で印刷され、勧請する側の地名・祠名が筆で書き入れられている。印刷ではないが享保《きょうほう》一九（一七三四）年に吉田家から出された「宗源祝詞」は、「五穀能成万民豊楽」の守護を保証し、白川家が天保《てんぽう》九（一八三八）年に発した「勧請証書」には、「五穀成就産子繁栄子孫永長幸」を守護すると記される。伏見人形の起源にかんする田宮仲宣の『愚雑俎《ぐざっそ》』（一八二五年刊）巻二の次の説も参考になろう。はじめは伏見稲荷社を訪れた諸国の農民が社の土を持ち帰り、田に埋めていた。やがて社の近くの者が、土をまるめて参詣者に売るようになり、ついにはこれが土人形に発展した。農村での稲荷信仰の基本が、五穀豊穣にあったことは疑いない。

次に、田の神・土地の神・家の神としての稲荷の信仰と狐の関係についての私見は、関東地方を中心にいくらか述べてきた。稲荷と狐の習合の地域的分布、とくにこの習合の時期の地域的分布について明確な結論を得るには、各時期・各地域の資料がより多く必要だと思われる。しかし、稲荷と狐の習合が東国《とうごく》で早く、かつ著しいという、およその見当は動かないだろう。

これに関連して、各地の稲荷社の祭日の問題がある。この件については、近藤喜博[六八]・直江広治[一一六]の研究によっておよそのところ解決ずみである。初午《はつうま》の祭は、春の初めの農耕開始期に、祖霊または山の神を迎えて作物の豊穣を願う信仰に由来する。初春のなかでも二月初午を祭日に特定したのは、伏見稲荷社に始まる。おそくとも平安時代初期には、初午の日に伏見稲荷に参詣する風習があった。山の神が山から馬に乗って降りてくるという伝承が、初午の祭日の普及に貢献したかもしれない。伏見稲荷社の影響の強い地域では、二月初午を祭日とする社が多い。

稲荷を名乗る前から五穀豊穣を守護していた社の場合は、二月初午にこだわらず、春秋二回または春秋いずれかの特定日を祭日としていたと思われる。佐藤孝徳[七四]によれば、陸奥磐城《むついわき》の「村差出帳《むらさしだしちょう》」（一七四七年記）を調べると、祭日が年一回の稲荷社五二社にたいし、二回以上の稲荷社は七社にすぎない。年一回祭日の場合は九月が三五社と圧倒的に多く、二月初午が九社、四月が四社となっている。そのほか年複数祭日の場合をふくめると、六月以外はいずれかの社で祭日の月に選ばれている。磐城にかぎらず、このレベルの調査が各地で進めば、直江が先鞭《せんべん》をつけた全国分布も明らかになるだろう。

東国で稲荷が勧請された動機の重要な一つは、新田開発にあったようだ。西垣晴次[一三五]は、近世一九世紀に新田開発とともに稲荷が津軽《つがる》に入ってきたと記す。荒木恵美[七]は、近世だけでなく明治初期にも、下総《しもうさ》の開拓村に数多くの稲荷が勧請された事実を示した。この種の研究は他にも少なくないだろう。私が『埼玉県の神社[七〇]』という調査報告を通覧して得た印象でも、新田開発にともなって成立した村に稲荷社が祀《まつ》られる傾向が見える。もちろん新田開発の場合も、基本的には稲作の豊穣を願って稲荷を祀ったにちがいない。また未開の地を耕地化するときには、土地神の祟《たた》りを避けなければならない。飯島吉晴[八]の見解によれば、関東地方の開発にさいし、その土地に住み着いていた地主神を鎮めるため土地神、またはその眷族《けんぞく》とされる狐が祀られた。これが稲荷祭祀と結びつく。波平恵美子[一二三]も、土地神が支配する領域に耕地などを拡大すると祟りがあると恐れられた、という。

　新田開発にともなう稲荷祭祀が狐信仰と関連しているとすれば、この種の稲荷祭祀の全国分布はどうなっているのだろうか。狐信仰の強弱、およびその開始期の新旧とどのようにかかわっているのだろうか。狐信仰が弱く、しかも遅くはじまった西国《さいごく》では、農地の開発にともなって稲荷を祭祀する習慣はなかったのか、または成立が遅れたのだろうか。私は、狐信仰が発達していない地域・時期には、狐信仰に代わる別の信仰があり、それは稲荷とは名乗らなかった、と推定する。結論だけいうと、蛇信仰をとくに重視したい。この点の断言は控えなければならない。しかし、日本の農耕神・稲作神の動物形態が、蛇から狐へとしだいに移行していったことはまちがいない。そして、蛇は農作初期の水利に、狐は収穫期に近い出穂《しゅっすい》の印象につながることに注目したい。稲の青い未熟な穂は、やがてたわわに稔る黄金色の穂に成熟する。穂色と同系統の狐の体色はこの過程に介入し、つよい類感促進作用を発揮しただろう[1]。蛇と水引き、狐と収穫、二つの連想の相違が、五穀豊穣を期待する農民の心の変化にかかわるのかどうか、もう少し考えてみなければならない。一八世紀半ば、磐城の稲荷社の祭日には、秋とくに九月が選ばれることが多かった。

　江戸近郊の稲荷が、天下安泰に重きをおいて祭祀され、祈願された例が報告されている。西垣晴治[一三五]は、下総鬼越《しもうさおにごえ》村（現、市川市鬼越）の世直稲荷に注目した。この稲荷は、幕末の元治元（一八六四）年には「世直大明神」とよばれていた。それが世直稲荷として知られるようになったのが、いつのことかはわからない。世直大明神の名称は、他の地域でも使用された。慶応四（一八六八）年、下野《しもつけ》大和田村（現、鹿沼市大和田町か）で、窮民が村の豪農や村役人の家を打ち壊してまわった。その結果、豪農たちは、質地・質物の返還を約束した。宛て先が「世直大明神」となっているそうである[一六四]。ただし世直稲荷とはよばれていない。

　あと一つ、杉仁[八八・八九]が示した武蔵《むさし》多摩郡上川原村（現、昭島市上川原町）の稲荷流行の件を見ておこう。天保六（一八三五）年からこの村の惣十《そうじゅう》稲荷が爆発的に流行しはじめた。そのとき村役人が記した賽《さい》銭《せん》帳の裏表紙には「天平泰正・五穀成就・国土安穏《あんのん》・風雨随時……」と書き込まれている。ふつうならば筆頭にくるべき「五穀成就」の前に「天平泰正」がきた。「天下泰平」ではない。杉は、どちらかといえば支配者の側の表現である「天下泰平」と区別して、正義のもとでの民の安泰の願いをあらわそう

図37　稲の穂を持って歩く狐　『鳥獣人物戯画』（12世紀）

図38　夜に稲を刈る農民と狐　『農業図絵』（1712年）

としたのではないか、と述べている。本項の対象地域外の話になるが、江戸においても小石川伝通院《でんづういん》の沢蔵主《たくぞうす》（沢蔵司）稲荷には、「天下泰平国家安穏五穀成就万民快楽《けらく》」の石塔が建つ。やはり「天下泰平」がトップにくる。年記は慶応元（一八六五）年。

「天下泰平」なり「天平泰正」なりが、守護神としての稲荷の管掌範囲にあることはいうまでもない。その稲荷の守護機能に、一家繁栄や村の鎮守よりももっと広い役割を、江戸近郊の農民や江戸の町人たちは期待するようになったのだろうか。彼らは、家や村・町の安泰は天下の乱れを抑制することによって可能になる、と直感したのかもしれない。

世直・天下泰平・天平泰正の願いが記録されたのが、いずれも一九世紀に入ってからのことであり、なかでも幕末のものが多いのは偶然ではあるまい。浅草太郎稲荷の慶応三—明治元年の流行も思いあわされるだろう。

註（1）狐の体色と稲穂の熟した色との類感認識を示す直接の証拠をあげることはできない。すこし古すぎるが、一二世紀の『鳥獣人物戯画』甲巻の断簡に見る狐の姿（**図37**）に興味をそそられる。祭礼行列を描いたらしい部分に、稲穂を持って進む狐が見られる。本書のあつかう時期の文献では、土屋又三郎の『農業図絵』（一七一二年成立）の五・六・八・九月の図（**図38**）に狐が登場する。この期間が田植えから稲刈りまでの時期に一致することは偶然ではあるまい[一二六]。

類感作用は正負両方向に働き得る。第三章では、半田稲荷の赤坊主が赤疱瘡を抑えるという俗信を紹介し、この俗信を同類抑制・同類吸収作用の例とした。赤坊主の作用方向は、狐の体色が稲穂の成熟を促進する方向と逆になる。しかし、たんに類感作用の両義性と説くだけでは、没論理におちいってしまう。類感作用の方向を定めるのは、それぞれのケースに同時に働く共働因子であろう。近世の稲荷の瘡病治癒の効験は広く知られており、稲荷の鳥居は赤色だった。また赤色は、古代以来破邪の呪色とみなされていた。他方、狐は田の塚に巣穴をつくり、その周辺を排徊し、田の神と習合する素因をそなえていた。共働因子の正負に応じて、類感作用の方向もおおむね定まる。

第三部　〝狐付き〟と〝狐落とし〟

第一章　狐付きの型と仕組み

絶えることなき狐付き事件の諸型

狐が人に付く現象は、景戒の『日本霊異記《にほんりょういき》』（八二〇年頃成立）巻下にすでに記述されている。以降、古代・中世を通じて、狐付きの事件が絶えることはなかった。くわしくは前著で述べているので、ここでは繰り返さない。近世とくに一八世紀以後の文献には、狐付きの記載が頻出する。そのあらましを**表12・13・14・15**に示す。使用した文献の多くは随筆と称せられる類《たぐい》だが、そのほとんどは現在の感覚でいう随筆ではない。考証随筆もあるし、日記・地誌の類もある。さらに公文書を掲載した作品も見られる。近世随筆が語る史実の信頼性は一様ではない。いずれにせよ、表の記載のなかには純粋な創作もあるだろうし、そうでなくとも大部分は不正確な伝聞である。公文書に記された事件でも、真相はどうだったかわかったものではない。史実が多く入手できれば結構だが、そうはいかない。しかし本章では、当時の人びとが心にいだいていた観念に焦点を当てるので、創作や随筆を資料として利用しても大きな間違いをおかさずにすむだろう。そのことを念頭においていただきたい。

表12～14の分析を試みよう。表15の分析は、「狐を付ける人」の項で行う。各表のタイトルのなかのＡ１・Ａ２・Ａ３は、狐付きの型を表わす。すなわち、Ａ１は狐が自分の都合で付いた場合、Ａ２は人から受けた迫害への報復のための付き、Ａ３はその他のケース、および狐付きの動機不明の場合を示す。**表16**を見ればわかるように、狐付きは、西国《さいごく》よりも東国《とうごく》、とくに江戸でしばしば発生する。この点について、文献の筆者の多数が江戸に居住するため、江戸の事件が多く記載されたという事情は無視できない。しかしそれだけでは説明できない問題点を指摘することが可能である。Ａ２型の狐付きにかぎってみると、東国と西国における発生数は等しい。関連してＡ１とＡ２の比は、東国では狐の自己都合の付きが優越し、西国では人への復讐のための付きが多数を占めることを示す。

第一部の玉藻《たまも》稲荷神社・女化《おなばけ》稲荷神社の章、および第二部の江戸の稲荷にかんする諸章で述べたとおり、東国で中世には神狐信仰がはじまっていた。おそらく、神狐が付いて託宣をする伝統があったと推察される。さらに近世になると、江戸を中心に神狐が稲荷と結託し、人びととの交渉を日常化した。その過程で狐はおのずから人に付いたのだ。他方、西国では伏見の稲荷大社と伊勢神宮を結ぶ地域の一部を除くと中世までは妖狐の俗信がつよく、中世もいよいよ末期になって、葛《くず》の葉《は》伝承を受けた信太《しのだ》の稲荷社を先頭に、妖狐たちも信仰の対象へと変身をとげはじめた。これらの件に関しては、第一部の葛の葉稲荷神社・源九郎《げんくろう》稲荷神社・長壁《おさかべ》神社の各章で論じた。

次に、狐付きの型Ａ１がＡ２にくらべて稲荷と縁が深いことは、**表17**のＡ１とＡ２の比を一見しても

落とした人	落とした方法	狐が付いた目的	身体疾患	人への利益	稲荷との関連	つきの表現	事件の場所
	祠の建立	祠の建立を求める		あり？	あり	取付く	江戸
	自然回復	稲荷社に鳥居を造るよう求める			あり	つく	江戸
	祠の建立	来訪時の宿借り			あり	付く	紀伊
八百屋	祠の建立	祠の建立を求める		あり	あり	付く	江戸
僧侶	神名を与え造祠を約束	神名と祠の建立を求める		あり	あり		江戸
		武士に精勤を勧告する		あり		付く	江戸
僧侶	宮建立を約束	宮の建立を求める	殊の外煩う		あり	付く	上野
僧侶	血脈付属	屋敷稲荷の建立を求める		あり	あり	付く	周防
寺の住持	狐の要求をみたす	祠を建て三帰戒を授与するよう要求		あり	あり	付く	播磨託す
		祠の建立を求める			あり	つく	江戸
不明	祈禱	食事を求める	惣身痛む			付く憑く	駿河
			腰等痛む			付く	駿河
		伊居太神社に寄付を求める			あり	つく	摂津
		出京途次の宿借り		あり	あり	付くとり付く	伊勢
		予言		あり		つく	江戸
		官位もらいに出る挨拶			あり	つく	江戸
心あるもの	食物給与	食事を求める				つく	江戸
		付かれた者とちなむ	煩う			つく	江戸
		狐の用事		あり		付く	江戸
	食物給与	食事を求める				つく	江戸
僧侶	祈禱	祠の建立を求める	病気		あり	付く	江戸
		祠の建立を求める			あり	付く	江戸
		親狐と同居不能故下女の体を借りる		あり	あり	嘱す	江戸
		祠の建立を求める		あり	あり		江戸
村人	祠の建立	祠の建立を求める		あり	あり	付く乗り移る	武蔵
付かれた者の子		江戸見物のため				つくとりつく	京
近隣のもの	祠の建立	祠の建設を求める		あり	あり	付く	江戸
		大工に恋慕する		あり	あり	入る	江戸
		食事を求める				託す	不明
婚約者の男性	おふごで打つ	男性と結婚する振りをする				つく	尾張
兄	食事給与	食事を求める			あり	つく	江戸
		旅で疲れたので人の体を借りる				付く	江戸か
	食後自然回復	食事を求める	異病体	あり	あり	付く	江戸

	文献名（巻）	著者	成立年	事件の年	付かれた人
ア	元禄世間咄見聞集	不明	1703 頃成立	1698	町人
イ	拾遺伽婢子（1）	夏目柳糸堂	1703 刊	近き頃	飾屋の下男
ウ	続蓬窓夜話（上）	宮本玄東	1726 序	1726	呉服屋の小者
エ	享保世話（3）	不明	1730 頃成立	1725	八百屋の下女
オ	下谷国珠明神感応記		18c 前半成立か	1733	20 歳余の男
カ	寛延雑秘録（6）	不明	1750 頃成立	1745	武士の足軽
キ	光台寺稲荷改築願		1759 記	1759	町人の娘
ク	煙霞綺談（3）	西村白鳥	1770 序	1765	船問屋
ケ	笈埃随筆（1）	百井塘雨	1794 以前成立	不明	寺の小僧
コ	閑田耕筆（3）	伴蒿蹊	1801 刊	同時代	若い僧
サ	中清水村名主村内 狐憑きにつき口書	六左衛門	1805 記	1805	農民
シ	同書	同上	同上	1805	農民の妻
ス	伊居太神社日記		1811 記	1811	一向宗信徒の子
セ	耳嚢（2）	根岸鎮衛	1814 成立	不明	ある村のもの
ソ	同上（3）	同上	同上	不明	女性
タ	同上（4）	同上	同上	1781～89	茶屋の娘
チ	同上（5）	同上	同上	同時代	疱瘡を病む小児
ツ	同上（10）	同上	同上	1810	菓子屋の聟
テ	同上（10）	同上	同上	不明	女性
ト	同上（10）	同上	同上	1813	大工の若者
ナ	一話一言（30）	大田南畝	1815 記	1727	町人の妻
ニ	兎園小説（5）	滝沢馬琴編	1825 記	1825	釘屋の徒弟
ヌ	同上（8）	同上	同上	1809	武士の下女
ネ	江戸町方書上・浅草（4）		1825 成立	1785	町人の召使
ノ	上川原村惣十郎稲荷覚書	七郎右衛門	1835 記	1835	農民の妻
ハ	思出草紙（3）	栗原東随舎	1840 序	1770 年代	農民か
ヒ	同上（7）	同上	同上	1785	金物屋の子
フ	同上（9）	同上	同上	遠くない昔	大工の妻
ヘ	雅俗随筆（中）	柳亭種秀	1843 頃成立	1820 頃	武士・武士の妹
ホ	同上（中）	同上	同上	1836	下女
マ	九桂草堂随筆（8）	広瀬旭荘	1857 序	1843	御家人
ミ	宮川舎漫筆（3）	宮川政運	1858 序	父若年の時	武士の侍の少年
ム	安政午秋頃痢流行記	仮名垣魯文	1858 記	1858	職人

(1) 同源と断定できる狐付き談については初出のみを記した。
(2) 事件の経過の叙述が具体性を欠く話は記載しなかった。

表 12　近世随筆・記録・説話集における狐付き（1）　付けた人なし　目的の型 A1

落とした方法	狐が付いた目的	身体疾患	人への利益	稲荷との関連	つきの表現	事件の場所
叱責	殺されたのに抗議				附く	尾張
懇願	子狐を追い散らし、傷つけた怨み				つく	丹後
祈禱	寝ていたのを驚かされた報復				付く	京
供物をする	投げられた石で足を痛めた報復	熱病		あり	取付く	会津
睨む	子狐を打ちちらされた怨み				つく	近江
祠を回復	祠を倒され大便で汚された怨み			あり	取つく	江戸
捕らえ、鉄砲を向ける	猟師の鉄砲で怪我をした怨み				つく取つく	播磨
祠を回復	祠を毀ち捨てられたため		あり	あり		加賀
狐の精を押し出す	子狐を殺された怨み				付く	備中
	稲荷の神木に釘を打たれた怒り			あり	付く 取付く	江戸
文覚荒行の絵を見せる	穢れた木で稲荷社を造られた怒り			あり		江戸
祠を建てわびる	祠を壊された怨み			あり	付く	江戸
叱責	妻狐を殺された怨み			あり	付く	常陸
鍼をうつ	怨み				取付く	紀伊
説得	付かれた者の親に怨み				付く	武蔵
叱責	子を殺され、祠を壊された怨み	発熱		あり		江戸
	殺されそうになった報復				つく	肥前
銃で脅す	子狐を殺された怨み				憑る	美濃
殺意を去る	殺されそうになった報復				憑く	肥前
	祠の破損放置に怒り	発熱→死		あり	つく	江戸
	傷つけられた報復	発狂自傷			取付く	備中
	狐を装った剣術家の詐欺にたいする怒り				取付く	江戸
	父狐を殺した怨み	死			つく 取付く	武蔵
自発退去	殺された仇、子狐に食物を供給				取付く 憑る	豊後

	文献名(巻)	著者	成立年	事件の年	付かれた人	落とした人
ア	新著聞集(16)	椋梨一雪	1704 成立	不明	中間の妻	大名
イ	大和怪異記(7)	不明	1709 刊	1682	農民？	別の狐
ウ	太平百物語(2)	祐佐	1732 刊	不明	仏具屋の徒弟	修験者
エ	老媼茶話(6)	三坂春編	1742 序	不明	農民	
オ	窓のすさみ追加(下)	松崎尭臣	1745 頃成立	不明	修験者の妻	修験者
カ	寓意草(下)	岡村良通	1757~67 成立	1740 以前か	武士の妻	
キ	世説麒麟談(3)	春名忠成	1761 序	不明	宿屋の主人	猟師
ク	三州奇談(4)	堀麦水	1765 頃成立	1707	農民	
ケ	蕉斎筆記(3)	小川白山	1800 成立	不明	若い男	若い男自身
コ	梅翁随筆(3)	不明	1801 成立	1798	武士	
サ	年々随筆(4)	石原正明	1803 記	1797	工匠	近隣のもの
シ	むかしばなし	只野真葛	1812 序	1774~75 頃	医師の下女	
ス	耳嚢(1)	根岸鎮衛	1814 成立	不明	農民の妻	狐を殺した男
セ	同上(6)	同上	同上	1688～1704	武士	鍼師
ソ	同上(6)	同上	同上	同時代	武士の妻	夫
タ	泊洦筆話	清水浜臣	1816 序	18c 後半	歌人・与力の老僕	歌人・与力
チ	甲子夜話(14)	松浦静山	1822 記	不明	農民の妻	
ツ	同上(17)	同上	1822 記	不明	足軽の妻	夫
テ	同上(45)	同上	1824 記	不明	賤者の妻	夫
ト	兎園小説(5)	滝沢馬琴編	1825 記	1813 頃	武士の下女	
ナ	中陵漫録(7)	佐藤成裕	1826 序	不明	樵夫	
ニ	思出草紙(2)	栗原東随舎	1840 序	1710 頃	剣術家	
ヌ	同上(3)	同上		1770 年代	農民か	
ネ	九桂草堂随筆(8)	広瀬旭荘	1857 序	1850	医師の養子	

(1) 同源と断定できる狐付き談については初出のみを記した。
(2) 事件の経過の叙述が具体性を欠く話は記載しなかった。

表 13　近世随筆・記録・説話集における狐付き (2) 付けた人なし目的の型 A2

落とした人	落とした方法	身体疾患	人への利益	稲荷との関連	つきの表現	事件の場所
武士	蟇目鳴絃				付く	江戸
			あり	あり		上野
武士	飯綱の法	半死半生			取付く	下野
修験者	祈禱				つく	岩代
弓術家	刺殺の勢				附く	不明
			あり			甲斐
武士	切殺の勢				付く	尾張
修験者	祈禱				つく	信濃
別の武士	脅迫				付く	江戸
	自然回復		あり		托す	京
武士	切殺の勢				付く	武蔵
老人	マチンを飲ます				付く	江戸
弓術家	付いた狐を射殺す				託す	江戸
医師	薬剤を吸わせる					京
医師	脅す				つく	京
人びと	人びとに追われる			あり	つく	安芸
付かれた男性自身	狐が入った塊を突き刺す				憑る	出羽
	百人一首を見せる				取つく	江戸
同じ長屋の人	大山の木太刀で打つ				つく	江戸
	祈禱＊	腰など痛む			付く	駿河
漢学者	叱責				つく	江戸か
役者	叱責				付く	江戸
医師	鍼で殺意を示す				寓く	備中
未熟の弓術者	射芸				付く	不明
			あり	あり	つく	江戸
弓術者の家来	弓で脅す				付く	駿河または遠江
博徒	犬になめさせる				つく	不明
邸中の者	指矢を射る構え		あり		つく	江戸
同じ寺の僧	祈禱				とりつく	下野
	祈禱	熱病→死				上野
剣術家	刀で払う				附く	江戸
僧侶	祈禱	腹部膨満など		あり	付く	磐城
修験者	火立・蟇目他＊				取付く	肥後
仲間の男	頭を水につける				付く	江戸
神道者・修験者	祈禱			あり	取つく	江戸

＊は失敗

	文献名（巻）	著者	成立年	事件の年	付かれた人
ア	享保世話（2）	不明	1730年頃成立	1724	14歳の丁稚
イ	矢島家文書		不明	1739	20歳の下女
ウ	老媼茶話（6）	三坂春編	1742序	不明	宿屋の娘
エ	同上（7）	同上	同上	1612	鍛冶屋の妻
オ	窓のすさみ追加（下）	松崎尭臣	1745頃成立	不明	不明
カ	裏見寒話（2）	鶊鼠他	1752序	不明	不動堂の霊媒
キ	翁草（56）	神沢杜口	1776序	先年	武士の下僕
ク	いなのなかみち	菅江真澄	1783記	この頃	女性→寄坐の女性
ケ	よしの冊子（6）	水野為長	1788記	同時代	武士の下女
コ	譚海（6）	津村淙庵	1795跋	不明	貧者の妻
サ	同上（6）	同上	同上	不明	農民か
シ	同上（8）	同上	同上	不明	不明
ス	同上（11）	同上	同上	不明	武士か
セ	生々堂雑記（下）	中神琴渓	1799刊	1796	商人の男の子
ソ	同上	同上	同上	1796	本願寺使用人の妻
タ	蕉斎筆記（3）	小川白山	1800成立	不明	下級僧
チ	黒甜鎖語四編（5）	人見子安	1801成立	不明	男性
ツ	老の長咄	不明	1802頃成立	不明	軽き奉公人
テ	同上	同上	同上	不明	長屋の住人
ト	中清水村名主村内狐憑につき口書	六左衛門	1805記	1805	農民の妻
ナ	嗚呼矣草（2）	田宮仲宣	1805序	まへつかた	ある者の子
ニ	中古戯場説（上）	計魯里観	1805成立	1725頃	楽屋番の妻
ヌ	春波楼筆記	司馬江漢	1811成立	同時代	民家の女性
ネ	耳嚢（3）	根岸鎮衛	1814成立	同時代	軽輩のせがれ
ノ	同上（5）	同上	同上	同時代	武士の下女
ハ	同上（9）	同上	同上	同時代	宿屋の娘
ヒ	甲子夜話（12）	松浦静山	1822記	不明	不明
フ	甲子夜話続編（70）	松浦静山	1832記	不明	茶人の家の老婆
ヘ	三養雑記（1）	山崎美成	1840成立	不明	僧
ホ	古戸村又兵衛金狐付きにて病死につき……	利右衛門他	1840記	1840	村民
マ	遊芸園随筆（11）	川路聖謨	1846成立	1843	鉄砲師の娘
ミ	守山藩御用留帳		1852記	1852	村民三名
ム	英彦山年番日記		1855記	1855	村民の娘
メ	寝ものがたり	鼠渓	1856序	同時代	厩中間
モ	安政午秋頃痢流行記	仮名垣魯文	1858記	1858	漁師

（1）同源と断定できる狐付き談については初出のみを記した。（2）事件の経過の叙述が具体性を欠く話は記載しなかった。（3）ミの御用留帳には、狐付と書かれた事件が10件記録されるが、そのうち9件は実態があいまいであるか、または経過が明らかでないので、この件のみ表に記載した。

表14　近世随筆・記録・説話集における狐付き（3）付けた人なし付いた目的A3

付けた方法	落と(そうと)した人	落と(そうと)した方法	狐を付けた目的	憑依以外の病気	人への利益	つきの表現	事件の場所
不明	修験者？[c]	祈禱[c]	不明			付く	伯耆
不明	修験者？	祈禱	不明			付く	出雲
不明	付けた僧[b]	祈禱[b]	祈禱料			付く	江戸
不明	修験者[c]	祈禱[c]	不明	病気		付く	出雲
不明			付けた娘と密通			つく	江戸
不明	付けた修験者たち[a]	祈禱[a]	祈禱料			つく 乗移る	江戸
不明		祈禱	不明	病気		付く	上野
不明	名主	追及	不明			のりうつる つく	江戸
不明			不明	病気		付く	上野
不明	付けた神職者[a]	祈禱[a]	祈禱料	死亡		付く	江戸
加持祈禱	付けた僧	加持祈禱	祈禱料				大坂
祈禱	武士	巣と食物を与える	不明		あり	取付く	江戸
不明	付けた修験者	祈禱	住民からの依頼			取付く	上野
狐寄の修法	付けた修験者[a]	火立・水に沈める[a]	礼金			付く 取付く	肥後

(a) は失敗、(b) は落とす前に付けた人が露見処分、(c) 虚構露見処分

	A1	A2	A3	計	A1/A2
東国	26	12	26	64	2.2
(江戸)	(21)	(7)	(13)	(41)	(3.0)
西国	6	12	6	24	0.5
不明	1	0	3	4	
計	33	24	35	92	1.4

越後・信濃・尾張以東を東国とする。越中飛弾美濃伊勢以西を西国とする。

表16　狐付きの型と地域分布

	A1	A2	A3	計	A1/A2
関連あり	21	9	5	35	2.3
関連無し	12	15	30	57	0.8
計	33	24	35	92	1.4

表17　狐付きの型と稲荷との関連

明白である。さらに表12の三三件のうち三分の一以上、一二件（ア・エ・オ・キ・ク・ケ・コ・ナ・ニ・ネ・ノ・ヒ）は稲荷祠の建立《こんりゅう》を要求するため、狐が人の口を借りたの

	文献名（巻）	著者	成立年	事件の年	付かれた人	付けた人
ア	池田藩諸事控帳		1753 記	1753	村民の夫婦 村民の息子	別の村民
イ	縁切状	虎松他	1759 記	1759	村民の妻	別の村民
ウ	安斎随筆（3）	伊勢貞丈	18c 後半成立	近年	貴家の近臣	僧
エ	松江藩触書		1791 記	1791	村民の娘	別の村民
オ	即事考（4）	竹尾善筑	1821 序	1814	木綿屋の娘	僧
カ	半日閑話（14）	大田南畝	1822 成立	1818	武士の妹	修験者
キ	おさき付につき離縁一件	谷八	1823 記	1823	農民の娘	別の村民
ク	兎園小説（11）	滝沢馬琴編	1825 記	1820	煙管 問屋の娘	出入りの商人
ケ	寺井村尾先狐一件	斎藤喜兵衛他	1826 記	1826	農民の娘	神道者
コ	甲子夜話続篇（63）	松浦静山	1831 記	1831	歯磨き 売りの娘	神道者
サ	宝暦現来集（11）	山田桂翁	1831 成立	1826	女性多数	僧
シ	事々録（2）	不明	1849 成立	1844	武士の下女	僧
ス	桐生町町人狐取付出入裁許請書		1849 記	1849	遊女	修験者
セ	英彦山年番日記		1855 記	1855	村民の下女	修験者

（1）同源と断定できる狐付き談については初出のみ記した。（2）事件の経過の叙述が具体性を欠く話は記載しなかった。（3）祈祷の結果が不明または無効の場合も記載した。（4）付けたとされる本人、または当局が虚構とした場合も記載した。（5）ア・イ・エ・キは、狐持ち筋による付け。

表 15　近世随筆・記録・説話集における狐付き（4）付けた人がある場合、あるいはつけた人を虚構した場合

だった。稲荷社の不在またはその破損を気にしていた者の潜在意識が表面に出たのだろう。なお、一二件のうち一〇件は東国で、八件は江戸で発生した。また狐が供物《くもつ》を求め人に付いた事件が六件（サ・チ・ト・ヘ・マ・ム）ある。ただしこれらの例を見ると、二件をのぞいては稲荷との関連は明記されない。そのうち一部は、稲荷と無関係ではあるまい。チは、稲荷の疱瘡治癒効果とのかかわりを想定することができる。トは、食欲旺盛な年頃の徒弟の心中に抑えられていた不満が、狐の言葉に仮装して表現されたのかもしれない。近くに稲荷が祀《まつ》られていたのではないか。Ａ２で稲荷と関連するケースが九件あるが、その大部分はＡ１の場合の裏返しである。表13のカ・ク・コ・シ・タ・トは、稲荷祠を傷つけ、または破壊した行為への報復のために狐が付いた例だった。またサの狐付きは穢《けが》れた木で稲荷社を造ったことへの怒りの結果であった。サをふくめた七件のうち六件は、江戸での事件である。

	A1	A2	A3	計	A1/A2
利益あり	15	1	5	21	15
利益なし	18	23	30	71	0.8
計	33	24	35	92	1.4

表 18　狐付きの型と利益の有無

表18は、狐が、付いた人や周辺の人びとに利益《りやく》をあたえたケースのまとめである。やはり当然ながらＡ２型の付きはほとんど利益をともなわない。Ａ１・Ａ３型の場合、付いた狐が人にもたらす利益の内実を調べよう。

付いた狐がもたらす利益の第一類は、守護である（表12―ア・エ・オ・ク・ケ・テ・ネ・ノ・ヒ・ム、表13―ク）。もっとも予言・託宣もそれによって人びとを危険から護《まも》る意味が強いから、広くは守護に入ってしまう。予言・託宣なしで人びとを守護する利益とした方が正確だろう。エ・ヒについては江戸の稲荷に関連して第二部第一章・第二章で紹介ずみである。両者いずれにおいても人に付いた狐は、稲荷祠を建てた人の屋敷を火災から護ると誓った。守護の利益を与える狐付きは、ほとんど自己都合型（Ａ１）の狐付きと重なっており、しかも報復型（Ａ２）一例をふくめて一一例中一〇例までが稲荷信仰に関係している。当然ではあるが、注目すべきだろう。ここでは『上川原村《じょうかわらむら》惣十郎稲荷覚書』

（一八三五年記、表12―ノ）を要約する。この例では稲荷が乗り移ったと表現されているが、村民の感覚では狐付きを意味していたに違いない。

武蔵《むさし》国多摩郡上川原村（現、昭島市上川原町）の農民の妻＝志満《しま》が大病を煩っていたところ、稲荷が乗り移り、宮を造ってくれれば志満も全快させ、村中を安全に守ると言うので、宮を建てると志満は全快した。

狐の利益の第二類は、予言・託宣である（表12―カ・セ・ソ・ヌ、表14―イ・カ・ノ・フ）。根岸鎮衛《ねぎしやすもり》の『耳嚢《みみぶくろ》』（一八一四年成立）巻三の例（表12―ソ）をあげる。

本所割下水《わりげすい》（現、墨田区南西部）の女性に狐が付く。彼女は、垣が倒れたり木の葉が枯れたりするのを観察し、「あの家は小児病死せん」、「あの主人かかる事あり」などと予言し、すべて的中した。「いかなる事や」と尋ねると、彼女答えて「すべて家々に守神あり、信ずるところの仏神ありて、吉凶ともに物に託し知らせ給ふ事なれど、俗眼にはこれを知らざる事あり」と言った。

前著で述べたとおり、『日本霊異記』では著者の景戒自身、狐の予兆力を認めている。狐の鳴くなどの出来事が、彼の子供や飼馬の死の予兆となったと景戒は信じた。ただし狐が彼に付いたわけではない。一二世紀には、貴族たちは狐の行動に一喜一憂し、神祇官や陰陽師にその予兆の意味を占わせた。これに加えて狐信仰が広がるとともに、神狐が人に降霊して信託を示すようになったのだろう。『耳嚢』巻三の例は、女性に付いた狐が、自らを普通の仏神と同格視していることを明らかに示す。この狐はたぶん稲荷と思われるが、そうとも明記されておらず、稲荷と別の神狐かも知れない。なお表12—セ・ヌ、表14—イ・ノの狐は稲荷系である。予言・託宣を通じて人に利益をもたらす狐付きは、守護の型ほどではないが、稲荷信仰と結びつく傾向がみられる。また、報復型の狐付きは託宣はおこなわない。

狐付きの利益の第三類は、付かれた者の家に富をもたらす（表12—フ、表14—コ）。栗原東随舎《くりはらとうずいしゃ》の『思出草紙』（一八四〇年序）巻九（表12—フ）の狐付きを要約しよう。

江戸神田三河町に住む勘五郎という大工が王子稲荷を参詣したとき、一匹の狐が彼を見初《みそ》め、遊女の体を借りて思いを遂げた。しかし恋慕の心去らず、大工の妻の皮肉に入って彼と通じていた。彼女はまめやかに所帯を賄《まかな》い、また請負《うけおい》の普請《ふしん》にも徳分多く、しだいに富を重ね、わずか三年のあいだに、もとの風情《ふぜい》に似るべくもあらぬ住居となった。

話の中心をA2の型に移す。A2では、稲荷社破壊に反応した事件を別にすると、狐付きは、狐を殺傷した行為への報復を意味した。江戸以外の地域では、稲荷との関係の有無にかかわらず、一般にA2型の狐付きの圧倒的多数は、この種の事件である。とくに西国で多く発生した報復型狐付きのほとんどは、稲荷に無関係な狐の復讐だった。このタイプの狐付きでは、五例をのぞいて憑依《ひょうい》外の通常の病症は明記されないが、おそらく病症をともなう付きだったのだろう。さきにあげた『日本霊異記』の狐付きも、子狐を殺された復讐の意味をもったが、付かれた人はやはり憑依外の病症をも示した。近世の事件のなかでも、佐藤成裕の『中陵漫録《ちゅうりょうまんろく》』（一八二六年序）巻七（表13—ナ）が示す狐付きの結末は無残であった。

備中《びっちゅう》の樵夫《しょうふ》が誤って狐を傷つけた。その三〇年あまりのち、樵夫の体力が衰えたのに乗じて例の狐が取付き、彼を狂乱させる。樵夫は、鎌で自分の腹を破り大腸を引き出して切り取ろうとするところを妻が発見し、医者をよび療治したので命は助かった。そののち乞食となって食を乞うてまわったが、飲食してもその内容が傷口から出てしまう。三年を経て死んだ。

日本の神がみは、人びとに利益をもたらしもするが、不当に扱われると祟《たた》るのが常である。神狐もその例外ではない。『中陵漫録』の狐は神とは認識されていなかったかもしれない。しかし狐がなみなみならぬ霊力の持ち主であることは、広く信じられていた。霊力を持つ動物は、人に恩恵を与える力も大きいが、祟る能力を侮《あなど》ることもできない。

人の暴力にたいする報復とはかぎらず、積極的・能動的に人を危険な目に遭わせるのが典型的な妖狐だろう。この種の狐が付く例は、A３型のなかに潜んでいる可能性がある。三坂春編《みさかはるよし》が著した『老媼茶《ろうおうちゃ》話《わ》』（一七四二年序）巻六の話（表14―ウ）を例にとる。

下野《しもつけ》小金井の宿の娘が妖狐に取付かれ、半死半生の状態にあった。そこに飯綱《いづな》の法を修した武士が宿る。彼は話をきいて娘を前に引き出し、「汝《なんじ》奥州二本松中山の三郎狐にてはなきか。何の恨みありていとけなき者に取付きをなやましくるしむる。おのれ速《すみ》やかにさらずんば、只今命をとるべし」と、抜き打ちに娘を切り殺してしまった。翌朝になって見ると、娘の死骸は死んだ狐と変じ、奥深きところに全快した真の娘が気持ちよく眠っていた。

稲荷の狐など神狐系と、妖狐との関連を考えなければならない。人を謀《たばか》り人に害意をもつ邪《よこしま》な狐が、人びとの要望に応えて性格を改善し、守護神の機能をも示すようになったのか、それとも神狐の祟る機能が実体化して妖狐のたぐいに転落したのか、判定は容易ではない。日本人の心の歴史では、両過程が同時に進行したのだろう。ただし論理的には、神狐は吉凶両方向に作用し、野狐・妖狐はそのうち凶の面だけを受け持つという区分けはまちがいない。以上、概観した狐と人との一様でない交渉は、近世の狐付きの意味をも多様化した。

狐は誰に付くのか？

狐はどのような人に付きやすいのだろうか。狐に付かれたのは男性のほうが多いが、女性との差はそれほど大きくはない。その身分はしばしば使用人である（表12―イ・ウ・エ・ケ・ト・ニ・ヌ・ネ・ホ・ミ、表13―ウ・シ・タ・ト、表14―ア・イ・キ・ケ・ソ・タ・ツ・ノ）。つまり自己主張をしにくい立場の者に、狐は付きたがる。老若が明らかな場合を調べると、若年者が多い（表12―オ・キ・ケ・コ・ス・タ・チ・ト・ヒ・ミ、表13―ウ・ケ、表14―ア・イ・ウ・セ・ナ・ネ・ハ・マ・ム）。彼らは、とくに狐が自発的に付く対象に選ばれやすい。おそらく自我が未発達で、暗示にかかりがちなのだろう。当時の通念にもとづいて表現すると、霊力・精神力に劣る者に、狐は付く。

女性が物質的・精神的に自立する機会から遠ざけられていた近世の社会では、彼女たちのほとんどすべてが、男性の若者や使用人とおなじ自我抑圧状況におかれていた。なかでもA２のケースで、狐が復讐すべき敵の代理者として付く例が注目される。すなわち、狐を殺傷したのは男性だが、その男性の精神力が強いので、やむなく狐は代わりに女性に付いたという事件の話が少なくない（表13―ア・オ・ス、夫の代わりに付かれたという明記はないが、おそらくカ・ツ・テも）。『新著聞集《しんちょもんじゅう》』（一七〇四年成立）巻一六（表13―ア）の事件を要約しよう。

尾張大納言が鷹狩りをしたとき、薬用に狐を捕らえ、お台所の中間《ちゅうげん》がその生肝をとった。ちょうどそのとき、中間の妻に狐が附き「某《それがし》を殺すこと、そのいはれなし。これによってこの者を取り殺し、件《くだん》の恨をはらさん」と罵《ののし》った。人びとは「それは汝がひが事なり。さあらば、何ぞ殺せし者には附きもせで、子細も知らざる妻をかく悩ましけるぞ」と問うと、「いや彼がごとき、某を殺すのみか、肉まで喰《くら》ふやうなる強敵の者なれば、わが附く事もなりがたし。夫婦の中なるまま、この者を取り殺さん」と答えた。

表で用いた資料の大部分は公文書ではないので信頼性は一様ではない、とさきに指摘した。事件が史実であるかどうかを判断する一つの基準として、事件の年の記載の有無を検討したい。**表19**によると、

	A1	A2	A3	計	A1/A2
当該年記載	21	5	11	37	4.2
10年幅程度で記載	3	4	1	8	0.8
大ざっぱに記載	5	3	9	17	1.7
不明	4	0	3	4	
計	33	24	35	92	1.4

表19 狐付きの型と事件期の記録

Ａ１型の狐付きは、Ａ２・Ａ３型にくらべて事件年が記載される例が多い。しかも記録者生存時、とりわけ記録時をわずかだけ遡《さかのぼ》る時期の事件が、かなりの部分を占める。著者の恣意は可能である。これらの記録は正確な報告ではないかもしれない。しかし、そのもとになる事件が実在したと推定しても大過はあるまい。文献の著者は、稲荷祠の建設を求めて狐が付いた一一件のうち、一〇件までも事件の年を特定した。Ａ２型についても、稲荷祠をめぐるトラブルの例七件のうち、三件は事件年が特定され、さらにあと二件もほぼ定められている。これらの狐付きと思われた事件は、ほんとうに発生したのだろう。

他方、殺傷犯人の男を恐れた狐が、代わりに女性に付いたという事件の年は、すべて不明である。これらは史実ではなく、狐は精神力の強い男性は恐れて避ける、という当時の通念にもとづいて造作された可能性が強い。

付かれた者が、そのときは完全に狐になりきって言動し、狐が落ちたのちは付かれたときの記憶をまったく失っている例がある。これらの継時的人格転換のケースでは、平常の第一人格が、狐に仮装して表出した第二人格によってしばらくのあいだ排除される。夏目《なつめ》柳《りゅう》糸堂《しどう》の『拾《しゅう》遺《い》伽婢子《とぎぼうこ》』（一七〇三年刊）巻一（表12―イ）では、

京橋飾屋《かざりや》の下男が、赤山上福寺に来て「我はこの寺内の稲荷にて侍《はべ》り。……宮ならびに鳥居を建

てたび給《たま》へ」と要求する。寺の僧がそれを認めると、かっぱと倒れしばらく絶死しまた息出《い》でた。はじめよりのことを尋ねると、「少しも覚えず」と答えた。

他にも、付かれたあいだの記憶喪失を明記しない場合をふくめ、この型の狐付きの話は少なくない。平常の第一人格が、狐に仮装した潜在第二人格と共存し葛藤をひきおこす場合、すなわち同時二重人格の例も知られる。広瀬旭荘の『九桂草堂随筆《きゅうけいそうどうずいひつ》』（一八五七年序）巻八（表13―ネ）はその例である。著者は豊後《ぶんご》日田（現、大分県日田市）で塾をひらいていた儒学者＝広瀬淡窓《ひろせたんそう》の弟である。

あるとき、塾生の副島尚絅が塾の門が開く前、門前の庚申塔《こうしんとう》に寄りかかって書を読んでいると、右肩背にものがあり取付いた。家に帰ったのち、彼の精神は平常と少しも異ならず、ただ右半身が他人のもののような心地がし、ときには右手が自動的に動き、詩を書いたりする。また耳元で「汝我を何物と思ふや」と言うものがある。「何物なればかく我を苦しむるや」と問うと、彼の体に憑《よ》った狐がその理由を詳しく述べた。この声は尚絅のみに聞こえて、他人の耳には入らない。一年ほどこの状態が続いたのち狐は落ちた。

人と狐、付かれる者と付く物の境界がもっと混乱している例もある。前節で要約した『思出草紙』巻九の大工に恋慕し彼の妻に付いて思いを遂げた狐の話も、その一つに数えることができよう。この場合、狐に付かれた女性の意識では、自己はなにものだったのだろうか。柳亭種秀《りゅうていたねひで》の『雅俗随筆《がぞくずいひつ》』（一八四三年頃成立）巻中（表12―ホ）は、これを一ひねりした話であるが、やはり嫁《とつ》ぐ女性に狐が付く。

『耳嚢』巻一〇（表12―ツ）の話は、たんなる人格転換ではなく、性意識の転換をもともなう人格転換を示す。この場合は、男が自分に付いている狐と会話をするらしい。したがって同時性人格転換のケースかも知れない。

日本橋左内町（現、中央区日本橋一・二町目）の菓子屋に一二、三歳の娘がいた。親は彼女の聟《むこ》を決め、店に住まわせていたが、娘と聟のあいだにはまだ夫婦関係はなかった。ところが、夜が更けると聟の部屋から彼が女性と話す声が聞こえる。問われると聟は覚えがないと言う。しかるに狐が聟に付いて次の実情を語るにいたった。「我らは実は女狐にて、この息子とちなむべき縁《えにし》ありて来《きた》りしなり。随分立《た》ち退《の》くべきなれども、われ懐妊なせし間、子を産み候《そうら》はばさっそく放れ去るべし。その子をなにとぞ育て給ふべし」。娘の母は狐の子の養育を激しく断った。やがて母・聟とも煩《わずら》いだし、母は死んだ。

よくわからぬ話だが、男性と彼に付いた雌狐のあいだに子供ができることになった。子を産むといっても、男性は出産できないから、だれが出産するのか。おそらく男性の形式上の妻である娘が狐の子を産むという仕掛けだろう。

安倍保名《やすな》と葛《くず》の葉《は》狐の結婚のような、人と狐との異類婚姻譚と狐付きのあいだには、二通りの通路があったようだ。古来、神は彼に仕える巫女《みこ》に付いて託宣を行う。このような行為は、神と巫女のあいだの神婚、またはその予兆と受けとられていた。『日本書紀』（七二〇年成立）巻五・崇神《すじん》天皇紀によれば、三輪山の神＝オオモノヌシは、まずヤマトトトビモモソヒメに憑《よ》って託宣し、そののち、彼女を妻とした。神婚神話は、直接には神と巫女との神婚儀礼から発生した一四八・一七三。神が巫女に憑る段階で、霊が相通じる。かくてのち、神と巫女が結ばれるのだろう。『耳嚢』巻一〇の菓子屋の聟に雌狐が付いて雌狐が妊娠した話は、男女の役割が逆転しており、かつまた近世江戸風に通俗化されているとはいえ、オオモノヌシとヤマトトトビモモソヒメの神婚の系譜上に位置する。

これにたいし、『思出草紙』巻九のように、男性の妻に狐が付いて、異類間の結婚が成立する型は、むしろ新しく開かれた路だと思われる。結果としては、狐が人の女性に化けたのとおなじ形になる。狐の身体と霊がこの結婚でそれぞれどのような役割を果たすのか疑問がもたれるが、その件についてはやがて考察の対象とする。

俗信の世界から見た狐付きの仕組み

狐はいかにして人に付くか、そのからくりを検討しよう。最初に、現代精神医学の立場とは別の、当時の俗信の世界から見た仕組みを問題にする。近世の人びとの常識は、現在の私たちにとって了解しがたい点があるのはいうまでもない。狐の体が変形して人の身体内部に入るのか。それとも狐の霊のみが人の体に潜《もぐ》り込《こ》むのか。かりに後者が真実だとしたら、霊が人に付いているとき、狐の身体はどうなっているのか。近世の人びとは、このような疑問をいだかなかったのだろうか。柳田国男〔一九五〕は、有形のものが形をなくして人の身体に入ることの煩わしい説明などは当時の人には不用だった、とするが、その不思議を説明しようとした人もいた。

まず、狐が付く現象に当てられていた字句を調べたい。私は今までずっと「付く」という字句を使ってきた。「憑《よ》る」・「託す」は、もともと神霊が自らの見解・意向・予言を伝えるため、人の身体・口舌《こうぜつ》を借りることを意味する。オオモノヌシがヤマトトトビモモソヒメに憑った場合はその一例である。『日本霊異記』巻下・『今昔物語集』(一一一〇年頃成立)巻二〇の狐付きには「託」という表現が使われた。中世になると満済の『満済准后日記《まんさいじゅごうにっき》』(一四一一〜三五年記)、貞成親王の『看聞御記《かんもんぎょき》』一四一六〜四八年記)では、「狐付」の語が使われるようになる。同時に狐は、人の身体・口舌を借りるだけでなく、人を苦しめることを主目的とする事件がふえる。以後「狐付き」が常套句《じょうとうく》になった。

近世の状況は、表12〜15に記載した。表を一見して、「付く」系の字句が近世を通して主流であることは明らかである。「託す」・「憑る」・「寓く」・「嘱《しょく》す」・「乗り移る」などが、一八世紀末から一九世紀初期にかけてはじめて登場する。「付く」とは、いかにも即物的な表現である。そこでは付かれる者と付く物の心理的な関係も、生理的な相互作用も無視されている。多くの人びとは、付き物現象のしくみについて不思議だとは感じていただろうが、つきつめて考えることは少なかったのだろう。

そのなかで二つのからくりが思いつかれたようだ。『老媼茶話《ろうおうちゃわ》』巻六（表13―エ）では、人に取り付いた狐自身が「狐の人に取付きなやまさんとする時は、まず我が骸《むくろ》を深い山谷影か巌穴のうちへかくし置《おき》、其後《そののち》魂ばかり骸をはなれ人に取り付もの也」と説明する。同様の説明が、『譚海』（一七九五年跋）巻六（表14―コ、体をよきように隠す）・『春波楼筆記《しゅんぱろうひっき》』（一八一一年成立、表14―ヌ、体の隠し場所は藪のなか）・『九桂草堂随筆《きゅうけいそうどうずいひつ》』巻八（表12―マ、体の隠し場所は草茫々たる野）でも、多くは狐の言として語られる。『元禄世間咄風聞集』（一七〇三年頃成立、表12―ア）では屋根裏に、『黒甜鎖語《こくてんさご》』（一八〇一年成立）四編巻五（表14―チ）では、縁の下に狐が隠れていた。一八世紀半ば以後、知識人がふつう信じていたのはこれらの説明だろう。身体を人目のつかぬところに隠して、魂だけが抜け出し人に付くというアイデアは、おそらく人の生霊《いきりょう》付きから思いつかれた。

『源氏物語』（紫式部、一〇〇〇年頃成立）「葵《あおい》」で、葵の上に六条《ろくじょうの》御息所《みやすんどころ》の生霊が現れた場面は著名である。このとき御息所は、睡眠中の夢のなかで葵の上のもとに行っていたのだ。つまり御息所の生霊が葵の上を苦しめていたとき、御息所の身体は自分の住居にあった。それにしても、たとえば食事を求めて人に付いた狐は、人の身体に供給された食物をいかにして狐の身体に運んだのだろうか。そこまで考えをつめた識者はいなかったのか。この件に関しては、すぐ後でもう一度ふれる。

しかし生霊モデルでは説明できないケースも語られる。『安政午秋箇労痢流行記』（一八五八年記、表14―モ）では、漁師に取りついた狐が神官・修験の祈りに責められて、漁師の体を抜け出し外に逃げたので、人びとはこれを打ち殺した。この場合は、狐の本体が人の体内に入っていたとしか解釈しようがない。狐の心身が凝縮して人に付く、という説明もあったのだろうか。

出雲《いずも》国中野村（現、出雲市中野町）の庄屋＝山根与右衛門は『出雲国内人狐物語』（一七八六年成立）で、回虫ですら体内で動くと腹痛を引きおこすのだから、狐（または人狐）が「体中をかけまはらば、暫時《ざんじ》も命保たんや」と、狐などの身体が人体に入るという説を否定した。このような批判がなされたのは、狐身体侵入説が普及していたからだろう。与右衛門自身は、狐付きの実態について次のように言う。

かの狐取付といふも、人の体中に入るにはあらず、其《その》気を奪《うば》ふと見ゆ。其気を奪《うばわ》るる時は、心乱れて眼明らかならず、言語常ならず、家に居ても舟に居る心ちし、枕を見ては蟇《ひき》かと思ひ……薬鑵《やかん》をば人の頭かと見なす也。ケ様《かよう》に心散乱する時は、其虚に乗《じょうじ》て異類異形の体を見せ、種々の事を思はする故、其見る事思ふ事を口にいふにて、全く狐のいふならず。

以上のように、当時、狐付きの仕組みについては、狐の魂が入るという説、その心身が入るという説、狐に人の心が奪われるのだとする説、があったことがわかる。シャーマニズムの二型と対応させると、第一の説は憑霊型、第三の説は脱魂型に相当する。もちろん付かれた病人は、原則としてシャーマンではない。

さて、狐付きのモデルとして人の生霊付きが思いつかれると、それは二種類の奇妙な着想を生み出した。一つは、人の死体に狐の生霊を入れて、死者の蘇生をはかる術である。森春樹の『蓬生譚《よもぎうだん》』（一八三二以前成立）には、次の事件が報告される。

豊後《ぶんご》日田郡中島村（現、大分県日田市大肥）又左衛門の娘が、せっかく婿をとったのに大病をうけ平癒しない。その頃、筑後松崎の駅（現、福岡県小郡《おごおり》市松崎）におまつという老狐が奇方《きほう》を施すというので、娘の両親が訪ねると、おまつ狐言うよう。「この病人とても命なし。この上は新《あらた》に魂《たま》を入《いる》るより外《ほか》なし。しかし人の魂を我々が所為で入《いれ》ん事かたければ、狐の魂と入替ば、かの人の体はもとのごとくて存命同様也」。というわけで、やがて死亡した娘の死体に狐の生霊を入れてもらった。娘はもとの状態に戻り、婿とむつまじく夫婦の交わりを続けた。身代もますます繁盛し、いよいよ富貴になった。ところが婿が大病で死ぬと、妻も病なくして眠るがごとくおなじ日に死んだ。狐の生霊は、松崎に帰ったのだろう。

人どうしの魂の入れ替わりならば、『日本霊異記』巻中など類似の先例がないわけではない。閻魔《えんま》の判断で蘇生することになった女性がいた。ところが身体はすでに火葬され戻るべき場所がない。そこで閻魔は、ちょうど死亡してすぐの別の女性の身体に彼女の魂を入れ、その女の身体を蘇らせた。しかし『蓬生譚』の話はいくつかの点で常識を超える。『日本霊異記』では、宙に迷った第一の女性の魂の落ち着く場所を閻魔が指定したのであって、死んだばかりの第二の女性の救済策ではなかった。また『蓬生譚』では、狐の魂を人の死者に入れる。異種間の脳移植のようなものである。ふつうの狐付きは、付かれる人の第一人格は保存されたまま、第二人格としての狐の魂が入って来る。しかし『蓬生譚』の場合は第一人格が失われているので、中島村の娘の魂は一〇〇パーセント狐のものになった。娘の死体を生かしめた狐の体が、その間どこに保存されていたのか、おまつ狐は語ってくれないのでわからないが、これは不審である。それはともかく、狐の霊は人の霊と互換可能だ、という観念がこの話に示された。

人の生霊付きモデルが生みだした第二の着想は、人の死霊付き類似の狐付きであった。先述した『新著聞集』巻一六（表13―ア）・『九桂草堂随筆』巻八（表13―ネ）の人に付いた狐は、すでに殺された狐の死霊だった。『宮川舎漫筆《きゅうせんしゃまんぴつ》』（一八五八年序）巻三（表12―ミ）の武士に仕える少年に付いた狐も同様である。この狐は空狐と自称するが、空狐の意味については後章で検討する。『九桂草堂随筆』巻八では、狐の死霊が人に付き、残した子狐のために食物を求めた。付かれた人が食物を口に入れても、喉《のど》に入らず消えてしまう。子狐のもとに不可視状態で移動して行くのだろう。狐の生霊が付いた人に与えられた食物が、遠隔地に隠された狐の身体の栄養になるしかけについても、類似の説明がなされていたのかもしれない。狐の身体と身体から抜け出した霊は、見えない連絡路でつながっており[1]、食物も不可視の状態で運ばれた、という解釈があったのか。

人に付いた狐の霊が身体と見えない連絡路でつながっているとしても、心身の長期間の分離は狐の生存を危うくするという認識もあったらしい。平田篤胤は『仙境異聞』（一八二二年成立）で、天狗に連れ去られて帰還した寅吉は、人に付いた狐は身体を穴において来るが、一日に三度は体に戻らないと体が腐る、と述べた[2]。

次に、狐の霊または狐の凝縮した心身が、どのようにして人の体内に入りこむのか、また人の体内のどこに滞留するのか、近世の人びとの説明を見よう。諸説あるが、共通するのはまず人の皮肉のあいだに入るという認識である。すでに紹介した『思出草紙』巻九、大工の妻に付いた狐が彼女の皮肉のあいだに入り込んだのは、その一例であった。

人見必大の『本朝食鑑』（一六九七年刊）巻一一に、「狐精皮膚の間に入りて瘤塊を作る。よくこれを察する者は、強いて握出して針および小刀を刺して則ち去る」とあり、寺島良安《てらしまりょうあん》の『和漢三才図会《わかんさんさいずえ》』（一七一三年刊）巻三八には、「狐魅《こみ》を試みるに、其邪気肩脇皮肉の間に入り必ず塊あり。其脈を診るに浮沈定《さだまら》ずして、其拇指《ぼし》多くは震《ふる》ふ也。よくこれを察する者、火鍼を刺せば則《すなわ》ち去る」と記す。どちらが先に書かれたかわからないが、同系統のようだ。

独妙の『妙薬手引草』（一七七二年序）によれば、次の四個の表徴のうち一つでも見られれば、狐に託《つ》かれたと判断してよい。

○人中の紋［**図39**］此《こ》の如くゆがむ。○喉に×此の如く紋を生ず。
○脇下に動塊あり。○手の大指《おおゆび》をかくす。

図39　狐に付かれた人の顔の歪み　『妙薬手引書』（1772年）

なお、『本朝食鑑』・『和漢三才図会』が示す狐落としの方法を実行した男の話を紹介しよう。小川白山の『蕉斎筆記《しょうさいひっき》』（一八〇〇年成立）巻三（表13―ケ）で、小十郎という男が子狐を殺した場所の近くに来て、親狐の精魂に付かれた。そのとき彼は、腰のまわりを細引きで締めつけ、狐の精の動きを止め、家に帰って狐を押し出した。白山は、「狐つくにははじめ腰の廻り皮肉の間へ入り、夫《それ》より胸膈へ上りて、本の狐つきにはなるとかや」とコメントしている。人見子安の『黒甜鎖語』四編巻五（表14―チ）の野瀬市十郎は、狐の精が皮下に入りこんで凝り固まったところを刀で刺して退けた。

人についた狐の精が皮下に膨《ふく》らみをつくるという説は、他にも多くの書で説かれているが、このへんでやめておく。以上を見ると、狐は脇・腰のあたりから人の体内に入ると思われていたらしい。しかし肩・指先から入るとする説も無視できない。『太平百物語』（一七三二年刊）巻二（表13―ウ）の場合は、狐は肩から入ったようである。指先説で古いのは『元禄世間咄風聞集』で武士に付いた狐の例だが、『譚海』巻一一の説明がくわしい。その著者＝津村淙庵《つむらそうあん》がいうには、日蓮宗中山《なかやま》相伝の加持《かじ》は、狐を付かせて病人に口ばしらせ、そののち落とす法である。彼自身が加持を受けた経験を記している。

我々も空手にて左右の手をならべ坐したるに、しばらくして左の大指の爪の間より入る物あり。小き蜘蛛ほどの様なる物、ひなひなと脈所まで入たりと覚えたれば、されこそ狐は入らんとするなれ、年来修行したる功力はここの事也と、一心不乱に陀羅尼《だらに》を唱え、三宝を念じたれば、脈所より戻りたり。

狐潜入の入口はともかくとして、どうやら皮下の筋肉・循環・神経系に異常が生じるようだ。したがって狐の霊は、付いた人の身体の特定の場所に限定されることなく、自由に滞留・移動できる。『蕉斎筆記』

の説を採用すると、狐の霊が胸部に入ったとき病症が深刻になる。心臓・肝臓に近づき心身機能を大きく害する、と思われていたのかもしれない。また昼田源四郎[一五〇]が報告する『守山藩御用留帳』所載の狐付き事件（一八五二年記、表14―ミ）で、狐に付かれた卯伝次には腹部膨満・腹胸部疾痛の症状が見られたものの、心臓・肝臓のような主要内部器官に入った形跡はない。

本章のはじめに述べたように、採用したデータのほとんどは事件の正確な報告ではない。したがって現代精神医学の立場からむりに解釈するのは余分だろう。しかし一応の解釈をつけておく。狐付き症状は、次の五つの類型に分類できる。[3]（1）心因性の精神疾患、（2）心因性の身体疾患、（3）器質性もしくは内因性の精神疾患、（4）これに伴う身体症状、（5）その他の疾病《しっぺい》。ようするに（5）の場合をのぞいて、精神の非正常な動きが因となり果となって生じる症状が、狐付きと判定されやすい。

五つの型の症状の中心になるのは（1）であろう。つまり多くは、ヒステリー・神経症・心因反応と見なすことができる。これらの場合、しばしば継時的人格変換が現れる。近世の狐付きのなかには、森田正馬[一八八・一八九]が祈禱性精神病と名づけた心因反応らしい例も見られる。森によれば、祈禱性精神病とは次のように定義される。つねづね憑依《ひょうい》などの迷信を有する患者が、恐怖すべき事件や自分で異様だと感じる病症に遭遇したとき、または加持祈禱を受けたとき、自己暗示によって人格変換や不随意な言行、あるいは錯乱状態・昏迷状態を生じる。とくにA2型の事件のように、狐の報復が予想される事態が生じたときには、狐が付きやすいだろう。また表12―サ・ヒ、表13―ツ、表14―ムでは、異常を祓《はら》うため祈禱をしたのち、はじめて患者の口から狐が名乗りをあげる。これらの場合、狐付きを想定した祈禱そのものが、狐付きの機縁になり得た。

（2）に相当する例をあげよう。『蕉斎筆記』の症状はヒステリー球と関係がありそうだ。つまり、球状のものが胃上部から咽頭部に上がってくる感覚が、ヒステリーをはじめ神経症・心因反応に見られることがある。[三二・一四七] ほんとうは食道筋の攣縮《れんしゅく》で生じるのだが、外部から入った異様なものが上方にあがると思われた可能性がある。小十郎はヒステリーとは思えないが、かつて狐を殺した場所に来て心因反応をおこした、という説明もあながちには否定できない。

いわゆる心身症も、この型の一つとすることができる。心身症にあらわれる幽門前庭部の腫瘤、これにともなうみぞおちの膨満感、および腹部膨満症[一四六]も、身体中央部に入った狐気の候補になるだろう。『妙薬手引草』の鼻下・喉表面のゆがみは、食道筋の攣縮で説明できるかもしれない。大田南畝《おおたなんぽ》の『一話一言』巻三〇（一八一五年記、表12―ナ）の病者は、喉を絞《し》めつけられるように感じるが、これもおなじ。『和漢三才図会』のいう指の震えは、ヒステリー・神経症、および不安・驚愕などの強い情動を体験したとき生じる振戦[三〇]（不随意的・律動的な震え）と診断できる。指の爪の間から狐が入るという感覚も、たぶんこれにかかわるだろう。脈拍の異常もまた、ヒステリー・心因反応・心身症に随伴しがちである。

（3）の型に関しては、精神分裂病圏内の重篤な症状を示す例を見落とすことができない。すでにあげた『耳囊』巻一〇（表12―ツ）・『九桂草堂随筆』巻八（表13―ネ）では、付かれた本人＝第一人格と付いた狐＝第二人格とのあいだに会話があり、両人格が同時に現れるが、これは分裂病にしばしば見られる症状である。後者には自動行動も見られた。『中陵漫録《ちゅうりょうまんろく》』巻七（表13―ナ）の自傷行為も分裂病圏内の病症である。器質性ないし内因性精神疾患の患者も、病状経過のある時期に遭遇した特殊の祈禱性・疑似宗教性体験がきっかけになって、はじめて狐付き独特の症状を呈するようである。[六三・一二六] 上記諸ケースにおいてはこの点ははっきりしないが、『中陵漫録』の自傷行為におよんだ樵《きこり》は、三〇余年前傷つけた狐のことを本人または身近なものが思いだし、病気をこれと結びつけたのだろう。三つの例をふくめ、祈禱者の関与もあったかもしれない。

（4）には、『妙薬手引草』が狐付きの証拠の一つとする「手の大指をかくす」行動が該当するだろう。医学ではテタニーと称す。疼痛をともなう筋肉の強直痙攣《ごうちょくけいれん》である。このとき患者は、親指を内側に曲げ、他の指を伸ばす。テタニーは副甲状腺の機能低下によって生じる。そして副甲状腺機能低下は、不安・神経過敏・抑鬱・軽燥・強迫などの精神の違和をひきおこす。[一六九]

最後に（5）だが、狐付きには憑依症状以外の病気を随伴するケース、あるいは憑依症状なしにふつうの病気を狐付きとみなすケースも少なくない。表13の狐の報復による付きの場合には、熱病の例（エ・タ・ト）が出る。高熱のため譫妄《せんもう》状態になり、無意識が表面化する例もあろう。とくに第四・五章で詳説する狐持ち筋《すじ》の地帯では、疫病のような通常の病気すら狐付きと判定されやすい。

人に狐を付ける者の職業

表15には、ある者が他の人に狐を付けた事件をまとめた。多くは事件の年が特定されており、実際に起きた出来事にもとづく風聞の記録と推定される。付けられた人は若い女性が大部分である。付ける者から狐を付けやすいと思われ、彼女たちが選ばれたのだろう。目的不明の場合を除いて、祈禱料など礼金目当ての行為であった。つまり付ける者は、人に狐を付けておいて、それと知らぬふりをして落とし、礼金を稼ぐ。付けた者の職業は、一例をのぞいて僧侶・修験者・神道者であった。陰陽師《おんみょうじ》の不在は、偶然かどうか微妙なところだろう。修験者の狐付け・狐落とし行為については、菊地武の論文[五〇]に詳しい。

『半日閑話』（一八二二年成立）巻一四（表15―カ）の例をあげよう。そこで引かれている文書は、付かれた女性の兄が当局に提出した届書だという。

普請役《ふしんやく》＝町田相之助の妹＝愛が乱心状態になった。愛の口を借りて狐は、「大久保新田［現、新宿区戸山］当山修験大乗院に遣はれ居候《おりそうろう》狐」と名乗った。付いた理由を問うと、「祈禱を頼まれ右布施料を申請し度《た》き段、之に依り乗移る」旨述べた。つけた大乗院と修験の組合に祈禱させたところ一度は落ちたが、またついた。大乗院は他所《よそ》でも狐を遣わしているという噂がある。

この例は、大乗院が狐を付けているという風聞を聞いていた愛が、なんらかの精神的違和に悩まされたとき自己暗示にかかり、狐の名を借りて、それが異常の原因だと口走ったのだろう。あと一つ、「寺井村尾先狐一件出入につき吟味願」（一八二六年記、表15―ケ）と称する領主あての文書を紹介する。

寺井村（現、群馬県太田市寺井）の農民＝又右衛門の一六歳になる娘が病気にかかり、「神道出羽より参り候尾先狐」と名のる。そこで村の者が出羽をよび糾《ただ》したところ、出羽は彼女に狐を付けたことを認めた。そののち出羽は村から逃げ去り、行方不明。

さきの大乗院の話とよく似ている。この場合も、おそらく出羽という神道者が狐を付けるという噂がでまわっていた。その他にも、人に付いた狐が付けた者を申し立てるケースがあり（表15―ウ・オ・シ・ス）、キについてもその疑いが強い。『英彦山年番日記《ひこさんねんばんにっき》』（一八五五年記、表15―セ）では、修験者が二人の女性の前で狐寄せの誦文《じゅもん》を唱えて、彼女たちに狐を付けた。誦文の内容は不明である。この例のように、相手に狐が付いたという暗示をかけた場合もあったにちがいない。以上の狐付き病症は、いずれも祈禱性精神病と判断できる。

具体的な事件が記されていないので表15には載せなかったが、狐を付ける法を述べた書もある。さきに『譚海』巻一一に所載の、津村淙庵が日蓮宗中山《なかやま》派の加持祈禱に参加した経験を紹介した。そのさい引用した文の前の部分をここで示す。

加持を願ひに集《つどい》たる人を一席に居らしめて、一度に加持すること也。法華経の方便品《ほうべんぼん》を一巻づつ紫のふくさに包みたるを人ごとにもたせ、左右の手にささげもたせて、しばらく呪《じゅ》を唱へて後、其《その》一巻をば取《とり》のけ、そのささげ持《もち》し手をばそのままにて経を持ちたるごとく心得てゐよ、といふて、また呪を唱へ加持すれば、その人ふるひおののきたちて、口ばしる様子なり。

この描写からは、それが狐を使った祈禱だとは明らかではないが、淙庵はそのように解釈した。実際はどうなのだろうか。新井白蛾《あらいはくが》の『闇の曙』（一七八九年刊）巻上は、大坂上町の某が寄祈禱をするとき、女に幣《ぬさ》を持たせて狐を付け、いろいろのことをしゃべらせる、という。この場合は、いわゆる神おろしの一種で、霊媒の口を通じて狐に依頼者の問に答えさせたのだろう。してみると、中山派の上記の祈禱も、狐寄せであった可能性がたかい。ただし、こちらは集団的な暗示作用を引きだし、人の心身の悩みを治癒する効果を得ようとしたのではないだろうか。

狐が付いた結果なんらかの現世利益がもたらされた例に関しては、すでに述べた。より積極的に自らまたは他者に狐を付けて、利益をよびよせた資料も残っている。藤本幸雄は、天保《てんぽう》六（一八三五）年に河内《かわち》国丹北郡三宅村（現、大阪府松原市三宅西・中・東）で生じた狐付け事件にかんする古文書を紹介した。藤本は、狐付きは近世後半の河内では歓迎されていたという。上記文書によると

神祇道に事寄《ことよせ》、野狐をよせ、稲荷明神と唱、怪しき偽術を以て諸人を惑し候儀、前々より御法度《ごはっと》に御座候処《ところ》、今度当村百姓忠左衛門儀、稲荷明神乗移候抔《など》と申、自宅に祠《ほこら》を勧請致し、野狐を寄せ怪しき儀をいたし候。

これを見ると、狐が自発的に忠左衛門に付いたのではなく、彼が狐を呼び寄せたと解釈できる。これ

はまさに狐下ろしである。類似の例は、中川すがね[一一九]によっても報告されている。嘉永～安政の頃（一八四六～六〇年）、河内新堂村（現、大阪府富田林《とんだばやし》市新堂）の中村佐市は自宅に稲荷を祀り、稲荷下ろしによる託宣・祈禱・お払いを行っていた。中川は、他にも池田（現、大阪府池田市）・京八坂《やさか》での文化・文政年間（一八〇四～三〇年）の稲荷下ろしの例をあげた。

これらの例は、A・ブッシィ[一六三]が紹介した現代関西に現れたオダイの活動に似ている。オダイは、以上記した稲荷行者の類《たぐい》から発達したのではないか。ブッシィによると、オダイ型の人の巫覡《ふげき》としての自覚は、神がかりから始まる。そしてオダイとして認められるようになると、単独巫儀の場合、自ら稲荷系の神がみに付かれ、託宣を行う。稲荷系の神がみは、第一部の葛《くず》の葉《は》稲荷の章で示したように雑多な名称を持っている。複数巫儀では、霊媒役と質問役の分業で託宣が進行する。

日蓮宗の狐付きの問題に戻る。白蛾が京都二条河東寺町本正寺（日蓮宗）の日来という僧に狐の妖異について質問したとき、日来は「祈禱者どもが食物を以て飼《かい》なづくる也」と答えた。京都の日蓮宗に属する験者には、狐を使う術に詳しい人がいたようである。ただし、その人自身がこの術を使ったのかどうか、使ったとしてもどのような目的で用いたのかは明らかでない。

坂本勝成[七二]によれば、近世日蓮宗では、中山系だけでなく狐を媒介とした祈禱がかなり広く行われていた。そこで寛文五（一六六五）年、日蓮宗は「法式之条目」で狐の寄せ祈禱を規制した[一七四]。

祈禱者と為《な》して、猥《みだり》に寄祈禱を致すべからず。但《ただし》、叶《かな》はざる子細これあるにおいては、諸門流の頭寺へ相談を遂ぐべき事。付、売僧ケ敷奇怪の事、これを致すべからざるの事。

にもかかわらず、狐寄せ祈禱は完全には止まらなかったようだ。病症治癒に効果あると思われていたからだろう。なお表15―カで武士の妹に狐をつけたのは、真言宗系当山派の修験者だった。天台宗系の本山派（表15―セの英彦山修験を含む）、あるいは羽黒修験のような独立修験や密教僧も日蓮宗の僧と同様の行為を噂されていただろう。

飼育して手なずけた狐を使う法は、飯綱《いづな》の法として比較的はやくから知られていたが、これにかんする説明は第四章にゆずる。飯綱の法を使うのは、ふつう修験者とされているが、神道者の一部にもその風があったようだ。[一七八] 僧侶・修験者・神道者が狐を使うと思われていたことは今までの叙述で明らかであり、それは表15で狐を付けた人の職種とも一致する。

陰陽師もまた、狐に関与したと思われる。『耳嚢』巻七には、江戸の武士が屋敷稲荷の祭祀について陰陽師に指示を求めたという話がある。また、狐使いにかんする風聞のなかには、しばしば街の卜占師《ぼくせんし》の姿が見える。明和《めいわ》の頃（一七六四～七二年）から、土御門《つちみかど》家が巷《ちまた》の卜占師を配下に取りこもうとつとめ、かくて彼らは陰陽師の仲間に入る。喜多村信節は『ききのまにまに』（一八五四年成立か）でいわく。

牛込原町［現、新宿区若松町］に売卜者あり。頃日殊《けいじつこと》の外《ほか》流行して……。是《これ》はオサキ狐を使ひしと云《いう》。其狐の子多く出きたる故、伝通院《でんづういん》辺に捨てたるが、近辺の者に付てさまざま口走りたるが聞えて……早速卜者捕へられ……。

陰陽師には、法師陰陽師とよばれ修験者を兼ねた者もいた。第二部第五章で述べたとおり、陰陽師を支配していた土御門家は陰陽道を天社神道とよび、神道の一流派に位置づけようとした。[二六] 一八世紀の終わり頃、陰陽師の渡辺左京は、最初は日本橋・中橋あたりで占いをおこなっていたが、やがて人気を得、八丁堀稲荷の神主となる。[二〇] このように、表むき修験者・神道者の名のもとに陰陽師が活躍していたこともあった。

算木《さんぎ》・筮竹《ぜいちく》を使う易者も、狐にかかわっていた疑いは否めない。『譚海』巻一二によれば、宝暦の頃（一七五一～六四年）、易に堪能《たんのう》な徳運という狐がいたという。狐とはいわないが、稲荷社と易との関連を示す文献もある。青葱堂冬圃の『真佐喜《まさき》のかつら』（一八五〇年頃成立か）には、深川大工町《だいくちょう》（現、江東区清澄二丁目か）落穂稲荷の別当の息子が易学をよくしたと記す。『仙境異聞』によると、寅吉が「神誘ひに会ひたる」は、文化九（一八一二）年、池之端茅町《かやちょう》（現、台東区池之端一丁目）の境《さかい》稲荷社の前で貞意という売卜者と出あったことから始まる。

近世江戸で活躍した占師・易者の多くは、もともとは陰陽師ではなかったという。儒学系・僧侶・神職・修験者、さまざまな者が筮竹と算木で生計を立てていた。[一四三] 儒学が盛んになり、近世中期に新井白蛾のような易学の大家が出現したことも、各種宗教者の易占の仕事を促進した。[四一]

これらの下級宗教者の一部が、狐落とし、場合によっては狐付けに参入していたことは疑いなく、彼らの活動は、近世とくにその中期以後活発になったと推定される。その背景を明らかにしなければならない。じつは、この点は第二部第五章で、江戸の稲荷について述べた事情と共通する。結論だけをいうと、僧侶・修験者・陰陽師のいずれも、一七世紀の半ばから一八世紀にかけて、状況に大きな変動があり、それにともなって祈禱的な活動がさかんになる。彼らは稲荷社などに活動の拠点をもとめた。稲荷と狐が等置される地域では、稲荷社の管轄《かんかつ》と狐の制御《せいぎょ》はほとんど同義であった。かくて狐付け・狐落としの行為者は職を確保することができた。

とはいえ、祈禱的・呪術的宗教者の数が増え、彼らの活動が活発になったから狐付きが増えたのか、あるいは狐の霊力をもとめる声をふくめ、祈禱・呪術に望みを託す風潮が強まったから彼らの活動がさかんになったのか、正確な因果関係はわからない。どちらかといえば、後者の因果関係が基本だろう。祈禱系宗教者の増加は、稲荷などの流行神が都市を中心に蔓延した社会現象とも無関係ではあるまい。いずれにせよ、近世後期の社会は、職業的祈禱・呪術者の大量需要を生み出し、彼らの供給源は、浪人・下級武士・商人、あるいは奉公人の供給源でもある貧しい農民だった[二〇・二一〇]。そのうえ一八世紀後半の江戸では、れっきとした旗本が狐を使うという噂が広まった。松平定信の側近＝水野為長《みずのためなが》の『よしの冊子』（一七八八年記）四・五によると、鈴木清兵衛と若林敬順が狐使いと疑われており、しかも両者とも定信に接近を図っていたという。『寛政重修諸家譜《かんせいちょうしゅうしょかふ》』巻一四一八によると、当時の清兵衛は邦教、敬順については不明。噂だから真相はわからないが、江戸の狐は底辺に広がっただけでなく、頂点をも目指していたのだろうか。

註

（1）人の生霊とその身体のあいだにある見えない経路については、すでに指摘したことがある。[一二五]

（2）『仙境異聞』が記す寅吉の報告の信頼性について、篤胤自身が晩年疑問をもったとされるが、寅吉の詳細な報告がすべて彼の心中で捏造《ねつぞう》されたとは信じられない。実際、人に付いた狐の心身分離のように、当時の通念を語った例もある。寅吉を連れ去った人たちをふくめて多数の人の、意識的または無意識に寅吉に吹き込んだ知識が、聞き手の誘導尋問により編集されて語られたのだろう。

（3）この分類は、精神医学者から見れば規範を逸脱しているかもしれない。私の議論の流れに適合させた我流の分類である。使用した病名についてもおなじ。

第二章　狐落としの方法

狐落とし呪法の展開――祈禱・和歌・護符

近世の書に記された狐落としの法を分類すると、およそ次のようになるだろう。（1）祈禱、（2）祈禱ではないが言語による呪法、（3）護符の使用、（4）言語による叱責・説得、（5）弓矢・刀剣などによる脅迫、（6）その他の物理的方法による呵責《かしゃく》、（7）狐の天敵の利用、（8）狐の要求の容認、（9）薬物の利用

以下そのおのおのについて実態を明らかにしたい。ただし、前章で述べた方法については簡略にすませる。狐を落とした人の職業は、前章の表12・13・14・15を一見すれば明らかだが、念のために少し説明したい。

（1）祈禱

一〇世紀には狐落としを一つの目的として六字経法という修法が真言宗・天台宗の密教で始まってい

た[一三〇]。このように、仏教に現れる狐落としの祈禱の歴史はきわめて古い。狐付きではないが、玉藻《たまも》の前《まえ》伝承では、狐が美女に化けて鳥羽上皇に近づき上皇の命をねらった。そのとき玉藻の前の正体を見破ったのは、陰陽師の安倍泰成《あべのやすなり》だった。この伝承は一五世紀前半には知られていた。また修験道は、密教の流れを主体として陰陽道をも取りこんでいるから、修験者も当然、早くから狐を落としていたと思われる。

本筋の近世の話に進もう。表12・13・14・15で祈禱により狐を落とした者、または落とそうと試みた者には、僧侶（表12―オ・キ・ク・ケ・ナ、表14―ヘ・ミ、表15―ウ・サ）・修験者（表13―ウ・オ、表14―エ・ク・ム・モ、表15―ア・イ・エ・カ・ス・セ）・神道者（表14―モ、表15―コ）のような宗教者が多いのは当然である。たまたまこれらの表には出てこないが、陰陽師もこれに関与したにちがいない。陰陽師の狐落としについては、『備中志』（一八五三年頃成立）下道郡巻六に記載が見える。ただし、祈禱文の説明はなく、太鼓・鳴弦《めいげん》・抜刀などの呪法をなし、焼けた抹香で狐に付かれた者を熏《くす》べるという。

祈禱内容の資料的な裏づけが整っているのは、伏見稲荷本願所＝愛染寺の法、修験道当山派（真言宗系）の法、および日蓮宗系の法である。

愛染寺に伝わってきた「野狐加持秘法」は一七世紀の亮雄のときには成立していたので、中世末には原型があったのかもしれない。真言密教の一法と見てよいだろう。きわめて長大な手続きをふむので、一部だけ紹介する。

病人を吉方《きっぽう》に置き、護身法を修し、宗極秘印を結ぶ。清浄な水を病人に注ぎ、杖で彼の胸に梵字の呪字を書き、その額に空点を打つ。次に大日印言を唱え、また祈禱者と病人と不動尊三者を一体と感じる。その間に火焰熾然《しねん》として病人の罪障を焚焼するとも観じる。不動三種印を結び、かつ三種の呪または明《みょう》（短い呪文）を唱える。病人の体に一九種の梵字を布し、真言を唱える。これを終えたのち香水をもって病人に御符を飲ませる。さらに慈救呪を唱えると、邪気が正体を現し退散する。さいごに真言を唱え結界をむすぶ。

当山派修験の法に関しては、中野達慧《なかのたつえ》編の『修験深秘行法符呪集《しゅげんしんぴぎょうほうふじゅしゅう》』巻七に、狐を落とす符がいくつか掲載されている。中野は、三宝院義演集録の切紙《きりかみ》（一七世紀初期か）などを使ったという。おおむね近世の呪法が示されていると考えてよいだろう。「狐付呪大事」を紹介する（／は原文改行）。

守の内符に心経、一巻。上書には爾迦縛独鮎。／次仁王経八偈文四言を四句、一枝宛《ずつ》の札に書て家の四方にをす也。／次南無稲荷真狐王菩薩又稲荷大明神又駄枳尼《だきに》天等と書く。歌曰《いわく》。

稲荷山我玉垣を打たたき
　崇《たた》りやめよといのる垂迹《すいじゃく》

稲荷山我玉垣を引しめて
　我思事叶へ御社

次祀念には心経秘鍵任意。次灸を首鎮に一灸する内に、不動一段式を読む。慈救呪百遍。

さらに「野狐放大事」と称する法もある。詳細は略すが、まず九字（臨兵闘者皆陳列在前）を切り、さまざまな印を結び明を唱える。宮家準[一七六]によれば、これらの印・明は祈禱者即不動明王と観じ、さらに付かれた者に仏性を開く働きを持つ。次に、狐に付かれた者が男性の場合は左足裏に、女性のときは右足の裏に、**図40**の字を書き、額と後頭部に梵字の[梵字]（不動明王の種子）と[梵字]（大日如来の種子）を記す。任意に祈念・読経を行ったのち、弘法大師作と称する秘密の頌《しょう》を唱える。

昔在霊山名法華　今在西方名弥陀
濁世末代名観音　三世利益同一体

あと一つは、『法華経』巻七「如来神力品」の頌である。

諸仏救世者　住於大神通　為悦衆生故　現無量神力

これらの頌を唱え、付かれた者の首に灸をすえ、達磨《だるま》をもってしたたかに額を押す。

次に日蓮宗の狐落としは、既述の狐付け祈禱の風聞と無関係ではあるまい。中山《なかやま》法華経寺の発掘調査[二〇八]報告書[1]によれば、祖師堂背面縁の下部分には、狐祓にもちいられた杭《くい》が多数発見された。杭には願文が墨で書かれており、「宅地に封じた狐一切中山に送る」などの文も読み取ることができる。「南無妙法蓮華経」の字を含む願文が多い。日蓮宗の狐落としは、他の地方でも行われていたようであり、『真佐喜のかつら』（一八五〇年頃成立か）巻八は、日蓮宗の老僧が野狐付きを『法華経』読誦で落と

図40　「狐付咒大事」（17世紀初頭）における狐落としの呪字

妙法蓮華経序品第一令百由旬内無諸衰患雖有
魔及魔民皆護仏法遊行無畏如師子王梵天王魔
王自在大自在諸余怨敵皆悉摧滅頭破作七分如
阿梨樹枝

図41　『五檀祈禱之事』（1785年頃か）の狐符（宮崎英修による）

したという。『法華経』の読誦《どくじゅ》が、もっとも簡単な狐落としの法だったらしい。

身延《みのぶ》山積善坊に伝わり、文政三（一八二〇）年に日憲が整理した祈禱書集が現存している。これを宮崎英修の著書[一七八]にもとづいて紹介したい。そのなかで、『大極秘書』には天明五（一七八五）年の書写奥書が付く。この書には「狐放符」が三つ掲載されており、そのうち「俄《にわか》に狐に著かれたる時用う符」を使う際には祈禱を伴わなければならない。『五段祈禱之事』には、詳細な祈禱法が記されている。まず、狐付きであるか否かの診断法。『法華経』を誦し、陀羅尼《だらに》を唱える。さらに狐に付かれたとされる人の肩・首筋のあたり、腰の一四の骨、および脇の下に、⿰鬼瓜の字を人差し指で何度も書き、その指で押す。これを繰り返すと、狐付きは「お許しあれ。立ち去る」などといって泣きだす。これで狐が付いているとわかる。次に落とす法。箇条書きで記す。

（a）読経および陀羅尼。

（b）狐に付かれた人に**図41**の符を飲ませる。

（c）妙九字を切りかけ、眉間に⿰鬼瓜蘭神と書き中指で押す。喉の凹みの下、胸の上に⿺鬼乂の字を書き、地祈禱を行う（地祈禱の内容は省略）。妙九字とは、『法華経』のなかの一句九字の文を意味し、修

験道の九字を日蓮宗的に改変したものである。地祈禱の段階で、多くの場合狐が詫びごとをいう。そこで、

(d)休息ののち、戸口の方に油揚げ・小豆《あずき》・飯を投げ与える。すると付かれた人は、戸口まで行って倒れる。倒れた人の喉の凹みとみぞおちに䰠の字を書いて中指ではじき、数珠《じゅず》で撫でおろし手先に引き取るようにする。背中の第一骨から下へも数珠で撫でおろす。

(a)~(d)によって普通の狐は落ちる。しかし功《こう》の入《い》った狐は落ちないことがあるので、その場合は第二段の祈禱を行う。

(e)『法華経』要文を助経に読ませ、祈禱僧自身は、病者の眉間《みけん》に**図42**の呪を記し、さらに肩先両手に䰠の字をすきまなく書く。

(f)経・茶鬼守・閏守を縫《よ》って輪をつくり首・手足にかける。

(g)最後に、助経に「妙法蓮華経序品第一諸余怨敵皆悉摧滅」(2)を繰り返し読ませ、祈禱僧は診脈をする。

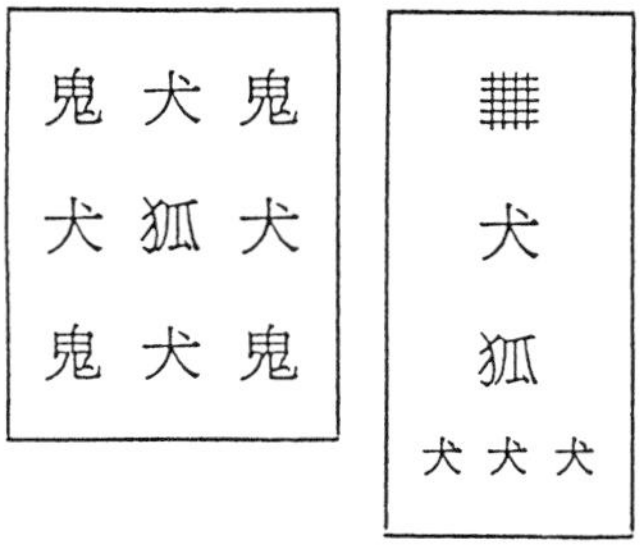

図42『五檀祈禱之事』(1785年頃か)における狐に付かれた者の眉間に書く守(宮崎英修による)

以上で終わりだが、祈禱に並行して香をたく。香の成分は、安《あん》息《そく》・雄黄《ゆうおう》・艾葉《がいよう》・和琥珀・硫黄・蒼朮《そうじゅつ》・洙香・槐茂実・白鶏冠花《けいかんか》実、沈香・韮子《きゅうし》・狐舌《きつねのした》・狐肝・狼毛《ろうもう》。このなかに民間の狐落とし薬に使われる雄黄と鶏冠花が入っているのに注目すべきだろう。民間

薬材については、のちにあらためて詳述する。

(2) 祈禱以外の言語による呪法

祈禱の項であげた和歌や頌を独立して用いればこのケースになるが、なかでも和歌の効用がよく知られていた。多田南嶺《なんれい》の『蓴菜草紙』（一七四三年序）巻二には、狐をしりぞける和歌が披露されている。ただし義俊自身は、この種の和歌の流布には否定的だった。

　蟇目《ひきめ》いる神の前なる古狐
　　三つの的とも成りべかりけり
　引き目射る神の前なる古狐
　　はや立ちかへれ本の社《やしろ》に

日本の文化伝統において、人びとは和歌の形式でさまざまなコミュニケーションを行ってきた。人と狐のあいだでも、近世以前に葛の葉狐が人に和歌をもちいて連絡した例があった。狐が人にあてた「たずね来てみよ」という訴えは、人が狐にもとめた「はや立ち帰れ」との要求と一対《いっつい》をなす。

和歌は、人の心を託すのに適した伝統文化であっただけでなく、「天地《てんち》を動かし、鬼神を感ぜしめ、人倫を化し、夫婦を和《やわ》らぐる」（紀淑望《きのよしもち》『古今和歌集』九〇五年成立か、真名序）感応力《かんのうりょく》がこめられていた。『老の長咄』（一八二〇年頃成立、表14―ツ）の人に付いた狐は、百人一首の本を見て恐れおののき、人がこれを読むと早々に退散した。この場合は、どの歌というのではなく和歌の感応力が作用したのだろう。

（3）護符の使用

前章の表では、表13―サが、護札その他の呪物を用いる法の例に該当する。そのほか表12―ホもその候補になる。「ふご」の意味は不明だが、ふつうは籠を意味する。ここでは符護だろうか。

寺島良安の『和漢三才図会』（一七一三年刊）巻三八によれば、狐には花山家と能勢家の二派があり、いずれの派も次のような話を伝える。狩りたてられ追われた狐が、花山家または能勢家の人に救助されたため、その恩を感じ、両家が出す符を持っている人には絶対付かない。栗原東随舎の『思出草紙』（一八四〇年序）巻三には、「江戸築地万年橋の辺りなる能勢氏の方へ聞伝へ、諸方より里札もらひの人々、日々たゆるひまなし」とある。

あるとき、狐付きの男のもとに能勢氏の黒札を持参したところ、狐は恐れおののき退散せざるを得ない状況にいたった。しかし親狐の敵討ちのために付いたことが能勢氏に認められて黒札は撤去され、ついに狐は男を取り殺す。

『寛延雑秘録』（一七五〇年頃成立）巻六の話のように、能勢家の黒札で落とそうとしたが落ちなかった例もある。それでも能勢家の黒札の需要は続いたらしい。斎藤月岑《げっしん》の『東都歳時記』（一八三八年刊）によれば、この頃も能勢家の鎮守、鉄砲洲（現、中央区湊一丁目）と和泉橋（現、千代田区神田佐久間町

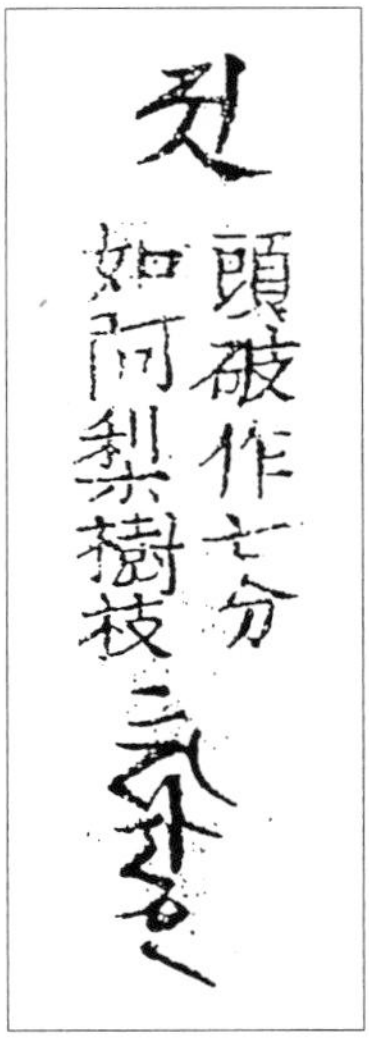

図43 『咒詛調宝記大全』（1780年）の「野狐付たる時の符」

あたりか）の稲荷社では、初午《はつうま》の日に狐付きを避ける札を出していた。

花山家とは、藤原家忠からはじまる京都の公家＝花山院《かざんいん》家を指す。ここではいつの頃からか伏見稲荷の分霊を勧請し、花山稲荷と称していた。菊地武[四九]によると、文政三（一八二〇）年、狐の出没に困惑した但馬《たじま》国美含《みくみ》郡竹野谷（現、兵庫県豊岡市竹野町）の農民が花山院家を訪れ、神事を依頼し執行した。さらに、当時の当主＝花山院愛徳の直筆をもらって村で祈禱した。しかし菊地も、花山院家の守札について詳細はつかめないという。

諸種の宗教者も、護符を出していた。『修験深秘行法符咒集』「狐付咒大事」で、柱に張るように指示された「仁王経八偈文四言」の類も、祈禱から独立して用いられれば護符になるだろう。日蓮宗の『五段祈禱の事』には、すでにあげた符の他に「野狐人形守」が記載され、おなじ積善房流伝書の『五段符守』にも「野狐守」がある。「野狐人形守」には、狐に野に立ち帰るよう諭《さと》す和歌がつく。

神道に関しては、伊勢国一志郡《いちしぐん》に住む名島政方の『晤語』（一八二一年序）巻二が次のように記す。

> 文化初年の比《ころ》、吾邑《わがむら》及近村に狐託人多し。……ここに度相［度会］神官某家に狐託を除く守……持伝ふ。おのれ所縁あるをもて此守を乞て試しに、いかにも去りぬ。此《この》こと近村の人よく知《しる》ところにて、狐託人あれば乞に来る。各《おのおの》去しとかや。

民間にでまわった呪法集も少なくないだろうが、手元にある大江匡弼《おおえただすけ》の『呪詛調法記大全《まじないちょうほうきたいぜん》』(一七八〇年序)の「野狐付《つき》たる時の符」を、**図43**に示す。上と下にある梵字は、それぞれ大日如来・不動明王の種子。この符を持ち慈救咒で加持する。また額にもおなじ符を書く。そして「慈救咒《じくのしゅ》とは不動の真言の事也」、と説明がついている。この符が、修験道の呪法から流出しただろうことは、前者とおなじ不動真言の慈救咒を唱えること、符に大日・不動の種子が書かれることなどから容易に想像できる。ところが「頭破作七分　如阿梨樹枝」の部分は、図41の文の末尾と照合すれば日蓮宗の祈禱法から出たことは明らかである。『法華経』巻八「陀羅尼品」において、羅刹女《らせつにょ》たちが仏陀のまえで「若《も》しわが呪に順《したが》わずして説法者を悩乱せば、頭は破《やぶり》て七分と作《さく》ること、阿梨樹《ありじゅ》の枝の如くならん」と偈を唱えた。阿梨はアルジャカ、蘭香と訳される。花弁の数が七個だともいう。真言・天台の流れのみならず、日蓮宗系の呪法も、狐落としの民間呪法に流れ込んでいた。

狐にたいする脅迫・天敵の利用・要求容認

項を改めたが、狐落としの方法のナンバーは通しで記す。

（4）言語による叱責・説得

その例は、表13・14に多く見られる。表13―ア・オ・ス・ソ・タ、表14―ナ・ニの狐落とし法が、これに相当する。狐は霊力を持つ動物だから、人の主張の道理を聞き分け（表13―ア・ソ・タ）、また精神力・知力の優れた人に比べると霊力が劣るので、その人の叱責に屈する（表13―オ・ス、表14―ナ・ニ）。一般に狐落としの成否は、人と狐の霊力の相対的強弱に依存するが、狐を落とす瞬間に人の側の気合いが狐を上まわらなければならない。

（5）弓矢・刀剣などによる脅迫

一〇世紀の六字経法ですでに、狐を落とすために弓矢が用いられた。弓矢は古代以来破魔《はま》に顕著な効果を発揮したのだ。表14では、ア・ス・ネ・ハ・フ・ムがこれにあたる。『蓴菜草紙』巻二の和歌も、この手法を言語で表し和歌の力と重ねたにすぎない。表13―キ・ツの鉄砲で狐を落とした発想は、弓矢の破魔作用の延長上に思いつかれたのだろう。近世に入る直前、豊臣秀吉の養女＝豪姫に狐が付いたとき、彼女の実父＝前田利家は銘刀の力で狐を落とした（村井長明『利家夜話』一七世紀前半成立）。おそらく戦国時代には、このような狐落とし法・破魔の法が誕生していただろう。表14に採用された文献で狐を刀で落としたのは、オ・キ・サ・テ・マ。

医師が所持する鍼《はり》も、狐を脅す利器になり得るが、同時に薬材の使用とおなじく医療行為の意味をも伴うかもしれない。表13―セ、表14―ヌがそれである。

（6）その他の物理的方法による呵責

『英彦山年番日記』（一八五五年記、表14―ム）によると、修験者の本蔵坊泰隆は、狐が付いた女性に祈禱を試みたが効かず、さらに蟇目《ひきめ》の法（鬼魔を降すために一種の鏑矢《かぶらや》をつがえて射る法）も無効だったので、井出や川の水中に彼女を押し込んだり、燃える薪の山の端を引き回したりしたが、結局は狐は落ちなかった。乱暴な方法だが、付いている狐を退散させるには、これを苦しめるのに如《し》くはない、と考えたのだろう。結果としては、付かれた人もまたひどい苦痛に苛《さいな》まれる。弓矢や刀を実際に使うまでにいたる例もあったが、基本的にはこれらの武器は狐などの鬼魔を退ける象徴的手段であった。ところが火責め・水責めは直接的な行為であり、呪術の域を越える。『備中志』が記す陰陽師の祈禱法でも、実質的手段はやはり物理的なものであった。『思出草紙』巻三には、狐付きを灸で責める方法も述べられている。久須美祐雋も『在阪漫録』（一八五九年記）二で、おなじ方法を記した。灸は鍼を使う落とし法とおなじく、医療の意味も兼ねていただろう。

付いた狐を付かれた者と一緒にまるごと責めるのではなくて、付いた狐を直接攻撃する方法も語られた。前章で紹介した『蕉斎筆記』（一八〇〇年成立）の若者は、自分に付いた狐の精を自力で押し出した（表13―ケ）。『黒甜鎖語』（一八〇一年成立）の男も、皮膚を切開して狐の精を追い出した（表14―チ）。ただし直接攻撃法を使用したというのは事実談ではなく、作り話かせいぜい風聞であろう。

(7) 狐の天敵の利用

おなじイヌ科の犬が狐にとって大敵であるという認識は、古くからあった。『日本霊異記』（八二〇年頃成立）巻上ではすでに、狐女房が犬に吠えられて正体を露見させている。近世には犬形・犬字は破邪の呪物とされていたから、狐落としは破邪一般中の特殊と考えてもよい。狼は山の犬とみなされていたので、犬と同様の、あるいはそれ以上の力量を持つ。貝原益軒《かいばらえきけん》の『大和本草《やまとほんぞう》』（一七〇九年刊）巻一六によれば、狐が人に付いたときには、狼の糞を燃やして、その煙で付かれた人の鼻を燻《ふす》べるとよい。

直良信夫・小林茂[一一七]の論文(3)は、明治時代初期に現、東京都西多摩郡檜原《ひのはら》村で捕獲された狼、および近世末期に現、埼玉県長瀞《ながとろ》町において捕獲された狼の頭骨が、いずれも狐落としに使われていたことを明らかにした。長瀞町の狼頭骨を削って得た粉末は、狐落としを目的として服用された。さらに秩父《ちちぶ》市で中世末に捕獲されたと伝えられる狼の頭骨も、頭頂・後頭部は削り取られている。やはり服用されたらしい。日蓮宗積善房流『五段祈禱之事』の狐落としの香に、狼毛が入っているのはおなじ主旨によるにちがいない。

松浦静山の『甲子夜話』巻一二（表14―ヒ）は、次のような狐落としの法を記す。狐に付かれた人の体に鮪《まぐろ》の肉を塗って、彼を柱に縛りつけておく。そこに犬を連れてくると、犬は付かれた人の体をなめるので、狐は恐怖して落ちる。『五段祈禱之事』の狐落とし第二段の符に犬の字を書くのもおなじ効果をねらったものだ。

狐を食う人や殺す人も、狐の天敵になるだろう。中国の李時珍の『本草綱目《ほんぞうこうもく》』（一五九六年刊）巻五一には、狐の臓器を生で食うと狐魅[4]の病が治る、とある。日本近世の文献ではこの種の記載を見いだしていないが、鹿児島県の伝承によると、ヤコと称する狐的動物に付かれる危険がある際には、ヤコを黒焼きにして食うとそれを予防できる。[三三] あるいは『本草綱目』の時空を遠くへだてた影響かもしれない。もちろん日本で自発した可能性も否定できない。『五段祈禱之事』で列挙された香には、狐の舌と肝が入る。

（8）狐の要求の容認

狐の要求を認めて退去してもらう方法は、狐の自己都合による付き、すなわちA1型に多い。表12―ア・エ・オ・キ・ケ・チ・ト・ノ・ヒ・マ・ムが、いずれもこの型に属する。A2型でも、表13―カ・ク・シはこれに該当する。精神医学の立場で説明すると、祈禱性精神病など心因反応を引き起こした原因が取り去られたので、狐付きが落ちたことになろう。

複雑多岐にわたる薬材の利用

薬で狐を落とす方法は、通しナンバー（9）になる。近世の書に記された狐落としの薬材[5]を**表20**に示す。この表に掲載した薬材のうち多くは、中国医学・本草に由来する。そこで、中国本草を大成し、近世日本にも大きな影響をあたえた李時珍《りじちん》の『本草綱目』のなかから上記の薬材の「主治」の一部を抜き書きしよう。大別して、第一に胸腹部の病塊を解消する機能、第二に精神を安定させる機能、これに関連して第三に鬼魅を斥ける機能、第四に中毒を消す機能が注目される。なお『　』内は、時珍が引用した文献名[6]である。時珍自身の説は『時珍』の項に記す。薬材名の後の（　）内には、『本草綱目』の巻数を示した。

A. 烏頭《うず》（一七）：a『神農本草経』癥堅《ちょうけん》・血痕・積聚《しゃくじゅ》を破る。b『薬性本草』痃癖気塊《けんぺききかい》を治す。c『時珍』癲癇、小児の慢驚《まんきょう》を治す。

B. 雄黄《ゆうおう》（九）：a『神農本草経』物の精・悪鬼・邪気、あらゆる中毒を殺す。b『名医別録』積聚・癖気・中悪《ちゅうあく》・腹痛・鬼症を療ず。餌服すれば皆脳中に飛入して鬼神に勝ち、天年を延べる。c『薬性本草』百毒を殺し百邪を辟《さ》け、蠱毒《こどく》を殺す。人がこれを佩《お》ぶれば鬼神は敢《あえ》て近づかぬ。d『時珍』瘧疾《ぎゃくしつ》の寒熱、驚癇《きょうかん》・頭風《ずふう》・眩暈《めまい》を治し、腹中の瘀血を下す。

C．瓜蔕《かてい》（三三）：a『神農本草経』蠱毒を殺す。欬逆上気《がいぎゃくじょうき》を吐下す。b『時珍』癲癇を治す。
E．乾薑《かんきょう》＝乾姜《かんきょう》（二六）：a『神農本草経』胸満・欬逆上気を止む。b『名医別録』皮膚間の結気《けっき》を解く。
c『日華氏諸家本草』気を下し、瘀血《おけつ》を治す。
F．甘松《かんしょう》（一四）：a『開宝本草』悪気《あっき》・心腹痛満・気を下す。b『湯液本草』元気を理し、気鬱を去る。
G．甘草（一二）：a『薬性本草』驚癇を治し、腹脹満を除く。b『日華子諸家本草』魂《こん》を安んじ魄《はく》を定め、
驚悸《きょうき》・煩悶・健忘を補す。c『時珍』驚癇を解す。
I．桔梗《ききょう》（一二）：a『神農本草経』胸脇痛・腹満、驚恐の悸《き》を治す。b『名医別録』蠱毒を下す。c『薬性本草』血積《けっしゃく》気を破り、嗽逆を去り、小児の驚癇に効果あり。d『日華子諸家本草』気を下し、心腹脹痛を止め、癥瘕《ちょうか》を破る。
J．杏仁《きょうにん》（二九）：a『神農本草経』欬逆上気・喉痺下気《こうひかき》・寒心・奔豚《ほんとん》に効く。b『名医別録』驚癇、
心下《しんか》の煩熱・急満痛を消す。
K．金銀花（一八）：a『薬性本草』腹の脹満を治し、よく気を止める。b『時珍』身体内部の尸鬼《しき》が
外部の邪と呼応し誘引する病を治す。
L．黒大豆（二四）：a『神農本草経』鬼毒を殺す。b『名医別録』瘀血を下し、五臓の結積を散ず。
腹脹を止む。c『時珍』気を下す。蠱毒を解す。
M．薫陸（三四）：a『名医別録』悪気・伏尸《ふくし》を去る。

薬物																											
A	B	C	D	E	F	G	H	I	J	K	L	M	N	O	P	Q	R	S	T	U	V	W	X	Y	Z	α	β
					F																						
										K																	
	B												N														
	B			E													R			U							
																						W					
	B			E													R			U							
																						W					
																						W					
									J						P			S		U							
								I				M										W					
							H												T								
						G							N														
A	B															Q				U	V		Z				
											L								T			W					
										K																	
A		C																									
														O												α	
													N														β
						G																W					
A	B															Q				U	V		X	Y	Z		
										K																	
					F																						
			D										N														

P	赤石脂
Q	朱砂
R	大黄

S	代赭石
T	鉄粉
U	巴豆

V	礬石
W	番木鼈
X	牡丹皮

Y	蜈蚣
Z	藜蘆
α	鹿角末

β	蕗草

N．鶏頭花（一五）：a『時珍』下血を止め、下痢を止める。

P．赤石脂（九）：a『名医別録』心気を養い、腸澼を去る。

Q．朱砂《すさ》（九）：a『神農本草経』精魅、邪悪の鬼を殺す。精神を養い、魂魄を安んず。b『薬性本草』心を鎮め、尸疰に主効あり。c『時珍』驚癇を治し、邪瘧を駆除す。

R．大黄（一七）：a『神農本草経』瘀血・血閉・癥瘕・積聚を破る。b『名医別録』胃を平らにし、気を下す。心腹脹満、諸老血の留結《りゅうけつ》を除く。

S．代赭石《たいしゃせき》（一〇）：a『神農

文献名（巻）	著者	成立年	薬名
牛山活套（中）	香月牛山	1699 年序	
同上（中）	同上	同上	
薬屋虚言噺	橋本某	1760 年序	
妙薬手引草	独妙	1772 年序	
壬子作遊日記	頼春水	1792 年記	
療治経験筆記（2）	津田玄仙	1793 年成立	巴黄雄姜湯
譚海（8）	津村淙庵	1795 年跋	
生々堂雑記	中神琴渓	1799 年刊	
医事小言（1）	原南陽	1803 年序	紫円
同上（7）	同上	1805 年序	
卯花園漫録（2）	石上宣続	1809 年序	半井の伝
掌中妙薬奇方（1）	丹治増業	1818 年刊	
此君堂薬方	立原翠軒	1823 年以前成立	玉狐丹
三余叢談（3）	長谷川宣昭	1822 年以後成立	
狐託見伝	鷲山丹宮	1832 記	
同上	同上	同上	
同上	同上	同上	
同上	同上	同上	
同上	同上	同上	
同上	同上	同上	八毒丸
同上	同上	同上	
杏林内省録	緒方惟勝	1836 年序	
諸家奇方	不明	1835 年以後成立か	

薬物記号 ※薬物の説明は、本文注（2）を参照。

A	烏頭	D	かやのから	G	甘草	J	杏仁	M	薫陸
B	雄黄	E	乾姜	H	肝木	K	金銀花	N	鶏頭花
C	瓜蔕	F	甘松	I	桔梗	L	黒大豆	O	榼葉

表 20　狐落としの薬方

本草経』鬼疰・賊風《ぞくふう》・蠱毒・精物《せいぶつ》・悪鬼、腹中の毒邪《どくじゃ》を殺す。b『名医別録』小児の驚気の腹に入ったものを治す。c『日華子諸家本草』小児の驚癇を止め、鬼魅を辟《さ》ける。

T．鉄粉（八）：a『名医別録』驚悸を癒し、心気を定める。

U．巴豆《はず》（三五）：a『神農本草』癥瘕・結聚を破る。閉塞を開通す。鬼毒・蠱疰・邪物を除く。

V．礬石《ばんせき》（一一）：a『時珍』癰疽《ようそ》・疔腫《ちょうせつ》・悪瘡《あくそう》・癲癇・疽疾を治す。

W．番木鼈《ばんぼくべつ》（一八）：a『時珍』咽喉麻痺・痞塊を消す。

X．牡丹皮《ぼたんぴ》（一四）：a『神農本草経』驚癇に効く。癥堅《ちょうけん》・瘀血の胃腸に留舎《りゅうしゃ》するを除く。b『名医別録』心腹の寒熱積聚を療し、悪血《おけつ》を去る。c『日華子諸家本草』癥癖を治す。
Y．蜈蚣《むかで》（四二）：a『神農本草経』鬼疰・蠱毒を除き、鬼物・老精を殺す。b『名医別録』心腹の寒熱積聚を療し、悪血《おけつ》を去る。c『日華子諸家本草』癥癖を治す。
Z．藜蘆《おもと》（一七）：a『神農本草経』蠱毒・欬逆《がいぎゃく》に効く。
α．鹿角末《ろっかくまつ》（五一）：a『名医別録』邪悪の気、留血の陰中にあるを逐う。b『唐本草』猫魅中悪・心腹疼痛を治す。c『日華子諸家本草』夜夢鬼交を治す。鬼精を出す。

以上記した薬効のうち、胸腹部の病塊を解消する機能は、次のとおりである。

Aab、Bbd、Ca、Eabc、Fa、Ga、Iacd、Jab、Ka、Lbc、Pa、Rab、Sab、Ua、Wa、Xa、Ybc、Za、αab

痕・塊・結・堅・聚・積・癥・痞・癖は、いずれも胸腹中の病塊を表す。これらの語の組み合わせもおなじ。痃癖も同様だが、筋の引きつりの症状を含む。瘀血・血瘕は、胸腹内の古い血の塊または腫瘍、気塊・結気は胸腹内の無形の塊。脹満は気塊などによって腹部が膨れる病症。欬逆は咳が込みあげてくることだが、胸部における悪気・病塊の滞留を示唆する。このような病塊を除去する薬材が狐落としに有効とされた根拠は、おそらく狐または狐の霊が身中に入り、気塊または物塊を被害者の体内に形成する、と想像されたことにあるのだろう。『守山藩御用留記』（一八五二年記、表14―ミ）における村民の腹部膨満はその典型例であった。前章に述べたとおり、近世の人の意見をみると、狐は付く人の皮肉の間に入るというのが有力説である。しかし『蕉斎筆記』のように、狐は腰のまわりの皮肉の間に入るが、ここから胸膈にのぼって本格的な狐付きになるという説もある。

胸腹部に滞留するものを気状とする例と物塊状とする例があるが、前者は狐霊そのものを連想させるし、狐霊によって二次的に悪気が生じたとも解釈し得る。欬逆を吐下したり、気を下ろしたりする効能は、狐落としの法につながる。物塊を、狐霊・狐精に潜入された筋肉・臓器の変形部とみなせば、狐付きの症候として近世の日本人に納得されただろう。瘀血も類似症状である。またＥｂの記す皮膚間の結気は、狐付きの代表的な症状によく一致する。

次に精神を安定させる薬効としては、以下の例をあげることができる。

Ａｃ、Ｂａｄ、Ｃｂ、Ｆｂ、Ｇａｂｃ、Ｉａｃ、Ｊａｂ、Ｐａ、Ｑａｂｃ、Ｓｂｃ、Ｔａ、Ｖａ、Ｘａ。
癲癇は現在の病名に近いが、より広い範囲の精神疾患をも指すようである。奔豚はヒステリー・神経症による心悸亢進、驚癇は引きつけの病、驚悸は心悸亢進、気鬱は分かりやすい。Ｇｂ、Ｉａ、Ｐａ、Ｑａｂ、Ｔａの精神安定作用は、広い意味での精神神経疾患に関連しているだろう。

鬼魅を斥ける作用をもつ例としては、

Ｂａｂｃ、Ｋｂ、Ｌａ、Ｍａ、Ｑａｂ、Ｓａｃ、Ｕａ、Ｙａ、αａｂｃ。
をあげることができる。鬼は中国で当初は死霊を意味していたが、日本でいう妖怪全般を指すことがある。上記の諸例では、いずれも悪霊をふくめ妖怪の意。疰は病と同義。尸の第一義は屍だが、霊の意味にも使われるようだ。

日本では人に付き、あるいは惑わせる妖怪の代表は平安時代以来狐であった。平安後期以後、密教でさかんに使われた六字経法《ろくじきょうぼう》のもとになった諸経は、中国では鬼魅《きみ》を斥ける役を担っていたが、日本では狐落としの法に転換した。近世日本でも、中国で鬼魅を斥ける薬材が、狐を落とす薬材として用いられたのだろう。

虫の毒を落とす薬材は、

Bc、Ca、Ib、Lc、Sa、Ya、Za。

蠱は人に害をあたえる虫だが、しばしば呪詛に用いられる虫を指す。また中国では虫とは現代日本語の虫より意味が広く、爬虫類・両生類の多くはこれに入る。さらに虎を大虫とよぶ場合すら知られている。したがって蠱毒と狐の妖害との連想がおそらく成立した。

『本草綱目』は、表20のD（かやのから）・H（肝木《かんぼく》）・O（樒葉《しきみば》）・β（露草《つゆくさ》）についてはふれない。また日本近世の狐落とし薬方に頻出するNの鶏頭花が、薬理的・心理的に狐落としとどのように接するかわからない。しかしその別名が鶏冠、Bの雄黄の別名が鶏冠石なので、後者との混同があったかもしれない。

今まで述べてきた諸薬材に関連して、Kbで時珍があげた五種類の尸鬼の作用はとくに注目に値する。時珍は『葛洪肘後百一方《かっこうちゅうごひゃくいちほう》』を引用して、尸鬼について次のように説く。

飛尸は、皮膚を游走して臓腑まで洞穿し、毎に刺痛を発し、変動常なきものである。遁尸は、骨に附き肉に入り血脈を攻め撃ち、毎に死体を見得ずに哀哭の声を聞くと作用する。風尸は、手足の末端を淫するが、痛みが生じる部位を判断できず、毎に恍惚を発し、意識の明瞭を欠き、風雪の時に作用する。沈尸は、臓腑に纏結し心脇に迫り及び、毎に絞り切るような痛みを発し、寒冷に遭えば作用する。尸注は、全身が沈重となり精神錯雑し、常に昏廃感があり、毎に季節の変わり目に強く作用する。

飛尸が皮下に動き、遁尸が肉に入りこみ、沈尸が心脇に迫り、風尸が意識を混濁させ、尸注が精神を錯雑させるなどの諸作用は、いずれも日本の狐付きの症候に似る。そして尸鬼、すなわち妖魅が体内に入ってこれらの症状を引きおこすのだから、いっそう狐付きを連想させる。

じつは、上記の抜粋が公平な報告であり得る保証はない。『本草綱目』を調べると、上記以外にも同様の効果をもつ薬材は少なくない。とくに胸腹部病塊除去の機能は、他の多くの薬材と共通する。しかしまた、『本草綱目』記載の薬材からアトランダムに書き出したのでは、狐落としに関連しそうな効能はずっと希薄になるだろう。統計をとるわけにはいかないが、『本草綱目』を通覧してそんな印象を受ける。問題は残るが、とにかく先に進むことにしたい。

中国本草の薬材と日本の薬品書への継承

『本草綱目』の薬材効能は、日本の本草書・薬方書でどのように継承されてきただろうか。この点を瞥見しておこう。調査の対象には、日本最初の本格的な本草書『大和本草』（貝原益軒、一七〇九年刊）、一八世紀前半の薬方書『薬籠本草《やくろうほんぞう》』（香月牛山、一七二八年序）、同世紀後半の『薬徴《やくちょう》』（吉益東洞、一七七一年序）、および一九世紀前半の『古方薬品考』（内藤尚賢、一八四一年刊）を選ぶ。『本草綱目』掲出と同一の薬材にかんする同一の文献は、『本草綱目』の場合とおなじアルファベットの小文字で示す。狐付き関連症状について、『本草綱目』にない新たな薬効が述べられている場合は、当該書の文を紹介した。さらにその薬材が『本草綱目』に記載されていない場合も、表20に掲載したものについては各書が述べる効能を記す。それぞれの書における薬物の記載の巻数は、薬物の後に（　）で記した。

『大和本草』

B．雄黄（三）：cにおなじ。

E．乾姜（五）：胃口を開く。

O．榁（付録一）：河太郎と相撲をとりたる人、正気を失ひ病するに、榁の木の皮をはぎ抹香とし水にかきたて呑《どん》すれば、忽《たちまち》正気になり本復す。……榁の抹香を仏家及世俗に焼く。術者伊豆那《いづな》の法を行ふに、此《この》抹香をたけば、彼邪法行れずと云。

樒が河童《かっぱ》の幻惑を除いたり、飯綱《いずな》の法で操る狐を斥けたりする効果は、日本独自の発見だった。『大和本草』巻六によれば、樒は抹香として仏前にたく。谷川士清は、『倭訓栞《わくんのしおり》』（一七七五年頃成立か）巻中で、樒は榊《さかき》ととり違えられたのではないかと指摘し、さらに箱根から小田原のあいだでは正月の門松に樒をもちいる、という。樒の抹の強力な香気が仏教と神道の破魔の力と結びついたのだろう。『修験聖典』第四編は、瘧《おこり》を治癒する呪法にも樒が使われると記す。佐々木貞高（為永春水《ためながしゅんすい》）の『閑窓瑣談《かんそうさだん》』（一八四二年刊）巻四によれば、樒を供えるとその香りが獣を恐れさせるので、墓をあばかれ死体を食われることがない。また樒を畑に植えると、作物を猿・猪にとられる被害も避けられる。朝川鼎《あさかわかなえ》も『善庵随筆』（一八五〇年刊）巻一で、狼は樒の香りを嫌うから、山村の人は墓を荒らされないようにこの枝を折って立てる、という説を報告している。狐落としの効能も、これらと同根に違いない。

β．蕗草（五）：『大和本草』では蕗を款冬《かんとう》に当てているが、『本草綱目』（一六）の款冬花に対応する記載はない。[7]

『薬籠本草』（文中の啓益は、著者の牛山の見解を示す）

A．烏頭（下）：cとおなじ。

E．乾姜（下）：a・bとおなじ。

G．甘草（上）：a・bとおなじ。

J．杏仁（下）：a・bとおなじ。
K．金銀花（下）：aとおなじ。『怪病奇方』鬼撃、身青痛を作すを治す。『啓益』常に狐狸・山獝《やまわろ》のために侵《おか》さるるところにして、怪症をなすものの治に金銀花一味を用ふ。
牛山は、別著『牛山活套』で、Fの甘松とKの金銀花が狐落としに効くと述べている（表20）。
R．大黄（下）：aとおなじ。
X．牡丹皮（中）：aとおなじ

『薬徴』
C．瓜蔕（下）：胸中に毒ありて、吐せんと欲して吐せざるを主治するなり。
E．乾姜（下）：結滞の水毒を主治するなり。
G．甘草（上）：急迫を主治するなり。故に裏急・急痛・攣急を治す。旁ら厥冷・煩躁・衝逆、これら諸般の急迫の毒を治するなり。

なお裏急は腹筋の痙攣、衝逆は下から突き上げてくる感じを示す。また、甘草を成分として含む甘麦《かんばく》大棗湯《たいそうとう》が蔵躁《ぞうそう》（現在の病名のヒステリーにほぼ相当）に、桂枝加桂湯《けいしかけいとう》が奔豚に効くとされるが、東洞は、甘草は蔵躁・奔豚そのものに効果があるのではなく、他の成分によるその効能を速める役をもつと考えている。
I．桔梗（上）：濁唾・腫膿を主治するなり。

J．杏仁（下）：胸間の停水を主治するなり。故に喘咳を治し、旁ら短気・結胸・心痛・形体浮腫を治す。

N．大黄（中）：結毒を通利するを主治するなり。故に能く胸満・腹満・腹痛……を治し、旁ら発黄・瘀血・腫膿を治す。

『古方薬品考』

a．烏頭（一）：a・bにおなじ。

b．雄黄（五）：aの「悪鬼・邪気……を殺す」、bの「鬼神に勝ち天年を延べる」の項目をいずれも採用せず。

C．瓜蔕（二）：aにおなじ。

E．乾姜（一）：aにおなじ。

G．甘草（一）：a・b・cに相当する記載なし。

I．桔梗（四）：aはそのまま。bもほとんどおなじだが、「蠱毒を消す」は欠く。

J．杏仁（四）：aにおなじだが、「奔豚に効く」は採用せず。

L．黒大豆（四）：bにほぼおなじ。

P．赤石脂（五）：a・bに相当する記載なし。

Q．丹砂（五）：aの「精魅、邪悪の鬼を殺す」の項を欠く。

R．大黄（三）：aにおなじ。

S．代赭石（五）：a記載せず。bほぼおなじ。c記載せず。

U．巴豆（一）：aの前半「癥瘕・結聚を破る。閉塞を開通す」はおなじ。aの後半「鬼毒・蠱疰・邪物を除く」は欠く。
V．礬石（五）：aの「癲癇を治す」の項は欠く。
X．牡丹皮（二）：a［癥堅・瘀血を除く」はあるが、「驚癇に効く」はなし。
Z．藜蘆（一）：aにおなじ。
β．蕗草（四）：『古方薬品考』では蕗《ふき》の薹《とう》を款冬に当てているので、『本草綱目』（一六）款冬花との関連をここに記す。a『神農本草経』の「欬逆《がいぎゃく》上気・激しい喘・喉麻痺・驚癇・寒熱邪気に効く」とおなじ。

『大和本草』・『薬籠本草』・『薬徴』・『古方薬品考』の記述を見ると、これらの医薬書・本草書は物付《ものつ》き関連症状にたいする『本草綱目』掲載薬材の効能を、十分には取り入れていないようである。とくに『古方薬品考』が、これを意識的に排除していることはまちがいない。中国の医書・本草書に採用された薬材効能が、専門家以外の知識人を経て民間に入り、それとともに狐落としに転用された可能性が濃厚である。


狐落とし法の各論は終わりにして、結論とまではいかないがコメントを付しておきたい。

まず諸法とそれを使用する階層との関連についても考えたい。（1）の祈禱、（2）の祈禱以外の言語による呪法、（3）の護符の使用、（9）の薬材の利用など、文字の利用を必要とする狐落とし法は、おそらく知識階級から衆庶《しゅうしょ》の世界におりてきたものだろう。もっとも、衆庶の創意が知識階級に吸いあげられ、それが文字化され下流した場合もまちがいなくある。(5)の弓矢・刀剣などによる脅迫は、弓矢を携《たずさ》え刀剣を佩《は》くものども、または彼らを従える階級から始まったに相違ない。(4)の言語による叱責《しっせき》・説得、(6)の物理的方法による呵責《かしゃく》、(7)の狐の天敵の利用、(8)狐の要求の容認などは、衆庶の発案だった可能性が大きい。

次に、九種類に分けて説明した狐落としの法はおたがいに重なり、混流したことがわかる。祈禱を中心に据えて、他との関連を見ると、真言密教・当山派修験・日蓮宗の祈禱では護符が使われ、また和歌形式の呪文が唱えられることもある。日蓮宗積善流祈禱で唱えられる「怨敵皆悉摧滅」の語句は、仏典を利用した叱責でもあった。薬材や狐の天敵の身体部分を含む香も焚かれる。狐が好む食物が与えられる。英彦山の修験は、祈禱の延長として蟇目《ひきめ》の法をおこない、さらに狐に付かれた人を火・水で責めた。備中《びっちゅう》の陰陽師の法もこれに似る。以上の事実は、さまざまな階層・職業に由来する狐落としの呪法が、実際には混交して利用されたことを示唆している。

註(1)この報告書は、池上悟氏のご好意によりいただいた。
(2)実際には「諸余怨敵……は」「序品」第一ではなく、「薬王菩薩本事品」第二三にある。
(3)この論文のコピーは、石塚正英氏のご好意によりいただいた。
(4)中国の狐魅《こみ》の病イコール狐付きとはいえない。狐魅の病は、より広く妖狐に付かれ、またはまとい付かれ、迷わされる症状を意味する。

（5）各薬材の生物学的・鉱物学的種類とその薬効成分について説明する。依拠したのは清水藤太郎[八五]・川端勇男[四七]の著書、柴田桂太の編著[八〇]、日本大辞典刊行会の編著[一三七]、および『新註校定国訳本草綱目』頭注である[五四]。A．烏頭：別名附子　トリカブト（ウマノアシガタ科）の根、有毒アルカロイドを含む。B．雄黄：別名鶏冠石　硫化砒素。C．瓜蔕：マクワウリ（ウリ科）の果蔕（へた）、薬用成分はエラテリン。D．かやのから：屋根を葺く草本の稈か、あるいはカンゾウ（萱）の誤りか。E．乾姜：ショウガ（ショウガ科）の乾燥した根茎、樹脂ギングロールを含む。F．甘松：カンショウコウ（オミナエシ科）の根、セスキテルペンを含む。G．甘草：カンゾウ（マメ科）の根、薬用成分はグリシルリジン酸。H．肝木：スイカズラ科の落葉低木。I．桔梗：キキョウの根、サポニンをふくむ。J．杏仁：アンズの種子、アミグダリン・エムルジンなどをふくむ。K．金銀花：別名忍冬　スイカズラ（スイカズラ科）の花・葉、薬用主成分はタンニン。L．黒大豆：クロマメ（マメ科）。M．薫陸：インド産の木の樹脂。N．鶏頭花：別名鶏冠　ケイトウ（ヒユ科）の花・種子。O．樒葉：シキミ（モクレン科）の葉。P．赤石脂：酸化鉄をふくむ陶土。Q．朱砂：別名丹砂・辰砂　硫化水銀。R．大黄：ダイオウ（タデ科）の根・根茎、薬用主成分はオキシメチルアントラキノン他。S．代赭石：別名赭石　酸化第二鉄をふくむ粘土。T．鉄粉：別名鉄精・鉄砂。U．巴豆：ハズ（タカトウダイ科）の種子、薬用有効成分はアルギニンなどアミノ酸、バルミチン酸など脂肪酸、およびクロトン樹脂。V．礬石：明礬　硫酸アルミニュウムが一価の金属の硫酸塩とつくる複塩。W．番木鼈：別名馬銭　マチン（フジウツギ科）の種子、ストリキニン．プルシンなどのアルカロイドを含む。X．牡丹皮：ボタン（ウマノアシガタ科）の根皮、ペオノール・安息香酸・フィトステリンを含む。Y．蜈蚣：ムカデ（ムカデ亜綱）。Z．藜蘆：シュロソウ＝バイケイソウ（ユリ科）の根茎、エルビンなどのアルカロイドを含む。α．鹿角末：シカ（シカ科）の角の粉末、燐酸カルシウム・炭酸カルシウム・膠質を含む。β．蕗草：フキ（キク科）の薹《とう》・根、精油をふくむ。

（6）『本草綱目』に引用された中国の古典医書．本草書の著者・成立期などについて説明する。依拠したのは岡西為人[三八]と傅維康[一五三]の著書、および『新註校定国訳本草綱目』の頭注[五四]である。『神農本草経』の著者および成立期は不明。複数の著者により漸次《ぜんじ》完成したと思われる。一説によれば、その初期形は秦～前漢期（B．C．二二一～A．D．九）に存在していた。これを五～六世紀の人＝陶弘景がまとめたとされる。『名医別録』は、弘景が『神農本草経』を編集した後、既存の他の医薬資料を編集したと推定される。『薬性本草』は『薬性論』ともよばれ、唐の甄権またはその弟＝甄立言の著といわれる。両者は、七世紀前半・中葉に活躍した人であった。『本草綱目』に『唐本草』として引かれた書は、七世紀の蘇敬などが編した『新修本草』を指すらしい。成立は六五九年。『開宝本草』は宋の劉翰などが開宝六（九七三）年に編纂し、翌年に改訂された。『日華子本草』は開宝年間（九六八～九七七）の成立、大明著。『湯液本草』は金の王好古編、一二四八年頃成立した。なお『薬籠本草』が引用する『怪病奇方』の正体は、今のところわからない。

（7）『宜禁本草』（近世初期刊）などの食物本草系の書も、しばしば「款冬」と書いて「ふき」とよませ、その薬効を記す。肺臓疾患に用いられたようである。その根拠は、おそらく『本草綱目』巻一六の「款冬花」にあった。しかし『国訳本草綱目』の頭注[五四]が牧野富太郎の書を引いて指摘するところによると、「款冬」と「ふき」の同一視は誤りである。中国本草書に出る薬材を誤認すれば、薬効も誤認する結果になろうが、まちがいの薬効が信じられていた。

第三章　狐の細分類と意味範囲の拡張

狐の諸階級はなぜ必要だったか

動物学的には、狐はイヌ科に属する野生動物である。学名は ***Vulpes vulpes***。ところが古代にすでに、動物学的には狐ではない動物を、特殊な分野では狐と称する例があった。前著で述べた天狐《てんこ》がそれである。淳祐の『要尊道場観《ようそんどうじょうかん》』（一〇世紀前半〜半ば成立）巻一以来、密教の修法として記録された六字経法は、人に怨まれて付けられた付きものを解除する法である。この修法では、天狐・地狐・人形（**図44**）を麵などでつくり、これを焼いてその灰を飲む。動物学上の狐は、六字経法では地狐《ちこ》の名で表現される。天狐とはなにものかというと、鳶《とび》だった。平安時代には、鳶は天狗の正体とみなされ、人にも付いたらしい。ではなぜ鳶または天狗を天狐とよぶのだろうか。当時すでに、日本では人に付くものの代表は、断然狐だった。狐が付きものの、いわば代名詞となっていたのである。あと一つ、天狐と天狗が音通で、たがいに転訛《てんか》しやすかったと思われる。天狐の名は、日本古代の密教ではこのように用いられたが、もともと中国では、長い年を経て神通を得た狐を指す。日本でも、一般にはこちらの意味の方が優勢であったにちがいない。

鎌倉時代になると、六字経法のなかから人狐という語が現れた。澄円《ちょうえん》の『白宝鈔《びゃくほうしょう》』（一三世紀後半成立）巻五一には「天狐はトビの形也。地狐はキツネの形也。人狐は女人形也。これ天地人の障礙神《しょうげじん》形也」と記す。ここでは人狐は、人による災いの象徴を意味し、狐は災厄一般の象徴になってしまった。

中世に、人狐よりももっと大きな役割を演じたのは辰狐《しんこ》の概念である。辰は天体をあらわしているので、辰狐は天狐の力を吸収できた。また、日本の伝統では蛇に託されていた霊力が、徐々に狐に移るという変遷があった。辰は竜をあらわすが、日本では竜と蛇の境界はあいまいである。したがって辰狐は、竜や蛇の呪力を継承した狐の意味をも含む。さらに辰《しん》と神《しん》の音通を利用して、神狐の観念の樹立にも一役買っただろう。その辰狐はダキニ天と同一視され、ダキニ天はやがて一部の稲荷社の神体に採用された。中世末になると、ダキニ天の変形である飯綱権現《いづなごんげん》の像が創出される。辰狐の対極にある狐は野狐《やこ》と称され、むやみに人に付いて悩ますのはこちらの方だ、と考えられるようになった。これらの件については、いずれも前著で詳述したので参照していただきたい。

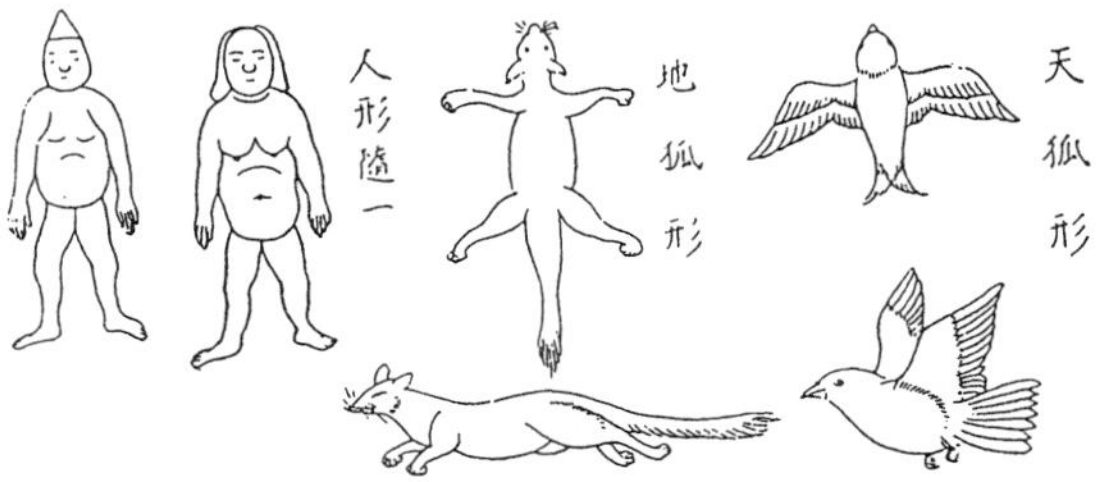

図44　天狐・地狐・人形・静然『行林』（1154年）

近世になると、あらたにまず空狐《くうこ》という観念が生まれる。管見で古いのは、稲荷神道から現れた狭野大蔵の『意根利之秘伝』（一七八〇年奥書）である。この書では、三狐神ないし五狐神を信仰の対象とする(1)。五狐神の名は、天狐・空狐・地狐・白狐《びゃっこ》・吾紫霊《あしれい》だが、はじめの三狐を基本とする。白狐は、古代以来瑞兆《ずいちょう》として尊ばれ、やがて狐信仰の主尊として崇《あが》められてきた。天狐・地狐の意味はすでに述べたとおりである。吾紫霊の名は、中国の紫狐と関係があるだろう。段成式の『酉陽雑俎《ゆうようざっそ》』（八六〇年頃成立）巻一五によれば、野狐《やこ》を紫狐とよぶ。さらに五狐神は、天狐神―山城国吉田木、空狐神―大和国春日木、地狐神―摂津国住吉木、白狐―河内国平岡木、吾紫霊―和泉国志野田木のように、畿内の神社の神木と対応される。吾紫霊をのぞいて、対応された神社はすべて大社であった。志野田が葛《くず》の葉《は》伝説をつたえる信太《しのだ》を指すことは疑いない。

いずれにせよ天狐・空狐・地狐が信仰の中心だが、それぞれについて説明はなされていない。しかし空狐をのぞいては伝統的な理解に頼ってよい。では空狐とはなにものか。この疑問に直接答えたのではないが、関連する考察が皆川淇園《みながわきえん》の『有斐斎劄記《ゆうひさいさつき》』（一八〇〇年頃成立か）巻一にある。

幻を善くする者の説に云。野狐最も鈍、其《その》次は気狐《きこ》、其次は空狐、其次は天狐。気狐以上は皆已《すで》に其形無し。而《しか》して空狐は其霊更に気狐に倍す。天狐に至ては則《すなわ》ち神変測るべからず。人、物のために役《えき》され、頃刻《けいこく》千里の外に行く者あり。乃《すなわ》ち皆空狐の為すところ。大抵地を離るること七丈五尺、彼乃ち之を摂りて行くを得。天狐の如き、乃ち復《また》人に害を為さず。

『有斐斎剳記』では、あらたに気狐なるものまで登場してしまった。淇園に狐を語った幻術者が、どのような根拠で気狐の存在を認めたのかわからない。狐の種類は増えるばかりである。

朝川鼎は『善庵随筆』（一八五〇年刊）巻二で、空狐は人を空中にさらって行くのだから天狗を指し、その正体が狐であることは疑いない、と断定した。空狐に関しては、別の解釈もあった。宮川政運の『宮川舎漫筆《きゅうせんしゃまんぴつ》』（一八五八年序、表12―ミ）の事例で、主人が少年侍に付いた狐に正体を問いただすと、「私儀は空狐と中者にて、体は御座なく候」と答える。自分は犬にかみ殺された狐の魂だ、という。この定義を用いれば、『九桂草堂随筆』（一八五七年序）巻八で医師の養子に付いた狐（表13―ネ）も、空狐でなければならない。『宮川舎漫筆』に戻る。主人が狐に、退いたあと人に後遺症をのこさないように求めると、狐答えていわく。

> 一体人体に取入り、其人を狂者のごとく仕立、退跡も其体不用の者に致し候など申儀は野狐の習《ならい》にて……全体狐に野狐・善狐の種類御座候て、善狐の内にも金狐・銀狐・白狐・黒狐・天狐の五品御座候。……右様人を悩まし候事は、皆野狐どものいたす処にて、善狐の嫌ひ候事に御座候。

また、新たな狐分類学が提出されたのもおもしろい。この狐が去るにあたり、「天地《あめつち》を合せて神の恵み哉《かな》」と一筆したため、自分が書いた句は白川唯一神道の秘伝だと伝えた。右の狐分類も、神道者のだれかが言い出したのかもしれない。さらに医者の原南陽が巫祝《ふしゅく》から聞いたところによれば、狐は天狐以下なんと一三種にも分かれる（『医事小言』一八〇三年序、巻一）。

なぜこのようなさまざまな、しかも込みいった狐の区分が考えられたのだろうか。近世も時期が進むにつれて、狐の活動領域が広まり、その行動タイプも多岐にわたるにいたった。この状況のなかで、いくつかの流派のいくたりかの知恵者が、相応の分類を案出したにちがいない。彼らは、おそらく次のように考えた。

付いて人に害をもたらす狐と益を与える狐がある。同種の狐であるはずがない。生きている狐だけが人に付くのだとは限らず、死んだ狐も付く。空狐と名づけるべきではないか。それはまた、天に通じる狐とも別らしい。天狗的な行動を見せる狐を天狐とする説もあるが、この理解は中国古典の説に反する。むしろこれも空狐とよぶのが相応《ふさわ》しい。けれども、それでは死んだ狐と同一名になってしまう。たぶん気狐と称すべき類が存在し、これは空狐とは他種なのだろう。だとすれば古代から信仰されてきた白狐・黒狐はどのように位置づけたらよいか。それに、人に付かなくても、葛の葉のように人の男と結婚し、その子孫に栄達の道や資産の富貴をもたらした狐もいる。そのような狐もまた別種だろう。

以上のような理屈が次々に提示され、がんらいは一種類の狐の多くの機能とされていたものが、それぞれ実体化され、煩雑な狐の分類ができあがった、と推定できる。それにしても、人に与える多様な幻想と異常体験の原因が、なぜすべて、なんらかの種類の狐でなければならなかったのか。答えがたい謎である。現実の動物の狐は、誰の目にも見えるままの姿でそこにいる。それにいったん霊性や妖性が付与されると、多くの条件の重なりあいのなかで、競争相手となり得る他の動物・異類を抑えて、不思議の世界で第一人者の地位についた。以後、ある種の自己増殖作用が働き、しだいしだいに狐はより多くの不思議を担《にな》うにいたった。大ざっぱな筋書きを書けば、このような経過になるのだろう。

人に使われる狐たち——文献に記されたその形状

狐の機能が膨張するにともない、狐の意味範囲は拡大する。ここまで説明した古代・中世・近世に見る狐の意味の拡張と狐的動物の新たな分類は、知識人・上級宗教者の考えだした観念にすぎない。ところで近世後半に、別の立場から、狐的ではあるがこれと異なる動物を狐とよぶこともあった。この種の狐的動物の新たな設定は、衆庶《しゅうしょ》の日常生活から生まれた。それは狐付きと関連する。修験者など祈禱系宗教者が使役する動物、クダ狐・オサキ狐・人狐・イヅナがそれだった。近世の文献に記載されるその形状を**表21**にまとめよう。

あとでふれるが、これらの動物の使役は一八世紀初めごろに始まったらしい。その正体を究明する手がかりになる文献は、同世紀末近くになってから現れた。表21の記載と、**表22**に示した各種動物の体長（頭の先から尻までの長さ）[二一・二二]・尾長を併せて検討し、さらに各動物の分布をも参考にすると、クダ狐・オサキ狐・人狐・イヅナと称していた動物のモデルがはっきりしてくる。オサキ狐については後藤忠夫[六三]の、クダ狐

表21　人に付く狐的動物の形態

文献名（巻）	著者	成立年	イヅナ	クダ狐	オサキ狐	人狐
五段祈禱之事		1785年頃成立か	鼠鼬の如し			
かたゐ袋（前）	菅江真澄	1789年成立		鼬の如し		鼬の鼻のへた白
甲子夜話（10）	松浦静山	1822年記		鼬の如し		
兎園小説（2）	滝沢馬琴編	1825年記			鼬に似る 尾太し	
筠庭雑録	喜多村信節	1832年頃成立			大きさ鼠ほど毛色白し	
同右追加	同右	1850年代成立		大きさ鼬ほど 色黒し	大小形色鼠と異ならず	
想山著聞奇集（4）	三好想山	1850年刊		a. 大きさ大猫ほど 顔猫の如し 身は獺に似る 体色は鼠灰色 尾は太く栗鼠の如し b. 大きさ鼠ほど		
善庵随筆（2）	朝川鼎	1850年刊		大きさ鼠ほど目縦につく	大きさ鼠ほど目縦につく	

同一文献に同一名称の狐の記述が二種類ある場合は、これらをa.b.と分けて区別した。

については千葉徳爾[一〇八]の、人狐については岩田正俊[二三]のすぐれた考察があり、石塚尊俊の総括[一六]も知られている。結論はこれらの説とほぼ等しいが、資料源を近世文献に限って私見を述べておく。

クダ狐にかんする資料が多いので、これから始めよう。菅江真澄の『かたゐ袋』（一七八九年成立）および松浦静山の『甲子夜話』巻一〇（一八二二年記）は、クダ狐は鼬《いたち》のようだ、とする。大きさの記載がない点は気になるが、一応正体は鼬としてよいだろう。そのほかの記録について検討すると、喜多村信節の『筠庭雑録《いんていざつろく》』追加部分（一八五〇年代成立）でも大きさは鼬ほどだというから、クダ狐の少なくとも一部が鼬（*Mustela itatsi*、**図45**）であることは、ほぼまちがいない。ところが三好想山《そうざん》の『想山著聞奇集《ちょもんきしゅう》』（一八五〇年刊）巻四のbは、大きさが鼠くらいである。鼠の体長は一〇センチ台だから、雌でも二〇センチを越す鼬ではあり得ない。そこで、鼬とおなじイタチ科に属するオコジョ（*Mustela erminea*）とイイズナ（*Mustela nivalis*）が候補として浮かびあがってくる（**図46**）。クダ狐の活躍する地域は、主として信濃《しなの》と駿河《するが》・三河の山岳地帯である。この地域にオコジョは活動している（**図47**）が、イイズナはいない[二]。イイズナは、本州では青森県と山形県月山《がっさん》にのみ生息する。したがって『想山著聞奇集』のbは、オコジョだろう。この結論は、『善庵随筆』のクダ狐の説明で補強される。この書がいう鼬鼠または鼠鼬は、鼠大の鼬の意味だろう。オコジョ以外に該当動物はいない。さらに目が縦に付いていると記す。たしかにオコジョ・イイズナの目は、狐などに比べるとそのように見える。貂《てん》や鼬よりもこの

動物名	体長cm	尾長cm
キツネ	70.5	37.2
テン♂	47.2	20.1
♀	42.0	20.5
イタチ♂	32.4	14.5
♀	20.9	8.3
オコジョ♂	18.9	5.8
♀	15.3	5.7
イイズナ♂	16.0	2.4
♀	15.6	2.4
ハタネズミ	11.3	4.1
アカネズミ	12.3	10.4
クマネズミ	16.2	17.0
ドブネズミ	16.7	14.2

今泉吉典・今泉忠明による

表22　動物の体長と尾長

図45　鼬（木村栄次による）

傾向は目立つ。

一九世紀初期にはすでに、現地で「オコジョ」に似た動物名が使われていた証拠がある。大久保昌章の『濃州信州採薬記』（一八三六年記）は、当地の生息動物の一つに「山の神ヲコジョロ」をあげる。「長さ五～六寸、イタチに似て尾細く……」との記載があり、体長のおよそのところはオコジョに合う。ところが毛色は白・黒・赤・鼠・白黒斑《まだら》などさまざまだとなると、オコジョのイメージだけでは説明できない。オコジョを中核としながら、他の動物の姿を混《こん》じて生まれたイメージだろう。

『想山著聞奇集』a（**図48**）は、貂（*Martes melampus* **図49**）だと思われる。しかもどちらかといえば黒っぽいスス貂という種類ではないか。貂の大きさはaが説くとおり猫ほどだし、顔も丸顔で猫に似る。体は獺《かわうそ》に似るというが、貂も獺（*Lustra lustra*）もイタチ科に属するので体形は似ている。獺のほうが大

図46　オコジョ（上）とイイズナ（下）（今泉忠明による）

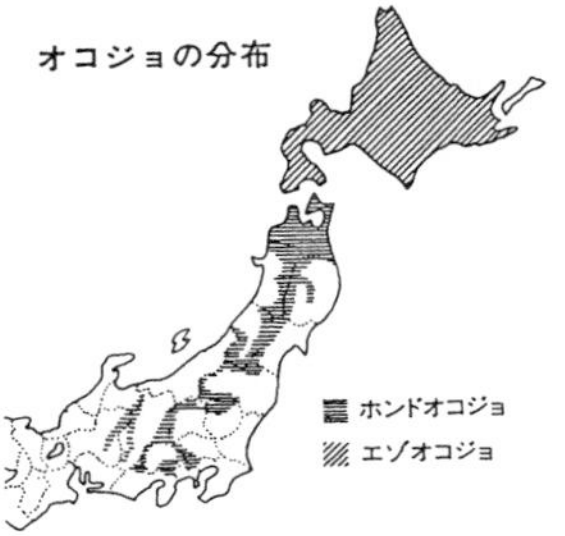

図47　オコジョの分布（今泉忠明による）

図48　クダ狐『想山著聞奇集』（1850年）

きいが、貂の体も鼬よりは大きい。尾が栗鼠《りす》のように太いというのはオーヴァーだが、たしかに貂の尾は鼬などにくらべると太い。クダの意味については次章で検討する。

次にオサキ狐。『五段祈禱之事』の鼠鼬は、やはりオコジョの称だろう。『善庵随筆』の鼬鼠もおなじ。『筠庭雑録』のオサキ狐はまちがいなくオコジョである。鼠大のサイズも白い色彩もオコジョとよく一致する。表では短縮したが、「毛色白く光りあり」という。オコジョの冬毛は真っ白で光沢を持つ。『兎園《とえん》小説』二集（一八二五年記）のオサキ狐は鼬としか思えない。鼬の雄の尾は、かなり太い。『筠庭雑録』追加部分の「鼠と大小形色ことなる事なし」という表現には戸惑う。これは狐使いが所持していたオサキ狐を塩漬けにして、江戸に届けたものである。体色・体形とも、もとの姿を正確に残しているはずがない。狐使いが使っていたからには、やはりオコジョと推定したいが、食虫類・齧歯類《げっしるい》説も捨てられない(2)。

オサキの語源については、柳田国男[一九七]以来、神の先駆のミサキと同義だとする説が知られている。また『兎園小説』で滝沢馬琴は、「尾さき裂けて岐《き》あれば、尾さきの名さへ負《お》はせしならん」と推定した。中世以来、北関東は玉藻《たまも》の前《まえ》伝承の本場だった。鳥羽上皇の命を奪おうとしたこの狐の尾の先は裂け、二つに分かれていた。この伝承がオサキの単一語源だとは思えないが、オサキの名を人びとに印象づけるについては、それ

図49　貂（今泉忠明による）

図50　飯綱権現のお札　最乗寺（神奈川県南足柄市）

なりの役割を果たした可能性はある。さらに私見を追加すると、オコジョの尾先には黒色が目立つ。尾の先の黒い狐という意味だったかもしれない。いずれにせよオサキの語源は不確定である。

イヅナの正体を探る順だが、もともと飯綱信仰は、狭義、狐の信仰をともなう。管見に入った飯綱像のなかで、おそらくもっとも古い、上杉謙信使用の兜に付く飯綱明神像は、狐に乗っている。現在、飯綱を祀《まつ》る寺社が出すお札にも、狐に乗る天狗状の明神（**図50**）が描かれる。したがって飯綱使いは、他の動物ではなく狐を伴えばいいはずだった。しかも次章に紹介する諸文献を見ても、飯綱使いが飼育していた動物は、たんに狐としか書かれていない。じっさいには彼らは、はじめにはもっぱら狐を飼育していたのだろう。のちクダ狐使いやオサキ狐使いの影響を受けたある地域では、すでに呪性が信じられていたイヅナと称する小動物を利用するものも現れたのではなかろうか。

近世の民俗習慣で使われてきた名称と、動物学上の名前は区別しなければならない。[一二三・一二四] 動物学者が、動物の標準和名なるものを定めたいきさつは、個々の動物についてかならずしも明らかではない。たとえば古代から近世にいたるまでの文献に「狸」と表記される動物が頻繁に登場する。しかし、これをただちに動物学でいうタヌキと判定してはならない。それは動物学上のアナグマかもしれないし、野生の猫である可能性もある。ムササビのような動物もまた、「狸」の範疇《はんちゅう》と無縁ではない。近代になってから、動物学者がイヌ科の特定の野生動物に「狸」という名を与えると決めただけの話である。

話をもとに戻す。このようなわけで、俗信で人に付くといわれているイヅナは、かならずしも動物学上のイイズナとはかぎらない。そこで、両者をイヅナ・イイズナと書き分けることにしたい。とにかく飯綱使いは、狐のみならずイヅナをも使うと見なされるようになった。ではイヅナの正体は、どのような動物だろうか。『五段祈禱之事』は、イヅナをオサキ狐とおなじものと見ている。オコジョを念頭においたのだろう。おおむね妥当な解釈だが、イヅナの正体としては、オコジョ以外にイイズナを含めるべきだろう。飯綱使いの本拠の一つは東北地方にあった。そして先述のとおり、イイズナは青森県および月山に生息する。またイイズナは、オコジョよりさらに一まわり小さい。近代の動物学者が、イイズナという動物名を採用した根拠には、イヅナとの同一視があったにちがいない。

ちなみに飯綱・イヅナの語源はわからない。信濃の戸隠《とがくし》飯縄山《いいづなやま》が著名だが、ほかにも飯綱山が各地にある。地名が先か、呪神名が先か、呪法名が先か、動物民俗名が先か、答えるのは難しい。丹羽正伯《にわしょうはく》の発意により成立した[192]『諸国産物帳《しょこくさんぶつちょう》』（一七三五～三八年頃成立）には、イヅナの名は（オコジョの名も）見られない。信仰対象としての飯綱は、一六世紀にすでに知られていたのだから、呪神名が動物民俗名に先行したことは、ほぼまちがいない。

最後に人狐について考える。『かたゐ袋』は、人狐は鼬《いたち》のようで鼻のあたりが白い、と記す。鼬の鼻のまわりは白い。この点オコジョもおなじだが、オコジョは人狐の本場＝山陰には分布しないので、その候補には不適である。『かたゐ袋』に見える人狐のモデルは鼬に違いない。一七九一年に、松江藩当局が人狐付き事件に関連してだした触書き《ふれがき》（表15―エ）は、人びとが人狐と称する動物は、「貂・水鼬・黄鼠・山みさき抔《など》と申類」としている。貂の夏毛は黄色である。しかし、黄鼠を貂と解するのは、鼠の小さな印象と合致しないかもしれない。鼬はみずかきを持ち、水辺を好む。ほかに資料がないので何ともいえないが、鼬に加えて貂も人狐の候補だろう。狐そのものを人狐と想定していた可能性もすてられない。人狐の語源に関しては不明だが、人の生霊のような働きをする狐の意味だったかもしれない。(3) 命名者は、鎌倉時代の『白宝抄』に見える人狐を知っていただろうか。

千葉徳爾は、地域の人びとがオコジョ・ヤマネ・鼬などを同一のものと誤認し、その性質を総合してクダのイメージをつくりあげた、と説いている。モデル動物の種類は別として、クダ狐・オサキ狐・イヅナ・人狐などは動物学的に単一の動物に対応するのではなく、複数の動物から構成された民俗的な観念だ、とする点で千葉の説は卓見だった。

私はべつの著書で、(二三) 哺乳類の民俗的な区分けの輪郭を明らかにしようと試みた。私は、野生の中小型哺乳類を野干《やかん》（狐）類・狸類・鼠類の三つに分けた。そして私見では、貂・鼬・オコジョ・イイズナは、野干類・狸類・鼠類の境界に位置する。野干類は行動が機敏で体型はすらりとしており、肉食の傾向が強い。狸類は、丸顔・ずんぐり体型・雑食性の傾向、および木登り上手を特徴とする。鼠類は、他の二類にくらべると小型である。鼬・オコジョ・イイズナは、基本的には野干類に近いが、丸顔と木登りの能力に関しては狸類に接し、体のサイズでは鼠類に接する。純粋な野干類には小型動物は属さない。そこで、三類境界にあり、かつ呪力を発揮しそうなイタチ科の小型動物を野干類側に引きよせ、狐の名を与えたのだろう。

他方、おそくとも中世には、狐は畿内の一部および東国《とうごく》で信仰の対象となった。この狐は、信仰者にたいして恩恵も授けるが、気に食わないと彼らに祟《たた》ることもいとわない。信仰上の狐の吉凶両面のうち、凶の働きを分離実体化して独自の動物とみなす心性が人びとのあいだにうごいたとき、狐とは似て非なる動物が出現する。これには信仰対象としての狐と別の名称を与えた方が都合がよい。そしてこの名の実在的な基礎として、その凶性を体現しそうな、あるいはすでに凶性を発揮しつつあるいくつかの狐的な動物に目がつけられた。イズナ・オサキ・クダ・人狐の観念が生まれた一つの条件は、これであった。

註(1) 滝沢馬琴《たきざわばきん》の『兎園小説拾遺』（一八三二年頃成立か）によれば、志賀随応の『神書』に五狐神の記述がある。随応は一八世紀初期存命の著名な長寿者だが、『神書』という著述があるとは聞かない。

(2) 後藤忠男[六三]によれば、群馬県立博物館にあるオサキは、とがり鼠だった。朝日稔も、付きものの一つはとがり鼠だとし、『和漢三才図会』（一七一三年刊）巻三九に、数多く銜《くわ》えあって行く⿰鼠离⿰鼠曷《つらねこ》がそれであるという。ただし、たんにオサキと称するならば、とがり鼠をあてがってもかまわないが、オサキ狐の名でよぶには、とがり鼠と狐と類似性は少なすぎる。オコジョなどのイメージとの混交は不可欠だったろう。なお日本には二種類のとがり鼠が棲息する。狭義のトガリネズミ（*Sorex shinto*）とアズミトガリネズミ（*Sorex hosonoi*）である。前者は東北・関東北部・信越の山地に、後者は武甲上三州境界の山地に、それぞれ分布する。[二三]

（3）一九二〇年ごろの出雲での人狐の報告では、人狐付きを生霊の祟《たた》りともいう。この件に関しては、次章であらためて触れる。

第四章　謎だらけの「狐持ち筋」という家柄

狐持ち筋成立までの五段階

狐持ちとは、狐を飼育し、害意の対象である相手にその狐を付ける者、あるいはその者の家をいう。ここでいう狐は、狭義の狐だけではなく、前章で述べたような狐的動物をふくむ。さらに狐持ちの観念に家筋の観念が重なり、狐持ちの分家や狐持ちの娘の嫁ぎ先も狐持ちになるとされる地域もある。この場合、狐を持つ家筋という認識が成立する。その家筋が狐持ち筋である。狐持ち筋は、地域の人びとから差別されたり嫌われたりすることが多く、社会問題となった。

狐持ち筋の観念は、狐付きをめぐるいくつかの前提段階を経なければ形成され得ない。その点はすでに速水保孝[一四五]によって指摘されているが、ここでは私見により、その段階を順番にあげよう。（1）狐が付くという観念の成立、（2）狐を使い、他人に付ける人物の存在の認知、（3）ある種の狐使いは使役する狐を飼育する、という認識、（4）特定の地域の定住者が狐を飼育し[1]、かつ使うという俗信、つまり狐持ちの観念の成立、（5）当該定住者の土地に狐が固着し、その土地を継承した者も狐持ちになる、もしくは定住者一族がすべて狐持ちになるという俗信の成立。より後に記した段階は、その前の段階を経過しなければ成りたち得ない。また史実はべつとして、理屈のうえでは、後に記した段階が前の段階と同時にあらわれることも可能だろう。たとえば、最初に狐を使った人が狐を飼育していたならば、(3)は(2)と同時にあらわれたことになる。

そこで資料に照らして、これらの諸段階がいつごろ、どのようにしてあらわれたのか、可能な限り検討してみよう。(1)と(2)が、古代にすでになされていたことは、前著で明らかにした。(1)の事件は九世紀初期の『日本霊異記《にほんりょういき》』に記載されている。(2)の認知は、おそらく一〇世紀半ばには始まっていた六字経法の前提だった。とくに中世に入ってダキニ天信仰の展開にともない、注目すべき呪法が創り出された。光宗の『渓嵐拾葉集《けいらんしゅうようしゅう》』(一三三一年奥書)巻六八は、ダキニ天法に付属する一〇八種の呪法のうち、天狐吒吒病で人を悩ます法があるという。その本尊には辰狐の頭を使うが、四国には狐がいないので犬または狸の頭をもちいる。

近世に起源するのは(3)以下であろう。本章では、狐持ち・狐持ち筋の地域性にも注目したいので、事件がおきた地域のみならず、関連文献著者の生活地域をもできるだけ記しておく。狐の飼育をともなう狐使いは、飯綱の術者から始まるようである。時期はおそくとも一七世紀末。幕臣の人見必大《ひとみひつだい》は、『本朝食鑑』(一六九七年刊)巻一一で、次のように述べている。

近世本邦術家に狐を使ふ者あり。呼て飯綱の法を修すと称す。その法まづ狐の穴居《けっきょ》を捜《さぐ》り求《もとめ》て、常に孕《はらみ》狐を牧して、以て馴致《じゅんち》す。子を生む時に至て、逾勤《いよいよつとめ》てこれを保護す。子既に漸《ようや》く長じて母狐児を携《たずさ》へ来て名を乞ふ。術者狐子に名づく。母狐拝して児を携へ去る。爾後《じご》術者事あらば密かに狐名を喚《よ》ぶ。狐形を隠して至る。密事を訊問するにこれを知らずと云ふ事なし。旁《かたわら》狐形を見る事能《あた》はず。術者妙を談ずる時は、即ち人以て神となす。久くして術者些《いささか》の穢行《あいこう》怠慢あらば、則ち狐もまた長く至らずして、術家も竟《つい》に亡ぶ。

この説明では、飯綱の術者は狐を人に付けていたとは書いてないが、狐を使うからには付けることもあったにちがいない。京都の俳人＝荻田安静《おぎたあんせい》の著、おなじく京都の富尾似船《とみおじせん》補の『宿直草』（一六七七年刊）巻四に、伯耆《ほうき》の国の修験者が飯綱の法で狐を使い、人の者を盗ませたという話が収められている。既出の『老媼茶話』（一七四二年序）巻六の飯綱を使う武士は、下野《しもつけ》で狐付きを落とした。著者の三坂春編《みさかはるよし》は会津藩士。これを見ると一七世紀後半の段階で、飯綱使いの噂が東北地方から山陰地方にまでおよんでいたことが明らかである。(2)

必大は、飯綱を手なづける法にかんする情報をどこから得たのだろうか。じつは、これとほとんどおなじ記述を、『老媼茶話』と江戸の林自見の『雑説嚢話』（一七六四年刊）巻下がくりかえす。自見の叙述は、必大のものをやや簡略化して再現したにすぎず、字句の選択そのほかを見ると『本朝食鑑』との一致があまりにも多い。自見は、おそらく必大の著を参照した。『老媼茶話』の当該部分は『本朝食鑑』の文よりむしろやや長く、『本朝食鑑』にない語句がかなり入る。『老媼茶話』の成立が『本朝食鑑』の上梓よりほぼ半世紀遅れることは、おおいに気になるが、二つの文は共通の文書をもとにして、一応、独立に書かれたとも思われる。かりにこの仮説が当たっているとすれば、その文書は奥州《おうしゅう》起源であるかもしれない。

飯綱使いでなくとも、狐を養う宗教者はいた。とくに『本朝故事因縁集《ほんちょうこじいんねんしゅう》』（一六八九年刊）巻三に伯耆大山智明権現《ほうきだいせんちみょうごんげん》の使者が狐であり、ここのものは狐を養うとあるのは、その記述時期の古さと、狐持ち筋地帯、すなわち出雲を中心とする山陰地方との地理的関係から注目しなければならない。また新井白蛾が、京都に住む日蓮宗の験者に聞いたところによると、祈禱者は食物を与えて狐をてなづける（『闇の曙』一七八九年刊）。

次に（4）の段階、地域に定着した狐持ち俗信の確実な資料は未見である。（4）の段階からほとんど間をおかずに、（5）の狐持ち筋の噂が広がったのかもしれない。（4）の段階の風聞ともとれるもっとも古い情報を伝えた文献は、出雲の山根与右衛門の『出雲国内人狐物語』（一七八六年成立）だった。与右衛門は、出雲の狐持ちは享保《きょうほう》初期（一七一〇年代後半）の頃、富農とその借地農のあいだの軋轢《あつれき》から生じたという。富農の制裁をうけた借地農が、腹いせにあの富農は狐を付けるとふれまわった。かくて「彼《か》の富家永く狐持ちの名を得しとかや」と与右衛門は報告している。「彼の富家永く」が子孫の代までを指すのならば、この事件は（5）の段階に達していたといえよう。

村落内の人家での狐的動物の飼育・使役の噂を生み出した経過は不明である。飯綱使いなどの下級宗教者が、村落に噂をもたらしたとするのが常識的な解釈だろう。その場合、下級宗教者がまず村落に定着して狐持ち筋とされるようになったケースと、彼らが地域に一時的に留まった結果、狐持ちの観念が誕生し、それが地域に固着した場合があり得る。前者のケースについて折口信夫[四二・四三]は、狐持ち筋のなかには祈禱系宗教者の子孫がいたかもしれない、と指摘した。具体例として吉田禎吾[二〇六]は、飯綱使いの子孫が狐持ちの筋になった群馬県の例をあげた。また、狐との関連は記されていないが、武蔵国《むさし》秩父《ちちぶ》に百姓山伏とよばれる人がいたようだ[一八三]。

クダ狐は容器で運ばれた

狐的動物の飼育・使役の観念は、下級宗教者とともに村落に入りこんだ可能性が大きい。それでは、彼らは手なづけた動物を、どのような手段で運搬した（と思われた）のだろうか。クダ狐の容器の噂が、一九世紀には広く知られていた。松浦静山は『甲子夜話』巻一〇（一八二一年記）で、修験者が大峯《おおみね》・金峯山《きんぷせん》で竹筒に入れたクダ狐を授かってきて、食をあたえ携帯する、という説を紹介した。静山は平戸《ひらど》藩主だが、好奇心の著しく発達した人で、各地の人から聞いた話を書きとどめている。この種の噂はそののち多くの著書に記されるが、朝川鼎の『善庵随筆』（一八五〇年刊）巻二の例をあげるにとどめたい。

静山の記述も、もとは鼎から聞いたものらしい。鼎は江戸の漢学者だが、各地を遊学した経験をもつ。『善庵随筆』の語るところは静山の聞き書きとそう違わないが、竹筒の形態についてくわしい。すなわち、「竈《かまど》に用るところの火吹竹に比すれば少し短く、前後節《ふし》なし。吹きぬきの竹筒と云《いう》」。私の少年時代の記憶をたどると、火吹竹の長さはおよそ三〇〜四〇センチくらい、径はだいたい四〜五センチくらいだった。クダ狐の正体がかりにオコジョだとして、今泉忠明[二]によればオコジョの体長は一五〜一九センチていど、尾長が六センチたらず（表22）、体高の記載はないが図から推定すると五センチほどか。してみると、オコジョを竹筒にむりやり詰め込むことはできても、飼育・携帯するのは不可能である。イイズナはオコジョより一回り小さいが、結果はおなじだろう。それにイイズナは本州の北端にしか生息しない。鼬だと雌はオコジョの雄とおなじていどだが、雄はずっと大きい。竹筒飼育はとても不可能である。

さきの『甲子夜話』のクダ狐の項を正確に引用すると、金峯・大峯ではクダ狐を「竹の筒に入れ、梵字などを書し、何か修法を為て与《あたえ》ると云ふ」と書き、その後にクダ狐に食をあたえる話が続く。竹尾善筑の『即事考』（一八二一年序）巻一にも、稲荷の官位を受けるとき伏見稲荷が竹筒を出す、という話がある。柳田国男[一九五]は、漂泊する巫女のなかには、袋を首にかけるものがいたという。柳田が、国立博物館のイタコの袋のなかを調べてみると、竹筒があり、さらにそのなかには聞きなれぬ神仏の名をいっぱい書きつめた紙が入っていた。

容器が竹筒であるかどうかはわからないが、谷川士清の『倭訓栞《わくんのしおり》』（一七七五年成立か）巻中に「卑賤の山伏など京都稲荷にてうけ来といふて一二寸の紙に狐の像を絵《えが》きたるもの、是《これ》を大さき使といふ」とある。実際、安政三（一八五六）年、河内富田林《かわちとんだばやし》（現、富田林市富田林町）の酒造家＝中村徳兵衛が、中村佐市という稲荷行者をつうじて伏見稲荷の愛染寺からもらった官位の免許状には、絵像が付いていた。ただし、これは桐箱に収められている。[一一九]

伏見稲荷社が、正規に神璽《しんじ》と勧請《かんじょう》証書を各地の稲荷社に授け、（実質的には）官位を与える場合には、神璽を二重の木箱にていねいに収容し、勧請証書も紙に封じたうえで木箱に納める。[一二八]したがって、伏見稲荷社が竹筒に官位関係のものを入れて渡すとは考えられない。思うに、伏見稲荷周辺の行者をはじめ、各地の雑修験者・巫覡《ふげき》の元締めが、梵語の種子《しゅじ》や呪句を紙に書きつけ、場合によっては狐・ダキニ天・飯綱権現の図を添えて描き、筒状の容器に収めたうえで、修験者・巫覡に下していたのではないだろうか。そして絵図の狐やこれを象徴する種子などが、信濃を中心とする地域ではクダとよばれるようになったのではないか。秩父三峰神社が出すお札を、お犬と称する類《たぐい》であろう。ただしクダ狐の場合は、容器と中身が接合してその名がうまれた。この説が確実だとは思えない。しかし、クダの語源を上方《かみがた》の伏見から下《くだ》ってきたことにもとめる説、「山くだり」起源説、[一〇八]あるいはクダが一族をあらわす語に由来するという説[一〇六]など、今まで提出されたクダ狐の語源説にくらべれば、当たっている確率が高いかもしれない。

狐的動物の呪力を利用する祈禱系宗教著者たちは、これを箱に入れて運ぶとも見られていた。鳥取藩士＝上野忠親の『雪窓夜話《せっそうやわ》』（一七五〇年頃成立）巻七は、伯耆国倉吉（現、鳥取県倉吉市）の福正院という験僧が、香箱のなかに入れた何ものかの力で占いを行っていた、と述べている。香箱の中身は不明だが、イヅナまたは人狐の類が入っていると称したのではないだろうか。東北地方の話になるが、秋田藩士＝人見子安の『黒甜鎖語《こくてんさご》』四編（一八〇一年成立）巻二には、巫女が特殊な髑髏《どくろ》を持ち歩いていた、という記事がみえる。髑髏には杓子のようなものが添えてあるという。杓子のようなものとは、人形《ひとがた》であったかもしれない。近代に入った後の話だが、長野県や山梨県をまわっていた口寄せ巫女の携帯する箱のなかに、クダ狐とともに人形が二つ入っていた、という報告[一六]は注目に値しよう(3)。

竹筒・小箱の容積とオコジョ・イイズナの大きさを対比してみなくても、小さな空間ではこれらの動物を飼育できないことは、実際経験にもとづいて証明ずみである。とくに捕獲した成獣を拘束すると、ストレスですぐ死んでしまう。食物も受けつけない。荒々しい野性の凝縮したオコジョ・イイズナは、そのような圧迫には耐えられないのだ。もっとも幼獣のときから広いケージのなかで餌《え》づけして育てれば、人になつく[二二]。それでも狭い場所では長生きしない。いわんや竹筒のなかにおいてをや。鼬の飼育はそれほど困難ではないが、せまくて暗い空間に閉じこめれば、結果はオコジョなどとおなじことになろう。あるていど以上のスペースが必要である。昭和初期に北村栄次[五三]が最適とした単数個体飼育舎の大きさは、奥行四尺（一二一センチ）・間口六尺（一八二センチ）・高さ五尺（一五一センチ）だった。大村佐和実[三二]が推奨する飼育箱は、奥行二尺・間口三尺・高さ一尺五寸とかなり小さいが、それでも持ち歩くのはたいへんだ。

クダ狐の正体が、たとえばとがり鼠ならば、火吹竹ていどの容器に入れて持ち運ぶことは可能であろう。体長は六〜六・五センチ、尾長は四・八センチぐらい（表22）。ただし、とがり鼠の生態は現在でもよくわからないらしい。飼育したという話もない。いずれにせよ、文献を調べてもクダ狐がとがり鼠であると思わせる根拠はない。

イヅナ・クダ・オサキを使うと称する下級宗教者は、たぶん動物を携えてはいなかったのだろう。これらの動物の毛皮や剝製、ミイラまたは骨を小箱に入れて歩いた可能性は否定できない。しかし、一部の修験者・神道者・巫女などが、幼獣の頃から手なずけた鼬・オコジョ・イイズナをなんらかの手段で近隣の村落に持ち込み、それらの小動物の霊力を人びとに信じこませるという事件がなかったとはいえない。狐的動物の絵や呪符、その死体の断片、あるいは動物そのものが持ちこまれた先が固定すると、狐持ちの観念が生まれる。おそくとも一八世紀の前半には、狐持ちが現れていたようだ。

狐持ち筋の成立——狐付きの様態混交

最後に（5）の段階にいたる。さきに指摘したとおり、『出雲国人狐物語』の記す享保の事件は、かならずしも狐持ち筋の成立を証拠立てるものではない。著者の山根与右衛門《やまねよえもん》によれば、元文の頃

（一七三六～一七四一年）の事件をめぐって、人狐持ちの家系伝達の観念が確実に始まったようだ。著者が自らの時代の狐持ち筋について記した最初のものは、管見では太宰春台《だざいしゅんだい》の『柴芝園漫筆《ししえんまんぴつ》』（一七四〇年代成立）巻六の叙述である。春台は漢学者。信濃飯田に生まれたが、その後、江戸・但馬出石《たじまいずし》・京・大阪・下総《しもうさ》を転々とした。見聞は広かったと思われる。

土佐州に犬蠱《けんこ》あり。雲州に狐蠱《ここ》あり。皆甚しく人を害す。……狐蠱は狐を役《えき》するなり。その初を詳《つまびら》かにせず。これを行ふ者、能く人をして熱を病《やま》せ、狂を発せしむ。蠱主自らこれを解くに非ずんば、則ち去らず。その事犬蠱と大《おおよ》そ相類也。犬蠱・狐蠱皆、その家に有りて子に伝ふ。国人甚だこれを悪《にく》む。与に婚姻を通ぜず。

現地の同時代資料としては、伯耆の『池田藩諸事控帳』（一七五三年記）に残された鳥取県西伯郡国信《さいはくぐんくにのぶ》村（現、大山町）の事件の記録（表15―ア）が古い。出雲では、島根県平田市の元庄屋の家に、狐持ち筋であると本人が認めたと思われる一七五九年の文書「縁切状」（表15―イ）が残っている。一六・一四四・一四五

四年以前当時、権太郎邪気付き、又々此度《このたび》定六女房え付き、御山に於て御祈禱遊ばされ、御吟味之上度々に及び白状仕り、段々証拠之《これ》あり、弥弥《いよいよ》私所持の狐に紛れ御座なく候。然上《しかるうえ》は、私家内其他一族之者、向後《こうご》一家縁切りなられ、出入り仕らず、子々孫々に至る迄きっと義絶なられ候由、承知致し候。

以上は、付けた側の者三名が村民八五名に当てた「縁切状」である。

人狐以外の狐的動物を付けた村内事件については、武蔵国秩父郡太田部村（現、埼玉県秩父市太田部）から出された「おふさき儀に付き、仰せられ人別御請書」（一七四五年記）がある。これによれば、当郡中、村々にて、前々よりおふさきと申し障《さわ》り申し触《ふれ》し、百姓の内誰には「おふさき持」の由申立て、又は病難等の節に「たれおふさき附き来り候」の由申す儀これあり。山伏等を相頼み、これ除きの祈禱いたすの旨、尤もおふさき持の名に立て候者とは、自然と附合等も遠慮致し、縁談の取組みもいたさず、田地質入れ・金銀貸借等にも差支、難儀いたす者も［あった］。

オサキ持ちの家は、縁談も成り立たない状態であるというから、（5）の段階、つまり持ち筋の成立を示すものかもしれない。ただし、本場の山陰の記録より早い。あるいは（4）段階、すなわち持ち筋の観念はまだ成立しない時期に村内のオサキ付け事件があり、事件をひきおこした一家が忌《い》まれていただけだった可能性もある。

この記録をのぞくと、著者不詳の『梅翁随筆《ばいおうずいひつ》』（一八〇一年頃成立か）巻一のオサキの報告が初期のものである。

上州におさきといふ獣、人に取付居るなり。この家の血すじを引きたるものは、いかにすれどもはなるる事なし。……縁組など殊に吟味する也。此血筋にあらずとも、その家《や》の道具を外の家に入れば、則《すなわち》おさき付添来るなり。食を毎日あたふれば害なく、怠る時は差別なく喰尽《くいつく》し、若《もし》いかりをはつする時はいろいろの仇をなし、果はその人の腹内に入て、終《つい》に喰ころすといふ。……しかるにその血筋の者にても、江戸へ出れば忽《たちま》ちおさきはなれて、少しも付添したがふ事能《あた》はず。

意外にもオサキの持ち筋の人は、オサキを使って非持ち筋の人に仇をなすのではなく、かえって自らがオサキに仇をなされる。さきの人狐および「おふさき」の場合とは、まったく事情が違う。この違いが、『梅翁随筆』の筆者の誤解によるのか、それとも実際に初期のオサキ持ち筋の一部の実態がこのようなものであったのか、わからない。次に江戸の戯作者《げさくしゃ》・考証家＝滝沢馬琴編『兎園小説』第二集（一八二五年記）の説明を紹介しよう。

［尾さき狐は］上毛《かみつけ》・下毛《しもつけ》のみに限らず、むさしといふとも北のかたには此けもの稀にあり。ともすれば人の家につくことありといふ。そが一たびつきたる家は、貧しかりしもゆたかになりぬ。しかれども多くはその身一期《いちご》のほど、或はその子の時に至りて、衰へ果てずといふことなし。そが既に憑きたる家の、年々ゆたかになるままに、狐の種類も次第に殖えて、むれつどふこと限りなし。もしその家のむすめなるもの、他村によめいりする事あれば、尾さき狐も相わかれて、婿の家につくといふ。ここをもて人忌嫌《きけん》せざるものなく、寇《あだ》を防ぐが如しとなん。

この解説でも、どうやらオサキ狐の持ち筋は、人狐の例と異なる型のようである。『梅翁随筆』の例とオサキの害のようすが違うが、最後に損をするのはやはり持ち筋の人である。馬琴がこの話題を仕入れてきた先は不明で、完全に正確な情報だとは言いきれない。

『梅翁随筆』の二〇年たらず後、『兎園小説』の少し前に記された『遊歴雑記』四編（一八二三年成立）

巻上に、オサキの見聞記が語られる。著者は、十方庵《じっぽうあん》（津田）敬順《けいじゅん》。江戸小日向《こひなた》真宗寺院の住職であった。彼が文化一三（一八一六）年、武蔵秩父郡札所《ふだしょ》の寺をめぐっていたとき、かつては豊かだったらしい農家が廃屋と化し、荒れるにまかされているさまをいくつも見た。尋ねてみると、ネブッテウの家、またはお崎狐の家だという。お崎狐についての記事は、次のとおり。ネブッテウのことは後に述べる。

　此《この》お崎狐といふは、……年々子を産殖する事　夥《おびただ》しく、彼家此家に移り侘《わび》して人々を煩はしむ。但《ただし》此狐を信じ家に飼祭れば、自然と身上《しんしょう》を仕上げ金銀衣類重器にいたるまで湧《わく》となり。是は件《くだん》の狐何方《いずかた》よりか金銭を貪り来て、その家へ持はこぶ。もし又その家衰ふる時節にいたれば、彼狐外の家に持ちはこびて、最初に百倍して貧にならしむ。……身体衰弱するに至りては、家財売尽し水も飲《のみ》かね、親子兄弟わかれわかれ家をふりすて、逃退《にげの》く者もありとかや。

この説明によれば、オサキ狐はもともと人の管理下にあるのではなく、各家のあいだで金銭・財物を自由に持ち運び移動してまわるらしい。飼育祭祀すれば、当分はその家に村落の金銭財物が集中する。しかしついには、オサキ狐を飼育祭祀していた家に被害が集中し、健康も害しその家は逃散《ちょうさん》するにいたる。オサキ狐を飼育する家の致富、衰退の筋書きは、右の諸記録とおなじだが、他の家の金銭・財貨を奪うという点では、のちの持ち筋の例に近くなる。

江戸生まれの随筆家＝喜多村信節《きたむらのぶよ》の『筠庭雑録《いんていざつろく》』（一八三二年頃成立）にいたって、持ち筋に住むオサキ狐の人狐型行動がはじめて記載された。

付《つき》随《したが》ひ、はびこりて武州の内にも其家あり。是に依て聟《むこ》を取、よめを迎ふるに、其家をよく紏《ただ》す事也。男女に限らず、其家より来《きた》る者に狐も添《そえ》て来る。……この狐ある家より怨むる人などあれば、やがて其人をなやませ、此方の恨み言を口ばしらす。

上野《こうづけ》藤岡の人語りける。ヲサキ狐は……その獣ある家より縁者となる者の方へ、狐も分かれて

四つの文献の成立時期の順に、それぞれが記したように持ち筋観念が変化した、と主張するつもりは毛頭ない。たかだか一〇〜二〇年ていどの間隔しかおかない記述が、歴史的変化を正確に反映しているはずがない。むしろ、四つの文献の叙述の相違は、形成期における持ち筋の観念の多様性、より広くは狐付きのさまざまな様態の混交を示唆しているように思われる。ちょうど『兎園小説』の馬琴報告がなされた一年後、持ち筋どころか狐持ちにも関係なく、神道者がオサキ狐を人に付ける事件（表15―ケ）があった。これはさきにあげた段階でいえば（2）か（3）にあたる。逆に『梅翁随筆』が世に出るよりも半世紀以上前に、前記「おふさき儀に付き、仰せられ人別御請書」の事件が発生した。

クダに関しては、付きもの動物の容器との関連で少し述べたが、もういちど付きもの持ち筋とのかかわりで考えよう。菅江真澄の『いなのなかみち』（一七八三年記）・『かたゐ袋』（一七八九年成立）は、信濃伊那のクダ狐が人に付いて悩ますと報告した。また岡田新川の『秉穂録《へいすいろく》』（一七九四年序）は遠江《とおとうみ》のクダ狐の同様の行動を記す。しかし、これら一八世紀終わり頃の書は、クダ狐持ちや持ち筋については何も語らない。『甲子夜話《かっしやわ》』巻一〇は、クダ狐が遠江・三河北方の山中に生息すると述べ、さらにその

危険について次のように記す。

［狐使いは］雌雄を筒に入れ［食物を］与《あたう》る故、出し用《もちい》れば漸々《ぜんぜん》子を生じて数増り、食養に窘《たしなむ》るとなり。因て利の為に姦計を役使して、終にはその行者身を亡すに逮《およ》ぶとなり。……一度授かりては外へ放ちやることも能はず、終身付随《つきしたが》ひゐると云。若或《もし》は外より懇望の人有て譲与《ゆずりあたえ》ること有るとも、其人の養方狐《ようかた》の意に協《かな》はざれば、再び元の主に立返り来るとなり。

というわけで、クダ狐の繁殖は術者自らに困難を招き、人に与えても定着しがたい。狐持ちの存在は認められるが、その地域定着や相続固定については何も書かれていない。すなわちクダ狐の活動が、上記(4)の段階に達したことは確認できない。そして一九世紀の半ばに、クダ狐付き筋の噂話が語られる。尾張藩士＝三好想山《みよししょうざん》の『想山著聞奇集』（一八五〇年刊）巻四によれば、

［信州の］管《くだ》と云ものは甚の妖獣なり。一切形は人に見せずして、くだ付の家とて、代々其家の人に付纏《まと》ひ居る事にて、此家筋の者は、兼て人も知居て、婚姻などには殊《こと》の外《ほか》きらふ事と也。

という状態であった。しかしクダ付き家筋の者が他の家の者にクダを付かせるとは説いていない。『想山著聞奇集』が刊行された五年後、遠江《とおとうみ》国榛原《はいばら》郡白羽《しろわ》村でクダ狐持ちが社会問題になった。安政二（一八五五）年、白羽村（現、静岡県御前崎市白羽）の百姓次郎兵衛とその妻＝なかが役所宛に出した「白羽村人狐憑きとされ焼討にあい願書」によれば、経過は次のようである。（a）村の庄右衛門がクダ狐を使って病人を治療したり、卜占《ぼくせん》を行ったりして流行し、謝金で儲けていた。ところが彼が狐を使って

いることが露見し、村から出た。（b）庄右衛門が残したクダ狐が村人に付く事件があったが、この春から次郎兵衛が狐を飼育し、人に付けているという噂が始まった。（c）とくに隣家の甚兵衛が、このことを強く主張し、虚偽の宣伝をなし、ついには甚兵衛らにより次郎兵衛の家が焼かれてしまった。そして次郎兵衛は、甚兵衛が狐を使って病人を療治し金銭を得ている、と告発する。

この例では、（4）の段階に相当するクダ狐持ちをめぐる騒動が生じたが、（5）の段階、すなわち家筋の問題にまでは発展していない。オサキの場合と似て、クダ狐を付ける家筋の俗信には、いくつかの型が混在していたと思われる。

二〇世紀になっても、『梅翁随筆』・『兎園小説』のオサキ狐、『想山著聞奇集』のクダ狐のような振舞をする付きものが報告されている。つまり婚姻などが忌避される家筋が存在するが、その家筋が持つ付きものは、他家の人に付くのではない。むしろ家筋の者が付かれたり、付きものの被害を受けたりする。該当する地域と付きものは、山梨県のクダ狐[二〇九]、兵庫県の狐[一六六(4)]、岡山県の狐[一七〇]、狐類以外では大分《おおいた》県速見郡の犬神・トウビョウ[一四]である。

石塚尊俊[一四]によれば、持ち筋の少数地帯、すなわち村落のなかに稀に持ち筋が存在するような地域にこの種の例が多く、古い型を表す。彼があげる大分県の例は、すでに存在する持ち筋により犬神・トウビョウを付けられて、あらたな持ち筋が生まれる、という仕組みだった。これは、持ち筋の始原に関する近世文献のケースとも異なる。しかし持ち筋伝染の初期形態の残存である可能性も否定できない。婚姻や分家によるのではなく、付きものの移動による持ち筋の伝染が古型だったのかもしれない。だとしても、なぜ古型が持ち筋地帯縁辺部に残るのか、説明が必要だろう。方言周圏説をこの問題に適用して、次のように説明することもできよう。持ち筋と付かれる側の分離が持ち筋多数地帯で新たに始まったが、少数地帯にはまだ波及していない、と。持ち筋が増殖した原因と、持ち筋・付かれる側の分離の原因がリンクすることを示さないと、この説明も完全ではない。

犬神持ちとトウビョウ持ち――様々な混交

狐的動物の持ち筋の他に、犬神持ち筋とトウビョウ（蛇）持ち筋が著名である。前者は土佐および豊《ぶん》後《ご》に多い。さきに紹介したとおり一四世紀成立の『渓嵐拾葉集《けいらんしゅうようしゅう》』巻六八は、四国では狐のかわりに犬・狸を使う術がある、と述べている。犬神持ち筋のほうが狐持ち筋より歴史が長いらしい。浅井了意の『伽婢子《おとぎぼうこ》』（一六六六年刊）巻一一は、「土佐の国畑といふ所には、其土民数代伝はりて狗神《いぬがみ》といふ者を持《もち》たり」と記す。了意は京都の僧侶である。ほぼおなじ頃の現地の記録も残る。寛文一二（一六七二）年、土佐幡多《はた》郡下茅《しものかや》の農民＝仁右衛門は、役所に提出した差出書で「私代々犬神持ちにて御座候」と認めた。[44]犬神の正体は鼠に類するといわれるが、それが犬神の名を得たいきさつはわからない。中世にはじまる犬神の呪術は、他のさまざまな俗信と混交していったのだろう。

トウビョウは蛇を指す。その持ち筋は主として石見《いわみ》、さらに山陽地方におよぶ。トウビョウに関しては、中山三柳《なかやまさんりゅう》の『醍醐随筆《だいごずいひつ》』（一六七〇年刊）巻下の記録が古い。彼は「中国西国《さいごく》のあたりに蛇神をもちて人につけなやます」と述べる。貝原益軒の『大和本草』（一七〇九年刊）巻一四に、「安芸《あき》に蛇神あり。又たうべうと云。人家によりて蛇神をつかふ者あり。其家に小蛇多くあつまり居て、他人につきて災をなす」とある。しかし持ち筋の話はない。トウビョウ持ち筋の文献初見は、上野忠親の『雪窓夜話』巻七である。備前《びぜん》にトウビョウ持ちという者がいる。トウビョウの本体は長さ七～八寸の蛇で、ひとたびこの蛇を所持すると、子孫にまで伝わり離れない。持つ人自身の知らぬまに、持つ人の妬《ねた》み・怨みを体《てい》した蛇が相手の人のところに行って付く。『遊歴雑記』四編によれば、武蔵秩父地方でネブツテウと称する小蛇の持ち筋があった。

動物に直接は関係ないが、飛驒《ひだ》・美濃《みの》で、ゴンボダネという生霊を付ける家筋の存在が、千葉徳爾[一〇八]などの民俗調査で明らかになっている。筋を形成するのではないらしいが、出雲・土佐にも生霊付きの現象が見られる[二〇六]。出雲では狐付きが[五一]、土佐・阿波では犬神付きが[三七]、同時に生霊の祟《たた》りと見られることすらある。

一般に、近世には生霊《いきりょう》が蛇で象徴される話が少なくない。そのさい蛇は、金銭などに執着する生霊を意味し、または嫉妬する心をあらわす。鈴木正三の『因果物語』カタカナ本（一六六一年刊）巻下に金銭執着の例、『曾呂利物語《そろりものがたり》』（一六一五年刊）巻五には嫉妬心の例が出る。蛇はさらに狐に接続する。動物付きの実質を調べると、持ち筋の怨恨《えんこん》・嫉妬《しっと》が先方に狐などを派遣し、それらの家に災難をあたえる例が知られる。しかも持ち筋の指令ではなく、オサキ狐・クダ狐・人狐・犬神などが主人の思いを汲《く》みとって、勝手にそうした行動をとる場合も少なくない[一四四・一四五・二〇六]。『雪窓夜話』のトウビョウもそうだった。動物的付きものは、この局面ではあたかも怨恨と嫉妬に駆られた生霊のようにふるまう。トウビョウの語源は見当がつかないが、ネブッテウは「念仏すてふもの」の短縮、「念仏てふ」の転脱、つまり念仏の対象となるべきもの、の意味ではないか。

蛇の性質は、狐に一部受けつがれた。だから蛇を介して、狐が生霊の代替物になったとしても不思議ではない。第二部第一章で述べた高尾の稲荷は、遊女高尾の霊を祀《まつ》る。しかも東国《とうごく》の稲荷は、実質的には狐信仰の気配が濃厚である。オコジョと蛇の連想もあったかもしれない。『和漢三才図会』（一七一三年刊）巻四五をはじめ、耳を持つ蛇の話がしばしば記されるが、これには体が細く手足が短いオコジョを蛇の頭部と見誤った場合もふくまれているだろう。近代・現代にも、岐阜《ぎふ》県・岡山県・島根県で生霊付きと狐付きが混同される事例が報告されている。須田圭三[九二]は、岐阜県高根村《たかねむら》（現、高山市）のゴボウダネ（生霊）付きと狐付きの混同は、長野県から入ったクダ狐が、当地のゴボウダネの名で呼ばれたことに由来するのではないか、と推測した。須田の説にまちがいはなく、混同されるだけの素因があっただろう。

このように考えると、どの種の持ち筋が始原の型であるか、にわかには判断しがたいが、生霊付き・蛇付き・狐的動物付きは、おたがいに移行し得るものである、とはいえよう。

犬神付き・蛇付き・生霊付きをもう少し詳しく検討しなければ、狐付きの解明も不十分になるはずだが、きりがないので必要最低限以上は立ち入らない。本章で述べた結果を要約しよう。

（1）術者が狐を飼育するという噂は、おそくとも一七世紀末には知られていた。それを始めたのは、奥州の飯綱《いづな》使いだった可能性が高い。しかも飯綱使いは、その頃山陰にまで進出していたとの情報もある。また一九世紀前半の信濃・遠江・三河では、修験者がクダ狐を飼育・携帯するという噂が始まる。

（2）おそくとも一八世紀の前半には、山陰および北関東で、地域定住の狐（人狐・オサキ狐）持ちが他人にこの種の狐を付けるという噂が始まった。

（3）おそくとも一八世紀の半ば近くには、山陰で人狐持ち筋の噂が始まる。この筋の人は、他人に人狐を付けた。上州でもオサキ狐を持つ家筋があるとの説は、おそくとも一九世紀にはいってすぐの時期には知られていた。しかしこの時期のオサキ狐持ち筋のありかたは多様であり、定型化していない。上州で山陰型の典型的な持ち筋俗信が確認されるのは、一八三〇年代に入ってからである。信濃などのクダ狐は、一九世紀半ばには持ち筋の観念が始まっている。しかし、それがただちに他人に狐を付けるという噂と結びついたかどうか不明である。

註

（1）使う目的ではなく狐を飼育する人がいたらしい。堀麦水の『続三州奇談』（一七八〇年頃成立）巻三には、能登《のと》の長氏の屋敷内には、つねに多くの狐が養われていた、とある。只野真葛は『むかしばなし』（一八一二年序）六で、仙台あたりで野良狐をペットとして飼育していた者がいた、と述べる。

（2）イヅナを使う巫女が、江戸の芳町《よしちょう》（現、中央区日本橋人形町三丁目か）に住んでいたという話が広瀬旭荘の『九桂草堂随筆』（一八五七年序）巻八にあり、近世末期に女性のイヅナ使いがいたことはまちがいなかろう。

〈3〉参考になるのは、エビス舞わし・山猫舞わしの携帯する動物である。森山孝盛の『賤《しず》のをだ巻』（一八〇二年序）巻上は、彼が幼いとき（一七四〇～五〇年代）、奉加坊主《ほうがぼうず》が首にかけた箱より「えも知らぬ獣」を出して子供に見せる山猫廻しというものが街を歩いていた、と語る。瀬川如皐（二世）の『只今御笑草《ただいまのおわらいぐさ》』（一八一二年序）は、宝暦から明和末まで（一七五一～一七七二年）、山猫廻し（傀儡師《くぐつし》）が町まちを訪れた、と記す。人形を二つおもしろく使ったのち、「いたちやらん、むじなやらん、毛皮にてこしらへたる子猫程の異物を箱の底より出し、ヤンマンネッコにカンマンショと子供を追いあるき……」と説明している。小川顕道の『塵塚談』（一八一四年成立）巻上によれば、傀儡師の江戸方言が山猫廻し。人形を舞わし終ったところで、山猫という鼬《いたち》のようなものを出して「チチクワイクワイ」とわめく。彼が一四、五歳のとき、つまり一七五〇年頃までよくまわって来たという。

　クダ狐やオサキ狐の正体と思われるイタチ科の小型動物の顔が猫のようにまるいことは、本文で示した。とくに貂《てん》は、大きさも猫に近い。これらの動物を山猫と称していたのだろう。『人倫訓蒙図彙《じんりんきんもうずい》』（一六九〇年刊）に「えびすまひ」の図があるが、この時期にはまだ山猫はいないようである。ただ人形が箱に入っているのが確認できる。のちに山猫も箱のなかで人形と同居したのだろう。堀一郎[一六五]によれば、もともとのエビス回しは、エビスの像・田の神の像・神馬の像を配って祈禱する下級宗教的賤民だった。柳田国男[一九五]は、エビス下《おろ》しと称する人形使いは、口寄せを業《ぎょう》としていた者の末だ、と推定する。人形と鼬様《よう》の動物を箱に入れて、神下ろしで生計をたてつつ遊行《ゆぎょう》する宗教者ということになれば、その点では本文にあげたイタコのような口寄巫女と等しい。

篠原徹[七九]によれば、一九七〇年代、岡山県の山村＝湯原《ゆばら》町粟田《あわた》では、エビスの使いは狐だといわれていた。エビスと狐は、五穀豊穣の願いを媒介にして連絡したのではないか。そのひねた都会版が、江戸の山猫まわしかもしれない。湯原町粟田では、鼬の雌をヒトギツネと称する。こちらは、農耕信仰の対象としての狐と、悪意をもって人に付く狐との弁別の痕跡とも思われる。湯原町粟田のエビス—狐—人狐の相関は、エビス舞わしと狐を使う下級宗教者との関連と、どこかでつながっていると理解できないこともない。

また重松敏美[七七]は、豊前《ぶぜん》の求菩提山《くぼてさん》の修験の祭に傀儡の所作の名残《なごり》があるという。修験者と傀儡師は無縁ではなかった。

（4）兵庫県宍粟郡《しそうぐん》の狐付きに関する文献閲覧については、千種町《ちくさちょう》教育委員会、とくに岸本氏のお世話になった。

第五章　「狐持ち筋」の成立と問題点

変わりゆく狐的な動物信仰

狐持ち筋の成立過程を考察するには、いくつかの要因を個別に検討しなければならない。一つは地域の動物信仰の状況、次に当該地域または周辺での宗教者の活動、さらに狐持ち筋を生んだ村落の人間関係など。

前章で、狐持ち筋の観念が成立するには、いくつかの前提段階が必要であると明らかにした。狐持ち筋成立の最終段階では、狐付きは付かれた人にとって大きな災難だったが、これに先行する個人レベルでの狐付きが災難をもたらすとは限らないことを確認しておきたい。第一章では、狐付きが、少なくとも結果として人に有益な役割をはたした例をあげた。その多くは、付いた狐の求めを充たすと、当人・当家・当地域を守護し、または富をもたらす類《たぐい》の報恩、あるいは吉凶を予言する話である。『享保世話《きょうほうせわ》』（一七三〇年頃成立）巻三（表12―エ）では、江戸麻布《あざぶ》の八百屋の下女に付いた狐は、祠《ほこら》を建立《こんりゅう》してくれれば近所の火難を防除しよう、と約束した。『思出草紙』（一八四〇年序）巻九（表12―フ）では、大工の妻に付いた狐がその家を豊かにした。また『耳嚢《みみぶくろ》』（一八一四年成立）巻三（表12―ソ）では、江戸本所《ほんじょ》の女性に狐が付き、さまざま予言をして、ことごとく的中した。

狐の予兆能力は、古代以来、貴族の関心の的だった。狐の怪異は、陰陽寮と神祇官の卜占《ぼくせん》の対象になる。しかし古代・中世に、人に付いた狐が予言したり、これにもとづいて宗教者が卜占をした記録は、管見に多くは入っていない。『今昔物語集』（一一一〇年頃成立）巻二六で、敦賀《つるが》の女性に付いた狐が、夫の到着と客人の来訪をあらかじめ告げた。この場合は、夫が狐を走らせて予告させたのだが、現象的には付いた狐の予言に近い。けれども古代・中世の狐付きのほとんどは、人を苦しめる型だった。私見によると、古代の貴族・上級武士の狐信仰は微弱だった。中世になって、彼らのあいだに狐信仰は浸透したが、主として辰狐・ダキニ天に怨敵降伏を祈願する形をとった。狐付きは、依然として歓迎すべきものではなかったと思われる。

しかし中世の東国《とうごく》では、すでに衆庶《しゅうしょ》のあいだに狐信仰が始まる。彼らの狐は、おそらく人に付いて種々の善根を施したであろうが、残念ながら記録には残っていない。ただし、中世末に成立した『簠簋抄《ほきしょう》』の狐女房や『東国闘戦見聞私記《とうごくとうせんけんもんしき》』（近世初期成立）の狐女房は、家や子孫の繁栄に貢献した。とくに後者の狐女房は、嫁いだ家の農業の発展に大いに力を尽くした。狐女房は、狐に付かれた女性と解釈してもよい。あるいはよけいなこじつけなしに、すなおに狐が化けた女性と理解してもかまわない。いずれにせよ狐が、夫となる男の家に居付いたのである。ついには狐女房は去る。けれども、狐の血を引いた子供が残るのだ。なお『簠簋抄』では、安倍晴明は常陸《ひたち》の生まれ・育ちとなっている。

近世の狐付きが人に利益《りやく》をもたらす割合では、東国が西国《さいごく》に優越する。もう少し細かく地域分布を調べると、有益な狐付きは、上野《こうづけ》・武蔵《むさし》（江戸をふくむ）・甲斐《かい》・伊勢・京・播磨《はりま》・加賀・周防《すおう》の出来事であり、上野をのぞいては狐持ち筋地域とは重ならない。また上野・武蔵・甲斐は東国だから、はやくから狐信仰地域に入っていたと思われる。

西国のなかでも、伊勢・京・播磨は狐信仰に関して特殊な地帯だった。前著で述べたが、一二世紀末には伊勢と京で狐信仰が始まっていた。播磨は、おそくとも中世末には陰陽師の集中的な活動域として知られ、おそらくそれに関連して妖狐伝承が豊富な国だった。一六世紀に狐女房妖狐型とでもいうべき伝承が行われていたことは、第一部第四章で紹介した。そして狐信仰の流入とともに、妖狐伝承が一変して狐信仰に転換する。播磨以外でも和泉《いずみ》国信太《しのだ》の森は、中世には妖狐の噂で有名だったらしいが、『簠簋抄』の頃には、その狐は安倍晴明の母に変身してしまった。葛《くず》の葉《は》狐にも陰陽師がかかわっていたようだ。さらに、奈良においても、念仏寺の境内に一七二二年に狐稲荷と称し、狐を祀る稲荷祠がつくられた。

河内屋可正《かわちやかしょう》の『河内屋可正旧記』（一六九三年記か）巻六には、一六九〇年前後に、狐が可正の持つ貸家に住む農民の亡妻に化けて出現した話が出てくる。亡妻は、哀れな声で怨みを述べるので、男は身の毛もよだつ。この狐は妖狐の気味を示すようだ。藤本幸雄[一六二]が指摘するとおり、可正の記録にはこの地方の稲荷の記事は現れない。可正は、むしろ蛇を信仰していた。彼は、河内国石川郡大ケ塚村（現、大阪府河南町《かなんちょう》大ケ塚およびその東部隣接地域）の醸造業者である。くわえて藤本は、近世後期の天保《てんぽう》六（一八三五）年、丹北《たんぼく》郡三宅村（現、松原市三宅西・三宅中・三宅東）の忠左衛門という農民などが、狐を下《お》ろして自らに付け、さらに自宅に稲荷祠を造立《ぞうりゅう》した経過を述べる。忠左衛門は、万延元（一八六〇）年に年寄役についた。このことから判断しても、近世後半の河内では狐付きは忌み嫌われず、かえって歓迎された、というのが藤本の見解である。的確な論旨だといえよう。

　これらの情報を総合すると、中世末から一九世紀にかけて、畿内にも狐信仰が少しずつ浸透しつつあった様子がわかる。話はいくらか脱線したが、ようするに近世も一八世紀に入ると、畿内には狐信仰が定着し始めており、狐付きがもっぱら人に災厄をもたらす、という認識は弱くなったといえる。伏見稲荷大社が天明七（一七八七）年に、社殿修復のため幕府に願いでた勧化人《かんげにん》の派遣先は、山城《やましろ》・摂津・和泉・河内・大和《やまと》・近江《おうみ》・丹波・美濃・尾張・三河・播磨・備前《びぜん》・備中《びっちゅう》・肥前《ひぜん》・肥後《ひご》・武蔵（江戸府内を含む）・上総《かずさ》・下総の一八か国だった。幕府は五か国に制限して許可したので、稲荷大社側が選んだのは、武蔵・上総・下総・摂津・播磨である。[159] 選んだ基準は、多くの寄付を容易に収集する見込み、であったろう。これらの地域は、伏見からの交通が便利であり、なおかつ稲荷信仰の信者の密度がたかいと期待されていた。また一八か国は狐持ち筋の密集地域と重ならない。

　北関東のような古くからの狐信仰地帯に勧化の派遣が企画されなかったのは、それなりの理由があったにちがいない。一つは、この地方への交通不便と人口の希薄である。次に一七八〇年代には、まだこの地域の狐信仰は稲荷の名に十分にはなじんでいなかったのかもしれない。とくに問題になるのは、上州の狐持ち筋と狐信仰との関連である。一般に神がみは、人びとにご利益を与えるのみならず、状況によっては祟《たた》りをもたらす。とくに民間信仰の神には、その傾向が強かった。祟りをもたらす機能が実体化されると、玉藻《たまも》の前《まえ》のような妖狐が現れる。中世には、狐の善悪機能の実体化は中央の貴族の頭のなかでなされたのだろうが、近世には玉藻の前の妖狐伝承も関東に逆輸入された。そして善狐と悪狐の分離実体化を一般化したのは、宗教者と知識人たちである。近世東国で提出された『宮川舎漫筆《きゅうせんしゃまんぴつ》』（宮川政運、一八五八年序）巻三などの善狐・野狐の二分法は、そうした流れのなかで生まれた。かくて狐信仰地帯でも、人に災難をもたらすのを専業とする特殊な狐、オサキ狐などが登場したのも不思議なことではない。ただし、なぜそれが上野と秩父に集中したのか不明である(1)。

　信濃を中心とする地方のクダ狐付きの俗信が生じた素地には、オコジョなどを山の神として祀る信仰があった、と千葉徳爾[一〇八]は主張する。彼の引用する幕臣＝阿部正信の『駿国雑志』（一八四三年成立）によれば、クダ＝山の神は人びとに富をもたらすが、扱いをおろそかにすれば人に付いて罵《ののし》る。石塚尊俊[一六]は、現在では群馬・山梨でもオコジョを山の神の使いとする地域があるという。上州のオサキとおなじく、信濃などのクダも、山の神の否定的な側面としての要素も受け継いだと思われる。稲荷がこの地域に入ったのは比較的新しく、寛文～元禄の頃（一七世紀後半～一八世紀初頭）のようである。

山陰地方はどうだろうか。島田成矩[八三]および速水保孝[一四六]によれば、寛永一五（一六三八）年から寛文六（一六六六）年まで松江藩主だった松平直政は、熱心に稲荷を信仰した。彼が万治《まんじ》元（一六五八）年に旧領の松本から城内に稲荷を勧請《かんじょう》して以来、稲荷信仰は歴代藩主に継承され、広瀬藩など支藩にもおよんだ。この稲荷にはやくから狐が関与していたことは、黒沢長尚《くろさわながひさ》の『雲陽志《うんようし》』（一七一七年成立）巻一の記事を見ればわかる。寛永一七（一六四〇）年のある夜、直政の夢に松本の白狐到来の夢告があり、これを祀るため稲荷社を建立したという。夢告と勧請のあいだに時間があき過ぎるのが気になるが、一八世紀初期にはそのような噂があったのはまちがいない。また第一部第四章で述べたとおり、伯耆大山《ほうきだいせん》の下山神社には、狐信仰が付属していた。著者不明の『本朝故事因縁集』（一六八九年刊）巻三は、大山智《ち》明権現《みょうごんげん》の使者に横山狐と称する野狐があり、よろずの事はこの狐に願えば成就する、と記す。

しかし山陰の狐信仰は衆庶の農耕信仰から自然に育ったものではなかった。出雲の稲荷は上から強制的に注入された。そして横山狐は、島田[八二]が推定するとおり、狐使いの狐だったようだ。なぜなら、前章の説明のくりかえしになるが、『本朝故事因縁集』の記述には「此所の者、狐飼ひ養ふと云へり」という付けたりがある。伯耆の修験者が飯綱の法で狐を使う、と述べる荻田安静らの『宿直草』（一六七七年刊）の記述とも符合する。

このように狐信仰は、衆庶《しゅうしょ》のレベルまではなかなか浸透しにくかったらしい。直江広治[一一五]の調査を見ても、出雲《いずも》では稲荷祠は簸川《ひかわ》平野にわずかに見られるにすぎない。しかも石塚尊俊によると、この地域では家のものは屋敷稲荷の存在を他人に知られることをはばかる。出雲の村落の屋敷神は主として荒神《こうじん》である。荒神はしばしば神木をともない、祭礼のさいには神木に藁蛇を巻きつける。もともと樹霊信仰と蛇信仰は習合しやすかった。どうやら、山陰で伝統的な信仰対象になってきた動物は、狐ではなく蛇だった。とくに出雲では、出雲大社・日ノ御崎神社《ひのみさきじんじゃ》・佐多神社などの海蛇信仰が蛇信仰に溶け込んだ。くどいようだが、日本では中世以後、蛇信仰のあとを狐信仰がおそう傾向があり、山陰では現在にいたってもその移行過程は終了していない。

　そのような地域では、古くは蛇付きはあっても狐付きは盛んではなかったのではないか。中山三柳の『醍醐随筆』（一六七〇年刊）巻下によれば、出雲・石見《いわみ》両国にトウビョウと称する小蛇を使う祈禱師がいた。速水[一四六]は、祈禱師が使っていたのは海蛇のミイラだろう、という。蛇付きから狐付きへの移行経過は、隠《お》岐《き》で明らかに見てとることができる。隠岐にはトウビョウ付きが早くからあった。若狭《わかさ》の民間信仰学者＝木崎正敏の『拾椎雑話《しゅうすいざつわ》』（一七五七年序）巻二四には「隠岐国には狐居申さず。狐つきといふものなし。蛇腹のつくといふ事ありて、口はしりけるを、山伏・神子のるい祈禱する事なり」と書かれる。が、そののちこの島に狐付きが侵入する。文政一一（一八二八）年、宇賀村（現、西ノ島町宇賀）の万蔵なる者が出した訴状によると、かつて彼が本州に行脚《あんぎゃ》し帰島した後、彼の縁者が病気になる。そして京で吉田家に狐祈禱してもらってから八年ほどして、彼の家に狐が付いていると噂されるようになった。島根県の西部、石見のとくに西の方でもトウビョウ持ちが盛んである。それが出雲にまでいたらなかったのは、一つには上からの稲荷注入の歪《ゆが》んだ結果だろう。

蛇付きから狐付きへの移行現象は、出雲を中において西石見と逆の方向、因幡《いなば》・東伯耆《ほうき》のトウビョウ狐の名にも痕跡を残す。がんらいトウビョウ圏内であったこの地域に、人狐が入ってきて複合名が生じたのではないか。

山陰地方では、蛇付きは善悪両作用を発揮しただろう。そして蛇のネガティブな性質だけを分離実体化し、これに対応するトウビョウの名が普及したにちがいない。あらたに稲荷信仰が持ちこんだ狐に関しては、衆庶のあいだでは、人に災厄をもたらす機能が強調された。けれども松江藩主の稲荷—狐信仰は歴然としており、衆庶《しゅうしょ》の一部にもこれが浸透したので、別に人狐の名を発明する必要があったのだろう。

信仰主体の側を中心に見た結論を記そう。第一に、狐付きが人に利益をもたらす傾向の著しい地域は、付きもの地帯になりにくい。第二に、付きもの持ち筋地帯で、霊力が信じられているある種の動物のネガティブな機能のみが特殊に実体化され、オサキ狐・クダ狐・人狐などの名を得た。

禍福両方向に現われる狐付き

前項冒頭であげたように、狐付きが付かれた人に利益をもたらす例は少なくない。第一章では、その利益を、予言型・守護型・致富《ちふ》型にわけて説明した。狐使いたちは、狐または狐的動物を飼育し、これを使役した。当初、狐などに求められた基本的性能は卜占・予言だったと思われる。それは、古代から狐の行動を異変の予兆とみなして注目したことからも想像できよう。くわえて、石塚尊俊[一六]や小松和彦[六六]が指摘するように、この種の狐には修験者の護法、陰陽師の識神と類似した役割も課せられており、使役者の指示にしたがい多様な任務をはたしたにちがいない。いずれの場合も、その活動により、狐使いは利益を得たのである。

狐などは、個人を対象として付くだけでなく、付く対象を家にまで拡大することがあるのは、早く小松[六六]によって指摘されていた。卓見と言えよう。「付く」という日常的であいまいな観念は、個人と家の二つのレベルでの付きと、そのあいだの移行を包摂する大きさを持つ。狐が個人に付いた場合でも、致富型はその個人の属する家を裕福にし、守護型は家または地域全体を災厄から守る。これらの例では、狐は個人を媒介にして家・土地に付こうとしている。そして家への動物付きは、白鼠・白蛇が蔵に付いて家を守り、豊かにするというありふれた例に明示された。西川如見は『百姓嚢《ひゃくしょうぶくろ》』（一七二一年序）巻四で、付くという表現は使っていないが、「白鼠ある家はかならず富貴《ふうき》の相なりといひつたふ」と述べた。ただし如見自身は、これは迷信だと批判している。

遺憾ながら白蛇の守護の記録は近世文献では見いだし得なかった。しかし鈴木棠三[九〇]の収集例を見ると、家・蔵・宅地内に蛇が住み付くと金持ちになるという伝承が、現在では青森・秋田・岩手・宮城・千葉・愛知・山梨・長野・岐阜・新潟・富山・石川・福井・滋賀・大阪・奈良・和歌山・広島・山口・鹿児島で知られている。白狐は、神社には仕えるが家や蔵には住み付かないので、この種の守護役としては役に立たなかったのだろう。もちろん家や土地への付きは、精神医学でいう憑依《ひょうい》ではない。しかしがんらい近世までは、個人レベルでも、ふつう「狐が付く」と表現されていたのだから、その含意を家と土地に適用するのは心理的に容易だった。そして、いずれのレベルでも狐付きの効果が、この動物の霊力・呪性に由来する点では共通する。狐を飼う家の富裕から貧困への転落も、動物の霊力の方向転換と解さなければならない。

以上の知見を前提に、前章で引用した資料を見なおす。『兎園小説』（一八二五年記）二集は、「[オサキ狐が」一たびつきたる家は、貧しかりしもゆたかになりぬ」という。冬毛のオコジョは真っ白に光る。白い姿も、オサキの致富力に関連しているだろう。この種の「家への付き」が、狐使いのイヅナ・オサキ・クダ・人狐飼育の噂と結びつき、それが狐持ち俗信の端緒の一つになったのではなかろうか。そこから先、狐持ち筋誕生にいたるまでの進行は、現実には主として社会的なレベルの事情によると思われるが、動物飼育・使役の噂のレベルでも、いくつかの論理が現れた。

『兎園小説』の右引用の後には、「しかれども多くはその身一期《いちご》のほど、或はその子の時に至りて、衰へ果てずといふことなし」と続く。衰える原因は明示されないが、狐の増殖のさまが記されている。豊かになってオサキ狐が増え、結果として逆にせっかくの家の富が食いつくされると考えたのだろうか。この解釈は、霊力の方向転換という観念の通俗化・物質化だった。増えた狐は娘が嫁ぐ先にも付いて行き、人びとから忌み嫌われる始末となる。少し別様に経過を述べると次のようになろう。オサキ狐は富をもたらすが、他面、飼育のコストも大きい。オサキ狐の増殖率が高いので、個体数が一定限度を越えた段階でコストが利益を上まわり、付いた家を苦境に追い込む。そして過剰になった個体は、新たに付くべき家をもとめて奔出する。かくて狐持ち筋が誕生する。

『梅翁随筆』（一八〇一年頃成立か）巻一では、オサキ狐は「人に取付居るなり」と言い表わされているが、実際はその人に食をもとめて家に居付くのが実態である。きちんと食を与えれば実害はないが、しからざれば主人に仇《あだ》をなし、ついには彼の腹に入って食い殺す。しかもこの血筋の者には付いて行く。のみならず、彼の家の道具を入れた他家にも付き添って来る。そして新しい家でも、待遇が悪いと仇をなす。それゆえ周囲の人たちから忌み恐れられる。この説明では、付きの機能が益から害へと逆転するわけではない。付かれた人・家にとって最初から何の利もなく、大切に扱って仇をなされないよう気を配るのがせいいっぱいのところだ。『兎園小説』では利害両極の間に動いたオサキ狐も、終局的には付いた家を衰退させ、また他家から忌み嫌われた。『梅翁随筆』では、この印象を付き始めの時期にまでさかのぼらせ、危害の働きが全面的に強調された。

『梅翁随筆』のオサキ狐は、餌をきちんと与えられていれば害をなさなかった。『想山著聞奇集』

（一八五〇年刊）巻四のクダ狐は、付いた家の者にとって、もっぱら災難のもとである。二六、七歳にもなる百姓の娘が、夜ごとクダ狐に脅かされてヒイと泣く。この家は以前は豊かだったがいまは零落し、座敷の畳も上げて荒れ果てた。そして家筋は、他家から忌み嫌われる。娘が適齢期をすぎてもクダ狐に付かれた家を出られずにいるのは、そのせいだろう。この例でも、クダ狐は家に付いた。付いた家を傾け、家の者に危害をあたえる。クダ狐の危害は、餌の不足とは関連づけられていないが、その部分は省略されたのかもしれない。

以上、三例に共通して、狐持ち筋の意味が現在の民俗学の常識と異なる点が注目される。もちろん根拠とした文献は直接体験にもとづくものではなく、信頼性への疑いを消すことは難しい。しかし単独文献への記載ではないところから判断すると、疑ってばかりもいられないだろう。狐持ち筋成立過程に仮説を立てる参考としては役立つにちがいない。民俗学の常識と異なるのは次の点である。第一に、狐持ち筋は他人に狐を付けるのではない。自分の家に狐がおのずから付いてしまったのだ。災厄は自家《じか》が被《こうむ》るのであり、他家《たけ》には直接関係ない。したがって第二に、狐持ち筋が村落内で忌まれるのは、その家が他の家に狐を付けるからではなく、その家の不幸の伝染を恐れられたからだった。

『遊歴雑記』四編（一八二三年成立）のオサキ狐の行動は、以上の三つの文献に見るオサキ・クダ狐にくらべて、民俗学のいう持ち筋のオサキ・クダ狐に一歩近づいた。ここで持ち筋が忌まれるのは、その家自体の悲惨の伝染を恐れる故だけではない。持ち筋のオサキ狐は、他の家の財貨をかすめ取って持ち筋の家に運び込む。動物の霊力の物質化は、ここにきわまった。その背景に、貨幣経済の浸透があったことはいうまでもない。

ようするに、狐持ち筋の当初の一形態は、個人にたいする狐付きが家にまで拡大した状況だったと思われる。個人の狐付きに吉凶あるように、家の狐付きも禍福両方向に現われる。幸をもたらす付きが抑えられ、災いが優位にたったとき、このような意味での狐持ち筋が認識されるようになったのではないか。やがて持ち筋の意味は通俗化され、村落内の家のあいだの物質的利害対立の象徴となる。なお、個人にたいする狐付きの拡大方向が、家系ではなくその個人の住む家屋・土地とみなされる場合がある。『出雲国内人狐物語』（一七八六年成立）では、元文《げんぶん》の頃に売りにでた古家《ふるや》を買いそこなった人が、悔しまぎれに、その家にはもとから狐が住み着いていると噂があるので避けたのだ、といいふらした。彼は、さらに購入に成功した人をはじめその一族を狐持ちと告げてまわった。この場合、狐持ちとされた原因は、家系ではなく家屋の継承である。現代でも、群馬・山梨・長野・鳥取・島根・岡山の各県には、狐は筋によって殖えるのではなく、家屋敷に付くとする地域がある。[一六・一〇八・二〇六]

競合する宗教者たちの関与

狐持ち筋の成立に、宗教者は二つの点で関与したと思われる。第一に、祈禱系宗教者が、狐持ち筋のモデルを提供した。第二に、祈禱系宗教者は、特定の家を狐持ち筋と指名する機会を得た。第一点から検討しよう。前項でふれた狐または狐的動物が家に付くという観念は、一つには狐にかぎらず白蛇など霊力を持つ動物が家に住み付くと豊かになる、などの俗信からきた。それと別に、飯綱《いづな》使いの類《たぐい》の宗教者が狐を飼育して使役するという噂も、家付きの観念の成立に一役買ったかもしれない。前章で述べたとおり、『本朝食鑑』（一六九七年刊）巻一一によれば、術者は養っている狐の告げにより密事をすべて知ることができるが、術者に穢行《あいこう》・怠慢あれば、狐は去り術者も亡びる。松浦静山が『甲子夜話』（一八二二年記）巻一〇に述べた説も前章で紹介ずみである。狐使いの行者が飼育するクダ狐はしだいに増殖して飼育費がかさみ、行者は困窮する。そのため彼らは奸計を用いるにいたり、最後には身を亡《ほろ》ぼす。奸計とは、人の病を狐付きと偽《いつわ》り、あるいは実際に狐を付け、落とすために祈禱料をせしめる謀《たくら》みを指すのだろう。

はじめは狐から利益を受けながら、ついには衰えてゆく狐持ち筋の家の運命は、穢行・怠慢の故、または狐の飼育費を捻出するべく奸計を用いたため亡びた術者の結末と、容易に重ね合わせて見ることができよう。術者の狐の飼育が、家への狐付きのモデルになった可能性は、かなり大きい。ではいかにしてこのモデルが、定住村民のなかに持ち込まれたのだろうか。山陰・上州・信州など、狐持ち筋地帯の宗教者の活動について、関連研究を紹介しよう。

上州の狐と修験者の関係については、時枝務[一三]の研究がある。寛政一二（一八〇〇）年、新田郡大根村（現、太田市新田大根町）の村民の子が病気にかかり、修験一家の所為《せい》とされ、一家は村から追放された。この事件で、狐は病気を流行させるとも考えられていた。時枝の推定によれば、里修験が狐を飼育しているという風聞があった。時枝は、嘉永《かえい》二（一八四九）年の桐生町（現、桐生市）の事件もあげるが、その大要は表15―スに収載したので詳細は省略したい。

次に『古沢家文書』所収、天保《てんぽう》一二（一八四一）年に佐位郡波志江村（現、伊勢崎市波志江町）で事件をひきおこした狐は、尾先《おさき》狐と称される。

波志江村では熱病が流行し、農民＝紋左衛門の母も熱病にかかり、うわごとで「正楽院《しょうらくいん》からきたが、七社権現に餅を供えれば平癒する」と口走った。正楽院は修験寺で、七社権現の別当寺をつとめる。そこで紋左衛門は、本殿の脇板を破って餅を投げ入れた。これに正楽院の修験者＝円山が気づき、村役人と真言宗修験の触頭《ふれがしら》＝崇徳寺に届け出た。現場検証をした村役人の九八は、熱病をはやらせたのは正楽院が飼育する尾先狐の仕業《しわざ》と断定し、これを否定する円山とのあいだで訴訟になる。奉行所《ぶぎょうしょ》は、円山の嫌疑を否定した。そして紋左衛門が百姓の身分でありながら、領主に届けずに白川家から許状をうけて「神職に紛らはしき加持祈禱」を行っていたことが判明する。

村人のあいだでは、修験がオサキ狐を飼育・使役すると信じられていたが、時枝は、その噂は虚構であると判断する。しかも紋左衛門と修験は職業上の競合関係にあり、両者のあいだに感情的な摩擦が生じた。のみならず近世後期から幕末にかけて、上州では吉田・白川神道の台頭がめざましく、修験道にたいして神職側からの攻撃的な姿勢が見られた。紋左衛門が白川家から許状をうけた背景には、こうした動きがあった。以上が時枝の見解である。正鵠《せいこく》を射《い》た説だろう。とくに注目すべきは、定住農民が祈禱者を兼ねる例があることで、この件については後に論じる。

オサキ狐の噂一般に関していうと、修験道にたいする神道の側からの攻撃だけでは説明のつかない事件もある。第一章で紹介した新田郡寺井町（現、太田市寺井町）の尾先狐事件（表15―ケ）がそれに該当する。この場合、神道者がオサキ狐を付けた。その背後に修験者の敵意があったならばおもしろいが、そのような形跡は文書からは読みとれない。この神道者が、吉田家・白川家から得た免許を背景に活動した人物だったかどうかもわからないが、神道各派・修験道各派、場合によっては陰陽道各派の勢力拡張争いのなかで、各派が自派の加持祈禱を行う村民の獲得を競ったことがあったかもしれない。

クダ狐圏の事件に言及すると、信濃からははずれるが、千葉徳爾[一〇八]によれば、『寛明院一件』という古文書が残っている。これによると、駿河国の甲斐に近い山地で、寛政一三（一八〇一）年、寛明院智源という修験者の家の狐が、人びとに付いてまわった。

山陰の人狐付き事件では、狐持ち筋成立に見る宗教者の第二の役割が示唆される。藤岡大拙[一五七]は、この地方でも狐付き事件には吉田神道と修験道の抗争が絡んでいた、と指摘する。藤岡によると、松平直政の政策で、排仏的な吉田神道が推奨され修験道が圧迫された。吉田派は、修験を排除するために付きもの持ちの説をつくりあげた、というのが藤岡の意見である。彼の指摘する事情もあったにちがいない。ただしそれは、宗教者たちが演じた役割総体のなかの一齣《こま》だったと思われる。

伯耆《ほうき》国会見《あいみ》郡八幡村《やわたむら》（現、米子市八幡）の医者＝陶山尚迪《すやまひさみち》は、その著『人狐辨惑談《じんこべんわくだん》』（一八一八年刊）で、人狐俗信の根源は祈禱の法者の詐欺行為にある、と主張した。病人の祈禱を頼まれると、彼らは病気の原因を人狐付きに帰《き》し、その人狐の所有者まで指摘する。法者はこうして施物《せもつ》を得る。尚迪が法者と称する者が、どの種の宗教者を指すかわからないが、石塚尊俊は、主として修験者だった、とする。

次に、松江藩の人狐付き事件をめぐる寛政三（一七九一）年の触書《ふれがき》（表15―エ）の内容を要約しよう[一六・一四四・一四五]。神門《かんど》郡二部村《にぶむら》（現、出雲市湖陵町二部《こりょうちょうにぶ》）に住む平太郎の娘ひなが煩う。親類ども集まり、推量によっておなじ村の金右衛門・新左衛門のよこした狐が付いたのだ、と判断した。平太郎の親類たちが上《かみ》古志《こし》村（現、出雲市古志町）の教法院という山伏に祈禱を依頼したところ、教法院は親類の推量を裏づける根拠を提供した。かくて平太郎一族から絶縁された金右衛門などが、その根拠を否定し訴えて出る。当局は、人狐付きの件は親類の邪推と山伏の奸曲《かんきょく》によると裁定、彼らを厳重に処罰し、くわえて領内の寺社家・山伏にたいしても警告を発した。

この触書は、出雲で起きた人狐付き事件、また人狐持ち筋俗信一般について、「ふと野狐の災を愚昧の百姓町人等心得違、不才奸曲なる禰宜《ねぎ》・山伏共へ祈禱相願候より、其虚に乗じ触、御国民の煩と相成候」と歎いている。修験者だけでなく禰宜(神職)もまた、「奸曲なる」言動で人びとを惑わすという認識があったにちがいない。上州のオサキ狐俗信の流布とおなじく、宗教者側の主な責任は修験者にあっただろうが、ここでも神職・神道者が潔白であったわけではあるまい。つまり彼ら祈禱系宗教者たちは、狐持ち筋の観念を具体化し、拡大する役割を演じた。速水保孝[一四六]によれば、広く近世の出雲を見ても、狐持ちに関与した宗教者は、修験者と神職のどちらかである。隠岐《おき》をふくめると僧侶も一役買う。しかし陰陽師は登場しないのが注目される。

祈禱系宗教者たちのいかさまな行為は、付きもの筋地帯だけでなく江戸にも見られた(表15—ウ・オ・カ・コ・シ)。また霊力を持つ動物が家に付くとする観念は、全国的にあっただろう。したがって付きもの筋の発生の特殊な経過を確定するには、さらに他の条件を探らなければならない。

狐持ち筋となった人々の苦悩

当初は、狐持ち筋の人は他人に狐を付けて危害をくわえるのではなく、自らが狐付きに悩んでいた可能性が大きい。本人に向けられていた狐が、なぜ他人に付くと信じられるようになったのだろうか。持ち筋の俗信が村民のあいだで成りたつには、二つの条件が必要だったろう。第一は、狐を他人に付かせる人が存在し得るという通念。第二は、自己の家の災厄、つまり狐付きを、おなじ村落の特定の家のせいにしたくなる心理的傾向。第一条件は狐使いが用意した。第二条件は、有力説[一六・一〇八・一四四・一四五]によれば、近世中期に始まった経済的変動にともなう農村の構造変化によってもたらされた。これについてはのちに論じるが、大ざっぱな結論だけを簡単にいうと、村落内の利害対立が中途半端に公然化した。とくに新来者の台頭や、貧富の変動が以前より容易になり、それが新たな対立の背景になった。

　では村内の構造変化の結果、どのようなポジションに置かれた人が、他人に狐を付けて難儀をもたらすとみなされるようになったか。彼らは、何らかの原因により、村内で嫉《そね》みや忌避の対象になった人だろう。さきに述べたとおり、享保《きょうほう》初期（一七一〇年代後半）の出雲《いずも》で、富農と対立した借地農が富農を狐持ちといいふらす事件があった。さらに元文の頃（一七三六～四一年）に、売りに出た古家《ふるや》の購入希望者が二人あり、買いそこなった者が悔しまぎれに、その家には狐が付いているから購入をやめたのだ、と宣伝した。そのため古家を購入した人は、狐持ち筋とされるにいたった。これらの事件が、前記の経済的変動、社会的規制の中途半端な弛緩《しかん》に関係していると解することもできよう。

　狐持ち筋とされたのは、あらたに急激に豊かになった家だ、としばしば指摘される。[一四四・一四五・一四六]速水保孝は、付きもの持ち筋は近世中期以来金融業・商業などで裕福になった者が多い、という。速水は、速水家をはじめ狐持ち筋とされるようになったいくつかの家系をさかのぼり、その事実を確かめた。速水家の先祖は、一七世紀の終わり頃、石見銀山《いわみぎんざん》から大原郡神原村（現、雲南市加茂町神原）に移住してきた柳原六兵衛だった。六兵衛は近世中期の農村の貨幣経済の浸透に乗じ、高利貸しをして急激に土地を集積した。かくて在地の農民たちから反感を持たれていたところに、六兵衛の後を継いだ伝右衛門が、たまたま断絶した古くからの名門＝速水の姓を名乗ったのをきっかけに、狐持ちのレッテルを張られることになった。[一四五・一四六] 享保初期または中期（一七一六～二九年頃）のことだ。この段階で伝右衛門が、個人レベルでの狐持ちとされたのか、狐持ち筋とする認識が生じたのか、正確なところは不明である。

クダ狐の持ち筋に関して、千葉徳爾[一〇八]は、安政四（一八五七）年の信濃国諏訪郡若宮村（現、長野県富士見町富士見）の庄屋手記によって、次の事件を紹介する。

横吹村（現、富士見町富士見）の粂右衛門が弟の卯左衛門とともに祈禱師のような仕事をして村の家々にクダ狐を付け、それを追い払っては礼物《れいもつ》をむさぼった。そのため村から追放された。

千葉が調査したところによると、粂右衛門兄弟の父＝音右衛門は貧農だったが、天明四（一七八四）年から二年後までのあいだに、急激に豊かになった。粂右衛門は、父の音右衛門からクダ狐を譲ってもらったようだ。若宮村には、他にも（千葉の論文執筆時＝一九五六年を基準として）四世代前から金貸しをして豊かになり、狐持ちといわれた家がある。明治になってから身上《しんしょう》がよくなって狐持ちとされるようになった家も知られている。

石塚尊俊[一六]は、島根県・大分《おおいた》県・高知県の付きもの筋の例をあげ、それらの家は草分けとよばれる最初の入村者ではないが、最近の入村者でもない、という。島根県・大分県でも、外来者が豊かになって付きもの持ち筋とされるようになった例がある。かくて石塚の結論は次のとおり。「世上、いわゆる憑《つ》きもの筋なるものは、要するに新来の、よくいえば成功者、悪くいえば成上り者であって、したがって、それが憑きものを使うもののごとく思われるにいたったのは、これを恐れる先住者からの警戒心と、また時には、その新来者自身とったかも知れぬ威嚇との衝突の結果ではなかったか」。

他方、付きもの持ち筋がかならずしも富裕な家とは限らない、という資料もないわけではない。『梅翁随筆』・『兎園小説』・『遊歴雑記』・『想山著聞奇集』に見える、オサキ狐・クダ狐を飼養した一家には、最後に衰運が待っていた。現代でも持ち筋貧窮の伝承が語られる。信濃下伊那遠山地方では、クダ狐持ちの家系との縁組は避けられ、この家系はかならずしも裕福にはならない。なぜならクダ狐が七五匹も付いて来るから食い倒される[一〇八]。また石塚によれば[一六]、出雲地方の狐持ち筋でも、資産が乏しい家の狐は外に出て人に付くが、豊かな家の狐は外に出ない。狐持ちではなく犬神持ちの例だが、高知県西南部の付きもの持ち筋の資産はよくない。

吉田禎吾[二〇六]は、さらに興味深い事実を明らかにした。狐など付きものに付かれる家が、かえって富裕である事例が知られる。ただし、すべて近現代の事例である。群馬県でオサキ狐持ち筋の者が他人にオサキを付ける理由は、裕福な家への妬《ねた》み、結婚に反対されたことへの怨《うら》み、子宝に恵まれた者への嫉妬などである。山陰地方でも、貧乏だった者が急に裕福になると付かれやすい。貧しい人の妬みの対象になるからだ。高知県で生霊《いきりょう》に付かれた者の地位は比較的高く、付けた者より階層的に上だという。これでは、狐持ち筋の誕生の論理が、そのまま狐に付かれる者のステータスを定める論理に転用されたようなものではないか。おなじ原理が相互に逆の方向に使われる錯綜《さくそう》状態を、解きほぐさずにすますことはできない。

　論理の適用方向の逆転は、歴史的な経過によって説明することができるだろう。いったん持ち筋が成立する。その持ち筋の富が衰えることもあっただろう。速水保孝が指摘する[一四四・一四五・一四六]とおり、当初の持ち筋の分家や婚姻によるあらたな縁者、さらに出入の小作人も持ち筋に指定される。持ち筋が増殖すれば、持ち筋の家いえがすべて金持ちとはいかないにちがいない。すでに社会的に差別され、心穏やかでない持ち筋の側にとって、持ち筋でない富裕者を嫉妬する動機が加重する。経済的にも社会的にも優越した非持ち筋の者は、持ち筋の怨み・妬みの目が自らに向けられることを自覚するだろう。そのとき心身に異常が生じると、狐またはそのたぐいを付けられた、と判断する。

　先行諸研究と私の仮説をつきあわせると、狐持ちの出自は次のようになる。

（1）他地域から入村し、よそ者として心理的に疎外されている家。
（2）村人の多くから悪い感情を持たれている家。
（3）急激な経済変動があった家。

（4）狐的動物を信仰する家。
（5）村に入り定着した祈禱系宗教者。
（6）祈禱師を兼ねた村民の家。

第四章で記したように、狐を飼育する祈禱系宗教者が、おそらくいた。さらに同章の註で示したが、俗人で狐を飼養する人も、能登《のと》や奥州《おうしゅう》にいた。狐持ち筋地帯でも、狐・鼬《いたち》・オコジョ・貂《てん》を飼養していた家がなかったとはいえない。そこで、狐的動物を飼養する人・家があるとの噂が広がる。この風評が、（1）～（6）の出自と結合したときに、狐持ち誕生の条件はほぼととのう。ただし、この種の噂なしでも、持ちの観念は、他の要因との重なり合いで生まれることはあり得よう。

いずれにせよ、出自を一点にしぼるのは無理である。さまざまなケースがあり、またそれらの複合によって、狐持ちの誕生は容易になった。（1）～（6）をつうじて、狐持ち誕生の最後の一押しは、第三者による指名だったと思われる。第三者とは、多くは祈禱系宗教者だが、祈禱者を兼ねた村民の場合もあるし、たんなる村民が狐を付けた者を名指しした場合もあった。

既述との重複が少なくないが、（3）～（6）について少し説明をくわえる。（1）・（2）に関しては、とくに議論の必要はないだろう。

（3）村落内のある家が急に豊かになる。この段階で、幸運をよぶ狐が付いたという風聞が始まった場合もあるだろう。さらに祈禱系宗教者が狐を飼育しているとする噂の影響で、あの家も狐を飼育しているのだ、と想像されたかもしれない。豊かになった家は、村の嫉妬の対象になり、狐飼育説と結びついて狐持ち、さらには狐持ち筋の素地が成立した。

狐が付いて豊かになったとされる家が、今度は衰運にむかうこともあり得た。現実には偶然　家運が傾いた場合もあったろう。あるいは速水[一四四・一四五・一四六]のいうように、持ち筋の拡大による例も、村八分の圧迫によって経済的な損失をきたした例もあるにちがいない。しかし衆庶《しゅうしょ》は、この現象を狐付きの観念の枠内で解釈する。近世には「狐福は三日福」（恵海『済生道五部雑録』一七七六年序）なる俗言があったそうだ。なぜ衰えるか、人はさまざまな想像をめぐらせたが、要するに狐は条件により福を与え、禍《わざわい》をもたらす存在なのだ。特定の状況に置かれた狐は、付いた家を崩壊に追いこもうとする。狐飼育説をとると、個体数過剰が原因だとも解釈されただろう。この種の狐持ち筋が忌避されたのは、はじめは不幸の伝染を恐れてであったかも知れないが、やがてこの筋が他人に狐を付けると解釈されるようになった。

（4）柳田国男[一九五]は、特殊な神を祭祀《さいし》していた家に持ち筋の起源をもとめた。信濃では、オコジョが山の神として信仰されていたようだ。しかも信仰者は豊かになる、とも思われていた[一〇八]。上州でも、オコジョを山の神の使いとする地域がある[一六]。また証拠はないが、上州の狐信仰者が、条件しだいで狐持ちとみなされるようになった可能性も否定できない。狐的動物信仰者は、その動物に付かれる機会が多い。出自（3）のうち貧窮傾向の者と重なる場合は、信仰対象の動物を扱い損じ、逆に祟《たた》りを受けたと近隣の者に噂される。彼らは豊かになれば嫉《そね》まれ、祟りを受けて家運が傾けば忌避される、潜在的可能性をひめる。動物神は家の神として祀《まつ》られるので、このケースでは狐持ちがそのまま狐持ち筋とみなされることもあっただろう。

（5）疑わしい宗教者が村内に定住した場合、その一家も狐持ちの候補になった可能性は否定できない。彼らは狐を使うと、しばしば信じられていた。前述のとおり、吉田禎吾[二〇六]はこのケースに該当する事例を示した。

（6）しかし、もっと重要視すべきなのは、元来の定住村民が祈禱師を兼ねた場合だろう。上州波志江村の事件で、そうした村民についてふれた。信濃では、千葉徳爾《ちばとくじ》が報告した富士見のクダ付き事件で、粂右衛門兄弟は祈禱師まがいの行為をしていた。前章で記した駿河白羽村《するがしろわむら》の庄右衛門もその一例だろう。吉田家・白川家が、勢力拡張のために、がんらい宗教者でなかった村民にも祈禱者の資格をあたえる動きが一般的だったならば、狐持ちの発生に関する重要な事実が明らかになったことになる。このような村民も、狐飼育・使役の噂の対象になり得たに違いない。

祈禱者の最後の一押しについて一言述べたい。村内の人が異常な病で悩む事件があると、修験者などに祈禱が依頼される。祈禱者は病気の原因が狐付きであると判定し、狐落としのための祈禱料をさらに望む。ときには、狐がある特定の家から来た、と告げる。（1）〜（6）の出自の家、狐飼育の風聞のある家は容易に思い浮かべられ、またその家を名指しにした説明が大きな説得力を持ったのは疑いない。祈禱者に限らず村内の事情を知った者が、問題の家の名をあげることもあっただろう。

付きもの持ち筋地帯の分布が物語ること

以上の諸要因は、個人レベルの狐持ちについての観念成立の説明にはなるが、家系レベルの狐持ち筋発生の原因を明らかにするものではない。なぜなら、（1）～（6）に属する家が、持ち筋地帯だけにあるとも思えない。したがって、個人的な狐持ちが狐持ち筋へと変質する原因が解明されなければならない。つまり、付きもの持ち筋地帯とそうではない地帯がいかにして分かれてきたのかは、まだ明らかになっていない。

いくつかの説が提出されている。速水保孝[一四五・一四六]の説は次のとおり。近世東北地方の農村地帯では貨幣経済の浸透が遅く、農業で商品生産が発達しなかった。そのため農民の階層分化は緩慢であり、新興勢力出現の余地は少なかった。外来者があっても強力な同族結合のもとに統制され、独自の力は発揮できなかったがゆえに、持ち筋とされるべき家は生まれなかった。近畿《きんき》型の農村では、東北型と逆の経済・社会状態にあり、本家中心の同族結合は破壊され、新旧勢力の緊張対立は持続せず、結果として持ち筋は成立しなかった。山陰型の農村は、東北型と近畿型の中間の様相を示し、新旧領勢力の対立抗争が持続したため、持ち筋が発生した。

速水説を延長すれば、上州や中部地方南部のオサキ狐・クダ狐持ち筋の成立も、中間地帯論で説明されることになろう。この主張は、史実の一部をよく説明する。ついでながら、持ち筋の家の狐が、他の家から金銭財貨を持ち運んだり、逆に持ち筋の家の財産を運び出したりするとの噂は、頻繁な貨幣流通のさまを反映しているだろうし、家ではなく土地に狐が付くとする解釈は、土地がしばしば売買の対象になった状態を映し出していると思われる。

農村でなく、都会についていうと、江戸・大坂をはじめ、大きな城下町・商業都市およびその周辺では人びとの移動が激しく、利害対立がパーソナルな形で持続しにくい。また、そのような対立があまり陰湿にならずにすんだ。『梅翁随筆』が、オサキ狐持ち筋の人も江戸に入れば、オサキ狐はその人に付いてくることができない、と説くのも、江戸は持ち筋を維持できない土地柄《とちがら》とされていたからだろう。江戸の稲荷流行期と、一部の地域での付きもの持ち筋の成立・盛行《せいこう》期が、いずれも一八世紀以後であり、ほぼ時期的に一致するのは、おなじ社会的・経済的変動の別の表現だとみなすことができる。つまり江戸では町人の勢力が伸びて、彼らのマスを狐―稲荷信仰に誘いこんだ。

次に石塚尊俊[一五・一七]の説をあげなければならない。石塚によれば、同族結合による主従関係がつよい東北地方に、持ち筋はない。また講組《こうぐみ》による対等な人間関係がいちじるしく発達した関東や近畿にも見られない。古来の上下関係からあらたな講組的関係に移行しつつあるところで、持ち筋が膨張した。出雲や土佐の持ち筋は、講組地帯のなかで上下関係の強い孤島的な地域になっている。このような地域では、異分子にたいする緊張感がもっとも強くなる。以上の石塚の指摘は速水説と矛盾するものではなく、速水

の説の社会的側面を強調したのだとも言えよう。(2)

石塚はまた、持ち筋が存在しない地帯、ないしそれが稀少な地帯では、祈禱者は付きものを付けるが、持ち筋が多い地帯では祈禱者が付きものを付けることはない、という。この対応関係は何を意味するのだろうか。第一章の表15―ケ・スは、いずれも上州を舞台とした狐付け事件だが、狐を付けた者は、それぞれ神道者・修験者だった。したがって石塚の説は上州には適用できない。すでにさまざまな点で明らかになったように、山陰・四国・豊後《ぶんご》と上州では、おなじ付きもの持ち筋地帯でも、その成立要因には共通部分のほか、非共通部分もあると考えざるを得ない。

付きもの筋の者が他者に付きものを付けるという俗信がひとたび固着すれば、祈禱者は危険を冒《おか》して付きものを付ける必要はない。関与した持ち筋の指定と、付きもの落としに専念すれば、それで十分生活が成り立つ。とりあえず、そのように解釈しておく。山陰では持ち筋俗信はかなりつよく固着したが、上州では、付きもの・付きもの持ち筋に関する認識が比較的多様だった。それで祈禱系宗教者がオサキなどを付ける余地が残っていたのではないか。

吉田禎吾《二〇六》は、東北地方の農村構造と、山陰・高知・群馬の村落構造を比較する。東北の農村では本家を頂点とする分家・孫分家の家いえが上下関係で結ばれ、地主・小作関係もこれに組み込まれている。これにたいし山陰・高知・群馬の持ち筋を含む村落では、人間関係は本家分家関係・双系的親類関係・親方子方《おやかたこかた》関係・共有林の関係・水利組織・地縁的組講・年齢集団など、さまざまな要素がからみあいながら成りたっている。このような社会では、対人関係の役割にずれや葛藤が生じやすい。構成員の役割もあいまいである。また外来者は脅威になり得た。先にあげた妬み・嫉み・羨望などの感情が、この型の社会的条件のなかで、まず付きもの持ち筋の観念を、やがて持ち筋の付きものに付かれるという妄想を生む。しかし吉田自身が認めるように、このような特徴を持ちながら付きもの持ち筋が存在しない地域も少なくない。吉田があげた条件は、付きもの持ち筋の成立に必要な条件だが充分な条件ではない。この点は、速水説・石塚説についてもいえることだろう。

以上のような社会的経済的状況とはべつの観点から、付きもの持ち筋の分布について考察したのは朝日稔[三]である。朝日は、山陰・四国・九州に狐の生息数が少ない事実に着目し、この地域に狐が珍しいからこそ、持ち筋が根づよくはびこったのではないか、と推測した。関連して私は、衆庶《しゅうしょ》の自発的な狐信仰の弱い地域が、狐持ち筋地帯になりやすい、と論じた。しかしこの点でも、上州の例外は残る。

速水・石塚・吉田・朝日の主張は、それぞれ説得力を持つし、相互に排除しあうものでもない。調査もしていない私には、それ以上の説明を提出することはできない。ただし、吉田・石塚の説の根拠になった資料は、主として現在の調査結果である。持ち筋の発生期・増殖初期に持ち筋地帯の社会構造がどのようであったかは、かならずしも明らかではない。いずれにせよ、山陰・豊後・土佐・中部南半・上州という離れ離れの、しかもきわめて限定された場所に持ち筋地帯が分布する事実は、一つだけの要因では説明しきれないだろう。未知のものを含めて、いくつかの要因が重なった場所が、付きもの持ち筋をつくりだしたにちがいない[3]。

持ち筋の地理的分布についてはこれくらいにして、この章の最後に、持ち筋の狐付き症状に関して考えておきたい。第一章で説明したが、単純な狐付きの症状のすべてが心因性の異常、または神経精神系の病気だとはいえない。とくに付きもの持ち筋地帯では、心因性でもなく、また神経精神疾患ではない病気が、頻繁《ひんぱん》に狐付きと判定されたようだ。

『出雲国内人狐物語』で、山根与左衛門は次のように嘆く。「乱心・疫病・痘瘡・麻疹の序熱等、何ぞいささか怪しげなる病者あれば」、人びとは山伏・禰宜《ねぎ》などをよび彼らに病因を問う。するとこれらの祈禱者は、それは持ち筋から来た狐付きだと判定する。乱心は精神症状だが、これ以外は通常の病気にすぎない。他の付きもの持ち筋地帯の事情もおなじだったと推定できる。持ち筋ではなく修験者の仕業《しわざ》と疑われたケースだが、上州波志江村では、一八三〇〜四〇年代に流行《はや》った熱病はオサキ狐のせいだとされた。

岡田靖雄[三七]は一八七九〜一九〇二年の付きものに関する資料を集め、持ち筋地帯と非持ち筋地帯の関連現象を比較した。比較した事項は多岐にわたるが、そのうち付かれた者の病症についてのみ紹介したい。持ち筋地帯では、付かれた者の二四パーセントに身体疾患が認められたが、非持ち筋地帯ではその数字は〇パーセントだった。また付かれたと判断される以前の病症は、持ち筋地帯では二〇パーセントの者に感冒様《かんぼうよう》の軽い病症が見られた。非持ち筋地帯では、この数字も〇パーセントになる。

二〇世紀後半の調査結果を見ても、持ち筋地帯では、精神疾患や心因性の病気だけでなく、ふつうの病気も付きものに帰せられる例が少なくない。群馬県の持ち筋地帯の狐付きの症状を吉田禎吾が調査した結果によると、二三例のうち一七例が憑依《ひょうい》症状を伴う。残りの六例は、精神疾患ではなかった可能性がある。石塚と堀井度による山陰の調査[一六]でも、心因性の異常のほか、風邪などの予後が悪く幻視・幻聴を伴う病気も、狐付きとされていた。非持ち筋地帯にくらべると、持ち筋地帯では狐付きの発生頻度がたかく、また狐付きの背後に他人の悪意が予想されているため、こうした結果が生じるのだろう。また波平恵美子[一三二]によれば、高知県南西部の生霊《いきりょう》持ち筋地帯では、生霊付きによる病気一七例のうちに精神疾患は一つもない。頭痛・腰痛・発熱などだった。

註(1) 上州の狐・稲荷信仰とオサキとの関係は複雑である。議論がこみいるので本文でははぶいたが、ここで少しばかりふれたい。吉田禎吾[二〇六]によれば、多野郡《たのぐん》S村落のB家で祀《まつ》っている稲荷の狐は、一九二一年以後、他の家の者、少なくとも五人に付いて病気の原因になった。この稲荷は明治時代にオサキ狐持ち筋の家から購入したもので、その稲荷のオサキが付いて来たのかもしれない。しかし、おなじ村落の別の家に祀っている稲荷の狐も他家の人に付いたそうだから、この説明が適当だとはいいにくい。ただし、こちらの稲荷の由来はわからない。注目すべきことに、いずれの稲荷の祭祀家も、持ち筋とはみなされていない。稲荷狐の付きは、オサキ狐持ち筋が成立した後に生じた現象だろう。けれどもなお釈然としない点もある。この地方では、オコジョをモデルとした動物を山の神の使いとする習慣もあった。これと稲荷との関係はどのように考えるべきだろうか。またオサキ狐を、ふつうの狐と区別して悪役にあてがっ

たはずなのに、なぜ混同が生じるのか。そこで第二部第一章で引用した佐藤紀子[七五]の調査を再度みておこう。群馬県多野郡吉井町では、屋敷神は稲荷と称していないにもかかわらず、稲荷の特徴をも示す。おそらく、逆に稲荷と称せられている屋敷祠があったとしても、性格はあいまいなところがあるのではないか。狐信仰の要素も山の神信仰の要素も、がんらいは渾然一体《こんぜんいったい》の状態にあったのだろう。そこでは、あいまいな稲荷祠のあいまいな動物神が、オサキ的にふるまうことがあった、と思われる。かくて狐がオサキに引き寄せられ、同化されたのではないだろうか。

（2）速水の説は持ち筋の成立事情を念頭においており、石塚の説は持ち筋の増殖過程を問題とする。両者をおなじレベルで比較するのは的はずれのようでもある。けれども両説がほぼおなじポイントを指していることも見逃せない。私見によれば、持ち筋の増殖には分家や縁者の増加による部分と新たな持ち筋の発生と、二つの要因が含まれる。そして後者の要因は、持ち筋成立の原因とあまり変わらない。したがって速水説と石塚説が矛盾せず、むしろ類似するのは当然である。なお持ち筋の増殖と逆の現象、つまりその減少過程も考慮しなければならない。減少の最大要因は、いわば村落の人間関係の近畿型化、もっと端的には都会化だろう。

（3）狐持ち筋の分布にかんする問題は、本書の叙述対象からはずすべきだったかもしれない。狐という本書の主題に入る件は、スペースの限度を越えない範囲内で、できるだけ包括するのが私の意図だったので、こういうことになった。

学問のあるべき姿から逸脱しそうだが、私の気になる現象を二つあげておく。現象のもとにある根源については説明できない。一つは、持ち筋観念の強力な三つの地域、豊後《ぶんご》・土佐・山陰の海岸地帯は、いずれも黒潮の流れに洗われ、海蛇が流れつく場所である。そして出雲について石塚[一六]が調べたところによると、持ち筋は山間部より平坦地で密度が高い。以上の三地域だけでなく、石塚の持ち筋分布図によると、現在でも房総半島に付きもの持ち筋が少し残留している。あと一つ、**図51**に示したように、高原豊明[一〇二]が作成した安倍晴明伝承の残存地帯は、中部・関東のものを含めて持ち筋残留地帯とほとんど重ならない。近世、陰陽師が狐と蛇をどのように遇したかがポイントになるかもしれない。

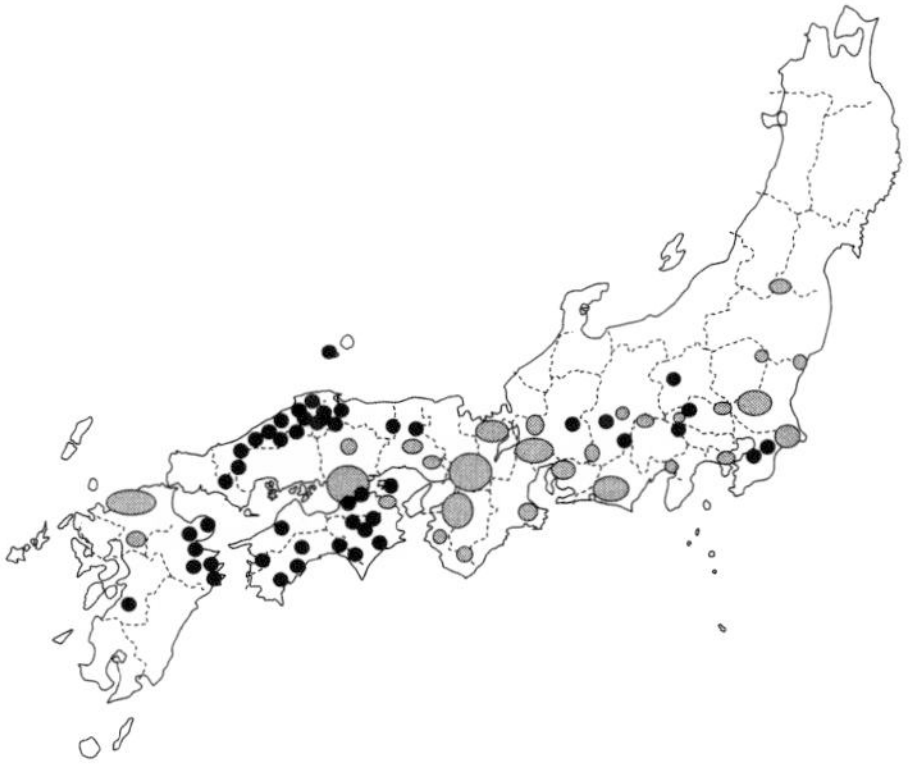

図 51　付きもの持ち筋残留地帯と安倍晴明伝承残存地帯
●：付きもの持ち筋残留量の多い地域（石塚尊俊による）
●：安倍晴明伝承の存在地（高原豊明による）

第六章　近世の狐付きについての学説

医者たち――中山三柳から香川修庵まで

医者は病を治す職掌をになう。狐付きも人の精神・身体の異常だから、医者たちは当然これに関心をいだいたにちがいない。けれども近世の文献を調べた範囲では、この問題をめぐる彼らの意見はあまり目立たない。時代を追って見ていこう。

中山三柳。医学の歴史においては、それほど著名な医者ではない。大和《やまと》の人といわれているが、医の師は土佐の長沢道壽《ながさわどうじゅ》、儒の師は三宅道乙《みやけどうおつ》だった。近世の医師の多くは、医学とともに儒学を学んだ。三柳も然《しか》り。『醍醐随筆』（一六七〇年刊）などの著書には、当時としては特筆すべき開明的な主張を見ることができる。その巻下に言う。

狐狸のつくといふ事……大方は気のちがひたる人ごとに、「されば狐よ」といふによりて、病者も病家もつねに聞きふれぬれば「例の事よ」と心得まどふを、巫覡《ふげき》のたぐひ深を得てあらぬ事のみいひ出して、病人を狐のごとくもてなすままに、いよいよ心まどひて我も狐になりてまねなどするを、いたくくるしめて、後は死する人おほし。なげかはしき事には侍《はべ》らずや。……狐狸のつくといふ事別に一理あれど、十人が中に一、二人も有けんかし。

気の違う原因は、さまざまな理由で心に不安を持つ人の気が変調をきたし、あるいは病気などにともなう高熱のため心神が乱れることにある、というのが三柳の意見だった。この書では狐狸のつく理とはなにを指すのか記さないが、三柳の別著『飛鳥川』（一六五二年刊）巻下で、次のように論じる。万物はすべて陰陽の二気からなる。人は智・理のため気を使用するので、気は転移分散して凝結することはない。しかし禽獣《きんじゅう》は智にくらいため、気が分散することなく凝結しやすい。凝結した気は、その動物が心をむける方向に突出する。『飛鳥川』にもそれ以上の説明はないが、狐は凝縮した気を特定の人に付ける、と考えたのだろう。

三柳の学んだ儒学は、朱子（朱熹《しゅき》）によって完成された宋代の学説（宋学）である。朱子は『朱子語類』（一二世紀後半成立）で、人と動物・植物・無生物はいずれも気の凝集によって生じ、気の離散の結果として死ぬと論じる。これが彼の説の基本だが、その範囲で気のさまざまな様態を認める。第一に、人の気だけは濃度均等で流動的だが、動物などの気は濃度が偏り流動性に劣る。第二に、死者の気は終局的には散逸するが、しばらくのあいだは散じつくさずにいる。三柳は、これらの説に倣《なら》い、動物である狐の気は凝縮しやすく、また人の死霊《しりょう》とおなじく狐の生霊《いきりょう》も凝縮したまま身体から脱出し得る、と考えたのかもしれない。ついでながら、狐付き論をふくめた日本の学問で、のちに重要な意味を持ってくる朱子の説をもう少し広く紹介しておく。まず彼の説によれば、人に限らずすべての自然は気によって構成され、気の運動とともに多様な事象が生じるが、その根拠は非物質的な理に帰《き》せられる。理の解明に関して朱子は、「格物致知《かくぶっちち》」という考えを提示した。「格物致知」とは、天下の一事一物についてその理をきわめてゆく方法である。

三柳の医学は、後世家《こうせいか》に属する。この医派は、李東垣・朱丹渓などの金・元時代の医学をとりいれ、やがて日本で大きな勢力をふるうようになった。金・元時代には、その前とくに宋の時代に重視されていた張仲景の『傷寒論』（二〇〇〜二一〇年頃成立）の説に代わり、新たな思考枠が提出された。五行《ぎょう》の運行・相関つまり五運と、風・寒・暑・湿・燥・火の六気の働きによって、個々の疾病《しっぺい》の原因を解釈し、これに応じた治療を施そうとする点で、金・元時代諸家の説は共通する。この説の影響が中世末期に日本に入り、一つの流派を形成してゆく。もっとも、三柳の狐付き論にはあまり関係はないだろう。

次に香月牛山の『牛山活套《ぎゅうざんかっとう》』（一六九九年序）を調べよう。牛山も三柳とおなじく後世医。彼は筑前に生まれ、同国の貝原益軒に儒学を、鶴原玄益に医学を学んだ。牛山は、積極的に狐付きを認めている。おなじ宋学を学んだ者でも、人によりその影響は一様ではなかった。その差異がどこからきたかは、個々のケースについてもう少し詳しく調べなければわからない。

『牛山活套』巻中には、「癲狂《てんきょう》」・「癇症《かんしょう》」と「邪祟《じゃすい》」の項が別個にたてられ、前二項と「邪祟」のあいだに、記述内容の関連は見られない。彼のいう癇症は現在の癲癇にほぼ相当し、癲狂はその他の精神疾患に当たる。牛山の説によれば、いずれも痰が心臓内部を塞《ふさ》ぐか、熱が心臓を侵《おか》すことによって生じる。「痰」は現在の意味よりも広く、粘着性の非生理的体液を指す。[二九]この痰熱説は後世医に共通する。狐付きなどの邪祟も、癲狂とおなじように笑い狂うなどの精神的な異常をあらわし、両者は紛らわしいが、邪祟の原因は痰や熱にあるわけではない。脈を診ると、その頻度や大きさの変動が著しいのが特徴である。治療法も当然異なり、僧や巫覡《ふげき》に祈禱を依頼しなければならない。薬剤も、痰熱を除去する薬ではなく、金銀花《きんぎんか》の飲用、または甘松香《かんしょうこう》による鼻薫《びくん》が有効とする。以上が牛山の狐付き論である。一見して、三柳の説に見られた啓蒙性の後退が明らかだろう。

後世医を批判して『傷寒論』を起点とする古代の医学に戻り、金・元医学の思弁的な理論枠から脱し、実証主義を建前として採用したのが古方《こほう》医だった。その初期の重要人物の一人＝香川修庵の説を紹介しよう。修庵は姫路に生まれたが、京に上って儒学を伊藤仁斎に、医学を後藤艮山に学んだ。仁斎は宋学を批判し古学を創始した人、艮山は金・元医学を否定し古方をはじめた先駆者の一人。修庵の思想史的な位置は明瞭である。

修庵は『一本堂行余医言』（一八世紀、一七五五年以前成立）巻五で、まず精神疾患を驚・癲・狂に別け、その総名を「癇」と名づける。驚・癲・狂の外見は異なるが、おなじ癇疾の現れにすぎない。もちろん病因もおなじ。小俣和一郎[六五]によれば、修庵の「驚」は妄想・恐怖症など、「癲」は癲癇および急性精神病、「狂」は躁鬱病に相当する。修庵は、癇の病因を論じていう。

全《すべ》てこれ、腹裏の癥《ちょう》これの根基をなす。その癥、上衝《じょうしょう》して心を犯す。心気これがため隘狭《あいきょう》屈迫す。鬱窒蔽塞《へいそく》して後、種々の癎状を見る。……俗に狐憑と称するは皆これ狂症なり。野狐の祟《たた》る所に非《あら》ず。真の狐憑者は、百千中の一・二。

修庵の精神病因論の特徴は、金・元医学の痰熱説をとらず、癥による心臓障害をもっぱら主張する点にある。彼によれば、心臓は横隔膜の上にあるゆえ、痰のたぐいの液体はそこに達することはできない。『一本堂行余医言』巻二では、次のように主張する。長年にわたりに腸臓のあいだのすきまに濁った滓《かす》が集まり、これが集積して癥塊になる。癥は心臓を衝《つ》きあげて癲狂病のもとになるだけでなく、気の流れを阻《はば》み、気は鬱滞して諸病を発する。かくて修庵は、癥一元論ともいうべき議論を展開した。

修庵の説を、狐付きを論じた先行説と比較してコメントしておく。第一に、修庵も狐付きを全面的に否認したわけではない。この点は三柳と同様だった。ただし三柳は、狐付きと疑われた症例のうち本物の狐付きは十中の一・二とする。これにたいして修庵は、その割合を千百中の一・二と表現した。両者の違いは、たぶん修辞上のレベルに帰することができよう。いずれもおそらく、真の狐付きは、世間で考えられているより遥かに希少だと主張しているにすぎない。しかしもしかすると、修辞の選択におのずから狐付きの頻度認識の差があらわれているかもしれない。また三柳は、精神疾患を誤って狐付きと判断し、狐落としをすることの危険を強調するが、修庵はこれについては何も語らない。牛山となると、真の狐付きの存在を積極的に認めて、宗教者による祈禱を勧めさえした。三者の態度の相違はどこから来たのだろうか。

知られている資料だけでは、彼らの狐付き観の違いがどこから生じたかわからない。後世医・古方医の流派の違いは問題にならない。一七世紀後半～一八世紀半ばの儒医のあいだでも、このていどの考え方のずれはあったのだろう。そして時代的標準からはずれて揺れ動く原因を、一人ひとりについて分析しつくすことは不可能である。しかしここで、三者の狐付き観の違いを生んだ要因の一つについて、仮説を提出したい。

三柳は大和の生まれだが、若い頃、土佐の長沢道壽に師事した。土佐は犬神の本場である。じっさい『醍醐随筆』は狐付きより先に、犬神付きと蛇神を論じる。犬神付きおよびその持ち筋俗信を身近に見聞した三柳は、付き俗信の危険を実感として認識しただろう。そしてまた、その多くが通常の精神疾患であると知り得たに違いない。牛山の活動地域は、筑前と豊前《ぶぜん》の北部だった。この辺は付きもの持ち筋地帯ではない。豊後《ぶんご》は持ち筋地帯だが、豊前北部はそこからは遠い。当時の常識として、彼も狐付きの存在を信じていた。狐落としについても知識は持っていた。しかしその危険性の認識は弱かったのだと思われる。姫路に生まれた修庵は一〇歳代で京都に出てエリート学者の門に入り、当地で生活を続けた。活動地域にかんがみても、社会的地位に照らしても、修庵は衆庶《しゅうしょ》の迷妄とのつき合いは少なかったと思われる。

第二に、三柳も牛山も、狐付きと一般の精神疾患との弁別根拠または弁別基準を明らかにした。三柳は、狐付きとその他の精神疾患の病因を区別して述べた。牛山の非開明性は否定しがたいが、狐付きと癲狂を区別する診断法を示した。金・元医学の影響を受けた二人の説を組み合わせると、次のようになるだろう。狐付きの病因は、気の集散状態と移動で合理的に説明でき、その診断も医学的方法で可能である。これにたいして修庵は、狐付きの存在そのものを承認しながら、彼のいう狐憑の仕組みや診断法はなにも述べない。希少だから無視したのだろうが、精神疾患を網羅して論じなかった点では不足する。

第三に、近世には一般に「狐付き」の表現が普及しており、それは名目上の問題だけではなく、狐付きの観念の広がりにも関連すると第一・五章で指摘した。医者の表現に当たって見ても、三柳は「狐狸のつく」と言いあらわし、牛山は「狐付」の語を用いた。修庵は、調べたかぎりでは日本では非常に早期に「狐憑」の語を使っている。後述する本間棗軒は一八六四年に『内科秘録』で、「狐憑の名は『行余医言』に出《い》づ。然《しか》れども其《その》出典を詳《つまびらか》にせず」と指摘していることから判断すると、やはり修庵あたりがこれを医者の学術語として用い始めたのだろう。のちに近代に入ると医学の世界で「狐憑」・「憑依」が広く普及し、それが一般の人の書法・話法にまで流通するようになった。

たしかに、狐の憑依現象を民俗的な概念から切りはなして学術的に定義するには、新しい語彙《ごい》が必要だったろう。しかしまた、狐が「人に付いた」結果が発する病症は、精神疾患だけではない。いわんや憑依症状に限られるわけではない。すでに第一・五章で明らかにした私見をもういちど繰り返す。各地の狐付きもそうだが、とくに付きもの持ち筋地帯では、身体の異常が多く見られる。それだけでなく「人にまとわりつく」・「人の家や土地に付く」をも包摂しうる「狐付き」のネーミングを捨てると、民俗的な狐観が分断され見えなくなる虞《おそ》れも否定できない。神霊の「憑《よ》る」は、その意志を人に伝達するため人の身体・口舌《こうぜつ》に頼ることを意味する。狐も、自らの要求・感情を表現したいときは、人の身体に「憑り」付く。人に危害を与えるべく付く行為は、もともと「憑」の表現になじまない。狐が人の身体に侵入したのか、外から人を惑わしているのか、判然としない場合もある。このようなケースも、人に付いたのかもしれないが、少なくとも「憑る」のではない。現代医学のいう憑依よりは、主として民俗的な観念の狐付き現象に焦点を当てた本書で、「狐付き」の語を執拗に採用した所以《ゆえん》はここにあった(1)。

修庵は、狐憑または憑の語を中国の文献から採用したと思われる。多紀元簡《たきもとやす》が著した『名医雑病彙論《めいいざつびょういろん》』(一九世紀初頭成立か)は中国の医書の抜粋だが、その「癲狂」の部に、朱丹渓の弟子＝戴思恭の『証治要訣《しょうちようけつ》』から「癲狂、祟憑依に似たり」を引用する。また明《みん》代の王紹隆の『医燈続焰』の「邪憑る所、俗に呼びて発狂となす」を引く。修庵がこれらの医書を見たという証拠は手元にないが、古方医でも彼くらいになれば、金・元・明の重要な医書を瞥見《べっけん》はしているだろう。

安藤昌益——最初の狐付き全面否定

近世も後半に入る。まずは安藤昌益《あんどうしょうえき》。彼の先祖は出羽二井田村《にいだむら》（現、秋田県大館市仁井田）の豪農だったらしい。昌益自身も仁井田に生まれたと思われる。のち京に出て味岡三伯《あじおかさんぱく》に儒と医を学んだという。この三伯は三代目の三伯だろう。初代は饗庭東庵《あえばとうあん》の弟子、後世別派に属する。したがって昌益の師の三伯も同系統と思われる。[九一] 後世別派は、金・元時代の医家のなかでも初期の劉完素の説を重視した。富士川游[一五八]の叙述に沿って理解すると、むしろ別派のほうが後世家本流よりも五運六気説による束縛が強いようだ。

昌益に戻ると、京を去ったのちは、まず陸奥《むつ》八戸《はちのへ》で、やがて二井田で開業した。昌益は狐付きについて、どのような意見を持っていたか。『自然真営道《しぜんしんえいどう》』（一七六〇年頃成立）巻三七で、狐付きを乱心病とする。さらに昌益は『統道真伝《とうどうしんでん》』（一七五〇年代成立）巻三でも、「狐の人に着くには非ず。人の狐に着くなり」と断じた。これは私の知るかぎり、最初の狐付き全面否認論である。

> 愚者、狐を頼んで其の望み契はざる則《とき》は、「我れ未だ狐を貴ぶこと疎《おろそ》かなる故、狐の我れに罪を与ふ」かと疑ひ恐れて、神《しん》［精神、以下同様］・魂・魄・霊、妄動して魂亢《たかぶ》り、魄狂い、神の舎を奪ふ。神妄乱して「狐よ、狐よ」と思ひ、魂気魄に結んで、終《つい》に狐の形ち目に遮《さえ》ぎる則は、「夫《そ》れ稲

荷様御出」と妄語を為し、傍《かたわら》の愚之《こ》れを奇と為して恐れを為す。衆人皆之れに迷はされ、巫・山伏に祈禱を乞ひ、社人・僧・巫・山伏は私己の為之れを祈り、之れを祓《はら》ふ。……故に此の療治は祈呪に非《あら》ず、神の迷ひを正すにあり。此の故に狐の人に着くに非ず、人の狐に着くなり。

昌益のいうところは、第五章でみた狐付きをめぐる宗教者の作為行動の総復習でもあり、のちに記する陶山尚迪の所見に先駆した。昌益が描く狐付きは現在の心因反応、または森田正馬〔一八八・一八九〕の祈禱性精神病に相当する。『自然真営道』の焼失した医学の部分の抜粋が『真斎謾筆《しんさいまんぴつ》』として残っており、その「愚惑病《ぐわく》」の項にも『統道真伝』の右引用文とほぼ同様の記述がある。ただし狐付きの表現には「着き」ではなく「附き」が使われた。この書の抜粋者は、宇都宮《うつのみや》の医師＝田中真斎〔二一一〕である。

昌益の狐付き否定論は、どのような根拠に由来するのか。彼は、中川三柳や陶山尚迪とちがって、付きもの持ち筋の悲惨を経験したわけではない。おそらく昌益の思想の総体と深くかかわるはずだが、この独創的思想家について私見を述べる能力は今のところ持たない。

ただ、二つの点を指摘しておきたい。第一に、すでに安永寿延〔一九三〕と尾藤正英〔一四九〕が指摘するように、昌益の思想一般に宋学の影響を検出することができる。[2] 昌益は、朱子を大いに罵《ののし》ってはいるが、それとこれとは別問題だろう。『統道真伝』巻一には、「人は通気、万物の主なり。狐狸は横偏気の獣なり。故に人を恐れ近づく能《あた》はず。此の故に人を誑《たぶら》かす能はざる所以《ゆえん》なり」とある。この他には昌益の著作に、狐付き否認の直接の根拠と見なせそうな発言はないようだ。『朱子語類』は、「一気よりして之を言へば、則ち人・物は皆是《これ》の気を受けて生まる。精疎よりして言へば、則ち人はその気の正且《か》つ通ずる者を得、物はその気の偏且つ塞《ふさ》がる者を得……［人は］平正端直なり。……禽獣《きんじゅう》は横生し……」と記す。

人の気は上に向かい停滞しないので知を受けるが、動物では気のバランスがとれず閉塞するので、横向きになり知が働かない。右に引いた昌益の説が、少なくとも表面的には朱子に拠《よ》っていることは疑いない。しかも「横」、それに日本語の「よこしま」（横の方向）には、正規からの逸脱の意味があった。無意識にではあれ、「横偏気」にこのニュアンスがこめられていなかったはずはない。もし私が昌益だったら次のような論理を弄《ろう》するだろう。人の気と狐の気は相互に異質である。したがって狐の気が人の気のなかに貫通することはできない。万一貫入できたとしても、人の気のより高度な存在状態に圧迫されて、狐の気は機能を阻まれるにちがいない。それゆえ、狐が人に付くという俗信は虚言である。

昌益の議論は、よくいえば理論化志向旺盛、悪くいえば思弁癖過剰、どうもこの点で彼は後世医別派の伝統をすなおに受けているようだ。穿鑿《せんさく》はここでとどめ、とりあえず彼もまた、人は万物の主であるが故に狐は人を恐れ近づき得ない、と語っていることを確認するだけでよい。そうであるならば、狐は人に付くこともできないはずである。狐が霊多き動物とは認めない。これはもともと儒教思想から当然出てくる結論だった。むしろ狐付きを認めた儒学者・儒医は、衆庶《しゅうしょ》のあいだに行われていた俗信に引きずられたにすぎない。また、既成宗教各派はすべて昌益の批判の的になっており、彼の狐付き否認と祈禱宗教者批判との関連も考慮に入れるべきだろう。

医者たち——津田玄仙から本間棗軒まで

津田玄仙《つだげんせん》は、岩代《いわしろ》に生まれ、水戸で芦田松意《あしだしょうい》に医を学び、ついで京都を経て、まず江戸で、後に上総《かずさ》で開業した。京都では饗庭道庵についたが、流派は不明。ただし道庵が饗庭東庵の子孫だとしたら、彼もおそらく東庵とおなじく後世別派だったろう。玄仙著『療治経験筆記』(一七九三年成立)巻五・六に癲・狂・癇についての記述があるが、内容はいたって簡単である。彼の場合、「癲」が一般的な精神疾患、「狂」は鬱病と急性の精神違和、「癇」の症状は記されないので正確には不明だが、たぶん癲癇発作《ほっさ》に相当する。癲の病因は、痰による心臓の閉塞とみなす。癇のなかにも、痰を原因とするものを認めた。

癲・狂・癇の項に先だち、巻二に「狐狸秘訣」の項がある。内容は「きつねつきを察す秘訣」で、すでに第一章で記した『妙薬手引草』(一七七二年序)が提出した狐付きの四表徴に、「脈両方背《そむき》て斉《せい》す。忽《たちま》ち変ず」を追加したにすぎない。癲との関連については触れられていない。

中神琴渓《なかがみきんけい》は近江《おうみ》の貧しい農民の家に生まれた。古方の大家＝吉益東洞の書を読み医を志したという。おそらく独学で医を学んだ。まず近江大津で、やがて京で開業した。彼は初期に東洞の影響を受けたのだから、当初は古方だったのだろう。しかし大成した後は、古方・後世にこだわらず「古今和漢の豪傑共《ども》を医として使ふなり」と号した。その著『生々堂雑記《せいせいどうざっき》』（一七九九年刊）巻下によれば、琴渓は少なくとも二回病人を狐付きと診断している（表14―セ・ソ）。病人の一人は一四、五歳の男の子、精神恍惚・妄言狂燥の状態にあった。琴渓いわく。「往《ゆ》きて見るに狐の所為《せい》なること疑ひなし」。処方は番木鼈（マチン）。あと一人は人妻、なにものかが乗り移ってさまざまな言を弄する。おなじくいわく。「狐の所為なり」。処方は鍼。

原南陽《はらなんよう》は、水戸藩医の家に生まれた。儒学を戸崎淡園《とさきたんえん》に、医学を父の原昌術に学ぶ。その後京に上り、山脇東門の門に入った。京都からもどったのちは江戸に住んだ。東門は、古方の初期の重要人物＝山脇東洋の子で、南陽も古方を学んだことになる。彼の『医事小言』（一八〇三年序）には、精神疾患に関するまとまった叙述は見られない。巻二の「傷寒」の項に、狂症に似る症候があらわれる例を記し、巻三の「奔豚」の項で、ヒステリーにほぼ相当するこの病について触れたていどである。しかし狐付きの記載は詳しい。

南陽は巻一の「察色」の項でいう。「医者も亦《また》、物付か乱心かの堺知れかぬるものなり」。とくに「上狐につかれたるは、祈禱も何も構はず。病人とみへるあり」。上狐とは、狐のなかで霊力のレベルが高い種類を指す。狐付きとふつうの精神疾患との区別はつけにくいけれども、望診（患者の外貌・動作の観察による診察）を主としてよく調べれば、見分けがつく。その基準は次のとおり。

（１）狐付きは望診を忌避する。

（2）食に変化が生じる。
（3）愚かな人のみを相手にしたがる。
（4）相手と目を合わせず、面《おもて》を伏せる。
（5）腋下《えきか》へ他人の手をつけさせず、後ろへも他人をまわさない。
（6）眉のあいだがむっくり高くなる。それを強く押すと、手足の力が抜ける。腋下・背上などの凝ったところもおなじ。

以上のうち、（2）～（5）は熟練した巫祝《ふしゅく》から教えられ、これは役にたった、という。祈禱系宗教者の意見への評価からもわかるように、南陽は狐が人に付くことをあからさまに信じていたのだ。付かれた人の袖のうちに狐の毛が見られるという説をうのみにしていただけでも意外なのに、付かれた人の家の味噌《みそ》桶の下にも狐の毛が発見される、とさえ主張する。治方としては、鍼・灸のほか薬方も記載しているが、それは表20に示した。南陽も、付きもの持ち筋地帯に居を置いた経験をもたない。

喜多村鼎の生没年は不明。中神琴渓の弟子。薩摩藩医として江戸に在住した。すぐ後で述べるとおり、金・元医学の影響も看取できる。鼎の『吐方論《とほうろん》』（一八一七年序）の狐付き論は、以下の主張に要約される。

鬼狐人に憑《よ》るの説……未だ遽《にわか》に斥《しりぞ》け妄となすべからざるも、然《しか》し亦甚《はなは》だ信ずべからざるものあり。予の見るところを以ってするに、蓋《けだ》し癇疾、十［中］八・九は居するなり。

ついで鼎は次の挿話を語る。江戸の町人の妻が、王子参詣から帰り発狂した。周囲の者はみな狐憑だとしたが、神符・読経《どきょう》・祈禱・鳴弦・甘松・馬銭、いずれも効かない。そこで鼎が行って診察すると、両脈沈伏、大きな塊が胸もと、脇の下に出ている。狐憑ではなく狂癇と診断して、吐方を施すと治癒した。この挿話は、当時の衆庶《しゅうしょ》が狐付きにどのように対処していたかを、明快に示すのでおもしろい。神符から馬銭にいたるまでの狐落としの手段は、第二章で詳論した方法とよく一致する。

ちなみに彼は、狂癇は痰・鬱火が心胸に纏《まと》うことから発する、と主張した。したがってこれを吐けば治るはずである。痰と熱を精神疾患の原因とする説は、金・元医学のものだった。

次に陶山尚迪の『人狐辨惑談』（一八一八年刊）の説くところを見よう。尚迪は伯耆《ほうき》国に生まれ、京で後藤慕庵に学んだ。慕庵は、古方の始祖の一人＝後藤艮山の孫である。尚迪は、のち郷里に帰り開業した。伯耆は人狐持ち筋地帯に入る。

私の知るかぎり、昌益を別とすれば、尚迪においてはじめて、医者の立場からする狐付きの全否定があらわれた。根拠は二つに分けられる。尚迪の臨床経験と、俗生活での人狐体験だった。まず彼は著書の冒頭近く、「予俚俗《りぞく》の人狐の所為《せい》と云《いう》者をみるに、悉《ことごと》く顕然《けんぜん》たる病症なり」と断じ、「予《あらかじ》め其病症をいはば……」と続ける。ただし、この部分で尚迪が示したのは、理屈にもとづく演繹《えんえき》的な全否定ではない。彼が診察した範囲では狐付きは存在しなかったのであって、いわば経験則を示したにすぎない、ともいえる。次の新しい患者が真の狐付きである可能性は否定できない。けれども、なによりも経験則により狐付きを否定した彼の議論は、医者ならではの立場を十分に生かしたものとして、高く評価すべきだろう。

さきに引用した部分のあとに、尚迪は俚俗にいう狐付きの医学上の病症を以下のように列挙する。⑴癲症、⑵癇症、⑶健忘、⑷奔豚、⑸瘂病、⑹傷寒、⑺眩暈《げんうん》、⑻痧病、⑼小児驚風、⑽呃逆《あくぎゃく》、⑾諸病の壊症、⑿狂症、⒀転筋。

これらの症状を、諸文献および尚迪の説明にてらして同定すると次のようになろうか。⑴癲癇、⑵神経症・ヒステリー、⑶痴呆、⑷ヒステリー、⑸痙攣をともなう疾病《しっぺい》、⑹錯乱をともなう熱病、⑺平衡感覚失調をともなう疾病、⑻不明、コレラか、⑼小児の引きつけ、⑽激しいしゃっくり、⑾不明、異物食嗜好《しこう》、⑿心因反応を中心とする急性精神疾患、⒀局発筋肉痙攣。

尚迪が診察しただけでも、これだけ広範囲の疾患が、狐付きとされていた。なお精神失調を随伴しない身体疾患も、とくに付きもの持ち筋地帯では、狐付きとされる傾向がある。尚迪にとって、これらの例は問題外だったのだろう。

医者としての診察経験にもとづく狐付き否定のほか、狐に関わる医学外経験、および簡明な理屈も、彼の議論に援用された。尚迪の議論では、人狐をめぐる俗信も念頭におかれている。この俗信について第四章で述べたことを要約すると、持ち筋の家では人狐を飼育し、飼い主の悪意の対象になった人に、その人狐を派遣して付かせる。

尚迪はいう。

（1）人狐を網で捕らえた人がある。網の目から逃れることができなければ、いわんや人の爪のあいだから人体の皮肉の間に入ることができるはずがない。爪と肉、皮膚と肉は膠着《こうちゃく》しており、少しの透き間もない。人狐の精も入る余地がないが、まして狐の身体が入れば、人は即座に死ぬはずである。

（2）人狐は人語を解さない。したがって飼い主の意にしたがい、彼の恨《うら》みを買った人に付くことはできない。人語を解さない証拠に、自分が猟師に指示して網で捕らえさせたとき、その場にいた人狐はなんの対策もとらず網に入ってしまった。

（3）自分は人狐の子を三匹殺し、その親二匹を人に捕らえさせた。にもかかわらず、自分にも捕らえた人にもなにごともなかった。

（4）人狐は野外では自分が好む食物を採ることができるのに、わざわざ辛苦して餌もろくに与えない主人の家に留《とど》まっているとは考えられない。

（5）京都では、人狐が人を悩ますとはいわない。

次に、緒方惟勝は岡山藩医の子。山脇東海《やまわきとうかい》・山脇東圃に学んだのち、京都で開業した。惟勝の『杏《きょう》林内省録《りんないせいろく》』（一八三六年序）巻五は、京都武者小路の魚屋の男の病気を診察した経験を述べる。この男の症状は、頭痛・難聴・骨節痛・便秘・腹痛などであった。脈を診《み》るときわめて変動が激しい。腹皮痙攣が甚大である。そこで病者の家族に状態はきわめて悪いので、他の医者に診てもらうように指示し、心中では病者の死は免れないと信じて帰った。三日ほどして病人を紹介した医者に問うと、狐付きだったので僧に祈禱してもらい狐は落ちた、と答えた。惟勝は赤面し、「元来庸医《ようい》のことなれども、今日まで是の如く診視を誤《あやまり》たることなし」と陳謝した。彼はおもてむき陳謝したのではない。この条の後には、狐の怪異の話が続くので、惟勝が狐付きを信じていたことに疑いをいれる余地がない。

近世狐付き医学史を、本間棗軒《ほんまそうけん》の『内科秘録』（一八六四年序）で締めくくる。彼は常陸《ひたち》の人。地縁もあって、はじめは原南陽を師とした。さらに蘭方を杉田立卿に学ぶ。長崎ではシーボルトの門下に入った。儒学の師は、大田錦城《おおたきんじょう》である。

精神疾患と狐付きに関する棗軒の論を聞こう。『内科秘録』巻五にいわく。

癇は脳病にして精神に関係すれば、憂悶・思慮・恐怖・驚駭《きょうがい》等過度に至るときは亦《また》これを発するものなり。……頭脳は精神の舎《やど》る所にして官能の尤《もっと》も多き処《ところ》なれば、癇の証候多端にして千態万状変化無極に至る。……或は癇にて腋下に累々と核を結び、大さ梅干の如くにして痛も無く色も変ぜず長く消散せざるものあり。世人発狂の者を狐の凴《ママ》たるやうに心得、狐の凝をひしき出すと云ふは、此《この》結核のことなるべし。

棗軒の定義では、癇が精神疾患の総名、癲は癲癇発作を指すようである。狐付きについては次のようにいう。

狐凴は狂癇の変証にして所謂《いわゆる》卒狂是《これ》なり。決して狐狸の人身に凴《よ》るに非ず。……狐凴の説古今確定して万喙《ばんかい》一声、復《また》異議を為すものなし。予独りこれを疑ふ。

もちろん棗軒は、尚迪の著書を知らなかっただろう。棗軒によれば、狂癇を発した病人を、傍《はた》の者が狐付きと見なすから本人もその気になってしまう。そこで巫祝《ふしゅく》に託して責めると、自分は某地の某狐だと告白する。

棗軒が狐付きを否定する根拠は、尚迪の場合に一部似ている。第一に、狐の身体が人体内に入れるはずがない。もし狐の精神だけが人身に入るのならば、精神離脱した狐が山野に斃《たお》れているはずだが、だれもそれを見たことがない。第二に、狐は愚かだから、人を惑わし付く能力はもたない。第三の根拠は、尚迪のものと重ならない。すなわち蘭学者の説である。洋学者数家に質問したところ、洋籍には狐憑の記載はなく、窮理《きゅうり》をもって考えると、狐憑鬼祟のたぐいは精神の疾病にすぎない、と答えた。厳密にはこれは権威の援用であって、自説の根拠提示とはいえないだろうが、棗軒が自説に確信を持つにあたり、大きな支えになっただろう。ついでながら、彼は脳を精神活動の中枢《ちゅうすう》であると認め、漢方の心臓説から離れた。いうまでもなく、蘭方の知識に由来する。

津田玄仙から本間棗軒にいたる、近世後期の医学者の狐付き論をまとめよう。香川修庵と玄仙のあいだに入る安藤昌益については、先に述べたていどでとどめておく。突然変異のように生まれた思想家の個々の所説の分析はむずかしい。玄仙以後の医学者のなかで、狐付きについて批判を欠く態度をとったのは、津田玄仙・中神琴渓・原南陽・緒方惟勝であった。これを全面的に否定したのは、陶山尚迪と本間棗軒である。中間に喜多村鼎がくる。七人の説の分かれを検討したい。

まず、後世医・古方医の相違と、狐付きにたいする態度のあいだには、やはり相関はない。

次に、中山三柳について提出した仮説が、ここでも少なくとも尚迪の場合には適用可能である。彼の強烈な人狐付き批判は、その本拠とした山陰地方が、日本最大の狐持ち筋地帯であったことと無関係であるはずがない。だからといって山陰地方の医師のすべてが、尚迪と同様の態度をとったわけではない。尚迪自身、人狐迷信が生じ、維持された原因の一つとして、医師の無知・無能、および彼らと祈禱系宗教者の意図的な共謀をあげた。しかし、持ち筋地帯で人狐持ち筋迷信を日常的に経験していたからこそ、尚迪がこれにたいする強い関心と啓蒙への責任感を持つにいたったこともまちがいなかろう。彼以外の六人は、持ち筋地帯と縁がなかった。

さらに、時代の変遷《へんせん》を考慮に入れなければならない。この件に関しては、とくに蘭学の名で西洋思想の輸入が進んだことは無視できない。少なくとも棗軒に関するかぎり、蘭学の影響を受けてはじめて、狐付き全面否定論者となり得た、といっても過言ではない。棗軒は尚迪と異なり、自分の診断例を出していない。尚迪の方が蘭学を学んだという証拠もない。

医者の狐付き論に関して結論を述べよう。狐付き否定の根拠はいくつかあったと思われる。第一に、狐持ち筋迷信のもたらす害悪により、狐付きにたいする疑問が触発された。第二に、西洋からもたらされた近代科学による開明が、大きな影響力を示した。第三に、昌益の場合は、宋学の影響もあったかもしれない。第四に、人を万物の霊とする中国思想が、場合によっては狐付き否認の方向に作用した。ただし第二部第二章で指摘したとおり、人＝万物の霊思想は、狐信仰批判には広く使われたが、儒学者の多くを狐付き否認に導く力にはなりにくかったようだ。つまり、狐は人の下位にあるから人の信仰対象にはならないが、狐が人に付くことはできる、という認識が可能だった。狐は平安時代にすでに妖獣視され、人に憑《よ》る神霊よりは人に憑《つ》く邪霊と類似の働きをすると見なされていた。神狐の誕生はその後の事件である。したがって狐付きは、狐信仰なしでもあり得た。以上の第一〜第四は、医者のみが手に入れ得る根拠ではない。そこであと一つ、第五の根拠をあげておこう。それは医者独自の体験に由来する。ある医者が、狐付きとされた患者を診察する機会を持ち、そのすべてのケースで通常の精神疾患またはたんなる身体疾患と診断せざるを得なかった場合、その医者は狐付きに懐疑的になるにちがいない。それでもなお彼らの多くは狐付きの存在を否定はせず、むしろまれにはあり得ることだと考えた。たしかに、いままでの診察では狐付きと診断すべき症例に遭遇しなかったとしても、次はどうだかわからない。ここに、世間の通念と医者としての直接経験との葛藤《かっとう》が生じる。直接経験の優越のためには、さきにあげた別の根拠が不可欠だったのだ。

尚迪の全面否定論では、第一・第四・第五の根拠が重なった。棗軒の全面否定論は、第二・第四・第五の根拠の重複から生まれた。三柳・修庵・鼎のような懐疑論は、第五の根拠に関連する。三柳の場合、第一・第四の根拠も加わる。第三の根拠に関連して、宋学の気の理論は、彼の説ではむしろ少数の狐付きの存在を合理化する役を演じた可能性が大きい。解明困難なのは、昌益の全面否定論の根拠である。

最終的な結論は保留したい。宋学が狐付き否定の方向に作用したようだが、三柳の主張を見ればわかるとおり、宋学が自動的に狐付き否定に結びつくわけではない。人＝万物の霊説の影響は認めるべきだろう。昌益は、狐付きの診察経験については語らないが、第五の根拠を無視する理由もない。以上の他のなんらかの根拠が、昌益の心証としてあったとも思われる。

医者以外の狐付き論——意外に少ない懐疑論者

もともと近世のほとんどの人たちは、階級・職業・居住地域などの違いによらず狐付きを信じていたのだから、狐付きの存在肯定論者を拾いだせばきりがない。狐付き事件に肯定的にかかわりあい、または肯定的にかかわりあったとされ、あるいはこれを肯定的に紹介した人物の職業や身分も、多種多様である。祈禱系宗教者はいわずもがな、農民・漁夫《ぎょふ》・商人・工匠《こうしょう》・遊女・下男・下女・仏家《ぶっか》・修験者・陰陽師《おんみょうじ》・神道家・儒学者・国学者・雑学者・作家・歌人・俳人・俳優・藩士・幕臣・大名等々。そこで本項以下では、さまざまな意味で目立つ人物の説だけをとりあげた。これに反し、管見に入った狐付き否定論者、あるいは懐疑論者はきわめて少ない。こちらは主要人物を紹介する。

まず熊沢蕃山《くまざわばんざん》は、『源氏外伝』（一六七三年頃成立）で、「狐は罪なくても弱き者による」と認めている。

彼は京都生まれの儒学者。岡山・明石《あかし》・大和郡山・下総古河で活躍した。次に三宅尚斎は、山崎闇斎門下の儒学者。播磨《はりま》明石に生まれ、京で医と儒を学んだのち江戸に出る。晩年は京都住。尚斎は『狼疐《ろうち》録《ろく》』（一七〇九年序）巻中でいう。「狐、よく己の精神を使ふ。……人身に入りて人の神［精神］と合し、人の口舌を仮て其情を述ぶ」。

新井白蛾。この人は狐信仰にたいする批判者として既出。儒学者にして易学の大家。儒学者としては菅野兼山の弟子である。兼山は朱子学者。白蛾は江戸および京都で塾をひらき、最後は加賀藩の藩校＝明倫堂の学頭となった。白蛾はその著『古易察病伝』（一七八九年刊）で、次のように警告する。「地水師」の卦《け》のとき、胃に邪熱が入り譫言《うわごと》を発し苦しむ病者がでると狐付きと速断しがちだが、その場合、病人を責めると死にいたらしめることがある。しかしまた「沢風大過」・「雷水解」・「火水未済」の卦のさいには、生じうる病気の一つに狐付きがあるとした。白蛾は『闇の曙』（一七八九年刊）巻上でも狐付きを認めている。白蛾を懐疑派の部類に入れることはできないが、ふつうの熱病が狐付きと混同される例を承知し、これにたいする警戒の必要は感じていた。

山根与右衛門は、出雲国神門《かんど》郡中野村（現、出雲市中野）の庄屋だった。彼の身につけた教養がどのようなものであったか不明だが、妹が医者＝西山家に嫁《か》し、与右衛門の子がさらに西山家の養子になっているところから判断すると、医学・儒学などに関するあるていどの知識は持っていたのではないだろうか。

第四章で述べたように、彼は出雲の人狐持ち筋をめぐる悲惨な状況を嘆き、これを糺《ただ》すために『出雲国内人狐物語』（一七八六年成立）を書いた。彼は、狐持ち筋の存在を否定する証拠として、次の点をあげる。

（1）狐持ちの噂のある家に数年間召し使われていた者に尋ねたところ、その家には狐の気配もなく、糞も見られず、その死体を目撃するともなかった、という。

（2）他国には野狐の災いはあるが、狐持ち筋は存在しない。出雲だけにそれがあるはずがない。

（3）五〇〇年・一〇〇〇年を経て神通を得た狐ならいざ知らず、人狐の事件は五〇年以来のことなので人に付く能力があるはずはない。

以上の根拠は、狐持ち筋を否認する根拠にはなるが、狐付きの存在を否定する証拠にはならない。実際（3）の説を見ると、彼は天狐・神狐のたぐいが人に付くことは認めていたと思いたくなる。けれども与右衛門は第一章で述べたとおり、いわゆる狐付きは狐が人の体内に入るのではなく、外部にある狐が人の気を奪う現象である、と主張した。人がみずからの気を奪われた結果、錯乱や妄想が生じるのだ。さらに彼は、一般の病気が狐付きと誤解されやすいことを強調し、そのような疾病として、乱心・疫病・痘瘡・麻疹・疝気・腫物《はれもの》をあげる。精神疾患以外の病気もリスト・アップされていることに注目しなければならない。狐持ち筋地帯では、身体疾患もまた狐付きのせいにされがちだった。

ではどのような経過で、さまざまな疾患が狐付きのせいにされるのか。山伏・禰宜《ねぎ》のたぐいが病者の家人に誘導尋問をしかけ、どこそこの人の怨みを買ったため人狐を付けられたのだ、という結論をむりやり引き出す。名指された人の家が狐持ちの筋だと捏造《ねつぞう》され、その親類縁者は狐持ちと義絶すれば、狐とも絶縁できると聞かされる。かくて与右衛門は、

その汚濁《おじょく》国中に流れて、父母は慈愛を失ひ、子は不孝に陥り、夫婦離散し、兄弟出入を断、親類・朋友信義を忘れ、ともに五常を猥《みだ》り、禽獣《きんじゅう》の行ひ、アア心ある人たれか是《これ》をかなしまざらんや。

と嘆く。与右衛門は狐の妖異は認めるが、狐が人体内に付くことは承認しない。彼の説は、狐付きのほとんど完全否定だった。ついでながら、与右衛門によれば、白蛾が西遊したとき、ところどころで非道の族を戒め、人狐という獣はどこにもいない、と語ったという。その白蛾よりも与右衛門のほうが、狐付きの俗信を否認する点では徹底していた。

伴蒿蹊《ばんこうけい》に話題を移す。蒿蹊は京都の商家出身。近江の商家の養子に入り家業を継ぐ。富商だった。国学者として知られているが、和歌・和文にも堪能《たんのう》だった。第一部第六章で蒿蹊の『開田耕筆《かいでんこうひつ》』（一八〇一年刊）所載、増上寺の若僧に狐が付いた事件の伝聞（表12―コ）を紹介したが、これに続く蒿蹊の見解は次のようである。

凡《およそ》少し物読み理屈などいふ人は、狐狸の付托《ふたく》すといへばうけがはず。「それは狂乱なり。癇症なり」などと笑ふも多し。吾智の限りあるをかへり見ず、事物の理《ことわり》を究めたりとおもふは、かへりて笑に堪《たえ》たり。人は人の良智あれば、物は物の業通《ごうつう》あり。……凡数百年の狐は、気ばかりにて形はなしとおぼし。

これでは、今まで登場した懐疑派・全面否定派の人たちの面目が立たない。少なくとも蒿蹊のほうが、与右衛門よりも「物読み理屈などを云ふ人」だったのではないか。蒿蹊の言は軽率にすぎた。それはそれとして、一九世紀に入る前後には、蒿蹊の周囲の知識人のあいだにも、狐付き懐疑者・否定者が現れつつあったようすが伺い知れる。

蒿蹊と同世代の、あと一人の国学者の意見を質《ただ》したい。上田秋成《うえだあきなり》は『雨月物語《うげつ》』（一七七六年刊）などの作者としてあまりにも有名だが、同時に本居宣長《もとおりのりなが》に論争を挑んだほどの国学者でもあった。大坂に生まれ、若年時は大坂の漢学塾＝懐徳堂で朱子学者＝五井蘭洲《ごいらんしゅう》に学んだ。やがて読本《よみほん》作者として立つが、一時は家計のために医を業とした。しかし秋成の場合、医学に熱を入れたわけではないので、医家の項には入れなかった。

秋成の『胆大小心録《たんだいしょうしんろく》』（一八〇八年成立）巻上によれば、中井履軒《なかいりけん》に、おまえは狐付きを信じている、とからかわれた経験があるらしい。履軒は蘭洲門の儒学者であり、秋成の友人。秋成はよほど悔しかったらしく、同書で二回もそのいきさつを繰り返し書いている。履軒は、「狐つきといふは皆かん症病じゃ」と主張したようだ。履軒の論にたいする秋成の反論は次のようになる。

［履軒は］道になづみて、心得《こころえ》たがひなり。狐も狸も附事《つく》、見る見る多し。又きつねでも何でも、人にまさるは［彼］等が天稟《てんぴん》也。扨《さて》善悪邪正なきが性《さが》也。我によきは守り、我にあしきは祟《たた》る也。

そこで履軒だが、彼は懐徳堂で学び、のちにここの学主を引き受ける。履軒が狐付きを否定した背景には、朱子学の非合理主義的要素の除去と合理主義の摂取、それに西洋医学の知識があった、と推定できる。彼の『水哉子《すいさいし》』（一八世紀後半成立か）巻中を見ておく。

中山三柳の項で紹介した朱子の生死論との関連でいうと、まず第一に履軒は、人の死にさいしてその気は素直に散逸してしまうと解し、死後の気の凝集の一時的継続を否定した。このように朱子説を修正して単純散逸説を採ると、死霊の気だけでなく生霊の気も、身体から脱出すると同時に離散すると考えなければならない。狐の生霊についても、おなじ結論が得られよう。狐の精はその身体から離れることはできない。いわんやそれが人体内に入り得るはずがない。狐の身体が付かれる人に入るとする解釈も、履軒にとっても受け入れ得る説明ではなかっただろう。この点彼は、結果として陶山尚迪の立場と等しい態度を選んだことになる。朱子は「格物致知《かくぶつちち》」の説を立てたが、朱子の場合、格物は事物の観察・経験ではなく、聖賢の書を読むことによって達成されるべきだった。〔八一〕これにたいし履軒は、みずから事物に接し、経験を通じて知ることと解釈した。狐付きを彼自身が体験したかどうかは別として、知人の狐体験や、みずからの動物観察が、履軒の狐付き否定の一因となった可能性が認められる。

関連して、彼は『越俎弄筆《えっそろうひつ》』（一七七三年序）のなかで人体解剖図を描いた。これは友人の麻田剛立《あさだごうりゅう》の解剖成果を麻田に代わって発表した稿である。この書に、剛立とその門人が動物の生体を解剖するところを、履軒は膝を抱えて見ていたと記している。彼が見ていたとき、剛立がどのような動物を解剖したかはわからない。しかし三浦梅園の『造物余譚』（一七八一年成立）所載「麻田剛立剝獣状」（一七七二年成立）によれば、剛立の解剖対象には狐がふくまれていた。狐の解剖を直接観察した経験の有無にかかわらず、履軒は狐の解剖を恐れなかっただろうし、この動物が犬や猫と異なる特別の霊的存在だとも思っていなかったこともまちがいない。『水哉子』巻中には次の逸話が語られる。ある村が狐に毒された。そこで村民が巫者の左内という男に狐を抑えるよう依頼した。すぐに効験があったので、村民が「どのように祈禱したのか」と問うと、左内答えていわく「狐の窟のまえに豆飯を供え、狐が出てきたところを棒で打ち殺した。これが祈禱の効験だ」と。履軒のコメントは「また宜《よろし》からずや」。

履軒に西洋科学の影響があったかどうかが、もう一つの問題である。『越俎弄筆』の解剖図と説明文について、小川鼎三（四〇）は、以下のように評した。解剖図は西洋医学の影響をほとんど受けていないにかかわらず、所見の精密さは当時の日本人の手になるものとしては真に出色だが、説明はしばしば漢方の先入主に禍《わざわ》いされて誤っている。小川の評価は正確だろうが、同時に間接的ではあれ、剛立や履軒が西洋科学の知識に関心をいだいていたことも疑いない。履軒は『越俎弄筆』の序で「紅夷の図は精細繊悉なるも、尚《なお》其説未だ明らかならず、窮詰《きゅうきつ》すべきこと難《かた》し」と記す。おそらく西洋科学への関心と朱子学の開明的な方向への改変があわさり、これが履軒の狐妖や幽霊などにかんする否定的な態度を強化したのだろう。

狐付き否定論の最後に、山片蟠桃《やまがたばんとう》の説を検討したい。蟠桃は、播磨《はりま》の農家に生まれ、大坂の大きな商人の家を継いだ。儒学は、懐徳堂で中井竹山《ちくざん》・履軒の兄弟に学んでいる。とくに履軒の影響は大きい。

主著は『夢の代《しろ》』（一八二〇年成立）。その巻一〇・一一の「無鬼論」を調べるが、これらの巻は、初稿に履軒の校閲を得たのち大幅に書きたされた（二〇一）。

蟠桃は、気の体外凝縮説を認めず、死後の魂魄の残留を否定する点でも、履軒の説をそのまま受け継いだ。死後の霊魂が否定されるべき根拠を、くりかえしさまざまな観点から記しているが、その紹介はここでは省略する。要するに蟠桃によれば、神（精神）とは、生物が「生きて働くところ」を意味する。死後これが消滅するのは自明である。

　蟠桃は、朱子学の格物致知の経験主義・実証主義的解釈にも、履軒の思想を継承した。そして履軒には関心の対象にすぎなかった西洋科学が、蟠桃には明確な知識として取り入れられた。とくに天学（天文学）にそれが著しい。蟠桃の言葉をいくつか引用しよう。「西洋の国々の学における、致知格物至らざる処《ところ》なし」。「およそ致知格物の大なるは天学なるべし」。「［天地のこと］は……西洋の術を疑ふ事なかれ」。

　かくて、狐の精神が体外に脱出して、人の体内に入り込むような現象は、理屈からいってもあり得ないし、経験的にも愚かな誤認以外のものではない。「人間《じんかん》にはいろいろ妖怪の説を云ふらして、今の人はみな狐よくばかすものと心得居るゆへに、狂病はみな狐つきとする也」。

　終わりに、蔦廼舎主人の『霊獣雑記』と称する書を紹介しよう。狐に関する古今の霊異・妖怪を集めた文献集で、その巻三に典拠の引用のない項目が入る。おそらく蔦廼舎主人の自作だろう。彼の正体はまちがいなく国学者。著作期も不明だが、『利根川図志』（赤松宗旦、一八五五年序）が引かれるので、幕末あたりの成立だろう。論調は伴蒿蹊の口ぶりを彷彿《ほうふつ》とさせるが、論鋒《ろんぽう》はもっぱら儒学者にむけられた。

狐のひとにつくといふこと、からこころの人はうけがはず。そは狂乱なり、癇症なりとわらへるこそ、かへって浅見にて笑ふべきことにぞありける。……くされ儒者どもが、からくにのさかしらだちたる人のごとく……。正《まさ》しく狐の付託することは今もまのあたりきけることとおほし。

たしかに、上田秋成vs.中井履軒の対立に見られるように、国学者のほうが儒学者より狐付きに甘い例が多かった。しかし近世初期・中期の儒学者は、やはり狐付きを抵抗なく信じていたようである。熊沢蕃山・三宅尚斎の説は、おそらくその一端にすぎない。近世後期に朱子学の合理主義の面が強調されるにいたり、国学者の反発が大きくなったのだろう。

今まで医者・非医者を問わずさまざまな立場の人の狐付き論を調べてきた。最後に私見を補足・要約して終わる。

（1）牢固として抜きがたい伝統に裏づけられた狐付き俗信は、近世知識人の多数をも捉えていた。

（2）これにたいする懐疑論・否定論を可能にした要因については、前項で述べた。これらは、医者だけでなく本項でとりあげた人びとにまで適用しうるだろう。（a）狐持ち筋の悲惨な状況の体験、（b）西洋合理主義の影響、（c）宋学の合理的要素、とくに死後の霊魂の否定にかたむく傾向、（d）中国伝統思想の人＝万物の霊論、（e）医家の狐付き診察経験。以上の諸要素の有無、諸要素の重なりの有無、あるいは重なりの厚薄によって、それぞれの知識人の態度は大まかに分かれた。そのほか分析しつくすことができない個人差も認めなければならない。

医者およびその他の人びとの狐付きに関する議論について、明治時代まで通覧するつもりだったが、本書が予定していた紙幅はすでに大きく超過してしまった。狐付き論史の叙述は、近世末で終わることにする。さいわいにして明治期の狐付きに関しては、岡田靖雄の論文[三六]が出ている。

註（1）私は、事物の古名、言語の古意は不易であるべきだ、と主張するたぐいの、また言葉の「正しい使いかた」を称揚し「まちがった使いかた」を非難するたぐいの、言語リゴリストではない。現在では「憑く」が流通しているからそれでよい。事物と言語の関係について歴史的な変遷をわきまえないと、現在の理解を過去にまで適用する誤りが生じる。それを虞《おそ》れるにすぎない。

（2）鈴木宏[九一]が明らかにした「儒道統之図」は、味岡三伯から儒学を学びおえた時点で、三伯から与えられた道統図をもとに安藤昌益が作成したもの、またはその写しだろうという。この系図には、三伯の、したがってまた昌益の学祖のひとりに、宋学の大家＝程伊川の名が書き込まれている。当然、伊川の弟子筋として朱子の名前も出る。若年期の昌益が、宋学を学んでいたことはまちがいない。彼がその後も宋学の理論に柔順だったというつもりはない。しかし否定・肯定をふくめて昌益の思想形成に、宋学の影響を見ることは難しくない。昌益の気の理論は、伝統的な気の理論といくつかの点で異なるが、朱子の説を下敷きにしてそれを改変したと見られる部分もある。第一に、陰陽二気論は否定され、そのかわりに気の進退という概念が導入された。朱子は、陰陽を気の相対的な動・静に帰《き》したが、昌益は、朱子の気の動を進に、静を退に置き換えたともいえる。第二に、本文で指摘したとおり、昌益の動物の横偏気については、朱子の禽獣《きんじゅう》の偏気・横生の観念との関わりあいは無視できない。ただし昌益の見解では、動物の横偏気は閉塞するわけではない。横にも気が通じる。第三に昌益は、気―土―米枢軸《すうじく》論のごとき主張をする。朱子は気がそのまま木・火・水・金に分化するのではなく、この四行の分化には土の併存が必要だとする。論理的には土は木・火・水・金に先行して形成されたことになろう。いずれにせよ、気についての昌益の説が、人と動物に関する中国伝統説とどのような相違を生むか、それが問題だろう。

（3）西洋科学の影響がつねに狐付き俗信の排除に貢献したかと問われると、微妙なのが司馬江漢《しばこうかん》の立場である。蘭学者でもあった彼は『春波楼筆記《しゅんぱろうひっき》』（一八一一年成立）で、二回にわたり狐付きの伝聞を記す（一つは表14―ヌ）。とくにコメントはないので、狐付きを肯定していると判断すべきだろう。ほかにも狐の怪異を語る項がある。他方、彼は気の集散によって人の生死を説明する点では、中井履軒や山片蟠桃と変わらない。死霊は心中の恐れ・迷い・患《わずら》いから生じる、と積極的に主張する場面もある。このような人物が、狐付きの存在を少なくとも否定はしなかったのをどのように説明すればよいだろうか。くりかえすが、個々の思想の形成と外部因子との関連を分析しつくすことは難しい。仮の説明だけ試みておく。本間棗軒の場合は、彼の診察経験を土台にして、これに西洋思想を重ね、経験由来の合理主義を強化した。蟠桃は、朱子学の合理主義的側面を、西洋思想の摂取によって強化することに成功した。江漢には、西洋思想の合理主義を補強する在来因子が弱かったのではないか。

【大正期以後の文献】

(1) 本書であげた大正期以後の文献を、著者名のアイウエオ順に配列した。

(2) それぞれの文献については、次の事項を次の順に記載した。

(a) 著者名 (b) 文献名 (c) 当該文献が書籍または雑誌に発表された場合は、その書籍・雑誌名 (d) 当該文献が書籍の場合、またはその文献が書籍に発表された場合は、書籍の発行所 (e) 当該書籍・雑誌の発行年 (f) 書籍・雑誌発表の場合は、当該文献のページ (g) 表にあげた書籍・雑誌が、当該文献の初出形態でない場合は、初出の年 (h) 当該文献が、発行後現在入手しやすい形態で出版された場合は、その書籍名等

(3) 印刷物・筆写によらず口頭または私信による情報は、「私的ご教示」と記した。

(一) 青木紀比古：私的ご教示 二〇〇一年／(二) 麻野宣定：『源九郎天略縁起』洞泉寺 発行年不明／(三) 朝日稔：『日本の哺乳動物』玉川大学出版部 一九七七年／(四) 阿部永：狐の生活『季刊アニマ』三号 一九七五年 七五～八〇／(五) 阿部泰郎：『入鹿』の成立『芸能史研究』六九号 一九八〇年 一六～三八／(六) 新井敦史：私的ご教示 二〇〇一年／(七) 荒木恵美：房総半島における稲荷信仰の展開『朱』三一号 一九八七年 二二六～二四〇／(八) 飯島吉晴：狐の境界性『朱』三二号 一九八八年 五五～六二／(九) 飯田豊雲：『飯沼弘経寺略誌』弘経寺事務所 一九二八年／(一〇) 井口恵吉：『信田妻—研究と解説』私家版 二〇〇一年／(一一) 池田啓：「狸」と「タヌキ」『月刊文化財』二六七号 一九八五年 一六～二三／(一二) 生駒勘七：御嶽信仰の成立と御嶽講 鈴木昭英編『富士・御嶽と中部霊山』名著出版 一九七八年 一三六～一六六／(一三) 石井常彦：それや(二〇)『大阪手帖』七巻五号 一九六二年 一九～二一／(一四) 石塚尊俊：憑きもの筋の膨張とそれ以前『日本民俗学』四巻一号 一九五五年 四七～五七（谷川健一編『憑きもの』日本民俗文化資料集成七巻 三一書房 一九九〇年 三〇三～三一三 所収）／(一五)

石塚尊俊：俗信の残留と地域性の問題『伝承』二号　一九五九年　九～一五／（一六）石塚尊俊：『日本の憑きもの』未来社　一九七二年／（一七）石塚尊俊：憑きものと社会　五来重ほか編『講座　日本の民俗宗教』四　弘文堂　一九七九年　一三四～一五二（谷川健一編『憑きもの』日本民俗文化資料集成七巻　三一書房　一九九〇年　一一～一二六　所収）／（一八）石原明：『日本の医学』至文堂　一九五九年／（一九）伊藤好一：『江戸の町かど』平凡社　一九八七年／（二〇）井上智勝：神道者　高埜利彦編『民間に生きる宗教者』吉川弘文館　二〇〇〇年　一五～四九／（二一）今泉忠明：『オコジョ』自由国民社　一九八六年／（二二）今泉吉典：『原色日本哺乳類図鑑』保育社　一九六〇年／（二三）岩田正俊：人狐―伝説とその正体　谷川健一編『憑きもの』日本民俗文化資料集成七巻　三一書房　一九九〇年　一九九～二一八（初出は一九四九年）／（二四）上田常一：『山陰の動物誌』今井書店　一九六四年／（二五）上田正昭：お塚の信仰　中村直勝ほか『お稲荷さん』あすなろ社　一九七六年　七〇～七六／（二六）梅田千尋：陰陽師　高埜利彦編『民間に生きる宗教者』吉川弘文館二〇〇〇年　二三五～二六九／（二七）榎本千賀：茂林寺と分福茶釜『大妻女子大学紀要』（文系）二六号　一九九四年　一三五～一五七／（二八）榎本直樹：『正一位稲荷大明神』岩田書院　一九九七年／（二九）遠藤次郎ほか：痰の起源（一）『日本医史学雑誌』三九巻三号　一九九三年　三三三～三四五／（三〇）大海作夫：筋肉・骨格系　懸田克躬ほか編『心身疾患』Ｉ　現代精神医学大系　七Ａ　中山書店　一九七九年　一六三～二〇一／（三一）大村佐和実：『最新副業毛皮動物の養殖』昭和書房　一九三九年／（三二）大原貢　ヒステリー　笠原嘉ほか編『神経症と精神病』1　異常心理学講座4　みすず書房　一九八七年　一〇七～一六〇／（三三）大間知篤三：薩摩大川内村の内神その他『民間伝承』一二巻一〇号　一九五八年　八～一〇／（三四）大森恵子：『稲荷信仰と宗教習俗』岩田書院　一九九四年／（三五）岡茂政：東京下谷太郎稲荷『柳川史話』青潮社　一九八四年　三二一～三二四（初出は一九三二年）／（三六）岡田靖雄：狐憑き研究史―明治時代を中心に『日本医史学雑誌』二九巻四号　一九八三年　三六八～三九一／

（三七）岡田靖雄：憑きものの現象論『日本医史学雑誌』四四巻　一九九八年　一号　三～二五、三号　六九～八四／（三八）岡西為人：『本草概説』創元社　一九七七年／（三九）小川恭一編『寛政以降旗本家百科事典』一～六　東洋書林　一九九七・九八年／（四〇）小川鼎三：解説　日本医史学会編『造物余譚・越俎弄筆』医学古典集3　医歯薬出版　一九五八年　九五～一一〇／（四一）小野武雄：『江戸時代信仰の風俗誌』展望社　一九七六年／（四二）折口信夫：狐の田舎わたらひ『折口信夫全集』三巻　一九五五年　中央公論社・文庫　六五～六七（初出は一九一八年）／（四三）折口信夫：信太妻の話『折口信夫全集』二巻　一九七五年　中央公論社・文庫　二六七～三〇九（初出は一九二四年）／（四四）桂井和雄：土佐の犬神統と蛇統『山陰民俗』三号　一九五四年　三六～四〇／（四五）加藤貴：近世王子稲荷社の信仰主体『文化財研究紀要』（東京都北区教育委員会）五集　一九九一年　一三～七七／（四六）川崎房五郎：『江戸八百八町』二　桃源社　一九七六年／（四七）川端勇男：『漢方医薬処方全書』漢方医薬処方全書刊行会　一九三七年／（四八）鬼内仙次：『大阪動物誌』牧羊社　一九六五年／（四九）菊地武：花山稲荷と但馬国の農民『朱』三四号　一九九〇年　六三～七六／（五〇）菊地武：稲荷信仰と修験山伏『宗教民俗研究』七号　一九九七年　六一～七八／（五一）喜田貞吉（編）：山陰西部地方の狐持に関する報告『民族と歴史』八巻一号　憑物研究号　一九二二年　二三九～二五六（山田野理夫編『憑物』宝文館出版　一九八八年　九七～一二三　所収）／（五二）北原進：『百万都市江戸の生活』角川書店　一九九一年／（五三）北村栄次：『養鼬の研究』文啓社書房　一九三〇年／（五四）木村康一ほか新注校定『新注校定国訳本草綱目』一～一五　春陽堂書店　一九七三～七七年　頭注／（五五）木村信雄：私的ご教示　二〇〇一年／（五六）粂稔子：狐と稲荷信仰　五来重監修『稲荷信仰の研究』山陽新聞社　一九八五年　六九七～七三六／（五七）倉石忠彦：安曇の泉小太郎『民俗』（相模民俗学会）一四〇号　一九九〇年　一～三／（五八）黒羽町誌編纂委員会編：『黒羽町誌』黒羽町　一九八二年／（五九）源九郎稲荷社（大阪）講：私的ご教示　一九九七年／（六〇）源九郎稲荷社務所：『大和源九郎稲荷神社の略縁起』同社務所　発行年不明／（六一）小泉忠光：私的ご教示　二〇〇一年／（六二）児玉允：木曾御嶽の霊神碑　鈴木昭英編『富士・御嶽と中部霊山』名著出版　一九七八年　一八七～二〇一／（六三）後藤忠夫：群馬の憑きもの　谷川健一編『憑きもの』日本民俗文化資料集成七巻　三一書房　一九九〇年　二七～一四八（初出は一九八六年）／（六四）小林経広：民間信仰　波田町誌編纂委員会編『波田町誌　自然民俗編』波田町　一九八三年　六二四～六六五／（六五）小俣和一郎：『精神病院の起源』太田出版　一九九八年／（六六）小松和彦：「憑きもの」と民俗社会『憑依信仰論』ありな書房　一九八四年　一一～八一（初出は一九七二年）／（六七）小松芳郎：沙田神社　谷川健一編『日本の神々』九巻　一九八七年　白水社　三七一～三七四／（六八）近藤喜博：稲荷信仰の歴史的展開　直江広治編『稲荷信仰』雄山閣　一九八三年　一七～一一一（初出は一九六三年）／（六九）今野円輔：『馬娘婚姻譚』岩崎美術社　一九六六年／（七〇）埼玉県神社庁神社調査団編：『埼玉の神社　大里・北葛飾・比企』一九九二年／（七一）酒井シヅ：『日本の医療史』東京書籍　一九八二年／（七二）坂本勝成：日蓮宗の稲荷信仰　直江広治編『稲荷信仰』雄山閣　一九八三年　一七五～二一六（初出は一九七六年）／（七三）桜井治彦：明治時代の社頭と崇敬の歴史　射楯兵主神社史編纂委員会編『播磨国惣社射楯兵主神社史』射楯兵主神社　一九九六年　二三四～二五四／（七四）佐藤孝徳：陸奥国磐城の稲荷神信仰『朱』四五号　二〇〇二年　八五～一〇五／（七五）佐藤紀子：稲荷信仰と屋敷神『朱』二五号　一九八一年　一〇二～一一〇／（七六）澤登寛聡：『若一王子縁起』絵巻成立と摸本の現状『文化財研究紀要』別冊一集解説編　東京都北区教育委員会　一九八八年　一九～三二／（七七）重松敏美：『山伏まんだら』日本放送出版協会・NHKブックス　一九八六年／（七八）信太森葛葉稲荷神社社務所：『泉州信太森葛葉稲荷由緒』同社務所　発行年不明／（七九）篠原徹：魚・鳥・虫などをめぐる民俗　篠原『自然と民俗』日本エディタースクール出版部　一九九〇年　一一一～一四一（初出は一九七六年）／（八〇）柴田桂太編『資源植物事典』（増補改訂版）北隆館　一九五七年／（八一）

島田虔次：『朱子学と陽明学』岩波書店・新書　一九六七年／（八二）島田成矩：狐の資料一、二『伝承』二号　一九五九年　一六～一七／（八三）島田成矩：出雲国松江藩の稲荷信仰（一）・（二）『朱』一二号　一九七一年　六二～六七、一三号　同年　六六～七二／（八四）島田裕巳・石井研士：銀座の稲荷『朱』二八号　一九八四年　一三四～一四七／（八五）清水藤太郎：『本草辞典』第一書房　一九三五年／（八六）春蓋楼：江戸の稲荷『江戸文化』一巻一号　一九二七年　七～一二／（八七）白幡洋三郎：大名庭園のなかの稲荷『朱』四二号　一九九九年　二～一一／（八八）杉仁：在村文化の諸相　昭島市史編さん委員会編『昭島市史』昭島市　一九七八年　一〇五一～一三二〇／（八九）杉仁：『近世の地域と在村文化』吉川弘文館　二〇〇一年／（九〇）鈴木棠三：『日本俗信辞典　動・植物編』角川書店　一九八二年／（九一）鈴木宏：『儒道統之図』尾藤正英ほか編『安藤昌益』光芒社　二〇〇二年　一〇五～一一七（初出は一九九九年）／（九二）須田圭三：飛彈の牛蒡種　谷川健一編『憑きもの』日本民俗文化資料集成七巻　三一書房　一九九〇年　三一五～四一九（初出は一九六九年）／（九三）瀬尾武彦：私的ご教示　二〇〇二年／（九四）関敬吾：『日本昔話集成』第二部1　角川書店　一九五三年／（九五）高尾一彦：池田輝正夫妻への警告と噂『兵庫県の歴史』三号　一九七〇年　一四～一九／（九六）高田衛：『江戸の悪霊祓い師』筑摩書房　一九九一年／（九七）高野進芳：稲荷雑記（2）『朱』一六号　一九七四年　九九～一〇七／（九八）高埜利彦：民間に生きる宗教者　高埜編『民間に生きる宗教者』吉川弘文館　二〇〇〇年　一～一三／（九九）高橋実・鈴木久：解説『牛久村史料』近世一　牛久市　一九九四年　一一～六八／（一〇〇）高原豊明：常陸の晴明伝説『茨城の民俗』三三号　一九九四年　七五～八五／（一〇一）高原豊明：安倍晴明伝説　国立歴史民俗博物館編『異界万華鏡』国立歴史民俗博物館　二〇〇一年　一六〇～一六六／（一〇二）鷹見安二郎：『江戸の発達』東京都　一九五六年／（一〇三）竹内誠ほか：『東京都の歴史』山川出版社　一九九七年／（一〇四）田中貴子：『外法と愛法の中世』砂子屋書房　一九九三年／（一〇五）谷川建一：『神・人間・動物』平凡社　一九七五年／（一〇六）谷川健一：

序　谷川編『憑きもの』日本民俗文化資料集成七巻　三一書房　一九九〇年　一～四／（一〇七）圭室文雄：『日本仏教史 近世』吉川弘文館　一九八七年／（一〇八）千葉徳爾：家の神と山の神『信濃』九巻　一九五七年　一～二三／（一〇九）津江正孝：私的ご教示　一九九七年／（一一〇）塚本学：『生きることの近世史』平凡社　二〇〇一年／（一一一）寺尾五郎：『真斎謾筆』解説　安藤昌益研究会編『安藤昌益全集』一五　農山漁村文化協会　一九八六年　五～一八／（一一二）遠田弘賢：私的ご教示　二〇〇三年／（一一三）時枝務：里修験と憑霊信仰―近世上野国の事例―『山岳修験』二七号　二〇〇一年　四五～六〇／（一一四）豊島泰国：『安倍晴明読本』原書房　一九九九年／（一一五）直江広治：『屋敷神の研究』吉川弘文館　一九六六年／（一一六）直江広治：稲荷信仰普及の民俗的基盤『朱』四号　三〇～三九（直江編『稲荷信仰』雄山閣　一九八三年　一一三～一三三　追補所収）／（一一七）直良信夫・小林茂：秩父地方産オオカミの頭骨『秩父自然科学博物館研究報告』一〇号　一九六〇年　一～一六／（一一八）中尾堯：最上稲荷と妙教寺　五来重編『稲荷信仰の研究』山陽新聞社　一九八五年　八三三～八五六／（一一九）中川すがね：近世大坂地域の稲荷信仰『朱』三八号　一九八五年　八九～九八／（一二〇）長田泰弘：私的ご教示　二〇〇〇年／（一二一）中村禎里：『日本人の動物観』海鳴社　一九八四年／（一二二）中村禎里：『日本動物民俗誌』海鳴社　一九八七年／（一二三）中村禎里：『動物たちの霊力』筑摩書房　一九八九年／（一二四）中村禎里：『狸とその世界』朝日新聞社　一九九〇年／（一二五）中村禎里：日本人の生命観『図書』四九〇号　一九九〇年　二〇～二五／（一二六）中村禎里：『鳥獣人物戯画』の動物たち『月刊美術』一九〇号　一九九一年　四九～五二／（一二七）中村禎里：『胞衣の生命』海鳴社　一九九九年／（一二八）中村禎里：稲荷とタヌキ『朱』四二号　一九九九年　一五〇～一六四／（一二九）中村禎里：『動物妖怪談』国立歴史民俗博物館　二〇〇一年／（一三〇）中村禎里：『狐の日本史 古代・中世篇』日本エディタースクール出版部　二〇〇一年（『改訂新版 狐の日本史古代中世びとの祈りと呪術』と改題して再刊　戎光祥出版　二〇一七年）／（一三一）中山和敬：『大

神神社』学生社　一九七一年／（一三二）波平恵美子：『病気と治療の文化人類学』海鳴社　一九八四年／（一三三）波平恵美子：土地の占有観念と稲荷信仰『朱』三三号　一九八九年　五七～六一／（一三四）南日義妙：『稲荷をたずねて』文進堂　一九七四年／（一三五）西垣晴次：稲荷信仰の諸相『朱』一六号　一九七四年（直江広治編『稲荷信仰』雄山閣　一九八三年　一六五～一七三　所収）／（一三六）西村康：南部地方の憑依症候群をめぐる文化 精神医学的研究『精神医学』一八巻一二号　一九七六年　二五～三三／（一三七）日本大辞典刊行会編：『日本国語大辞典』一～二〇巻　小学館　一九七二～七六年／（一三八）沼通子：私的ご教示　二〇〇一年／（一三九）萩原龍夫：江戸の稲荷『朱』四号　一九六八年　四二～四七、七号　一九六九年　四八～五三（直江広治編『稲荷信仰』雄山閣　一九八三年　一五一～一六四　所収）／（一四〇）蓮実長：『増補那須郡誌』小山田書店　一九八八年／（一四一）蓮実彊：『黒羽の「おくのほそ道」』下野新聞社　一九八九年／（一四二）長谷川日出子：私的ご教示　二〇〇〇年／（一四三）林淳：近世の占い　村山修一ほか編『陰陽道叢書』四　名著出版　一九九三年　七七～九八／（一四四）速水保孝：『つきもの持ち迷信の歴史的考察―狐持ちの家に生れて』柏林書房　一九五三年／（一四五）速水保孝：『憑きもの持ち迷信―その歴史的考察』柏林書房　一九五七年／（一四六）速水保孝：『出雲の迷信』学生社　一九七六年／（一四七）樋口正元：消化器系　懸田克躬ほか編『心身疾患』Ｉ　現代精神医学大系７Ａ　中山書店　一九七九年　八五～一一七／（一四八）肥後和男：『日本神話研究』河出書房　一九三八年／（一四九）尾藤正英：安藤昌益研究の現状と展望　尾藤・島崎隆夫校注『安藤昌益・佐藤信淵』日本思想大系四五　岩波書店　一九七七年　五八五～六〇一／（一五〇）昼田源四郎：『疫病と狐憑き』みすず書房　一九八五年／（一五一）姫路市立町鎮座長壁神社由緒書　発行年不明／（一五二）姫路城管理事務所：私的ご教示　二〇〇〇年／（一五三）傳維康ほか編（川井正久ほか訳）『中国医学の歴史』東洋学術社　一九九七年／（一五四）深井雅海：旗本・御家人　坂本太郎ほか編『国史大辞典』一一　吉川弘文館　一九九〇年　五八二～五八三／（一五五）

福田俊篤：私的ご教示　二〇〇〇年／（一五六）藤井尚久：明治前本邦疾病史　日本学士院日本科学史刊行会編纂『明治前日本医学史』一　日本学術振興会　一九五五年　二五一〜四一四／（一五七）藤岡大拙：出雲の山岳信仰　宮家準編『大山・石鎚と西国修験道』山岳宗教史研究叢書一二　名著出版　一九七九年　一〇七〜一二三／（一五八）富士川游：『日本医学史』京都帝国大学付属図書館　一九四二年（形成社　一九七四年復刻）／（一五九）伏見稲荷大社御鎮座一千二百五十年大祭奉祝　記念奉賛会編：『伏見稲荷大社年表』同会　一九六二年／（一六〇）伏見稲荷大社社務所：『お山のお塚』同社務所　一九六五年／（一六一）伏見稲荷大社社務所：『続お山のお塚』同社務所　一九六六年／（一六二）藤本幸雄：近世の稲荷信仰について『ヒストリア』七六号　一九七七年　四一〜五三／（一六三）ブッシイ、アンヌ・マリ：稲荷信仰と巫覡　五来重監修『稲荷信仰の研究』山陽新聞社　一九八五年　一七一〜三〇五／（一六四）保坂智：世直しと「御一新」紙屋敦之ほか『日本の近世』梓出版社　一九九五年　二四八〜二五八／（一六五）堀一郎：『わが国民間信仰史の研究』（二）東京創元社　一九五三年／（一六六）前島雅光：キツネツキ　兵庫県教育委員会『千種』兵庫県民俗調査報告四　一九七二年　五三〜五四（谷川健一編『憑きもの』日本民俗文化資料集成七巻　三一書房　一九九〇年　四四七〜四四八　所収）／（一六七）松平信弘：私的ご教示　二〇〇一年／（一六八）松山義雄：『続々狩りの語部』法政大学出版局　一九七八年／（一六九）三浦貞則：テタニー　加藤正明ほか編『増補精神医学事典』弘文堂　一九七五年　四六四〜四六五／（一七〇）三浦秀宥：美作地方に於ける憑物の概要『山陰民俗』三　一九五四年　二一〜二七（谷川健一編『憑きもの』日本民俗文化資料集成七巻　三一書房　一九九〇年　四五一〜四五九）／（一七一）三浦譲編纂：『全国神社名鑑』上・下　全国神社名鑑刊行会・史学センター　一九七七年／（一七二）水谷不倒：草双紙と読本の研究『水谷不倒著作集』二　中央公論社　一九七三年　五〜四〇八（初出は一九三四年）／（一七三）三谷栄一：『日本神話の基盤』塙書房　一九七四年／（一七四）身延山久遠寺：『身延山史』身延教報出版部　一九二三年／（一七五）美濃部重克：「玉藻前」考　福田晃ほか編『伝承文学の視界』三弥井書店　一九八四年　二五九～二八八／（一七六）宮家準：『修験道儀礼の研究』春秋社　一九七〇年／（一七七）宮坂敏和：神社解説　池田源太・宮坂編『奈良県史』五巻　名著出版　一九八九年　二五七～六六九／（一七八）宮崎英修：『日蓮宗の祈禱法』平楽寺書店　一九八〇年／（一七九）宮沢光顕：『狐と狼の話』有峰堂新社　一九八一年／（一八〇）宮地直一：『安曇族文化の信仰的特徴』穂高神社社務所　一九四九年／（一八一）宮田登：江戸町人の信仰　西山松之助編『江戸町人の研究』二　吉川弘文館　一九六三年　二二七～二七一／（一八二）宮田登：近世御嶽信仰の実態　鈴木昭英編『富士・御嶽と中部霊山』名著出版　一九七八年　一六七～一八六／（一八三）宮本袈裟雄：『里修験の研究』吉川弘文館　一九八四年／（一八四）村山修一：『日本陰陽道史総説』塙書房　一九八一年／（一八五）牟礼仁：社地社殿等の変遷：射楯兵主神社史編纂委員会編『播磨国惣社射楯兵主神社史』射楯兵主神社　一九九六年　一二七～一八九／（一八六）森井正臣：私的ご教示　二〇〇二年／（一八七）森井睦之輔：沙田神社　式内社研究会編『式内社調査報告』一三巻　皇学館大学出版部　一九八六年　二六三～二六六／（一八八）森田正馬：余の所謂祈禱性精神病について『神経学雑誌』一四巻　一九一五年　四〇～四一／（一八九）森田正馬：迷信と精神病　附余の所謂祈禱性精神病に就て（1）『人性』一一巻七号　一九一五年　二三九～二三五／（一九〇）盛田嘉徳：『中世賤民と雑芸能の研究』雄山閣　一九七四年／（一九一）八木哲浩：城と城下町の建設　姫路市史編集専門委員会編『姫路市史』一四　一九八五年　六五～八九／（一九二）安田健：『江戸諸国産物帳』昌文社　一九八七年／（一九三）安永壽延：『安藤昌益』平凡社　一九七六年／（一九四）柳川市古文書館：私的ご教示　二〇〇二年／（一九五）柳田国男：巫女考『定本柳田国男集』九巻　筑摩書房　一九六九年　二二一～三〇一（初出は一九一三・一四年）／（一九六）柳田国男：神を助けた話『定本柳田国男集』一二巻　筑摩書房　一九六九年　一六三～二一一（初出は一九二〇年）／（一九七）柳田国男：おとら狐の話『定本柳田国男集』三一巻　筑摩書房　一九七〇年　四九～一〇二（初出は一九二〇年）／（一九八）

柳田国男：田螺の長者『定本柳田国男集』八巻　筑摩書房　一九六九年　一二三～一五六（初出は一九三〇年）／（一九九）
柳田国男：鄰の寝太郎『定本柳田国男集』八巻　筑摩書房　一九六九年　一五七～一七六（初出は一九三〇年）／（二〇〇）
山田知子：稲荷信仰と古墳　五来重監修『稲荷信仰の研究』山陽新聞社　一九八五年　三〇七～三七一／（二〇一）山中裕之：中井履軒の思想　加地伸行ほか『中井竹山・中井履軒』日本の思想家二四　明徳出版社　一九八〇年　二四七～二七八／（二〇二）山本成之助：『川柳医療風俗史』牧野出版社　一九七二年／（二〇三）山脇悌二郎：『近世日本の医薬文化』平凡社　一九九五年／（二〇四）油原長武：『女化の狐伝説』龍ケ崎の口承文芸Ⅱ　龍ケ崎歴史民俗資料館　一九九七年／（二〇五）吉田正高：江戸都市民の大名屋敷内鎮守への参詣行動『地方史研究』五〇巻二号　二〇〇〇年六四～八二／（二〇六）吉田禎吾：『日本の憑きもの』中央公論社・新書　一九七二年／（二〇七）米山徳馬：文化的遺物　柳沢文庫専門委員会編『大和郡山市史』大和郡山市　一九六六年　七一八～七七五／（二〇八）立正大学文学部考古学研究室：『中山法華経寺・祖師堂発掘調査報告書』立正大学考古学研究室　二〇〇一年／（二〇九）和田正州：甲州北都留郡の狐憑『山陰民俗』三　一九五四年　一三～一六（谷川健一編『憑きもの』日本民俗文化資料集成七巻　三一書房　一九九〇年　四三七～四四〇）／（二一〇）綿谷雪：『考証江戸切絵図』三樹書房　一九八二年／（二一一）著者不明：「末社原簿」信太森葛葉稲荷神社蔵　成立年不明／（二一二）著者不明：「末社御鎮座所在」信太森葛葉稲荷神社蔵　成立年不明（一九五〇年代前半か）／（二一三）著者不明：「末社御鎮座所在補正」信太森葛葉稲荷神社蔵　成立年不明（一九五〇年代後半か）

あとがき（初刊）

『狐の日本史　古代・中世篇』の刊行後、二年あまりを経て、このたび『狐の日本史　近世・近代篇』を上梓する段取りになった。今回の書名についてひとことお断りしておく。叙述の対象とした時期の下限は、本書を構成する章によってさまざまである。現代にまでおよぶ章もあるので、近世・近現代篇とするほうが内容に忠実であったろう。しかし、それでは本のタイトルとしては表現がくどくなるので、けっきょく『狐の日本史　近世・近代篇』という書名を採用した。

本書の構想がまとまったのち、次の論文をすでに発表した。

刑部《おさかべ》神社と狐　『朱』四五号　二〇〇二年　一一九～一二六ページ……本書第一部第四章

物ぐさ太郎と狐女房　『神話・象徴・文学』Ⅱ　二〇〇二年　一五三～一七〇ページ……本書第一部第五章

『朱』の編集部および『神話・象徴・文学』を主宰する篠田知和基氏にお礼を申しあげたい。また「物ぐさ太郎と狐女房」については、論文発表以前に立正大学同窓会長野支部の講演で話をさせていただいた。幹事役の新井巳喜雄氏にもお礼を申しあげる。本書の最初の構想では、「狐から狸へ」と題する第四部を予定していたが、スペースを考慮して断念した。ただしそのなかの「狐狸の僧侶たち」は、第一部第六章にくりこむことにした。残りの章の原形もすでにできており、一部は発表ずみである。

徳島県のタヌキ祠　沼義昭博士古稀記念論文集編集委員会編『宗教と社会生活の諸相』　隆文館　一九九八年　二七三～二九九ページ

稲荷とタヌキ『朱』四二号　一九九九年　一五〇～一六四ページ

佐渡貂祠の成立『佐渡郷土文化』一〇二号　二〇〇三年　一五～二〇ページ

団三郎貂と異郷・隠れ里伝承『佐渡郷土文化』一〇四号　二〇〇四年（予定）

佐渡の貂伝説（仮題）『佐渡郷土文化』（予定）

結果としては本書に収録できなかったが、発表の機会を与えてくださった編集委員会・編集部、および『佐渡郷土文化』の主宰者である山本修巳氏にお礼を申しあげる。

これらの諸論文は、単著単行本未収録の動物観史関係の他の拙論とともに、まとめて出版する機会を得たいと思っている。今後の予定になるが、動物観史関係の研究はこれで打ち切りとして、あと残っている微《かす》かな余力は、二〇年以上前からの懸案である生命観史の研究につかいやしたい。もちろん計画完了まで行くはずはないが、行けるところまで行く。

本書の原稿を執筆し始めたのは、二〇〇〇年だった。そして二〇〇二年に、ながらくなじんできた立正大学の定年年齢に達した。まず、この大学の同僚諸氏に感謝しなければならない。あえてお一人お一人の名前は、原則としてあげない。教員・職員・学生すべてのかたについて、ありがたく思っている。もちろん、すでにこの世を去った先輩・友人たちをふくめて。また立正大学の埼玉県・群馬県南部地域の研究センター（いまは廃止）の世話役を委《ゆだ》ねられた一九九四〜九七年に、その地域のかたがたと交流した経験が、貴重な財産になった。ずいぶん前に実質的に離れた生物学史研究会の年下の仲間のかたたちも、機会をつくって老人に声をかけ、いたわってくださる。本当にありがたく思っている。

老来うちに閉じこもりがちの私を引き出して、存分にしゃべらしてくださる「遊子の群れ」同人をはじめ、各方面の友人たちにも感謝したい。ちなみに「遊子の群れ」は、四〇年ほどまえ勤務していた早稲田実業学校時代の同僚を中心とするグループである。

今回の著書の成立過程では、じつに多くのかたがた、とくに寺社・博物館・教育委員会のかたのお世話になった。お一人お一人の敬称は省略するが、お世話をくださったかたとその所属寺社・機関のお名前（あいうえお順）をあげ、心からの感謝の意を表したい。

青木紀比古（女化神社）・新井敦史（黒羽町《くろばね》芭蕉の館）・木村信雄（浄円寺）・小泉忠光（玉藻稲荷神社）・小松邦彰（法養寺・立正大学）・瀬尾武彦（前橋市東照宮）・関義弘（波田町教育委員会）・津江正孝（生国魂神社）・遠田弘賢（慈眼寺）・長田泰弘（射楯兵主神社）・沼通子（信太森葛葉稲荷神社）・長谷川日出子（立町長壁神社）・福田俊篤（群馬ロイヤルホテル）・森井正臣（沙田神社）・油原長武（龍ケ崎歴史民俗資料館）の諸氏。

担当者のかたのお名前をお伺いする機会を失したが、源九郎稲荷神社（奈良市）・源九郎稲荷神社（大和郡山市）・源九郎稲荷神社講（大阪市）・千草町教育委員会・姫路城管理事務所・柳川古文書館にもたいへんお世話になった。衷心よりの謝意を表する。

また個人的にも、次のかたがたには資料入手のさいしてお手数をおかけした。厚くお礼を申しあげる。池上悟・井口恵吉・石塚正英・榎本千賀・大塚智子・小西潤子・杉仁・土佐秀里・西村康・樋口節子・松平信弘の諸氏。

多くの図書館にも利用の便宜を計っていただいた。国会図書館・東京国立博物館・宮内庁図書部・国立公文書館・京都大学・慶応大学・東京大学、および立正大学図書館。立正大学図書館なしには、本書の成立は不可能だった。館員のかた、とくに佐藤研一氏と柳沢利江氏には、忙しい勤務のさいちゅう呼び止めて、なにかとお願いした。恐縮のしっぱなしでした、と申しあげる。

カバー図版に『農業図絵』「夜田刈」の部分図を用いることを許可くださった桜井健太郎氏にも謝意を申しあげる。

最後になったが、この難物をまたもやひきうけてくださった日本エディタースクール出版部の長井治氏、校正担当の樋口節子および高橋祐子氏には、ほんとうに長いあいだお世話になった。とくに樋口氏のおかげで、大きな誤りを犯さずにすんだ部分が多々ある。三氏にたいしては感謝の気持ちを表す適切な言葉を見いだし得ない。

二〇〇三年九月六日

中村禎里

【著者紹介】

中村禎里（なかむら・ていり）

1932 年 1 月 7 日、東京都に生まれる。
1958 年東京都立大学生物学科卒業。同大大学院理学研究科生物学専攻博士課程修了。早稲田実業学校教諭を経て、1967 年立正大学教養部講師。助教授、教授、1995 年仏教学部教授。2002 年定年退任、名誉教授。
2014 年、逝去。
著書に、『生物学の歴史』（河出書房新社、1973 年）、『生物学の歴史』（河出書房新社、1983 年）、『日本動物民俗誌』（海鳴社、1987 年）、『狸とその世界』（朝日選書、1990 年）、『河童の日本史』（日本エディタースクール出版部、1996 年）、『胞衣の生命』（海鳴社、1999 年）、『近代生物学史論集』（みすず書房、2004 年）、『中国における妊娠・胎発生論の歴史』（思文閣出版、2006 年）、『動物たちの日本史』（海鳴社、2008 年）、『生命観の日本史 古代・中世篇』（日本エディタースクール出版部、2011 年）、『改訂新版 狐の日本史 古代・中世びとの祈りと呪術』（戎光祥出版、2017 年）ほか多数。

装丁：堀　立明

狐《きつね》付《つ》きと狐《きつね》落《お》とし

二〇二〇年一一月一〇日　初版初刷発行

著　者　中村禎里
発行者　伊藤光祥
発行所　戎光祥出版株式会社
東京都千代田区麹町一―七
相互半蔵門ビル八階
電　話　〇三―五二七五―三三六一㈹
FAX　〇三―五二七五―三三六五
編集・制作　株式会社イズシエ・コーポレーション
印刷・製本　モリモト印刷株式会社

https://www.ebisukosyo.co.jp
info@ebisukosyo.co.jp

© Teiri Nakamura 2020 Printed in Japan
ISBN978-4-86403-368-8